CUMULAÇÃO DE AÇÕES

Diretora de Conteúdo e Operações Editoriais
Juliana Mayumi Ono

Gerente de Conteúdo
Andréia R. Schneider Nunes Carvalhaes

Editorial: Aline Marchesi da Silva, Camilla Sampaio, Emanuel Silva, Karolina de Albuquerque Araújo Martino e Quenia Becker

Gerente de Conteúdo Tax: Vanessa Miranda de M. Pereira

Direitos Autorais: Viviane M. C. Carmezim

Assistente de Conteúdo Editorial: Juliana Menezes Drumond

Analista de Conteúdo Editorial Júnior: Bárbara Baraldi

Estagiários: Ana Carolina Francisco e Francisco Prado

Produção Editorial
Gerente de Conteúdo
Milisa Cristine Romera

Especialistas Editoriais: Gabriele Lais Sant'Anna dos Santos e Maria Angélica Leite

Analista de Projetos: Thyara Pina da Silva

Analistas de Operações Editoriais: Caroline Vieira, Damares Regina Felício, Danielle Castro de Morais, Mariana Plastino Andrade, Mayara Macioni Pinto e Patrícia Melhado Navarra

Analistas de Qualidade Editorial: Ana Paula Cavalcanti, Fernanda Lessa, Gabriela Cavalcante Lino e Victória Menezes Pereira

Estagiárias: Beatriz Hammond e Caroline Dubovicki

Capa: Linotec

Adaptação de Capa: Ariel Villalba e Cinthia Riveros

Líder de Inovações de Conteúdo para Print
Camilla Furegato da Silva

Equipe de Conteúdo Digital
Coordenação
Marcello Antonio Mastrorosa Pedro

Analistas: Gabriel George Martins, Jonatan Souza, Maria Cristina Lopes Araujo e Rodrigo Araujo

Gerente de Operações e Produção Gráfica
Mauricio Alves Monte

Analistas de Produção Gráfica: Aline Ferrarezi Regis e Jéssica Maria Ferreira Bueno

Assistente de Produção Gráfica: Ana Paula de Araújo Evangelista

Dados Internacionais de Catalogação na Publicação (CIP)
(Câmara Brasileira do Livro, SP, Brasil)

Assis, Araken de
Cumulação de ações / Araken de Assis. -- 6. ed. rev., atual. e ampl. -- São Paulo : Thomson Reuters Brasil, 2022.

Bibliografia.
ISBN 978-65-260-0583-5

1. Cumulação de ações 2. Cumulação de ações - Brasil I. Título.

22-130672 CDU-347.922.7

Índices para catálogo sistemático:
1. Cumulação de ações : Direito processual 347.922.7
Cibele Maria Dias - Bibliotecária - CRB-8/9427

ARAKEN DE ASSIS

CUMULAÇÃO DE AÇÕES

6ª EDIÇÃO
Revista, atualizada e ampliada

THOMSON REUTERS
REVISTA DOS TRIBUNAIS™
1912 • 2022 110 anos

Cumulação de Ações

Araken de Assis

6ª edição revista, atualizada e ampliada

Thomson Reuters Brasil Conteúdo e Tecnologia Ltda.

Juliana Mayumi Ono

Diretora Responsável

Av. Dr. Cardoso de Melo, 1855 – 13º andar – Vila Olímpia

CEP 04548-005, São Paulo, SP, Brasil

Central de Relacionamento Thomson Reuters Selo Revista dos Tribunais

(atendimento, em dias úteis, das 09h às 18h)

Tel. 0800-702-2433

e-mail de atendimento ao consumidor: sacrt@thomsonreuters.com

e-mail para submissão dos originais: aval.livro@thomsonreuters.com

Conheça mais sobre Thomson Reuters: www.thomsonreuters.com.br

Acesse o nosso *eComm*

www.livrariart.com.br

Impresso no Brasil [11-2022]

Profissional

Fechamento desta edição [05.09.2022]

ISBN 978-65-260-0583-5

À memória inesquecível de
ABELARDO E SELVIRA

PREFÁCIO DA 6ª EDIÇÃO

Revisada e posta em dia, a nova edição da presente monografia incorporou julgados do STJ e oferece ao leitor amplo panorama da cumulação de ações.

PREFÁCIO DA 5ª EDIÇÃO

Essa edição foi adaptada ao CPC de 2015 e atualizada. Os pontos em que o estatuto processual vigente alterou disposições legais com repercussão no assunto aqui tratado, a exemplo da possibilidade de a pretensão à segurança ser pleiteada conjuntamente com a principal (art. 308, § 1.º), receberam o devido realce. Porém, na sua maior parte, as teses aqui expostas e defendidas subsistiram incólumes. Certas noções, com a de objeto litigioso, entre nós identificado pelos três elementos do art. 337, § 2.º, em especial a de *causa petendi* e de pedido, bem como as espécies de cumulação subjetiva, causal ou de pedidos, apresentam aspectos universais e, de toda sorte, nenhuma modificação sofreram na passagem do CPC de 1973 para o atual. Por isso, a pesquisa bibliográfica original pôde ser preservada, sem prejuízo dos acréscimos necessários e do emprego de algumas obras no idioma alemão. Assim, os leitores encontrarão os necessários subsídios para manejar corretamente o processo cumulativo originário na prática.

SUMÁRIO

PREFÁCIO DA 6ª EDIÇÃO 7

PREFÁCIO DA 5ª EDIÇÃO 9

1. INTRODUÇÃO

1. Projeção do tema no direito processual 19
2. Classificação topológica do cúmulo de ações 20
3. Limites estritos do trabalho 22

2. TEORIA GERAL DA AÇÃO

§ 1.º Lineamentos do problema da ação

4. Esboço da natureza jurídica do processo 25
   4.1 Processo como relação jurídica 27
   4.2 Processo como situação jurídica 31
   4.3 Processo como instituição 33
   4.4 Processo como procedimento 33
5. Precisões em torno da relação processual 37
   5.1 Noção atual de relação jurídica 37
   5.2 Sujeitos da relação processual 38
   5.3 Pressupostos processuais 40
   5.4 Características da relação processual 42
   5.5 Objeto da relação processual 42
   5.6 Início e fim da relação processual 43
6. Balanço do estudo sobre a natureza do processo. Cumulação de "processos" 43

§ 2.º Vista geral das teorias da ação

7. Posição do poder jurisdicional do Estado 45
   7.1 Primeira noção de objeto do processo 45
   7.2 Função da lide no processo 46

7.3 Escopo do processo ... 47
7.4 Crítica e feição atual da lide ... 48
7.5 Notas características da jurisdição ... 49
7.6 Resumo da posição do poder jurisdicional ... 50
8. Dificuldades e síntese das principais teorias da ação ... 51
8.1 Visão primitiva da ação ... 51
8.2 Primeira polêmica e a teoria concreta do direito de agir ... 54
8.3 Teoria da ação como direito potestativo. Condições da ação ... 56
8.4 Teoria abstrata do direito de agir. Papel das condições da ação ... 58
8.5 Condições da ação na teoria eclética do direito de agir ... 61
9. Balanço das principais teorias da ação ... 67

§ 3.º Direito subjetivo, pretensão e ação

Secção I – Plano do direito material

10. Direito subjetivo material ... 68
11. Pretensão material ... 70
12. Ação material ... 72

Secção II – Plano do direito processual

13. Direito à tutela jurídica do Estado ... 74
14. Pretensão à tutela jurídica ... 77
15. Ação processual ... 78

§ 4.º Classificação da Ação Material

16. Natureza da classificação das ações ou sentenças ... 79
17. Eficácia principal e eficácias secundárias da ação material ... 82
18. Tripartição e classificação quinária das sentenças ... 83
19. Classificação das eficácias da ação material ... 86
19.1 Ação declaratória ... 86
19.2 Ação constitutiva ... 87
19.3 Ação condenatória ... 89
19.4 Ação mandamental ... 91
19.5 Ação executiva ... 93

3. OBJETO LITIGIOSO

§ 5.º Função do objeto litigioso

20. Relevância do objeto litigioso no direito processual ... 97
21. Limites da problemática do objeto litigioso ... 99

§ 6.º Panorama da teoria do objeto litigioso

22. Desenvolvimento das principais tendências doutrinárias sobre o objeto litigioso ... 107
23. Dupla dimensão do objeto do processo: reflexos na separação dos planos material e processual ... 112
24. Definição de mérito e cúmulo de ações ... 114

4. ELEMENTOS DA AÇÃO

§ 7.º Individuação da demanda

25. Considerações sobre o critério legal ... 117
26. Efeitos da tríplice identidade ... 120

§ 8.º Identidade de partes

27. Noção de parte em processo civil ... 122
28. Razões da relevância processual da identidade de partes ... 123
29. Qualidade jurídica da identidade de partes ... 125
30. Pluralidade de partes e cúmulo de ações ... 126

§ 9.º Identificação da causa de pedir

31. Conceito e teorias sobre a causa de pedir ... 130
    31.1 Teoria da individualização ... 131
    31.2 Teoria da substancialização ... 133
32. Componentes da causa de pedir ... 134
    32.1 Fundamento legal ... 135
    32.2 Fatos jurídicos ... 136
    32.3 Fundamentos jurídicos ... 144
33. Classificação da causa de pedir ... 147
34. Súmula da causa de pedir ... 148

§ 10 Identidade de pedido

35. Dimensões material e processual do pedido 149
36. Classificação do pedido 150
37. Reflexos dos objetos mediato e imediato na cumulação de ações 153

5. CUMULAÇÃO SUBJETIVA

§ 11 Generalidades sobre o cúmulo subjetivo

38. Definição de litisconsórcio 155
39. Classificação do litisconsórcio 157

§ 12 Espécies de cúmulo subjetivo

40. Generalidades sobre as espécies de cúmulo subjetivo 159
41. Litisconsórcio voluntário alternativo 160
42. Litisconsórcio voluntário simples 164
43. Litisconsórcio voluntário sucessivo 164

§ 13 Regime de admissibilidade do cúmulo subjetivo

44. Fisionomia da admissibilidade do litisconsórcio facultativo 165
45. Fontes do litisconsórcio voluntário 167
  45.1 Comunhão de direito ou de obrigações 167
  45.2 Conexão através da causa de pedir ou do pedido 169
  45.3 Afinidades de questões por um ponto comum de fato ou de direito 175
46. Pressupostos processuais e litisconsórcio. Caracterização dos requisitos do cúmulo subjetivo 177
47. Identidade de rito das ações dos litisconsortes 179
48. Problema de competência nas ações dos litisconsortes 182
  48.1 Competência no caso de comunhão 184
  48.2 Competência no caso de conexão 184
  48.3 Competência nos outros casos de litisconsórcio 185
49. Compatibilidade das ações dos litisconsortes 186
50. Preservação do princípio da igualdade das partes (recusação) 187

§ 14 Controle da admissibilidade

Do cúmulo subjetivo

51. Controle de ofício da admissibilidade do litisconsórcio 189
52. Hipóteses de controle de ofício do litisconsórcio 191
52.1 Controle da origem do litisconsórcio 191
52.2 Controle da identidade procedimental 192
52.3 Controle da competência 192
52.4 Controle da compatibilidade das ações 192
52.5 Controle da recusação do litisconsórcio 193
52.6 Controle dos pressupostos processuais 193
53. Controle do cúmulo indevido em face da exclusiva iniciativa da parte 193

§ 15 Efeitos da inadmissibilidade da cumulação subjetiva

54. Pressuposto do controle de ofício da cumulação indevida 194
55. Efeitos do controle de ofício sobre o cúmulo subjetivo inadmissível 195
55.1 Fontes do litisconsórcio 196
55.2 Pressupostos processuais referidos a cada um dos litisconsortes.... 197
55.3 Inadequação do procedimento 197
55.4 Reconhecimento da incompetência absoluta 198
55.5 Incompatibilidade das ações dos litisconsortes 198
55.6 Recusação do litisconsórcio 198
56. Efeitos do controle por iniciativa da parte do cúmulo subjetivo inadmissível 198

6. CUMULAÇÃO DE CAUSAS

§ 16 Espécies de cumulação de causas

57. Breve justificação da cumulação de causas 199
58. Espécies de causa de pedir 201
59. Distribuição das causas de pedir em cumulação 203
59.1 Cumulação simples 204
59.2 Cumulação sucessiva 204
60. Cumulação simples de causas e multiplicidade do embasamento legal 204

§ 17 Regime de admissibilidade

61. Panorama da disciplina da cumulação de causas 207
62. Requisitos gerais da cumulação de causas 208
62.1 Conexão subjetiva 208
62.2 Conexão objetiva e compatibilidade das causas 209
62.3 Competência e adequação procedimental 209
62.4 Indicação expressa do cúmulo de causas 209
63. Limites da cumulação causal. Generalidades sobre a cognição sumária ... 209
64. Limites da cumulação causal. Casos de ações de cognição sumária 214
64.1 Cumulação de causas nas ações possessórias 214
64.2 Cumulação de causas nos embargos do executado contra título extrajudicial 215
64.3 Cumulação de causas na impugnação do executado contra título judicial 215
64.4 Cumulação de causas na ação de mandado de segurança 215
64.5 Cumulação de causas na ação cambiária 216

§ 18 Controle da cumulação de causas

65. Sanções do veto à cumulação de causas 217
66. Controle da cumulação indevida de causas 219

§ 19 Efeitos da inadmissibilidade da cumulação de causas

67. Espécies de sanção cabíveis na cumulação indevida de causas 219
68. Natureza do julgamento que rejeita a cumulação de causas 221

7. CUMULAÇÃO DE PEDIDOS

§ 20 Características gerais do pedido

69. Requisitos da inserção da ação material no processo 225
69.1 Certeza do pedido 225
69.2 Determinação do pedido 227
69.3 Congruência do pedido 229
69.4 Sanção pelo descumprimento dos requisitos 229
70. Espécies de pedido na demanda 229
70.1 Pedido genérico 230

70.1.1 Pedido genérico nas ações universais 233
70.1.2 Pedido genérico quando não for possível determinar definitivamente as consequências do ilícito 234
70.1.3 Pedido genérico quando o valor da condenação depender de ato que deva ser praticado pelo réu 235
70.2 Pedido cominatório 236
70.3 Pedido alternativo 238
70.4 Pedido implícito 239
70.4.1 Despesas processuais e honorários de advogado 241
70.4.2 Juros moratórios 242
70.4.3 Correção monetária 242
70.4.4 Prestações vincendas 243
70.5 Pedido em obrigação indivisível 243
71. Interpretação e alteração do pedido 244

§ 21 Espécies de cumulação de pedidos

Secção I – Lineamentos da cumulação de pedidos

72. Limites da cumulação de pedidos 247
73. Classificação genérica do cúmulo de pedidos 247

Secção II – Cumulação em sentido estrito

74. Cumulação de pedidos simples 248
75. Cumulação de pedidos sucessiva 250

Secção III – Cumulação em sentido amplo

76. Cumulação de pedidos eventual 251

§ 22 Regime da admissibilidade da cumulação de pedidos

77. Conexão subjetiva e cumulação de pedidos 254
78. Dispensabilidade da conexão objetiva 255
79. Compatibilidade recíproca dos pedidos 256
80. Competência comum das ações cumuladas 258
81. Adequação do procedimento das ações cumuladas 260
81.1 Ideia geral do procedimento 261
81.2 Classificação dos procedimentos 262
81.3 Critério geral de compatibilidade 263

82. Recusação do cúmulo 267

§ 23 Controle da admissibilidade da cumulação de pedidos

83. Controle de ofício da cumulação indevida 268
83.1 Controle da conexão subjetiva 268
83.2 Controle da compatibilidade 269
83.3 Controle da competência 269
83.4 Controle da adequação do procedimento 269
83.5 Controle da recusação 269
84. Controle da cumulação indevida por iniciativa da parte 269

§ 24 Efeitos da inadmissibilidade da cumulação de pedidos

85. Pressupostos da produção dos efeitos do controle de ofício da cumulação indevida 270
86. Efeitos da falta de conexão subjetiva 270
87. Efeitos da incompatibilidade dos pedidos 271
88. Efeitos do reconhecimento da incompetência 272
89. Efeitos da inadequação procedimental 273
90. Efeitos da recusação da cumulação de pedidos 274

BIBLIOGRAFIA 275

ÍNDICE ALFABÉTICO-REMISSIVO 293

(Os números se referem aos parágrafos da obra)

1

INTRODUÇÃO

1. Projeção do tema no direito processual

Quem, ligeiramente, deter-se no título da presente monografia – cumulação de ações –, talvez não perceba, de logo, os profundos reflexos da escolha que ele, bem ou mal, encerra em sua singela formulação.

Ênfase especial merece a palavra "ação", de uso corrente no processo, mas de acepção técnica reconhecidamente polêmica, em detrimento de outras, também consagradas, como pretensão, pedido, demanda ou norma. E não se forra a incertezas variadas, por igual, a própria palavra cumulação, às vezes preterida por concurso ou acumulação.[1] E, na doutrina nacional mais antiga, concurso e acumulação constituiriam duas figuras distintas.[2]

Mais que uma questão terminológica, e além de um problema conceitual – planos suficientes, aliás, para justificar um amplo inquérito –, o adequado tratamento do cúmulo de ações implica, previamente, identificar a ação efetivamente proposta, ou seja, "a operação por meio da qual se confrontam entre si várias ações com o fim de estabelecer se são idênticas ou diversas",[3] e, por conseguinte, individualizar o objeto litigioso de cada processo confrontado, operação afeita aos pendores da processualística alemã.[4] Os resultados dessa tarefa se projetam em pontos tão distantes quanto à litispendência e aos limites objetivos da coisa julgada, que, todavia, refogem ao âmbito imposto ao tema.

---

1. Guilherme Estellita, *Do litisconsórcio no direito brasileiro*, p. 20, ao extremar o litisconsórcio das figuras afins, por exemplo, distingue entre concurso e cumulação de ações. A designação polêmica do termo "ação" foi demonstrada por Adroaldo Furtado Fabrício, *Comentários ao Código de Processo Civil*, v. 8, t. 3, n.º 1, pp. 1-4. Sobre o tema, consultar, obrigatoriamente, Calmon de Passos, *A ação no direito processual civil brasileiro*, n.º 21, pp. 52-56, que rebate a teoria eclética, predominante no direito brasileiro.

2. Manoel Aureliano de Gusmão, *Processo civil e comercial*, v. 1, n.º 96, p. 328. Vide, em crítica a essa concepção, Nestor Diogenes, *Do concurso e da acumulação das ações*, n.º 21, pp. 43-43.

3. Giuseppe Chiovenda, *Instituições de direito processual civil*, v. 1, n.º 108, p. 409.

4. Andrea Proto Pisani, *Principio della domanda*, n.º 5, p. 1056.

Ao se explicar a ação, escorrega-se, inevitavelmente, nos rumos do notório, toldado por divergências nominalistas e controverso "direito de ação", vale dizer, o direito de provocar a atividade jurisdicional do Estado, e, por isso, dedica-se-lhe todo um capítulo. Resulta, daí, o exame das complexas relações entre processo e direito, uma preocupação adicional e tormentosa.

Calha observar, bem ao propósito, que o dissídio sobre a natureza da ação, e a correspondente interação entre processo e direito material, não ostentam caráter teórico, mas projetam implicações práticas,[5] a cada passo renovadas.

Por outro lado, o paralelismo do direito processual com o material, enquanto realidades diferentes do mundo jurídico, induz uma opção natural pela tese dualista do ordenamento, distinguindo, claramente, o processo das regras criadas para disciplinar a conduta dos indivíduos e do próprio Estado na vida social, e foi produto do corte, nos fins do século passado, entre ação e direito subjetivo. Parte considerável da doutrina, desde então, busca reduzir o que reputa inadmissível "fratura".

Enfim, vencer toda a vasta problemática envolvida no tema, e aprovar o título "cumulação de ações", passam pela natureza do processo.

2. Classificação topológica do cúmulo de ações

Talvez de maneira prematura, pois as premissas essenciais do tema pendem de definição, urge esboçar, brevemente, os contornos genéricos do cúmulo de ações, no intuito de restringir e demarcar as divisas do trabalho.

A classificação, que agora nos ocupará, respeita à topologia da cumulação, relegando-se a segundo plano as suas diversas espécies, que merecerão análise linhas adiante, sem embargo de se reproduzirem essas, geralmente, naquela. Por exemplo, em se distinguindo a cumulação subjetiva, que ocorre no litisconsórcio facultativo, e a cumulação objetiva, resultante da pluralidade de causas e de pedidos – elementos "objetivos" da ação, a teor do disposto no art. 337, § 1.º –, verificar-se-á, nada obstante, que ambas as formas podem suceder na reconvenção, de seu turno, e por si só, uma modalidade de cúmulo.

Também se constata que o cúmulo significa, fundamental e sinteticamente, o exercício de várias ações no mesmo processo, quer em virtude da presença de mais de um autor, cada qual empregando ação própria – *aliter,* se duas ou mais pessoas utilizam ação única: nesse caso, não se trata, na verdade, de "cumulação", pois não há pluralidade de ações, e, sim, de litisconsórcio, que constitui, portanto, figura discernível –, quer porque o único autor formula perante o réu duas ou mais ações. O que seja, nesse contexto, "ação" representa questão árdua

---

5. Artur Anselmo de Castro, *Direito processual civil declaratório,* v. 1, n.º 26, p. 197.

e complicada, ademais, pelas vicissitudes terminológicas antes acenadas. Como quer que seja, diz Victor Fairén Guillén: "Se na demanda se formularam duas ou mais pretensões, se contará no *petitum* com duas ou mais postulações".[6] Como se nota, à primeira vista, os termos "demanda", "pretensão", "*petitum*" e "petição", até o presente momento, expressam ideias indefinidas. Mas a intuição de pluralidade, no texto transcrito, e por um critério objetivo, mostra-se nítida e integrará, decerto, o núcleo do processo cumulativo.

Nessa hipótese, por sinal, há cumulação inicial ou originária. Essa designação denota, exclusivamente, o ponto de referência, que avulta da inserção *ex radice* do cúmulo no processo,[7] e abrange, outrossim, o litisconsórcio ativo e o passivo, claro que, agora, sob perspectiva subjetiva. Aliás, do maior relevo assinalar que a cumulação subjetiva se resolve em objetiva: os diferentes autores propõem cada qual a sua ação.[8] Quando ela opera entre apenas duas partes, nas respectivas posições de autor e de réu, se a reputa, simplesmente, bilateral; porém, coexistindo com o litisconsórcio, passa a plurilateral.[9] Outra modalidade de cúmulo inicial, em virtude da introdução de mais de uma ação no processo, consiste na denunciação da lide formulada pelo autor, como autoriza o art. 126, primeira parte.[10] Tal é o entendimento prevalecente, no direito brasileiro, quanto à denunciação da lide ou chamamento em garantia. Porém, há concepção alternativa,[11] segundo a qual, aceitando o denunciado a responsabilidade que lhe é imputada, forma-se litisconsórcio entre o denunciante e o denunciado contra a parte adversa; recusada a responsabilidade, ou omitindo-se o denunciado, esgotar-se-á o incidente dessa intervenção, ficando ressalvada a pretensão regressiva do denunciante para processo ulterior.[12]

Ao lado da inicial, existe a cumulação sucessiva ou superveniente, englobando inúmeras situações, ou por *inserção* da nova ação no processo pendente, ou derivada da *reunião* de diversos processos, talvez a partir da distribuição por

---

6. Victor Fairén Guillén, *La demanda en el proceso civil español*, n.º 27, p. 488.
7. A respeito, Ramos Mendez, *Derecho procesal civil*, v. 1, n.º 21, p. 433; Juan Montero Aroca, *La intervención adhesiva simple*, n.º 6, p. 25; Miguel Teixeira de Souza, *Sobre a teoria do processo declarativo*, § 18, pp. 168-169; e Carlos Ramirez Arcila, *Acción y acumulación de pretensiones*, pp. 136-137.
8. Juan Montero Aroca, *La intervención adhesiva simple*, n. 13, p. 63, e Carlos Ramirez Arcila, *Acción y acumulación de pretensiones*, p. 145.
9. Miguel Teixeira de Souza, *Sobre a teoria do processo declarativo*, § 18, p. 169. Chama-a "mista", Carlos Ramirez Arcila, *Acción y acumulación de pretensiones*, p. 131-132.
10. Neste sentido, Athos Gusmão Carneiro, *Intervenção de terceiros*, n. 16.1, p. 63; Aroldo Plínio Gonçalves, *Da denunciação da lide*, pp. 162-163; Sidney Sanches, *Da denunciação da lide no direito processual civil brasileiro*, p. 31; Maria Berenice Dias, *O terceiro no processo*, n.º 8.3.1, p. 119; Cândido Rangel Dinamarco, *Intervenção de terceiros*, n.º 9, pp. 28-30.
11. Araken de Assis, *Processo civil brasileiro*, v. 2, t. 1, n.º 873.2, pp. 710-712.
12. Milton Flaks, *Denunciação da lide*, § 21, p. 109.

dependência (art. 286, I). No primeiro grupo, acomodam-se o aditamento da inicial e a sua modificação (art. 329, I), ambas de iniciativa do autor, havendo junção de novas pretensões contra o réu; a reconvenção (art. 343) e a denunciação da lide (art. 126, primeira parte), promovidas pelo réu, ao menos segundo a concepção prevalecente. O autor ou o réu podem pedir a declaração incidental de questão prejudicial,[13] em alguns casos passível de pretensão autônoma, ou alienar o objeto litigioso (art. 109). E o segundo grupo inclui a reunião de processos, cujas ações sejam conexas, ou seja, parcialmente idênticas, porque ligadas por elemento comum, considerando os respectivos pedidos e causas de pedir (art. 55, *caput*), ou haja continência (art. 56), que importa, *ultima ratio,* cúmulo de ações contidas nos respectivos processos.[14] Se, no entanto, da reunião se origina litisconsórcio, nesse caso, divide-se a doutrina.[15]

Assim, quanto à ocorrência de cúmulo de ações no processo, há diferentes oportunidades de ela se originar, todas a exigirem ampla análise.

3. Limites estritos do trabalho

Da generosa e inesgotável fenomenologia do cúmulo de ações, entrevista no item precedente, o presente estudo se cinge à cumulação inicial, bilateral e plurilateral. Não o integra, tampouco, uma seção dedicada à denunciação da lide efetuada pelo autor, inclusa no grupo tratado, porque o tópico, dissolvido nesse instituto, mereceu monografias de tomo e de grande valor científico.[16]

---

13. No direito anterior, Adroaldo Furtado Fabrício, *A ação declaratória incidental*, n.º 42, p. 73.
14. Juan Montero Aroca *La intervención adhesiva simple*, n.º 6, p. 26 e Carlos Ramirez Arcila, *Acción y acumulación de pretensiones*, p. 132. Sobre o assunto, já assinalara Mário de Almeida Castro, *Da acumulação de ações com especialidade na legislação brasileira*, n.º 31, p. 26: "Não importa que juntos venham os pedidos na petição inicial ou em outros atos posteriores do processo, desde que a sentença, para onde convergem todos os atos processuais, tem de firmar uma só relação de direito e não diversas, como sabe traduzir a ideia de *pedidos cumulados*" (g.n.).
15. A respeito, Giuseppe Tarzia, *Il litisconzorcio facoltativo nel processo di primo grado,* p. 51, nota 105.
16. Vide as monografias de Aroldo Plínio Gonçalves, Sidney Sanches e Milton Flaks, citadas na nota 9, supra, sem prejuízo de outras obras mais gerais.

Em tema de cumulação sucessiva, por outro lado, as principais formas – a reconvenção[17] e a declaração incidente do direito anterior[18] –, embora não sejam as únicas, despertaram, na vigência do CPC de 1973, enorme interesse, flagrantemente desproporcional ao uso no caso da declaratória incidental. Dos demais institutos, ligados ao problema, já não se poderá afirmar o mesmo, é verdade: a modificação da demanda (incluindo o aditamento), que inspirou célebre monografia no direito italiano,[19] e a reunião dos processos por força da conexão e da continência, ainda não haviam obtido atenção análoga ou o tratamento sistemático e profundo dedicados a outros rincões do direito processual.[20]

Essas considerações, de um lado, iluminaram e inspiraram o ponto que, no processo civil brasileiro, há muito se descura, ou seja, a cumulação de ações, e, de outro, reduziram sua extensão à modalidade que, geralmente, identifica-se na prática dos tribunais ao cúmulo. Ressentia-se a bibliografia nacional de um trabalho sobre o assunto. E aqui se persegue o preenchimento dessa lacuna.

---

17. Clito Fornaciari Jr., *Da reconvenção no direito processual civil brasileiro,* 1979; José Carlos Barbosa Moreira, *A conexão de causas como pressuposto da reconvenção,* 1979; Osvaldo da Silva Rico, *Da reconvenção e da compensação no direito brasileiro,* 1983 e José Rogério Cruz e Tucci, *Da reconvenção,* 1984

18. Entre outras obras escritas sob a vigência do Código de Processo Civil de 1939, ou editadas e reeditadas, com a atualização, sob o novo estatuto processual, citam-se: Adroaldo Furtado Fabrício, *A ação declaratória incidental,* 2.ª ed., 1994: Ada Pellegrini Grinover, *A ação declaratória incidental,* 1972; Celso Agrícola Barbi, *Ação declaratória principal e incidente,* 4.ª ed., 1976; Alfredo Buzaid, *A ação declaratória no direito brasileiro,* 2.ª ed., 1986; João Batista Lopes, *Ação declaratória,* 6.ª ed., 2009.

19. Giancarlo Giannozzi, *La modificazione della domanda nel processo civile,* 1958.

20. Posteriormente à primeira edição dessa obra, em 1987, surgiram as obras de Olavo de Oliveira Neto, *Conexão por prejudicialidade*, 1994, e de Edward Carlyle Silva, *Conexão de causas*, 2006. Em termos gerais, as obras de Leonardo José Carneiro da Cunha, *Jurisdição e competência*, 2008, e, sob a vigência do atual CPC, Paulo Henrique dos Santos Lucon, *Relação entre demandas*, 2016.

2

TEORIA GERAL DA AÇÃO

§ 1.º Lineamentos do problema da ação

4. Esboço da natureza jurídica do processo

Não logrará êxito o objetivo de identificar a ação, por meio dos seus elementos, e, desse modo, equacionar convenientemente o seu cúmulo, senão com a descoberta da natureza do processo.

É evidente a repercussão da estrutura processual sobre a noção contemporânea de ação. Lembra o influente inspirador de toda uma geração de processualistas brasileiros[1] que, a partir da propositura da demanda, o órgão jurisdicional e as partes se envolvem num relacionamento muito particular, o qual, à toda evidência, deriva do próprio direito de constituir o processo.[2] Segundo exato alvitre, a nitidez outorgada à relação processual "teve imenso significado histórico, servindo como ponto de partida para toda evolução do direito processual".[3] Com efeito, evidencia-se a ligação, ao menos em parte, da ação e do processo, quando aquela dá lugar a esse último.

Com a investigação desses vínculos, quase um corolário impostergável do poder (e dever) de o Estado resolver conflitos de interesses, comprovar-se-á, nas conclusões adotadas, a tese dualista do ordenamento jurídico. Entretanto, a cabal distinção dos planos existentes na ordem jurídica, um destinado a regular, diretamente, a disputa dos desavindos, e outro criado para dar-lhes solução, empregando

---

1. Ver, a respeito, Alfredo Buzaid, *L'influenza di Liebman sul diritto processuale civile brasiliano*, pp. 5-29; Cândido Rangel Dinamarco, *Sugli sviluppi della dottrina brasiliana del processo civile*, pp. 31-37; Ada Pellegrini Grinover, *L'insegnamento di Enrico Tullio Liebman in Brasili*, pp. 294-296; Luís Eulálio Bueno de Vidigal, *Enrico Tullio Liebman e a processualística brasileira*, pp. 178-185.
2. Enrico Tullio Liebman, *Manuale di diritto processuale civile*, v. 1, n.º 20, p. 30.
3. Cândido Rangel Dinamarco, *Execução civil*, n.º 67, p. 116. Mais recentemente, *Instituições de direito processual civil*, v. 2, n. 489, p. 198, assinala o seguinte: "É de permanente atualidade, nos estudos sobre o processo e a relação processual, o conhecimento de seus *sujeitos*, de seu *objeto*, do objeto e escopo *de cada um dos atos* realizados ao longo do processo e dos *pressupostos* de constituição da relação processual" (g.n.).

elementos hauridos daquele, justifica-se tão só coordenando, de forma razoável e convincente, direito e processo.

Segundo Eduardo J. Couture,[4] descobrir a natureza do processo significa compará-lo às categorias jurídicas conhecidas, afastando-o de algumas, ou de todas, e, no último caso, definindo-o diferentemente dos esquemas tradicionais. Além de óbvias razões, fundadas no conhecimento satisfatório do sistema, as consequências práticas do inquérito se concentram, fundamentalmente, na aplicabilidade analógica das regras ínsitas ao instituto reconhecido. Quis Couture, socorrendo-se de tal método, clarear a essência do processo,[5] ou seja, localizar sua natureza.[6]

Seja como for, não constitui polo de atração e elemento determinante do esboço, aqui realizado, a imposição de um *status* revolucionário ao processo. Essa ambição, típica das ciências imaturas, pouco se compadece do estágio atual do processo civil. Inexistem restrições, *a priori*, às conquistas e aos conceitos gerais da teoria geral do direito.

Naquele sentido, então, formularam-se várias teorias, visando, com maior ou menor plausibilidade, ao melhor enquadramento do assunto. Atendendo às categorias gerais de direito privado ou de direito público, emergiram, naturalmente, teses de caráter privado e publicistas. Incluído o processo, ao invés, em categoria especial e autônoma, buscou-se satisfazer as concepções estática e dinâmica do direito.[7] Isso desperta maiores cuidados, porque as críticas (insubsistentes) à posição dominante (*infra*, n. 4.1) apontam a sua alegada insuficiência para abarcar o caráter progressivo do processo.

Convém realçar que cada uma das teorias – a seguir desenvolvidas, desprezados pormenores periféricos – vincula-se, grosso modo, a certa teoria geral do direito. Assim, a que o vê internamente absorvido em relações jurídicas corresponde ao processo havido como relação jurídica processual. De outro lado, a do direito como instituição, de feitio francês,[8] examina o processo, igualmente, sob o rótulo de instituição.

---

4. Eduardo J. Couture, *Fundamentos del derecho procesal civil*, n.º 83, pp. 123-125. De seu turno, Enrique Véscovi, *Teoría general de proceso*, p. 110, diz que a discussão não é acadêmica, e tem razão: basta examinar as sensíveis repercussões da questão na presente obra.
5. José de Albuquerque Rocha, *Teoria geral do processo*, p. 167, e Barrios de Ángelis, *Teoría del proceso*, n.º 1.5, p. 19.
6. Jaime Guasp, *Derecho procesal civil*, v. 1, n.º 2, p. 19.
7. Juan Montero Aroca, *Introducción al derecho procesal*, n.º 181, p. 181. Francisco Mendez Ramos, *Derecho procesal civil*, v. 1, p. 321, assinala que a principal utilidade do estudo da natureza privada do processo consiste em distanciá-lo das categorias jurídicas privadas.
8. A respeito, Juan Montero Aroca, *Introducción al derecho procesal*, p. 187, nota 44.

E, por fim, a do direito como norma, cujo adepto maior se chama Kelsen,[9] toma o processo como simples procedimento, polarizado pelo contraditório.[10]

4.1 *Processo como relação jurídica*

Deve-se à obra de Oskar Bülow, por vários títulos fundamental,[11] a formulação pioneira da teoria do processo como relação jurídica. Equivaleu ao verdadeiro nascimento da ciência do processo a aparentemente banal e surpreendente afirmativa de que ele constituiria "uma relação de direitos e obrigações recíprocas, vale dizer, uma relação jurídica".[12]

Essa noção, àquela altura, nada continha de particularmente inovadora, seja quanto ao conceito de relação jurídica, elaborado pelos civilistas alemães do século XIX,[13] seja quanto à sua aplicação ao processo, pois, nas entrelinhas dos contemporâneos de Bülow, a ela se citava.[14] Indiscutivelmente, porém, pela vez primeira se caracterizava essa relação jurídica, tendo por sujeitos as partes e o órgão judiciário, e, dessa simples e relevantíssima realidade, consoante Bülow,[15] distinguiu-se, em seguida, os pressupostos de constituição da relação material, posta em causa, e os da relação processual, que a ela se sobreporia.[16]

Nota-se que tal concepção, ao fim e ao cabo, somente deu colorido público, ressaltando o papel do órgão jurisdicional, as teses do processo como contrato ou quase-contrato.[17] Quer dizer, emprestou caráter público ao vínculo criado entre o

9. Hans Kelsen, *Teoria geral das normas*, passim, com indispensável introdução de José Florentino Duarte.

10. Nicola Picardi, *La sucessione processuale*, v. 1, n.º 7, p. 24, e José de Albuquerque Rocha, *Teoria geral do processo*, p. 169. Diz Eduardo J. Couture, *Fundamentos del derecho procesal civil*, n.º 86, p. 134, acompanhado por Enrique Véscovi, *Teoría general de proceso*, p. 109, que "la relación jurídica procesal es un aspecto del derecho como relación".

11. Cintra-Dinamarco-Grinover, *Teoria geral do processo*, n.º 157, p. 250.

12. Cândido Rangel Dinamarco, *Fundamentos do processo civil moderno*, n.º 12, p. 13. Juan Montero Aroca, *Introducción al derecho procesal*, p. 185, concorda com o nascimento e o designa de "afortunado". Segundo Carlos Ramírez Arcila, *Acción y acumulación de pretensiones*, p. 38, o livro "abre el caminho a la teoría publicística de la acción, es decir a ala teoría de la acción como derecho público". A frase é de Bülow.

13. Crisanto Mandrioli, Presupostti processuali, n.º 3, p. 788.

14. Eduardo J. Couture, *Fundamentos del derecho procesal civil*, n.º 84, p. 129.

15. Oskar Bülow, *Die Lehre von den Prozesseinreden und die Prozessvoraussetzungen*, p. 1.

16. Oskar Bülow, *Die Lehre von den Prozesseinreden und die Prozessvoraussetzungen*, p. 3. Também Fernando Luso Soares, *Processo civil de declaração*, n.º 45, p. 242. Admite a consequência Crisanto Mandrioli, Presupostti processuali, n.º 3, p. 788.

17. José de Albuquerque Rocha, *Teoria geral do processo*, p. 171. Para uma crítica atual, Walther J. Habscheid, *Droit judiciaire privé suisse*, § 3.º, III, pp. 8-9.

Estado e as partes por meio do exercício do direito à tutela jurídica. Evidentemente, observa Couture,[18] apenas uma perspectiva profundamente distorcida divisaria, na situação compulsória gerada pelo processo, que vincula o réu, a despeito de sua indiferença ou resistência, e impõe ao autor, de qualquer modo, o desfecho desfavorável, quanto aos seus interesses, da sua própria iniciativa de acudir à tutela do Estado, um liame resultante da vontade exclusiva das partes. Essas teses obsoletas e artificiais desmerecem outras considerações.

Ora, duas se revelam as consequências da presença de uma relação de índole pública,[19] diante da participação do Estado, no processo: primeira, firmou-se, de uma vez por todas, a autonomia da estrutura relativamente ao direito material, o que se manterá incólume e sobranceiro a impugnações de vulto, mesmo rejeitada, ulteriormente, a teoria da relação por teses rivais; segunda, esclareceu-se, e essa a vantagem palpável dessa teoria sobre as anteriores, a diferença entre processo e procedimento.[20]

Dessa autonomia – de resto, dificilmente impugnável, pois o processo, além dos direitos tangidos pela álea derivada do conflito, comparativamente aos que se realizaram fora e aquém de semelhante mecanismo, apresenta e oferece aos litigantes outros poderes e faculdades – retira-se a indagação e a dúvida sobre o direito que, afinal, dá ensanchas ao processo, quer dizer, sobre a "ação".

Sob o pretexto de uma melhor apuração do fenômeno representado, a teoria da relação jurídica recebeu críticas severas.[21] Por exemplo, estaria longe de exprimir plenamente o dinamismo ínsito ao processo,[22] objeção a que a progressividade da relação processual – uma das características apregoadas na obra sob comentário –, tampouco, resolveria de maneira correta. Também se desconfiou da existência de direitos e de obrigações das partes no processo, quer bilaterais, quer cada uma delas relativamente ao Estado.[23] Enfim, obtemperou-se de que se trata

18. Couture, ob. cit., n.º 84, p. 128. Cintra-Grinover-Dinamarco, *Teoria geral do processo*, n.º 155, p. 249. Barrios de Ángelis, *Teoría del proceso*, n.º 1.5, p. 20, diz que todas as teorias privatistas tratam de modo tosco e inadequado o processo.
19. Juan Montero Aroca, *Introducción al derecho procesal*, p. 187.
20. Enrico Redenti, Atti processuali civile, n.º 4, p. 107, diz que o aspecto exterior é uma sequência de atos (procedimento) e, intrinsecamente, uma relação jurídica, cujo conteúdo funcional é uma colaboração de trato continuativo. Essa mesma distinção se encontra em Cintra-Grinover-Dinamarco, *Teoria geral do processo*, n.º 153, p. 247.
21. Mario Ricca-Barberis, *Due concetti infecondi*: 'negozio' ed 'rapporto processuale', pp. 191-197 e Francesco Invrea, *La giurisdizione concreta e la teoria del rapporto processuale*, pp. 24-60.
22. Nicola Picardi, *La sucessione processuale*, v. 1, p. 51.
23. James Goldschmidt, *Teoría general del proceso*, n.º 6, pp. 20 e 21.

de conceito de criação doutrinária,[24] destituído de base legal, e de uma figura "evanescente",[25] um modesto clichê,[26] a que aderem os processualistas por um estranho mecanismo de deturpação mental.[27]

Realmente, conquanto adotada a tese da relação jurídica processual entre nós,[28] e majoritária na doutrina, o CPC de 1973, talvez para não tomar partido acerca do problema, aludia com frequência à relação jurídica (por exemplo, nos arts. 4.º, I, 5.º, 471, I, e 325), e algumas vezes a adjetiva, mas, estranhamente, como notou Alcides de Mendonça Lima,[29] nenhuma referência objetiva à relação processual encontrava-se no texto. O panorama se alterou com o art. 238, *in fine*, do CPC de 2015, segundo o qual o réu é citado para integrar a "relação processual". Assim, *de lege lata*, a lei encampou a teoria sob exame.

---

24. É a constatação de Piero Calamandrei, *Istituzioni di diritto processuale civile*, § 47, p. 182, que a adota. Já a crítica é de Crisanto Mandrioli, *Pressupostti processual*, n.º 1, p. 785.
25. Crisanto Mandrioli, *Pressupostti processual*, n.º 1, p. 785.
26. Elio Fazzalari, *Procedimento e processo*, n.º 2, p. 821.
27. Nicola Picardi, *La sucessione processuale*, v. 1, n.º 9, p. 37
28. Por exemplo, Waldemar Mariz de Oliveira Jr., *Curso de direito processual civil*, n.º 82, p. 189; José da Silva Pacheco, *Curso de teoria geral do processo*, pp. 128 e 129; Ernane Fidélis dos Santos, *Manual de direito processual civil*, v. 1, n.º 47, p. 29; Humberto Theodoro Jr., *Curso de direito processual civil*, v. 1, n.º 58, p. 71; Arruda Alvim, *Manual de direito processual civil*, v. 1, n.º 173, p. 286; Galeno Lacerda, *Comentários ao Código de Processo Civil*, v. 8, t. 1, n.º 8, p. 40, com o exagero de a reputar "incontestada". Vicente Greco Filho, *Direito processual civil brasileiro*, v. 1, n.º 7, p. 36; José Frederico Marques, *Manual de direito processual civil*, v. 1, n.º 89, p. 114; Moacyr Amaral Santos, *Primeiras linhas de direito processual civil*, v. 1, n.º 221, p. 237; Hélio Tornaghi, *A relação processual penal*, pp. 17 e 18; Luiz Machado Guimarães, A instância e a relação processual, p. 65, publ. em *Estudos de direito processual civil*, com a primazia de tratar da relação na época em que a doutrina brasileira aludia à "instância"; Pontes de Miranda, *Relação jurídica processual*, pp. 90-91, e Calmon de Passos, *A ação no direito processual civil brasileiro*, n.º 18, p. 45. Existe também na doutrina francesa sob o nome de *instance*: Jean Vincent e Serge Guinchard, *Procédure civile*, n.º 346, p. 366, independente do direito material (ob. cit., n.º 346, p. 368), também Hervé Croze e Cristian Morel, *Procédure civile*, n.º 223, p. 216. No direito alemão, Adolf Wach, *Handbuch des Deutschen Civilprozessrechts*, v. 1, § 4.º, I, p. 34; Friedrich Lent, *Diritto processuale civile tedesco*, § 32, p. 128, sob a ressalva de não se tratar de conceito de grande importância prática para compreender atos isolados do processo, e Leo Rosenberg e Karl Heinz Schwab, *Zivilprozessrecht*, § 2.º, pp. 5-9. No direito português, Varela-Bezerra-Nora, *Manual de processo civil*, n.º 5, p. 44; Artur Anselmo de Castro, *Direito processual civil declaratório*, v. 1, n.º 7, pp. 28-29; Fernando Luso Soares, *Processo civil de declaração*, n.º 45, pp. 240-242 e *Direito processual civil*, p. 61 e ss. Miguel Teixeira de Sousa, *Sobre a teoria do processo declarativo*, p. 88, rejeita-a e vê o processo como "estrutura com função decisória".
29. Alcides de Mendonça Lima, *Dicionário do Código de Processo Civil*, p. 498. Já Eliézer Rosa, *Novo dicionário do processo civil*, p. 247, expõe o verbete sem aludir ao silêncio do CPC de 1973.

Entretanto, o silêncio da lei processual anterior não excluía, absolutamente, o processo como relação jurídica. Em outras palavras: retirando-se, daí, um indício para rejeitá-la nesses domínios, o argumento provaria em excesso, porque abrangeria, por idênticas razões, as outras teses. E a alusão à "relação jurídica" fornece indício claro de que essa contestada categoria não repugnava ao estatuto.

Quando, relativamente ao processo, Bülow emprega a noção de relação jurídica, utiliza-se da fórmula de Windscheid,[30] para quem a relação se estabelece exclusivamente entre sujeitos. Isso possui relevância porque se criticam os direitos e obrigações processuais. É preciso, correlativamente, definir a quantidade de relações contidas no processo. Por exemplo, Francesco Carnelutti entrevê a possibilidade de existirem múltiplas relações.[31] Esse ponto apresenta extraordinária importância e profundos reflexos na cumulação de ações (*infra*, n.º 6).

A incessante e pertinaz crítica à relação processual retira fôlego da prática do foro.

Sustenta-se que o processo, enquanto conjunto de atos endereçados à solução da lide, escapa a esse esquema limitado e simplista. Contribui singularmente James Goldschmidt[32] com a ironia de que o processo não constitui uma relação jurídica da mesma maneira que um rebanho não adquire análoga condição porque complexo de coisas semoventes.

Miguel Teixeira de Sousa[33] recoloca a questão de forma promissora e, de fato, instigante. Diz que, por meio do corte entre direito e processo, separa-se a relação processual do seu objeto, e, assim, a legitimação (*legitimatio ad causam*), aferível no último, escapa de explicação plausível no plano processual. E, como a ilegitimidade se verifica na pendência do processo, incorre-se na triste e grave incoerência de negar a existência do último na presença da primeira. É interessante que a crítica, fecundamente extraída da categoria intercalar da legitimação da causa, semelha, enormemente, à que ataca as condições da ação (*infra*, n.º 8.5).

Essas objeções redundaram em alternativas à teoria sob foco. Mostrar-se-á incômodo e desinteressante catalogar a todas e criticá-las, uma a uma, pois, conforme ponderou Gaetano Foschini,[34] muitas se limitam a explicações ecléticas, e, por esse motivo, apenas as principais tendências exigem atenção.

---

30. Bernhard Windscheid, *Diritto delle Pandette*, v. 1, § 37, pp. 169-172.

31. Francesco Carnelutti, *Instituciones de proceso civil*, v. 1, n.º 187, pp. 289-291. Também Eduardo J. Couture, *Fundamentos del proceso civil*, n.º 86, p. 134. Enrico Tullio Liebman, *L'opera scientifica di James Goldschimidt e la teoria del rapporto processuale*, n.º 4, p. 136, reputa inútil e impróprio unificar a multiplicidade do processo em uma única relação complexa.

32. James Goldschmidt, *Teoría general del proceso*, n.º 8, p. 23.

33. Miguel Teixeira de Sousa, *Sobre a teoria do processo declarativo*, pp. 74-75.

34. Gaetano Foschini, *Natura giuridica del processo*, pp. 110-115.

4.2 *Processo como situação jurídica*

Visando a isolar a identidade específica e dinâmica do processo, substituindo as inadaptáveis categorias tradicionais da ciência do direito, elaborou James Goldschmidt uma teoria da maior originalidade, muito particular e afinada à função instrumental do processo.[35] Objetivava, ademais, relacionar o processo e o seu conteúdo material, sem expulsá-lo desse âmbito.

A construção teórica parte da posição central do juiz que, no papel do aplicador da lei, não calha à condição de sujeito do processo, e, de toda sorte, a sua atividade interfere no objeto litigioso ou *pretensão processual* (vale dizer, na pretensão, proveniente do direito material, introduzida no processo por meio da demanda do autor). Dessa sobranceira posição do órgão judiciário advêm para as partes laços diferentes daqueles geralmente identificados. Elas ostentam, no processo, situações de vantagem e de desvantagem, segundo seu desenvolvimento, e a "chance" – palavra especialmente aplicada para retratar o fato – de lograr, ou não, sucesso perante o adversário. Extrema, então, as expectativas de um provimento favorável das possibilidades ou ocasiões de a parte se pôr naquela situação, e, finalmente, os ônus,[36] ou seja, a prática de atos em proveito do próprio interesse. Segundo James Goldschmidt, as análises corriqueiras ignoram tais direitos, típicos do processo, e que correspondem, respectivamente, a três espécies de direitos materiais: relativos, potestativos e absolutos.

Nada obstante o inegável engenho da construção, e o merecido prestígio que certas definições do autor obtiveram na linguagem universal dos processualistas (*v.g.*, a noção de ônus, incorporada ao léxico processual com sentido inteiramente diverso do que lhe é reconhecido no plano substancial), a tese se esvai em decorrência de algumas colocações óbvias.

Em um ensaio célebre, afirma Enrico Tullio Liebman que o modo de Goldschmidt descrever as esperanças e os riscos das partes, no curso do processo, revelam somente um juízo certo ou errado sobre o direito material, a que se cinge a disputa dos contraditores, e, portanto, não define a natureza do processo.[37] E o exemplo de Liebman, já traduzido em termos compreensíveis ao ordenamento brasileiro,

---

35. Acentuam o aspecto Enrico Tullio Liebman, *L'opera scientifica di James Goldschimidt e la teoria del rapporto processuale*, n.º 2, p. 133, e Miguel Teixeira de Sousa, *Sobre a teoria do processo declarativo*, p. 77.

36. James Goldschmidt, *Teoría general del proceso,* n.º 22, pp. 50-53. A obra fundamental do autor, que versa o assunto se chama *Der Prozess als Rechtslage* (O processo como situação jurídica), especialmente o § 19, pp. 253-268.

37. Enrico Tullio Liebman, *L'opera scientifica di James Goldschmidt e a teoria del rapporto processuale*, n.º 5, p. 138. Também Barrios de Ángelis, *Teoría del proceso*, n.º l.5, p. 21, e Cintra-Grinover-Dinamarco, *Teoria geral do processo*, n.º 158, p. 252.

devasta as hostes adversárias. Ante uma sentença, contrária à jurisprudência dominante do STJ, sem caráter vinculativo, confrontada a outra, seguindo aquela orientação, as expectativas da parte de revertê-las se mostram, à toda evidência, antagônicas. Todavia, o direito (ou "possibilidade" no jargão de Goldschmidt) que a lei processual confere ao vencido para impugná-las é rigorosamente idêntico. Atualmente, no direito pátrio, erigem-se entraves mais ou menos nítidos ao recurso que sustenta tese contrária à jurisprudência do STJ (*v.g.*, falta de relevância, a *contrario sensu* do art. 105, § 3.°, V, da CF/1988, na redação da EC 125/2022), mas o direito de recorrer, em si, permanece idêntico.

Fere o senso comum dissolver os nítidos contornos do processo na incerta e mutável perspectiva do seu resultado final.[38]

Outro reparo sério se fez à tese agora criticada. Quando se assevera que o objeto do processo consiste na *pretensão processual*, individualizada no pedido da parte, originária da pretensão material, estabelece-se uma identidade, na verdade, quanto ao *mérito* da causa.[39] Essa simetria absoluta logo se mostrará falsa.

Além disso, o desaparecimento de direitos e deveres, trocados por expectativas, possibilidades e ônus, não se conforma exatamente à realidade tão perseguida e desejada reproduzir por Goldschmidt. Existem direitos flagrantes, cristalinos, como o direito ao processo e o dever correlato de não haver denegação da Justiça.[40]

Do esforço de Goldschmidt restou a ideia de que o processo, enquanto categoria, não se reduz facilmente à outra mais geral.[41] E, também, a fusão direito e processo, objetada por Liebman, e deveras inconveniente, derruba a teoria.[42]

---

38. Enrico Tullio Liebman, *L'opera scientifica di James Goldschmidt e a teoria del rapporto processuale*, n.° 7, p. 146.
39. Miguel Teixeira de Sousa, *Sobre a teoria do processo declarativo*, p. 83, e Enrico Tullio Liebman, *L'opera scientifica di James Goldschmidt e a teoria del rapporto processuale*, n.° 5, p. 141.
40. José Alberto dos Reis, *Comentários ao Código de Processo civil*, v. 3, p. 23, e Fernando Luso Soares, *Processo civil de declaração*, n.° 44, p. 240.
41. Juan Montero Aroca, *Introducción al derecho procesal*, n. 195. Enrique Véscovi, *Teoría general del proceso*, p. 122, diz que é um fenômeno complexo e muito particular.
42. Enrico Tullio Liebman, *L'opera scientifica di James Goldschmidt e a teoria del rapporto processuale*, n.° 5, p. 150. Recentemente, Ovídio A. Baptista da Silva, *Curso de processo civil*, v. 1, pp. 14-16 reintroduz as ideias de James Goldschmidt como "princípio heurístico". Não espelha, porém, conforme os argumentos do texto à teoria de Goldschmidt, a verdadeira natureza do processo; e, tampouco, Ovídio descarta a ideia de uma relação jurídica processual.

4.3 *Processo como instituição*

Lançou Jaime Guasp as raízes da tese de tomar o processo como instituição. Recolheu a adesão inicial,[43] depois revista, de Eduardo J. Couture.[44]

A teoria é rejeitada, atualmente, porque débil e de escassa utilidade prática.[45] De nada adianta afirmar que o processo compreende um conjunto de atividades, relacionadas ao objetivo comum e único de satisfazer pretensões, à semelhança, *mutatis mutandis*, de outras "instituições", a exemplo do Estado e da família,[46] entendidas como realidades jurídicas permanentes. A essência do processo permanece incógnita nessas genéricas asserções.[47]

4.4 *Processo como procedimento*

Liebman, no ensaio em que analisou a obra de Goldschmidt, deteve-se numa observação inquietadora. Desmontando a situação processual, assimilada ao direito posto em causa, diz o seguinte: "o processo é uma unidade que se exprime, em planos diversos, com os conceitos de 'procedimento' e de relação jurídica processual".[48]

Nesse abalizado entendimento, portanto, o procedimento explica, além do elo entre os atos seriais do processo, as posições subjetivas, inúmeras e diversas, assumidas pelas partes.

Outra vez os reparos feitos à relação processual derivam do dinamismo intrínseco ao processo. É comum insistir-se que a relação processual não esgota o processo,[49] e que a cadeia de atos, destinada a produzir o resultado final da sentença, escapa desse esquema abstrato e reducionista.[50]

---

43. É a referência de Juan Montero Aroca, *Introducción al derecho procesal*, p. 188, nota 46. Ver Eduardo J. Couture, *El proceso como institución*, n.º 27, p. 373.
44. Eduardo J. Couture, *Fundamentos del proceso civil*, n.º 89, pp. 141-145, 3.ª ed., especialmente por problemas léxicos.
45. Juan Montero Aroca, *Introducción al derecho procesal*, p. 189. Nicola Picardi, *La sucessione processuale*, 1, n.º 11, p. 45, diz que se trata de um expediente verbal inútil.
46. Jaime Guasp, *Derecho procesal civil*, v. 1, pp. 121-12; idem, *Comentarios a la ley de enjuiciamento civil*, n.º 5, p. 22.
47. Miguel Teixeira de Sousa, *Sobre a teoria do processo declarativo*, p. 86.
48. Enrico Tullio Liebman, *L'opera scientifica di James Goldschmidt e a teoria del rapporto processuale*, n.º 4, p. 136.
49. Enrique Véscovi, *Teoría general del proceso*, p. 111.
50. É fundamental, a respeito, a opinião de Elio Fazzalari, *Istituzione di diritto processuale*, pp. 69-80.

Aproveitando a referida intuição e, buscando inspiração em uma noção renovada de procedimento, haurida de administrativistas, erigiu-se a tese de que o processo, enquanto situação composta,[51] ou seja, enquanto uma série de atos entrelaçados, apresenta-se, verdadeiramente, como atos e posições subjetivas implicados entre si e com os sujeitos.[52] Do gênero (procedimento), a espécie (processo) se distinguirá pelo contraditório,[53] que atende à sua função dialética de instrumentar a aplicação do direito objetivo.[54]

Entre nós, também se visualizou, no processo, "um procedimento animado pela relação jurídica processual", vínculo complexo e progressivo, caracterizado por inúmeras posições ativas e passivas.[55] Aduz Nicola Picardi, também adepto dessa linha de raciocínio, que se trata de uma série ordenada de atos regulados e valorizados pelas normas jurídicas.[56]

De saída, avulta o cuidado da teoria em preservar a relação jurídica processual. Como antes já ocorrera, no âmbito da situação jurídica processual (*retro*, n.º 4.3), agora se procura combiná-la ao procedimento.[57]

Essa inequívoca fragilidade, na explicação da natureza do processo, revela um vício de origem incontornável. Inspirada no procedimento administrativo, conquanto polarizada pelo princípio do contraditório, a concepção nega os fundamentos de um sistema jurídico, tal qual o brasileiro, em que processo e jurisdição interdependem e, diferentemente do que ocorre na Itália, e em outros países, o órgão jurisdicional – um dos sujeitos do processo – submete à sua palavra final os demais órgãos do Estado.[58]

---

51. Elio Fazzalari, *Note in tema di diritto e processo*, pp. 94-95.
52. Idem, *Note in tema di diritto e processo*, p. 110, e, posteriormente, em *Procedimenti e processo*, n.º 18, p. 834.
53. Idem, *Procedimenti e processo*, n.º 14, p. 833. Também Enrique Véscovi, *Teoría general del proceso*, p. 112.
54. Nicola Picardi, *La sucessione processuale*, v. 1, n.º 12, pp. 56-63.
55. Cândido Rangel Dinamarco, *Execução civil*, n.º 69, p. 120. Idem, *Fundamentos do processo civil moderno*, n.º 37, p. 65. Tem o aplauso de Kazuo Watanabe, *Da cognição no processo civil*, n.º 21, pp. 91-94.
56. Nicola Picardi, *La sucessione processuale*, v. 1, n.º 12, p. 61.
57. Por exemplo, Cintra-Grinover-Dinamarco, *Teoria geral do processo*, n.º 159, p. 254. Mais amplo, porque inclui a ideia de instituição, José de Albuquerque Rocha, *Teoria geral do processo*, p. 170, também adota esse novo ecletismo, que faria desaparecer as objeções formuladas a cada tese isoladamente; parece-nos, todavia, que o ecletismo, antes de tornar imune a teoria substitutiva às críticas, atrai e condensa todos os defeitos das anteriores.
58. Galeno Lacerda, *Comentários ao Código do Processo Civil*, v. 8, t. 1, n.º 18, p. 114. Extensamente, outrossim, em *Processo cautelar*, p. 187.

Em outras palavras, ao procedimento administrativo, a que se recusa, inclusive, a nobre designação de "processo", faltam o poder, a essência e os efeitos do autêntico processo, em que participa o juiz como figura central e dominante. Realidades diferentes, porquanto o direito público no Brasil se filia à tradição norte-americana e ao princípio da unidade jurisdicional, não há dúvida de que o resultado daquele cede à revisão proferida nesse (art. 5.º, XXXV, da CF de 1988), ou seja, impera o "princípio da inafastabilidade do controle judiciário".[59]

Dessa banal, mas exata constatação, decorrem importantes consequências. Aqui não importam todas as suas incontroláveis repercussões em outras áreas. No concernente ao processo, porém, evidencia-se a impossibilidade de equipará-lo, *tout court*, ao procedimento, em virtude da função prevalente outorgada ao órgão judiciário. Na verdade, processo e procedimento não representam espécies do mesmo gênero. Tampouco o contraditório se presta a qualificar o procedimento no processo judicial, pois o procedimento administrativo é governado por esse princípio (art. 5.º, LV, da CF/1988).

Ademais, a dissolução do processo no gênero amplo do procedimento implica o grave risco de eliminá-lo ou de fazê-lo perder a notável dignidade que se lhe atribui no Estado Constitucional Democrático. Lembra Juan Montero Aroca[60] que, à época da Alemanha do *Führerprinzip*, certo magistrado de alta Corte impugnou a existência do processo, eis que revelava, apenas, um confronto de partes, onde quaisquer meios, ou espertezas, se impunham-se para derrotar o adversário. Tal desafio agredia o Estado moderno e o juiz, não mais terceiro imparcial, ou indiferente à lide, e, sim, órgão restaurador da paz. Em vista disso, tornar-se-ia possível – segundo aquele magistrado – substituir o processo por um procedimento administrativo, no qual, por definição, banir-se-ia o indesejável e individualista conflito. Como percebeu Piero Calamandrei, a eliminação do processo, nesse caso, importará, por igual, a da jurisdição, suprimindo-se para as partes qualquer garantia de imparcialidade.[61] Não se poupou justas e inflamadas censuras à tese.[62]

59. Ada Pellegrini Grinover, *Os princípios constitucionais e o Código de Processo Civil*, n.º 6, p. 15-19. Sobre os limites desse princípio, Kazuo Watanabe, *Controle jurisdicional*, n.º 19, pp. 44-48.

60. Juan Montero Aroca, *Introducción al derecho procesal*, pp. 196-198.

61. Piero Calamandrei, *Abolizione del processo civile?*, p. 389.

62. Niceto Alcalá-Zamora y Castillo, *Processo, autocomposición y autodefensa*, n.º 130, pp. 223-225. Walter J. Habscheid, *Introduzione al diritto processuale civile comparato*, § 14, pp. 122 e 123, concorda com a crítica, aduzindo que tais ideias não põem o processo a salvo de uma politização, que encontrou exemplos tristes na Alemanha nazista.

Por conseguinte, ao lado da inadaptabilidade congênita ao princípio do controle judiciário, se enfrenta um ranço autoritário que o contrapeso da utilização do contraditório não consegue disfarçar completamente.

E o fato de os críticos da relação processual evitarem removê-la ou bani-la, mas, ao contrário, adicionarem o seu imprescindível tempero às próprias reservas, escoimando-a de imaginárias imperfeições, consagra esse conceito candidato preferencial, enquanto infalsificável,[63] à glória de expressar a natureza jurídica do processo. Ocioso frisar que a parte final do art. 238 do CPC de 2015 consagra a teoria.

Das críticas formuladas, principalmente à relação processual, entretanto, alguma coisa se retira de útil. Diz Enrico Tullio Liebman que a relação processual não se confunde com a relação material, porque a primeira se movimenta, progride, ou seja, se revela dinâmica.[64] E, realmente, tal caráter, consubstanciado na firme marcha rumo à aplicação do direito objetivo, ou à justa composição da lide, compreende-se apenas por meio da sua totalidade.[65] Acontece que a progressividade não é exclusiva da relação processual. Mesmo a relação obrigacional, típica do direito material, explica Clóvis do Couto e Silva,[66] movimenta-se na direção do adimplemento, e, por isso, importa "processo". Logo, a progressão, agasalhada no processo, e que, por suposto, não se justificaria, à primeira vista, na relação jurídica processual, encontra-se bem compreendida em suas notas essenciais.

Razão assiste, nesse sentido, a Piero Calamandrei, quando localiza exatamente no dinamismo da relação processual a melhor explicação ao devenir do conjunto de atos e faculdades do processo.[67]

E, no plano prático, como ensina Enrico Tullio Liebman,[68] a relação processual enseja a compreensão dos seguintes itens: primeiro, do vínculo entre os

63. Sobre o método da falsificação, que entendemos aplicável à ciência processual com vantagem, Araken de Assis, *Sobre o método em processo civil*, pp. 153-172.

64. Enrico Tullio Liebman, *L'opera scientifica di James Goldschmidt e a teoria del rapporto processuale*, n.º 4, p. 137, e Enrique Véscovi, *Teoría general del proceso*, p. 111.

65. Clóvis do Couto e Silva, *Comentários ao Código de Processo Civil*, v. 11, t. 2, n.º 539, p. 445.

66. Idem, *A obrigação como processo*, passim.

67. Piero Calamandrei, *Istituzioni di diritto processuale civile*, § 47, pp. 182-183.

68. Enrico Tullio Liebman, *L'opera scientifica di James Goldschmidt e a teoria del rapporto processuale*, n.º 4, p. 136. No mesmo sentido, quanto à sucessão processual, Adolf Schönke, *Zivilprozessrecht*, § 2.º IV, p. 8.

sujeitos que participam do processo; segundo, da disciplina de suas relações recíprocas; e, terceiro, da sucessão processual.[69]

5. Precisões em torno da relação processual

Reconhecida, ao processo, a qualidade de relação jurídica, porque ela informa a "essência" do fenômeno, vencendo outros ecletismos (*retro*, n.º 4.4), evidencia-se, outrossim, que as partes, para além e sobre o móvel da desavença, acham-se assistidas de outro direito fundamental, diverso daquele sobre o qual se litiga.[70]

Todavia, antes de infletir nesse caminho, cumpre dimensionar a relação processual, cabalmente, em seus quadrantes.

5.1 Noção atual de relação jurídica

Na doutrina moderna, a relação jurídica constitui o liame que une entre si sujeitos de direito,[71] ou seja, pessoas dotadas de personalidade ou entes despersonalizados (*v.g.*, massa falida).

Ela se origina da regra jurídica que, incidindo nos fatos, torna relevante ao mundo jurídico a relação inter-humana.[72] Em cada relação existe, no mínimo, um direito subjetivo,[73] ou seja, a exteriorização da vontade humana em situação de vantagem, dentro de certos limites, à consecução de fins permitidos no ordenamento.[74]

Relação jurídica e direito subjetivo, apesar de categorias discerníveis e úteis à teorização científica, atraem redobradas contestações. Da primeira já se demonstrou o valor. E do direito subjetivo se pode afirmar, simplesmente, indispensável "para a construção de qualquer doutrina jurídica".[75]

A presença de direito subjetivo na relação jurídica, em geral, e na relação processual, em particular, interessa em dois sentidos. Em primeiro lugar, no exame da ação, o direito subjetivo protagoniza papel destacado, integrando, a despeito de extremado da ação propriamente dita, a fenomenologia jurídica. Ademais, sempre

---

69. É interessante observar que, aplicando as teorias da relação processual e do procedimento, nessa questão, Carlos Alberto Álvaro de Oliveira, *Alienação da coisa litigiosa,* § 20, p. 155, nota 385, observa que elas levam a idêntico resultado.
70. Fernando Luso Soares, *Processo civil de declaração,* n.º 45, p. 242.
71. Karl Larenz, *Derecho civil* – parte general, § 12, pp. 245-246.
72. Idem, § 12, p. 252. Também Pontes de Miranda, *Tratado de direito privado,* v. 1, § 39, p. 119.
73. Pontes de Miranda, *Tratado de direito privado,* § 39, p. 117.
74. Idem, ibidem.
75. Ovídio A. Baptista da Silva, *Curso de processo civil,* v. 1, p. 39.

existindo um direito subjetivo na relação, prescinde-se, todavia, de outros. Assim, a noção assume fundamental importância para resolver a dúvida sobre a multiplicidade de relações processuais.

Realmente, se o réu, a par de formalizar sua resistência ou defesa, de seu turno, passa ao contra-ataque e formula reconvenção – que se admite, tranquilamente, como "ação" –, cria-se, em princípio, o falso problema da dupla relação processual: uma, por meio da constituição do processo pelo autor; outra, servida pela reconvenção do réu; e ambas coexistindo no processo. Para alguns, aliás, a questão surge na simples contestação, porque o réu teria direito idêntico ao do autor à prestação jurisdicional. Enfrentar declaradamente o ponto, ligado à ação, e que não altera o problema posto com a reconvenção, depende de ulteriores avanços na análise (*infra*, n.º 6).

5.2 *Sujeitos da relação processual*

Existe consenso acerca dos possíveis sujeitos da relação processual.

Ao lançar as raízes da teoria, afirmou-se que a relação, unindo as partes e o órgão jurisdicional, era de direito público, porque o processo realiza uma função estatal, e, além disso, ocorreria desenvolvimento progressivo do vínculo "entre o tribunal e as partes".[76] Evidentemente, o "tribunal", quer dizer, o órgão judiciário não figura em nome próprio na relação processual. Ocupa tal lugar, ao invés, o Estado. O juiz é o órgão (estatal) que aplica, em nome do Estado, o direito objetivo ou, segundo outra concessão, compõe a lide trazida pelas partes. Entre o Estado e a pessoa investida na função judicante, em cada processo, há um elo administrativo de importância secundária.

Além dessa relação funcional do juiz e Estado, existem, no processo, relações outras que não interferem com ele enquanto tal – por exemplo, a que define a participação dos auxiliares do juízo arrolados no art. 149, cabendo destacar a heterogeneidade das relações que vinculam ao órgão judicial os servidores da justiça (*v.g.*, o escrivão) e os colaboradores da justiça (*v.g.*, o perito) –,[77] e, tampouco, com a questão da multiplicidade de relações (retro, n.º 5.1). Constitui uma grave distorção turvar a essência do processo, ditada pela relação processual, e as relações secundárias, de natureza diversa, que nele gravitam.

Discrepa-se, no entanto, quanto à forma da relação processual.[78] Estabelecer-se-ia entre o autor-Estado, Estado-réu e réu-autor (feição triangular)? Entre autor-réu (feição linear)? Entre autor-Estado e Estado-réu (feição angular)?

76. Oskar Bülow, *Die Lehre von den Prozesseinreden und die Prozessvoraussetzungen*, p. 1.

77. Francesco Carnelutti, *Instituciones de derecho procesal civil*, v. 1, n.º 187, pp. 289-291.

78. A respeito, Hélio Tornaghi, *A relação processual penal*, pp. 16 e 17, e Fernando Luso Soares, *Processo civil de declaração*, n.º 45, pp. 242-245, fazem belíssimas exposições dessas concepções.

Em doutrina, prevalece a ideia triangular.[79] Contudo, a demonstração de que as partes se relacionam também no plano processual, radicalmente diferente do substantivo, merece maiores investigações. Os exemplos geralmente lembrados se mostram frágeis e infundados: a obrigação de restituir as despesas processuais adiantadas pelo vencido (art. 82, *caput*, § 2.º) e o dever recíproco de probidade processual (art. 79).

Lícito que seja à parte esperar a observância de probidade pelo adversário, esse dever se configura perante o Estado, porque só a ele interessa, fiscalizadas as artimanhas dos litigantes, aplicar o direito, indiferente às injunções provocadas pelo comportamento reprovável, catalogado em algum dos atos do art. 80. Do descumprimento desse dever, tal como sucede à restituição das despesas processuais, resultam obrigações típicas do direito material, cuja nota distintiva reside no fato de se originarem do próprio processo.[80] Não provam que as partes se relacionem diretamente no plano processual.

Limitar a relação processual ao autor e ao réu não se compadece do caráter público do processo, e reduz o papel do juiz, sem dúvida primacial, a uma incógnita.[81]

Nessa contingência, sobra incólume a ideia angular. Ela implica a admissão da relação linear, exclusivamente entre autor e Estado, ou seja, torna dispensável o chamamento do réu,[82] algo inconcebível na triangulação. Aqueles que, todavia, negam essa consequência,[83] ignoram o art. 312, primeira parte, que reza: "considera-se proposta a ação quando a petição inicial for protocolada". E o ato judicial que indefere a petição inicial (art. 330) extingue o processo, a teor do art. 316. Revelando-se apta a petição inicial, a citação integrará o réu à relação processual (art. 238, *caput*). Como se nota, inexiste angularidade necessária para que se constitua, *tout court*, autêntico processo.

---

79. Moacyr Amaral Santos, *Primeiras linhas de direito processual civil*, v. 1, n.º 90, p. 115; Vicente Greco Filho, *Direito processual civil*, v. 1, n.º 12, p. 55; Ernane Fidélis dos Santos, *Manual de direito processual civil*, v. 1, n.º 47, p. 29; José da Silva Pacheco, *Curso de teoria geral do processo*, p. 129; Excetuam-se: Hélio Tornaghi, *A relação processual penal*, p. 45, que voltou atrás da ideia triangular exposta na primeira edição do seu livro; e Calmon de Passos, *A ação no direito processual civil brasileiro*, n.º 18, p. 45.

80. Cândido Rangel Dinamarco, *Execução civil*, n.º 66, pp. 115-116

81. E a melhor crítica é a de Alfredo Rocco, *La sentenza civile*, p. 94-96.

82. Pontes de Miranda, *Relação jurídica processual*, p. 90. Exata a observação de Calmon de Passos, *A ação no direito processual civil brasileiro*, n.º 18, p. 45: "Não se deve, por conseguinte, condicionar a existência da relação processual a sua angularização, que apenas objetiva, com a ciência do réu, torná-lo sujeito do juízo".

83. Humberto Theodoro Jr., *Curso de direito processual*, v. 1, n.º 59, p. 72.

Na realidade, abstraído o desinteresse cúmplice e a repetição anódina de alguns setores da doutrina, o direito brasileiro há muito tempo desconhece regra similar ao art. 101 do CPC italiano. Segundo o dispositivo estrangeiro, a deliberação do juiz, quanto à demanda, dependerá do chamamento do réu. Consagrando o princípio do contraditório,[84] induziu ele os processualistas italianos – Chiovenda[85] e Calamandrei[86] à frente – a conceberem o processo necessariamente angulado. À guisa de exemplo, Liebman diz que "a demanda se propõe com o ato de citação",[87] lição inconciliável com a letra do art. 312, primeira parte, do CPC brasileiro. Se já existiu, entre nós, a audiência em que o autor e o réu compareciam para formar o processo, acudindo o réu à citação, é outro problema. Simplificou-se, a bem da economia, a formação do processo. Respeitadas, então, as diferenças de sistema, nada impede a relação linear.

5.3 *Pressupostos processuais*

Além da identificação da natureza do processo, fornecida pela relação processual, a obra de Bülow revelou que, distinta da relação material, naquela se cogitaria, como nessa, de requisitos de admissibilidade e das condições prévias de tramitação do processo. Designou de "pressupostos processuais" esse círculo de problemas,[88] ressalvando, porém, o emprego de outra expressão melhor para definir o conceito.[89]

Realmente, a designação pioneira, entrementes vulgarizada, atraiu várias impugnações. Ela contrai a expressão analítica "pressupostos da relação processual", conforme nota Crisanto Mandrioli.[90] Ora, de um lado, a ideia de relação processual provoca objeções (*retro*, n.º 4), e, de outro, a palavra "pressupostos" gera desconfianças. Por exemplo, "pressuposto" há de ser algo prévio, e, contudo, as questões normalmente consideradas integrantes dessa classe, o juiz examinará e proverá no próprio processo.[91]

---

84. Ver, a respeito, Elisabetta Silvestri, *Dell' esercizio dell'azione*, pp. 150-154.
85. Giuseppe Chiovenda, *Instituições de direito processual civil*, v. 1, n.º 18, p. 100.
86. Piero Calamandrei, *Istituzioni di diritto processuale civile*, § 47, p. 182.
87. Enrico Tullio Liebman, *Manuale di diritto processuale civile*, v. 2, n.º 133, p. 10.
88. Oskar Bülow, *Die Lehre von den Prozesseinreden und die Prozessvoraussetzungen*, p. 7.
89. Idem, p. 314.
90. Crisanto Mandrioli, *Presupostti processuali*, n.º 2, p. 786, e Lopes da Costa, *Direito processual civil brasileiro*, v. 2, n.º 194, p. 156.
91. Adotam a inexistência: Hélio Tornaghi, *Comentários ao Código de Processo Civil*, v. 12, p. 334; Moniz de Aragão, *Comentários ao Código de Processo Civil*, v. 2, n.º 511, p. 505, e Pontes de Miranda, *Comentários ao Código de Processo Civil*, v. 1, pp. 31-32.

A procedência dessa crítica se vincula à extensão outorgada a esses requisitos. Incluídos, entre eles, os "pressupostos" (*rectius:* elementos) de existência, calha a resposta de que, estabelecendo-se a relação perante alguém despojado de função judicante (por exemplo, o juiz temporário, cujo prazo de investidura expirou ou do juiz que, publicado o ato de aposentadoria, perdeu a investidura), a relação constituída em tais condições precárias não passa de um fato insuficiente a ingressar no mundo jurídico, ou seja, inexistente.[92]

Por tudo, a locução "pressupostos processuais" não goza de geral aceitação e propugna-se substituí-la por outras, de maior conteúdo significante, por exemplo, "condições da atividade jurisdicional".[93] E autores há que separam os supostos e os pressupostos processuais.[94] De notar-se, aliás, que o CPC adotou a fórmula analítica "pressupostos de constituição e de desenvolvimento válido e regular do processo", no art. 485, IV.

Uma coisa, porém, parece certa nesse tema: os requisitos respeitam à relação processual, e a sua presença permite ao juiz prover sobre o mérito da demanda; apurada sua falta, ao invés, o magistrado extinguirá o processo sem exame do mérito.[95] Por conseguinte, a atividade do órgão judiciário desenvolver-se-á em duas órbitas distintas, a primeira lógica e cronologicamente antecedente à segunda: o juízo de admissibilidade e o juízo de mérito. Aqui calha uma observação. O art. 488 do CPC de 2015, nada obstante a prudente cláusula "desde que possível", recomenda ao órgão judiciário resolver o mérito a favor da parte a quem favoreceria o juízo de inadmissibilidade. Esse dispositivo é, a mais das vezes, inútil. Figure-se a seguinte situação: o segurado *A* pleiteia o pagamento do seguro, verificado o sinistro, do estipulante *C*, em lugar da seguradora *B*. A acreditar-se no art. 488, em lugar de decretar a ilegitimidade passiva, o órgão judiciário, assoberbado por milhares de processo, dissiparia seu esforço intelectual no exame do mérito para rejeitar o pedido do segurado *A*, declarando que não faz jus à indenização, em proveito de quem não figura no processo (a seguradora *B*). É contraproducente, porque desperdiça atividade processual, e inútil, porque *A* pode demandar *B*, a resolução do mérito em tal caso. E nem sequer se pode imaginar a pessoa investida na função judicante propensa a empreender custoso e talvez difícil exame do mérito.

Tampouco reina harmonia acerca da introdução do plano da existência nos pressupostos processuais.[96] Esse aspecto justifica a denominação do rol de

92. Luiz Eulálio de Bueno Vidigal, *Pressupostos processuais e condições da ação*, p. 7.

93. Celso Neves, *Binômio, trinômio ou quadrinômio?*, pp. 11-16.

94. *Vide*, Kazuo Watanabe, *Da cognição no processo civil*, n.º 15, pp. 54-55.

95. Nesse sentido, aliás, Pontes de Miranda, *Comentários ao Código de Processo Civil*, v. 1, p. 33.

96. Cf. nota 107.

questões inserido nessa rubrica e apresenta consequências interessantes sobre a cognição do juiz.[97] Os exemplos colecionados para enquadrar a existência se ostentam, às vezes, infelizes. Por exemplo, o ajuizamento da demanda em nome de quem já faleceu, embora a aparência de teratologia e de inexistência,[98] oferece hipótese em que o processo existe, porque se torna impossível vedar ao juiz a extinção – válida! – da relação processual em razão do defeito constitutivo, não ocorrendo a habilitação dos sucessores.

Mas, existem casos diferentes e que, sem dúvida, permitem concluir pela falta de elemento de existência: por exemplo, o do órgão aparente; o do processo instaurado de ofício pelo juiz, sem a observância do princípio da demanda,[99] insculpido no art. 2.º.[100]

Assim, ao menos demanda e jurisdição representam, além de qualquer dúvida razoável, pressupostos de existência do processo: a falta de um deles não enseja uma relação, mas um mero fato, desinteressante ao mundo jurídico.

Tenha-se em conta, ainda, quanto aos pressupostos processuais, sem embargo dos reparos que a eles se fazem, a sua intrínseca utilidade na compreensão do processo. Lembra-se, com razão, que seu valor não diminui, e, ao contrário, valoriza-se, em se desprezando a própria relação processual, como faz James Goldschmidt (*retro*, n.º 4.2), o qual, todavia, admite a permanência desses requisitos.[101]

5.4 Características da relação processual

É possível, agora, arrolar as características gerais da relação processual.

Em primeiro lugar, ressumbra flagrante a *autonomia* da relação, relativamente à eventual relação de direito material litigiosa; em outras palavras, prescinde ela, para sua existência, de qualquer elemento haurido do último plano. Ademais, ela é *instrumental*, porque permite a aplicação do direito objetivo ao conflito. Tem caráter *público*, em virtude da condição de um dos seus sujeitos, o Estado, e *progressivo*, porque, de ato em ato, se dirige à justa composição da lide. Finalmente, a relação processual constitui uma *totalidade* (*retro*, n.º 4.4).

5.5 Objeto da relação processual

Enquanto o objeto da relação material controvertida, que fez as partes acudirem ao Estado, reside no bem da vida por elas disputado, o objeto da relação

97. Kazuo Watanabe, *Da cognição no processo civil*, n.º 15, p. 55.
98. Pontes de Miranda, *Comentários ao Código de Processo Civil*, v. 1, p. 33.
99. Sobre o princípio, Araken de Assis, *Manual da execução*, n.º 131, p. 623-624.
100. Jorge Dall'Agnol, *Pressupostos processuais*, n.º 2.2, p. 38.
101. James Goldschmidt, *Zivilprozessrecht*, § 2.º, 1, p. 4.

processual se atrela ao fim do processo. Dependerá, portanto, do tipo de tutela jurídica reclamado pelas partes (conhecimento, execução ou cautela). Inexistem óbices em apontá-lo como a prestação jurisdicional.[102]

5.6 *Início e fim da relação processual*

Uma vez estatuído que processo e relação processual se identificam, mister reconhecer idêntica extensão à demanda e ao processo. Inicia o último, como dispõe o art. 312, primeira parte, com o protocolo da petição inicial no ofício judicial. E se extinguirá com a entrega da prestação jurisdicional. O ato que, no primeiro grau, apresenta semelhante aptidão é a sentença (art. 316), variando seu conteúdo, pois abrangerá tanto o juízo de inadmissibilidade (art. 485), quanto o juízo de mérito.

No entanto, a dicção do art. 316 revela-se, em parte, enganosa. É que nem sempre o juiz cumpre e acaba o ofício jurisdicional ao proferir sentença. Há casos, como nas ações executivas – por exemplo, a reintegração de posse ou a ação de depósito –, em que, após a sentença de mérito, e da estabilidade decorrente da coisa julgada, ocorre a prática de atos jurisdicionais dentro da relação processual já constituída,[103] a fim de realmente entregar o bem da vida ao vencedor. E não só: as sentenças condenatórias serão cumpridas, *in simultaneo processu*, e até as sentenças terminativas (art. 485) talvez reclamem cumprimento similar quanto ao capítulo secundário da sucumbência. Entrega da prestação jurisdicional, ou termo final do processo, não equivale a trânsito em julgado da sentença de mérito, mas ao derradeiro ato satisfativo correspondente à provocação da parte – quer dizer, a "sentença" a que se refere o art. 316 é a que declara encerradas as atividades executivas.

6. Balanço do estudo sobre a natureza do processo. Cumulação de "processos"

A natureza do processo interessa na suposição de que administra passos valiosos e indispensáveis à identificação da ação. Calha, então, um balanço dos subsídios recolhidos e aplicáveis ao problema central do trabalho.

É líquido e certo – com desprezível interferência da teoria escolhida – oferecer o processo um conteúdo dificilmente comprimido às categorias gerais da ciência do direito. O grande mérito da obra de James Goldschmidt (*retro*, n.º 4.2) foi ilustrar a evidência.

---

102. Cintra-Grinover-Dinamarco, *Teoria geral do processo*, n.º 162, p. 256.

103. A respeito, Ovídio A. Baptista da Silva, *Curso de processo civil*, v. 1, p. 118.

Mas, a tênue pista se esgota por aí e não leva, automaticamente, à verdade contrária, segundo a qual o processo, tudo somado, de modo algum se reduziria a um conceito comum à ciência jurídica. De todas as teorias pesadas e avaliadas, a de maior aceitação e simplicidade, infensa à grande parte das censuras, representa uma categoria antiga e comum. Nem por isso, como se observou, feitos os reparos necessários, o processo perdeu substância, autonomia ou a dignidade constitucional. Ao contrário, tal efeito desagradável se presencia na concepção que, visando a dar corpo ao esqueleto processual, desfruta da simpatia de certa doutrina (*retro*, n.º 4.4), mediante a agregação desnecessária do procedimento em contraditório. O processo expressa uma relação jurídica peculiar e essa ideia manifesta, de maneira clara e suficiente, toda a compreensão do fenômeno.

Outra conclusão, oriunda da análise levada a cabo, aponta a irremovível distinção entre direito e processo.

Em termos de relação processual, ao propósito, parece curial que a relação substantiva – às vezes, por hipótese, inexistente –, diferencia-se daquele vínculo patente no processo. Segundo Piero Calamandrei, em síntese prodigiosa, "o direito processual e o direito material se encontram, assim, em dois planos diversos, em duas diferentes dimensões".[104] Não há como discordar do diagnóstico.

O realce conferido aos direitos materiais, que se realizam plenamente por meio do instrumento da jurisdição, não desmerece nem oblitera a existência desses direitos fora do processo e a sua efetivação normal, no tráfico jurídico, quando sobre eles não recai um litígio. Regras de conduta não se resolvem fatalmente no processo.[105]

Fica clareada a relação direito e processo, também, pela introdução desse último como relação jurídica. Da coordenação de ambos afloram algumas questões; por exemplo, o mérito da demanda. Kazuo Watanabe explora com argúcia essas paragens,[106] destacando, nesse ponto, o papel fundamental da cognição do juiz, sobre o próprio processo e no fundo da demanda, que, aliás, desafia o crivo judicial no estado de simples asserção.

Dois aspectos, na relação processual, pertencem especialmente à problemática da ação.

Como visto, toda relação jurídica há de ostentar, no mínimo, um direito subjetivo (*retro*, n.º 5.1). Pois bem: há um direito subjetivo que gera a relação processual

---

104. Piero Calamandrei, *Istituzioni di diritto processuale civile*, § 48, p. 185. Diz, então, que o processo possui caráter instrumental, em relação de meio a fim com o direito material. Da mesma opinião, Alfredo Buzaid, *Do agravo de petição no sistema do Código de Processo Civil*, n.º 36, p. 82.

105. Enrico Tullio Liebman, *Diritto e giurisdizione (note polemiche)*, pp. 82-87.

106. Kazuo Watanabe, *Da cognição no processo civil*, n.º 17, pp. 68-71.

mediante a respectiva "ação" (processual). Não se excluem, aqui, outros direitos subjetivos, todavia presentes; interessa indagar se, no ângulo da relação em que figura o réu (*retro*, n.º 5.2), existe ação, e, conseguintemente, relação processual.

Desde logo se adianta que, na hipótese antes questionada, inexiste dupla relação. Reconvindo o réu, e o juiz, por razões de prova, desestima a reconvenção, por meio da técnica do julgamento antecipado (art. 355, I), o processo subsiste incólume, devendo seguir o *iter* imprescindível à apreciação da demanda movida pelo autor. O ato decisório, malgrado seu conteúdo, não é apelável. Dando-se o inverso, ou seja, a desestimação *per saltum* da ação, o resultado permanece inalterado: a relação processual possui feição angular e um dos ângulos, o que cabe ao réu, garante a continuidade do processo. Por esse motivo, a desistência da ação, apresentada a defesa, depende do assentimento do demandado (art. 485, § 4.º). Disso resulta uma prova adicional das implicações práticas da forma atribuível à relação processual (*retro*, n.º 5.2). E, outrossim, afigura-se impensável um cúmulo de "processos" senão no caso de reunião de demandas autônomas (art. 58).

Quanto aos pressupostos processuais – a influência seguinte da natureza do processo –, impende definir a sua função nas atividades do órgão jurisdicional, e, principalmente, a relevância da sua presença ante o contraste necessário das famosas "condições" da ação (art. 485, VI).

Salvo engano, esses se revelam os resultados do exame da natureza do processo. Esclarecedores, de um lado, eles desencadeiam outros problemas, que precisam ser resolvidos na busca da identidade da ação.

§ 2.º Vista geral das teorias da ação

7. Posição do poder jurisdicional do Estado

O clássico problema da ação oferece, grosso modo, duas ordens de dificuldades: o significado do papel de três personagens (autor, Estado e réu); e o fato de situar-se na confluência entre o direito material e o processual.[107]

Existem vários modos de abordá-lo, partindo ora do objeto do processo, ora de cada um desses sujeitos. Embora o resultado geral, ressalvado o destaque conferido a ângulos que alguma trilha explora com maior vigor e persuasão, deva ser idêntico, razões de método recomendam iniciar pela posição do Estado.

7.1 Primeira noção de objeto do processo

Examinando-se, até aqui, a natureza jurídica do processo, distinguiu-se, com grande energia, o plano do direito material, orientado à vida em sociedade, mercê

107. Artur Anselmo de Castro, *Direito processual civil declaratório*, v. 1, n.º 16, p. 86.

de pautas de conduta, onde, ordinariamente, os direitos subjetivos se satisfazem somente pela incidência dessas regras aos fatos, e o plano do direito processual. Nesse último, sucederá a aplicação do direito objetivo, existindo litígio.

Em alguns casos, porém, regras de natureza diversa formam o mérito do processo: a ação rescisória, fundada na incompetência absoluta do juiz (art. 966, II), indica a possibilidade de o próprio direito processual fornecer o material do objeto litigioso, porquanto regras de competência não pertencem ao direito substantivo.

Na verdade, o campo reservado ao processo respeita os direitos litigiosos, porque surge uma disputa, envolvendo entes dotados de personalidade judiciária. Essa é a diferença, empírica, que medeia entre o que se efetiva "fora" e "dentro" do processo. E, por isso, o conflito constitui a causa do mecanismo judiciário (*infra*, n.º 7.3).

7.2 Função da lide no processo

Em que pesem as restrições, hoje frequentes, e a suspeita de incompatibilidade congênita com a ação,[108] tomada como polo metodológico de todo o sistema processual, a lide, pedra de toque de Francesco Carnelutti,[109] é inseparável da jurisdição.

Com efeito, numa sociedade razoavelmente organizada se torna inviável a efetivação direta, ou de mão própria, dos direitos atribuídos às pessoas. Ao contrário, o exercício efetivo desses direitos, na esfera jurídica alheia, constitui conduta reprovável, tipificada como crime, porque instauraria o tumulto e desmantelaria, em breve tempo, a paz social.

Um direito precisa ser satisfeito por alguém às custas de outrem por diversos motivos. O homem diz ter necessidades que, para serem atendidas, reclamam bens, por sua vez escassos. Nessa contingência, aparece o interesse de extinguir a necessidade por meio de um bem, vale dizer, de certo valor jurídico apto a tal fim. E esses interesses compelem os indivíduos a tomarem posições contrastantes. Dessa disputa nasce a lide, ou conflito intersubjetivo de interesses regulado pelo direito, a cuja composição visa ao processo.

---

108. Cândido Rangel Dinamarco, *Fundamentos do processo civil moderno*, n.º 29, p. 46. Entretanto, Alfredo Buzaid, *Do agravo de petição no sistema do Código de Processo Civil*, n.º 42, p. 93, conciliou os dois institutos.

109. Francesco Carnelutti, *Sistema de derecho procesal civil*, v. 1, n.º 14, pp. 44 e 45; idem, *Instituciones de derecho procesal civil*, v. 1, n.º 5 a 13, pp. 28-36; e *Diritto e processo*, n.º 32 a 36, pp. 54-60.

7.3 Escopo do processo

A finalidade social do processo exige atenta consideração.[110] Por exemplo, quando se assevera que o seu fim precípuo avulta na aplicação do direito objetivo,[111] perde-se de vista que esse último almeja, em última análise, regrar o conflito. Demonstrou Alfredo Rocco, acuradamente, que o Estado mira a atuação dos interesses tutelados no direito objetivo, e não, pura e simplesmente, da norma jurídica.[112] Esses interesses obtêm salvaguardas explícitas, porque valorados justos. Inexiste, conseguintemente, civilização sem efetiva garantia judiciária,[113] garantindo o império do justo.

Colocando-se na raiz das provisões do Estado o seu interesse em eliminar o conflito, dir-se-ia que, à primeira vista, o fim do processo reside só na composição da lide, mas não se olvide a concomitante aspiração à justa solução do conflito. Daí a fórmula de que o processo, na realidade, visa à justa composição da lide.[114] Tivesse ele o escopo permanente e único de aplicar o direito objetivo, o próprio Estado se encarregaria de instaurá-lo.[115]

A importância inicial da noção de lide reponta, destarte, na simples, nítida e direta explicação da *causa* do processo, e, por decorrência, do poder característico que o anima, lhe dá origem e ampara, a jurisdição.

Realmente, ao resolver a lide, exposta na petição inicial, o ofício do juiz restabelece a paz social, por meio da aplicação do direito objetivo. E tanto é verdade que a função jurisdicional, na insuspeita palavra de Enrico Tullio Liebman, caracteriza-se por uma dupla função complementar: a atuação da lei e a justa composição da lide.[116] Expressa-se ela mediante a avaliação dos fatos em justos ou injustos, lícitos ou ilícitos, e a pronúncia pelo juiz de uma regra concreta destinada a disciplinar o conflito.[117] Nesse sentido, o processo sempre se vocacionou a regular o futuro, vinculando as

---

110. Piero Calamandrei, *Processo e giustizia*, p. 278, ensinava que o pecado mais grave do processo foi ter se afastado do seu fim social.

111. Pontes de Miranda, *Comentários ao Código de Processo Civil*, v. 1, pp. 21-22 e Adolf Wach, *Handbuch des Deutschen Civilprozessrechts*, v. 1, § 1.º, III, 2, pp. 8-9.

112. Alfredo Rocco, *La sentenza civile*, n.º 9, p. 22.

113. Piero Calamandrei, *Processo e giustizia*, p. 278.

114. Francesco Carnelutti, *Instituciones de derecho procesal civil*, v. 1, n.º 1, p. 22.

115. Piero Calamandrei, *La relatività del concetto d'azione*, p. 446. Luís Eulálio de Bueno Vidigal, *Existe o direito de ação?*, n.º 12, p. 11, diz que o predomínio do bem comum sobre os interesses dos particulares, vale dizer, o interesse à justa composição do litígio, expressa um interesse do Estado. Todavia, por meio da composição se tutela, ao fim e ao cabo, o interesse dos particulares!

116. Enrico Tullio Liebman, *Manuale di diritto processuale civile*, v. 1, n.º 1, p. 6.

117. Idem, n.º 1, p. 3.

partes, o vencedor e o vencido, à regra jurídica concreta. A autoridade da coisa julgada, blindando o desfecho do processo, tem eficácia prospectiva. Porém, já não cuida somente de sopesar fatos passados, e que originaram o litígio, em visão retrospectiva, mas a jurisdição encarrega-se também de projetar o futuro, examinando as variáveis presentes para, escolhendo uma, influenciar o rumo dos acontecimentos. É particularmente expressivo esse escopo na tutela de direitos coletivos, envolvendo, *v.g.*, o meio ambiente: ao proibir, no todo ou em parte, determinada atividade industrial ou extrativista, o órgão judiciário modela e estabelece o que desejável no futuro.

7.4 Crítica e feição atual da lide

A ideia primitiva de lide, devida a Francesco Carnelutti, exige profundas ressalvas e aperfeiçoamentos.

Em primeiro lugar, restringe-se ela, na versão original, ao âmbito privado, e, no direito pátrio (*retro*, n.º 4.4), abrangerá disputas contrapondo interesses individuais, coletivos, difusos e o interesse do Estado, cada vez mais, a despeito da oposição liberal, gestor de bens necessários à satisfação daqueles interesses, e os próprios interesses públicos.[118]

A representação da lide imposta pelo autor, que se reserva o poder de iniciativa na instauração do processo (art. 2.º), em razão da inércia da jurisdição, e estando vedado ao juiz o exame de ofício de outras questões (art. 490), não equivale, *tout court*, ao conflito efetivamente existente na vida social.[119] E, pior, as questões ignoradas ou desprezadas, que poderiam ter sido incluídas no mérito, ou objeto litigioso, ou terem sido objeto da defesa do réu, se submetem à eficácia preclusiva da coisa julgada (art. 508).

Desse modo, mostra-se assaz duvidosa a vocação de a lide, revista, ampliada e adaptada, delimitar o mérito da demanda.[120] Ela funciona, simplesmente, como causa da jurisdição.

---

118. Galeno Lacerda, *Comentários ao Código de Processo Civil,* v. 8, t. 1, n.º 6, p. 20. Esta ideia, exposta como original, foi explicitada bem antes por Ricardo Reimundín, *Los conceptos de pretensión y acción em la doctrina actual,* p. 25, face ao art. 1.047 do CC argentino (atualmente revogado).

119. Enrico Tullio Liebman, *O despacho saneador e o julgamento do mérito*, n.º 7, pp. 114-118; Alfredo Buzaid, *Do agravo de petição no sistema do Código de Processo Civil*, n.º 43-B a 43-F, pp. 96-99.

120. Essa é a posição de Alfredo Buzaid, *Do agravo de petição no sistema do Código de Processo Civil,* n.º 48, p. 103. v. a crítica de Cândido Rangel Dinamarco, *Fundamentos do processo civil moderno,* n.º 109, pp.199-202.

7.5 Notas características da jurisdição

O poder do Estado destinado a eliminar e compor o conflito se chama jurisdição.

O fato de o processo, geralmente, restaurar valores que os particulares – ou a Administração – desrespeitaram, sub-rogando-se, portanto, àquela conduta, induziu conclusão errônea, considerando "substitutiva" a atividade jurisdicional.[121] Ora, ao aplicar as regras de competência, por exemplo, a ninguém o juiz substituirá, à medida que tais normas a ele, e não às partes, se destinam. Descobre-se, aí, a cognição sobre o próprio processo.[122]

Originária que seja, às vezes, a atividade do juiz, a concepção fundada na sua índole substitutiva não explica, integralmente, a jurisdição, nem tampouco a distingue da esfera administrativa. Duas se ostentam as notas essenciais e discretivas, comparativamente aos atos dos demais órgãos do Estado, do verdadeiro ato jurisdicional: primeira, a incidência sobre uma lide; segunda, a participação de um terceiro imparcial que detém a palavra final na formulação da regra jurídica concreta e na sua realização prática.[123]

Efetivamente, sem a lide, concebida sob a forma revista (*retro*, n.º 7.4), ou seja, o conflito virtual levado à apreciação do juiz, inclusive abarcando interesses particulares e públicos, e solucionada pela intervenção de um terceiro imparcial – o órgão jurisdicional, criado pelo Estado com esse poder e para semelhante finalidade –, alheio e indiferente aos interesses postos na causa, não se compreende o exato caráter da jurisdição.[124] Esse órgão detém a chamada *palavra final*: os atos jurisdicionais só comportam revisão no âmbito da própria jurisdição. É, pois, atividade autopoiética. Ao contrário, os atos administrativos podem ser controlados pelo órgão judicial.

Além de um *poder*, outorgado ao órgão, a jurisdição se afigura, paralelamente, um *dever*.

---

121. Giuseppe Chiovenda, *Instituições de direito processual civil*, v. 2, n.º 240, pp. 20-26; idem, *Principios de derecho procesal civil*, v. 1, p. 373, e Alfredo Rocco, *La sentenza civile*, n.º 5, pp. 9-15. Em sentido contrário, Girolamo Monteleone, *Diritto processuale civile*, v. 1, p. 15.

122. Kazuo Watanabe, *Da cognição no processo civil*, n.º 14, pp. 51-53, destaca que a cognição recai sobre um trinômio de questões, que incluem os chamados pressupostos processuais.

123. É inaceitável incluir a idoneidade do provimento do juiz, resolvendo a lide, adquirir autoridade de coisa julgada, como querem Comoglio-Ferri-Taruffo, *Lezioni sul processo civile*, p. 92, porque na execução, por exemplo, não há semelhante eficácia.

124. Salvatore Satta, *Diritto processuale civile*, n.º 7, p. 9, e Giovanni Verde, *Profili del processo civile*, pp. 32-33.

Enquanto a noção de Estado não adquiriu o necessário vigor, o conflito sobre as embrionárias pautas de conduta,[125] ou seja, a problemática da lide e da sua solução, reclamava o emprego da força, individual ou grupal, dos contendores. Esse fenômeno ordinário, dentro da vida em sociedade – defesa privada ou justiça de mão própria –, nada obstante o veto já mencionado (*retro*, n.º 7.2), sobrevive em casos excepcionais (por exemplo, o art. 1.210, § 1.º, do CC, autoriza ao possuidor manter a posse "por sua própria força, desde que o faça logo").[126] Ao proibir a defesa privada, de regra, porque inconciliável e contrária ao Estado organizado e ao direito estatal, concedeu-se ao particular direito diverso, perante o Estado, a fim de realizar o alegado direito contra o adversário e, quiçá, frente ao próprio Estado. Designa-se tal direito, tradicionalmente, "ação".[127]

7.6 *Resumo da posição do poder jurisdicional*

O processo, simples instrumento da jurisdição e mecanismo social de resolução dos conflitos, ostenta vida autônoma relativamente ao direito que aplica ao conflito. Esta conclusão deflui da natureza do processo (*retro*, n.º 4).

A jurisdição, por sua vez, constitui a antítese da defesa privada, almejando efetivar a justa composição da lide, segundo o regime do direito objetivo, por meio de órgão alheio aos interesses concretos dos litigantes. No momento em que o Estado vedou aos particulares a justiça de mão própria, estabelecendo a sua função jurisdicional, avocando o poder de compor a lide, ao mesmo tempo assumiu o dever de extingui-la e criou um direito ao processo.

Nesse passo, exemplar se afigura José Alberto dos Reis, assinalando que, por meio da "proposição da acção em juízo, forma-se uma relação jurídica entre o autor e o juiz, como representante do Estado, relação que tem a sua expressão máxima neste postulado: ao direito de acção, pertencente ao autor, corresponde o dever de jurisdição".[128]

Parece totalmente inaceitável, em vista desse liame, comprovado, ainda, pela circunstância de a ação gerar o processo, a deliberada ou negligente confusão entre planos distintos. Do direito de acesso à justiça, típico da relação processual (*retro*, n.º 5.1), nasce a "ação" processual, independente, à toda evidência, do direito material previsto, em tese, ao regulamento do conflito. A medida da referida separação fornece a chave definitiva do problema.

---

125. Walter Eduardo Baethgen, *Teoria geral do processo*: a função jurisdicional, n.º 1, pp. 8-9.

126. Corresponde ao art. 502, *caput*, do CC de 1917.

127. Manoel de Andrade, *Noções elementares de processo civil*, n.º 1, p. 2, e Victor Fairén Guillén, *La acción, derecho procesal y derecho político*, n.º 1, p. 62.

128. José Alberto dos Reis, *Comentários ao Código de Processo civil*, v. 3, n.º 4, p. 23.

8. Dificuldades e síntese das principais teorias da ação

Um dos temas que ocupa grande espaço na dogmática processual gira em torno da ação. Situada, segundo se assevera, em "encruzilhada primordial",[129] enlaçando o direito material e o processual, e açambarcando parte considerável das energias criadoras da ciência do processo,[130] "as doutrinas mais variadas e engenhosas acabaram por situar no domínio dos mistérios inacessíveis à compreensão do homem comum e, mais do que isso, a do próprio homem de ciência", o seu conceito.[131]

Segundo alguns autores,[132] a reprodução minuciosa dessas teses é inútil. Elas derivam de "árvore genealógica frondosíssima", como observa Victor Fairén Guillén.[133] Sobre o assunto, assinalou Alessandro Pekelis,[134] reina uma "confusão babélica", ou seja, invencível desacerto.

Esses notórios empecilhos não diminuem a possibilidade de uma definição universal, como pensou Piero Calamandrei,[135] cujo ceticismo afronta à realidade. Nesse estágio, ao invés, um resumo das principais linhas de desenvolvimento do problema, informando seus desdobramentos, e a crítica de seus efeitos deformadores sobre o processo, favorecem a esperança de uma solução.

8.1 Visão primitiva da ação

Em ensaio do início do século, Chiovenda notou que a doutrina, até aquela época, sob a aparência de antagonismo e diversidade das suas proposições, professava um conceito relativamente uniforme da ação, o qual se consideraria, retrospectivamente, "impuro".[136]

Conforme expôs, essa concepção tradicional,[137] inspirada na passagem de Celso – *nihil aliud este actio quam ius quod sibi debeatur in iudicio persequendi* – identificava a ação ao direito subjetivo material que, posto em movimento pelo seu titular, afirmar-se-ia em juízo. Era a "reação que a força do direito opõe à ação contrária de terceiro", um reequilíbrio, um remédio contra a violação do direito

---

129. Victor Fairén Guillén, *La acción, derecho procesal y derecho político*, n.º 1, p. 64.
130. Jaime Guasp, *Derecho procesal civil,* v. 1, pp. 21-22,
131. Luís Eulálio de Bueno Vidigal, *Existe o direito o direito de ação?*, n.º 1, p. 6.
132. Juan Montero Aroca, *Introducción al derecho procesal,* p. 133.
133. Victor Fairén Guillen, *La acción, derecho procesal y derecho político*, n.º 2, p. 65.
134. Alessadro Pekelis, *Azione*, n.º 3, p. 32.
135. Piero Calamandrei, *La relatività del concetto d'azione*, p. 429.
136. Giuseppe Chiovenda, *La acción en el sistema de los derechos*, n.º 2, p. 6.
137. Eduardo J. Couture, *Fundamentos del processo civil,* n.º 6, p. 12.

subjetivo.[138] Na imagem expressiva de Demolombe, a ação "é o direito em estado de guerra, em vez do estado de paz".[139]

Correta que seja a noção, na órbita da defesa privada, pois o direito irrogado pelo particular há de ter, nesse caso, vigor suficiente para se impor ao adversário, a transposição dessa tese ao processo discrepa de fatos elementares. Em primeiro lugar, não se afigura lícito e correto baralhar os planos material e processual, inoculando no último uma categoria que, por definição, situa-se "aquém" – na hipótese de não existir litígio – ou "dentro" do processo, jamais, contudo, confundindo-se com o próprio; ademais, aquela "força" restauradora da integridade primitiva do direito revela, como parece óbvio, o exercício da vingança privada, proibido, também em princípio, ao particular.

Em vista disto, semelhante visão primitiva, muito influenciada pelo direito material, nunca explicou a demanda julgada improcedente. Se, por suposto, possui ação quem detém o direito subjetivo material, e se originando o processo da ação, torna-se inconcebível que o seu resultado, justamente após o exercício da "ação", conclua pela inexistência do direito e da ação.

Outra objeção de peso se retira da ação declaratória negativa. Nessa espécie de demanda, o objeto litigioso consiste na afirmativa, realizada pelo autor, de que não há relação jurídica vinculando-o ao réu, e, contudo, haverá "ação", talvez procedente. Sem embargo das eventuais dificuldades introduzidas por tal classe de ações na teoria do objeto litigioso, aqui, todavia, induz satisfatoriamente à inverossimilhança da teoria examinada.

Em sentido inverso, e também inadmissível, Salvatore Satta rejeita a existência de direitos subjetivos fora do processo, asseverando que só por meio da "ação" (*rectius*: demanda) eles passam a ser reconhecidos e incontroversos.[140] Essa noção unitária do ordenamento jurídico despreza, de saída, a efetivação normal e hígida dos direitos subjetivos na vida social, e, em relação aos tornados litigiosos, incorre nos óbices antes mencionados.[141]

---

138. João Monteiro, *Programa do curso de processo civil*, v. 1, § 12, p. 72.

139. Charles Demolombe, *Cours de Code Napoleón* – Traité de la distinction des biens, v. 9, n.º 338, p. 189. O texto é o seguinte: "La action enfin, c'est le droit lui-même mis en mouvement; c'est le droit à l'état d'action, au lieu d'être à l'état de repos; le droit à l'état de guerre, au lieu d'être à l'état de paix".

140. Salvatore Satta, *Diritto processuale civile,* n.º 73, pp. 123-129.

141. Assim, Juan Montero Aroca, *Introducción al derecho procesal,* p. 115, e Artur Anselmo de Castro, *Direito processual civil declaratório*, v. 1, n.º 16, p. 87.

Essas críticas levaram à superação da teoria prestigiada pelos civilistas franceses,[142] recomendando a ruptura da ligação umbilical entre ação e direito subjetivo material.

Em seu estágio atual, Roger Perrot recorda as profundas diferenças entre o direito subjetivo e a "ação", advertindo, no entanto, quanto ao reprovável excesso contrário, ou seja, lhes olvidar os laços comuns.[143] Em primeiro lugar, diz Perrot, existem direitos sem ação, como no caso da obrigação natural; e, ao invés, ação sem direito, desacolhendo o juiz a demanda. Nessa última hipótese, se estima a "ação" como um poder capaz de compelir o órgão a julgar, "abstração feita ao fato de ela estar fundada ou não no direito".[144] Entretanto, continua Perrot, nexos visíveis infirmam a ação como "um poder objetivo, abstrato e impessoal": o *nomen iuris* da ação obedece a um critério relacionado ao direito subjetivo, invocado pelo autor (por exemplo, ação real imobiliária ou mobiliária); e, enfim, não ostentando o juiz a qualidade de um órgão de consulta em tese, e, sim, de casos concretos, a alegação de um direito, real ou imaginário, fundamenta a ação, tornando-se indispensável ao seu exercício.[145]

Essas considerações se reforçaram pelo advento do CPC francês de 1975, cujo art. 30 administra uma definição explícita de ação, atribuindo-a, inclusive, ao réu,[146] e, à vista dela, Jean Vincent e Serge Guinchard, após insistirem naquelas diferenças,[147] concluem que se cuida de um "poder legal" impessoal, objetivo e permanente.[148] Essa disposição restringe a ação ao direito de ver examinado o mérito. No entanto, há ação quando o órgão judicial não passa do juízo de admissibilidade, porque entrega a prestação jurisdicional cabível no caso. Ninguém melhor expressou essa tese que Calmon de Passos: "[...] tanto a relação que se estabelece na ação inadmissível, quanto a que existe na ação improcedente ou procedente, são relações processuais substancialmente idênticas, expressivas do exercício de direito de ação do sujeito e de atividade jurisdicional do órgão, em tudo semelhantes".[149]

Mas, a maduração dessas teses reclama, antes, algumas etapas.

142. É unânime, nesse ponto, a doutrina, embora Calmon de Passos, *A ação no direito processual civil brasileiro,* n.º 30, p. 89-93, ressalve a posição de Satta, cf. nota 154, retro.

143. Roger Perrot, *Droit judiciaire privé*, v. I/41.

144. Idem, v. 1, p. 42.

145. Idem, v. 1, p. 43.

146. "Art. 30. L'action est le droit, pour le auteur d'prétention, d'être entendu sur le fond de celle-ci afin que le juge la dise bien ou mal fondée. Pour le adversaire, l'action est le droit de discuter le bien-fondé de cette prétention."

147. Jean Vincent e Serge Guinchard, *Procédure civile*, n.º 18, pp. 40-41.

148. Idem, n.º 19, p. 42. No mesmo sentido, Hervé Croze e ChristianMorel, *Procédure civile*, n.º 127, pp. 130-131.

149. Calmon de Passos, *A ação no direito processual civil brasileiro*, n.º 21, p. 56.

8.2 Primeira polêmica e a teoria concreta do direito de agir

Em meados do século XIX, Windscheid e Müther travaram notável polêmica, uma das tantas que contribuíram, decisivamente, para conferir foros de dignidade ao direito processual.[150] O móvel da veemente discórdia consistia na exata compreensão da *actio* romana.

Segundo Windscheid, a *actio* era o próprio direito material, certificado pelo pretor, e não um novo direito, surgido da violação daquele, e designado, equivocadamente, *Klagerecht*. Esse último, para Windscheid, esconde uma construção artificial da doutrina. Da violação do direito subjetivo nasce a inclinação de sujeitar ao interesse próprio o interesse alheio, ou seja, a pretensão (*Anspruch*).

De seu turno, Müther se opôs a Windscheid, utilizando a categoria recentemente admitida dos direitos subjetivos públicos. Ele redimensionou a *Klagerecht*, ou direito de demandar, como de direito público, perante o Estado, de obter tutela jurídica, diversa do direito material, seja quanto ao sujeito passivo, aqui o Estado, seja quanto ao conteúdo.

No juízo de Chiovenda, relator do debate,[151] ele não se mostrou conclusivo. Mas, da série de questões ventiladas, duas se vulgarizaram e, até hoje, se revelam fundamentais ao problema da ação: a ideia de pretensão, fixada por Windscheid, e a do direito público de demandar, enfatizada por Müther. Se, naquele lustro, tivessem os polemistas distinguido claramente os planos do direito material e processual, que só mais tarde Bülow evidenciaria, por meio da relação processual (retro, n.º 4.1), decerto mais proveitosa se revelaria a contenda.

Uma consequência enérgica dessas premissas se depara em Wach, que, definindo o objeto litigioso, apontou a existência de uma pretensão de tutela jurídica, ou seja, a pretensão do autor, ou do réu, de que se conceda tutela processual.[152] Esclarecendo que, com essa proposição, revia a negativa anterior à configuração de um direito subjetivo perante o Estado, insistiu Wach no rompimento da pretensão da tutela jurídica e do direito material, porque aquela não pressupõe o último, tal como se percebe na ação declaratória negativa, quando o objetivo do autor não se cifra à atuação de um direito subjetivo.[153] Dita pretensão se satisfaz com a sentença favorável, ato que compete ao juiz, nada obstante, o direito material, por

---

150. Bernhard Windscheid e Theodor Müther, *Polemica intorno all'actio*, passim. Trata-se da reprodução de toda a discussão entre os dois eminentes juristas. Sobre o valor da polêmica, Cândido Rangel Dinamarco, *Fundamentos do processo civil moderno*, n.º 120-129, pp. 220-240.

151. Giuseppe Chiovenda, *La acción en el sistema de derechos*, n.º 4, pp. 9-11.

152. Adolf Wach, *Handbuch des Deutschen Civilprozessrechts*, v. 1, § 2.º, IV, p. 19.

153. Idem, § 2.º, IV, p. 19 e nota 15.

vezes, não ficar atendido, em razão do "esgotamento ou insuficiência dos meios tutelares".[154] Ao adversário cabe tão só tolerar a pretensão do autor.[155]

Ao mesmo tempo, Wach refuta uma "teoria nova", que induziria em erro, qualificando-a de "estéril do ponto de vista científico",[156] segundo a qual há um direito público "abstrato" de demandar, beneficiando inclusive quem "não tem um direito privado subjetivo".[157] Esse direito de acionar eficazmente, pondera Wach, constitui uma "faculdade" e não o exercício de um direito e, muito menos, o de um direito a uma sentença de conteúdo determinado.[158]

No trabalho de Wach, explorando a esteira de outro, pouco conhecido, de autoria de Hasse,[159] nota-se a inobscurecível existência de um direito público, perante o Estado, em que pese Wach dirigi-lo também perante o réu. E se pressente, em cada passagem, o cuidado de evitar qualquer assimilação ao direito material.[160]

Entretanto, o pecado mortal da teoria "concreta", uma vez que a ação busca uma sentença determinada, ou seja, favorável ao autor, exsurge justamente da vinculação ao resultado da demanda. Se, porventura, o autor somente satisfaz sua pretensão à tutela jurídica quando tem *razão,* em outras palavras, logra êxito, conclui-se facilmente que, tirante a ação declaratória negativa, a satisfação da pretensão dependerá da existência do direito subjetivo material. Ter-se-ia, então, processo *com* ação, se houvesse sentença de procedência, e *sem* ação, se improcedente a demanda. E, nesse último caso, existiria ou não processo? Eis uma fortíssima objeção a Wach.

Na opinião de Chiovenda, o mérito de Wach reponta no fato de "salvar a natureza do direito em sentido próprio à faculdade de acionar",[161] e duvida de que o sujeito passivo desse seja o Estado. Uma vez aceita a premissa, impõe-se a conclusão de não se tratar de um direito à sentença favorável, e, sim, à sentença, pura e

154. Idem, § 2.º, IV, p. 20. O exemplo de Wach de insuficiência (nota 20) diz com a inoperância do meio executório da coerção patrimonial (cf. Araken de Assis, *Manual da execução,* n.º 20.2, p. 171), com fundamento no § 774, I, da ZPO. Entretanto, é evidente que houve satisfação da pretensão (material!) à condenação; a inoperância respeita a outra demanda, ou "ação" processual, ou seja, o processo executivo.

155. Adolf Wach, *La pretensión de declaración,* p. 59.

156. Idem, *Handbuch des Deutschen Civilprozessrecht,* v. 1, § 2.º, v. 23.

157. Idem, 1, § 2.º, V, p. 22.

158. Idem, ibidem.

159. Lembra-o Rogério Lauria Tucci, *Aspectos modernos do conceito de ação,* n.º 6, p. 11. Há menção, outrossim, em Giuseppe Chiovenda, *La acción en el sistema de derechos,* pp. 97-99, nota 27.

160. Esse é o mérito de Adolf Wach segundo Carlos Ramirez Arcila, *Acción y acumulación de pretensiones,* p. 17.

161. Giuseppe Chiovenda, *La acción en el sistema de derechos,* n.º 7, p. 17.

simples, a favor ou contra o autor.[162] De idêntico parecer, Artur Anselmo de Castro diz que conflito algum entre o Estado e o autor posiciona aquele na condição de sujeito passivo da pretensão à tutela jurídica.[163]

Em suma, a autonomia concedida por Wach à ação foi relativa, e, na verdade, insuficiente. E, nesse ponto, fracassou sua teoria.

8.3 Teoria da ação como direito potestativo. Condições da ação

Bem próximo a Wach, paradoxalmente, situa-se o próprio Chiovenda. A crítica a que submeteu a obra do primeiro, repudiando as premissas, em princípio importaria um rompimento radical. Não se confirma a previsão, entretanto, na análise rigorosa da sua própria tese.

Inicialmente, Chiovenda ressalta o erro de colocar o Estado na posição de sujeito passivo, nesse contexto, porque nenhuma desavença, considerando seus propósitos, o contrapõe aos litigantes. Dar razão ao cidadão que a tem, assevera Chiovenda, caracteriza um interesse permanente do Estado, que o provê instituindo o órgão jurisdicional. Além disso, embora reconheça a existência de direitos subjetivos públicos, e que, à falta do Estado, ignorar-se-ia a ação, em virtude da ausência de juiz, a quem o autor dirige a demanda, a ação expressa, antes de mais nada, um remédio empregado para produzir certos efeitos perante o adversário. Concebe a ação como um poder jurídico que assiste ao autor, em face da parte adversa, a fim de atuar a vontade da lei, ou, no seu jargão característico: "o poder jurídico de dar vida à condição para atuação da vontade da lei".[164] De acordo com Chiovenda, a ação revela um direito potestativo, porque o réu não se obriga a nada, mas lhe suporta, *tout court*, os efeitos.

Essa peculiar concepção, que, a rigor, contabilizou uma única adesão – Calamandrei[165] –, incorre nas objeções já vantajosamente destinadas a Wach. Na teoria geral de Chiovenda, com efeito, a regra jurídica recebe a designação dúbia *vontade abstrata da lei*. Sucedendo o fato, nela previsto, ou, em outros termos, havendo incidência do fato na norma, decorre a *vontade concreta da lei*. A locução voluntarista traduz o direito subjetivo. Ora, se a ação visa a atuar a vontade da lei, quer

---

162. Idem, n.º 7, p. 18.

163. Artur Anselmo de Castro, *Direito processual civil declaratório*, v. 1, n.º 26, p. 90, com o aplauso de Fernando Luso Soares, *Processo civil de declaração*, n.º 21, p. 136. Originariamente a crítica se encontra em Giuseppe Chiovenda, *Instituições de direito processual civil*, v. 1, n.º 6, p. 51.

164. Giuseppe Chiovenda, *Instituições de direito processual civil*, v. 1, n.º 6, p. 53.

165. Piero Calamandrei, *Istituzioni di diritto processuale civile*, § 36, p. 125, e *La relatività del concetto dell'azione*, n.º 6, p. 436. Também ressalta o caráter potestativo da ação Amílcar A. Mercader, *La accion* – su naturaleza dentro del orden jurídico, p. 167.

realizar, em síntese, o direito subjetivo material. Uma vez julgada improcedente a ação, qual o destino da vontade concreta da lei? Nesse caso, diz Chiovenda, atuou ela em favor do réu, que, por isso, exerceu a ação.[166]

Nesse último aspecto, o esboço de solução – origem de equívocos posteriores – não resiste à refutação de que o réu, ainda que vença a demanda, não age; antes reage à do autor. O réu é sujeito da relação processual. Mas, quando apresenta contestação de conteúdo mínimo, impugnando precisamente as alegações de fato do réu (art. 341, *caput*), nada pede, limitando-se a impedir o êxito do autor. Em tal hipótese, portanto, é muito difícil visualizar o exercício de ação pelo réu. Por óbvio, o quadro muda de figura se o réu oferece reconvenção (art. 343), por sua vez pedindo certo bem da vida perante o autor. Embora a reconvenção não duplique a relação processual, da qual o réu é sujeito, torna complexo o objeto litigioso.

Aduzir-se-ia, ainda, refutando Chiovenda, a correlação entre ação e jurisdição (*retro*, n.º 7.6). Na justa medida em que a lide funciona como causa da última, e a proibição da defesa privada implica o dever de solucionar o conflito, atribuído ao poder jurisdicional do Estado – função, aliás, reservada por Chiovenda ao processo[167] –, ao dever de prestar justiça corresponde o direito de o cidadão exercitá-lo. O endereçamento da ação em *face* do adversário, e não *contra* ele, segundo Chiovenda, provoca igual rejeição.

Um dos pontos assaz relevantes em Chiovenda ressai da nítida distinção entre as condições da ação e os pressupostos processuais (*retro*, n.º 5.3).

Aquela categoria de questões não oferece nenhuma originalidade. Por exemplo, Vicenzo Galante,[168] adepto da teoria imanentista (*retro*, n.º 8.1), arrola a subsistência atual do direito, a exigibilidade ("condizioni di esperibilità del diritto") e a legitimação, cuja falta implica juízo de carência de ação, nessa rubrica. Dentro da teoria que identifica a ação com o próprio direito material, esses requisitos não perturbam a lógica da arquitetura doutrinária.

Quanto a Chiovenda, atento e deliberado cultor da separação, aceitar as condições da ação importa, preliminarmente, estabelecer um critério que dissocie ação e processo. Logo, sustenta que as condições da ação e os pressupostos processuais provocam "a mesma diferença" da ação em confronto da relação processual: "esses devem existir independentemente da existência daquelas".[169] Do atendimento dos pressupostos resulta, então, uma sentença de mérito, desfavorável ou

166. Giuseppe Chiovenda, *La acción en el sistema de derechos*, n.º 8, p. 22.

167. Idem, *Instituições de direito processual civil*, v. 1, n.º 11, p. 71.

168. Vicenzo Galante, *Diritto processuale civile*, p. 168.

169. Giuseppe Chiovenda, *Principios de derecho procesal civil*, v. 1, § 3.º, p. 29.

favorável ao autor; e do respeito concomitante às condições da ação, uma sentença de procedência.[170]

Três condições aponta Chiovenda: (*a*) a existência de uma "vontade da lei", assegurando ao autor um bem e obrigando o réu a alguma prestação; (*b*) a qualidade, vale dizer, a identidade do autor com a pessoa favorecida pela vontade da lei e do réu com o obrigado; (*c*) o interesse em conseguir "o bem por obra dos órgãos públicos".[171]

Nesse rol, nota-se o atrelamento do seu conceito de ação ao direito material. De que maneira, por intermédio de que poder ou direito, formar-se-ia o processo – observados os pressupostos processuais –, guardando a ação, *a fortiori*, as suas "condições", absoluta distinção dele? E, por outro lado, reclamando Chiovenda a existência de uma vontade concreta da lei – equivalente, na sua terminologia, ao direito subjetivo –, à subsistência da ação, possui-a, exclusivamente, o titular do direito material. Volta-se, aqui, à solução absurda de contornar o obstáculo respondendo que, na demanda improcedente, o réu exerceu a ação, embora haja suportado, por definição, os seus efeitos e limitando-se a impedir o êxito do autor. É de se perguntar: a quais efeitos o autor se submeteu antes da improcedência, competindo a ação, desde o início, ao réu?

Em nada surpreende, pois, contrastando a outras áreas de expressiva influência do pensamento de Chiovenda, o completo olvido em que recaiu sua teoria da ação.[172]

8.4 Teoria abstrata do direito de agir. Papel das condições da ação

À teoria concreta, há pouco criticada (*retro*, n.º 8.2), e propugnando, de vez, o desfazimento do vínculo inviável – ação e direito subjetivo –, precedeu a tese de que, para agir em juízo, basta alguém, de boa ou má-fé, ajuizar a demanda.[173] Segundo Eduardo J. Couture: "têm ação mesmo aqueles que promovem a demanda sem um direito a tutelar. A ação, afirma-se com deliberado exagero, é o direito dos que têm razão e, ainda, dos que não têm razão".[174]

---

170. Giuseppe Chiovenda, *Instituições de direito processual civil*, v. 1, n.º 20, pp. 110-111.

171. Idem, *Principios de derecho procesal civil*, v. 1, § 3.º, p. 129.

172. Nesse sentido, Alessandro Pekelis, *Azione*, n.º 21, pp. 42-43. Para Enrico Tullio Liebman, *L'azione nella teoria del processo civile*, n.º 2, p. 29, entre a concepção civilista e a de Chiovenda medeia uma diferença antes terminológica do que de substância.

173. A ela tributam preferência a larga maioria dos processualistas, o que não assegura, porém, nenhuma fidelidade ao seu princípio básico, vale dizer, a existência de um direito (incondicional) de acesso à justiça.

174. Eduardo J. Couture, *Fundamentos del derecho procesal civil*, n.º 8, pp. 13-14; *Introdução ao estudo do processo civil*, p. 15-35. Também Alfredo Rocco, *La sentenza civile*, n.º 33,

Essa noção atraente explica, quiçá insuperavelmente, a demanda improcedente,[175] e, outrossim, a existência do processo, criado a partir da ação, desvinculada do direito material. O autor que se afirma titular – alegação admitida como mera hipótese de trabalho pelo órgão judicial – de certo direito subjetivo, porque assume firme convicção da incidência da norma, ou, contra às evidências, lança-se a demandar temerariamente, cônscio da sua falta de razão, e dobra-se frente ao insucesso recolhido, exerceu plenamente o direito – a ação – de provocar a tutela jurídica do Estado. Por decorrência, utilizou o ferramental da jurisdição, ou seja, o processo. Todavia, não ostentava, realmente, o direito material asserido na demanda.

Lembra Marco Tullio Zanzucchi que, libertada a ação do direito subjetivo, e repudiado um direito à tutela jurídica estatal pertencente somente aos que têm razão, desembocar-se-ia fatalmente na teoria abstrata. Ela prescinde da situação material trazida ao processo.[176] Revela-se a ação um direito subjetivo público, perante o Estado, de obter a tutela estatal, seja fundada, ou não, a demanda. Inclui-se, destacadamente, no catálogo extenso e nobre dos direitos cívicos do cidadão ou, na terminologia contemporânea, direito fundamental da pessoa humana.

No tocante à premissa de que a ação respeita ao autor de uma demanda improcedente ou procedente acordam inúmeros processualistas desta escola, mas a sua natureza jurídica desperta dissensões.

Por exemplo, Couture classifica a ação como "o poder jurídico que tem o indivíduo de dirigir-se aos órgãos da jurisdição",[177] espécie típica do direito constitucional de petição, ou seja, o direito geralmente constitucional de o cidadão acudir à autoridade pública.[178] Poder ou direito? Em princípio, esse é o ponto frágil da teoria porque, abstraído o resultado da sentença, a outorga a qualquer cidadão de iniciativa perante a atividade jurisdicional do Estado torna indiferente compreendê-la como direito ou poder.

---

pp. 73-74.

175. Fernando Luso Soares, *Processo civil de declaração,* n.º 24, p. 138.

176. Marco Tullio Zanzucchi, *Diritto processuale civile,* v. 1, n.º 54, pp. 51-55; Ugo Rocco, *Trattato di diritto processuale civile,* v. 1, p. 282; Hélio Tornaghi, *A relação processual penal,* p. 134; Lopes da Costa, *Direito processual civil brasileiro,* v. 1, n.º 52, pp. 62-65. Recentemente, a teoria abstrata ganhou a adesão valiosa de Kazuo Watanabe, *Da cognição no processo civil,* n.º 16.2, p. 58. No mesmo sentido, Fernando Luso Soares, *Processo civil de declaração,* n.º 24, p. 135, e Ricardo Reimundín, *Los conceptos de pretensión y acción en la doctrina actual,* p. 14.

177. Eduardo J. Couture, *Las garantías constitucionales del processo civil,* n.º 3, p. 25.

178. Idem, n.º 6, pp. 34-37.

Também aproximar a ação do direito de petição mereceu reparos sob o argumento de que cumpria distinguir entre aquela, que implica uma relação processual agasalhada "nas normas de direito judiciário", e esta, uma relação "justificada apenas em termos de direito constitucional".[179] A justificativa da afirmação revela bastante. O pedido de divórcio – escrevia-se antes do advento da Lei 6.515, de 26.12.1977 –, claramente impossível, não expressa um direito de "ação" e, contudo, dele brotará uma relação processual, "amparada pelas abstrações do direito constitucional, mas ilegítima segundo os preceitos do direito judiciário".[180]

Essa última distinção, entre um direito de acesso à justiça e o direito de ação propriamente dito, ambos formando uma relação processual, aparece noutras manifestações sobre a matéria. Jaime Guasp assegura que o direito de acudir aos tribunais, não denota a ação processual, e, sim, "um pressuposto do processo, que permanece fora dele, e que melhor se acomoda no terreno civil, talvez no terreno político, talvez em ambos".[181]

Não discrepa Friedrich Lent, distinguindo a pretensão à justiça, a partir de um direito público frente ao Estado, e a pretensão à tutela jurídica, pertencente a quem ostenta direito a uma sentença favorável.[182] Ressalva, porém, a diferença da última e da pretensão material, que constitui o objeto litigioso.[183]

De seu turno, Miguel Fenech distingue três direitos: (*a*) o direito metaprocessual e genérico de os cidadãos obterem tutela jurídica; (*b*) o direito subjetivo público de iniciar um processo concreto que, vinculado a certos pressupostos processuais, enseja uma sentença de mérito; e (*c*) o direito público frente ao Estado, ou ação, pertencente tão só àqueles que têm razão; e reitera se mostrarem tais direitos compatíveis entre si e independentes.[184]

Quanto ao sujeito passivo da ação, enfim, Francesco Carnelutti a dirigia contra o próprio órgão jurisdicional.[185]

---

179. Galeno Lacerda, *Despacho saneador*, p. 76.
180. Idem, ibidem.
181. Jaime Guasp, *Derecho procesal civil*, v. 1, p. 215. Em sentido compatível com a teoria abstrata, Francisco Ramos Mendez, *Derecho procesal civil*, v. 1, pp. 202-204, que, todavia, afirma que ela não é "abstrata" porque se "concreta" na demanda.
182. Friedrich Lent, *Diritto processuale civile tedesco*, § 36, p. 146. Nesse sentido, Andres de La Oliva Santos, *Lecciones de derecho procesal*, v. 1, pp. 98-100. James Goldschmidt, *Zivilprozessrecht*, § 12, 1, p. 29; Jean Vincent e Serge Guinchard, *Procédure civile*, n.º 18, p. 41, e Varela-Bezerra-Nora, *Manual de processo civil*, n.º 1, p. 5.
183. Friedrich Lent, *Diritto processuale civile tedesco*, § 36, p. 147.
184. Miguel Fenech, *Derecho procesal civil*, § 7, pp. 26-27.
185. Francesco Carnelutti, *Lezioni di diritto processuale civile*, v. 2, n.º 93, pp. 150-151, chega a tal resultado por meio da ideia de lide como algo que o juiz há de extinguir. Cf., também, *Sistema de derecho procesal civil*, v. 2, n.º 365, pp. 635-647; *Instituciones de derecho procesal*

Reserva-se às condições da ação, na teoria abstrata, uma função assaz restrita. Verificada a presença dos pressupostos processuais, o juiz proveria "em sentido favorável ou contrário a quem o provocou",[186] relegadas as condições da ação a requisitos para uma pronúncia de mérito favorável. De sua vez, Calmon de Passos, explicitamente, situa as condições no mérito ou como pressupostos de existência e admissibilidade.[187] No entanto, alerta para o fato de que ninguém carece de ação. Vedá-la a alguém implicaria obstruir uma garantia constitucional impostergável, e, por isso, as "condições" não empecem o "próprio e verdadeiro direito de agir em juízo".[188]

Concebe-se, nos postulados da teoria abstrata, uma "ação" como direito à atividade jurisdicional, desprendido da relação material, favoreça essa, ou não, a quem concretamente deduz sua pretensão em juízo.

Como quer que seja, os seus críticos, deduzindo argumentos diversos, duvidam de um direito com tal feição ampla, não tanto pela abstração do resultado concreto do processo, ou do rompimento com o direito subjetivo material, e, sim, porque o direito de acesso aos tribunais, ou à justiça, e o direito ao processo, lhes parecem conceptualmente diversos da verdadeira ação que origina o processo.

O papel das condições da ação, nessa evidente restrição ao acesso à justiça, assumirá importância fundamental.

8.5 Condições da ação na teoria eclética do direito de agir

Designa-se "eclética" a teoria que explica a ação, de resto diferencia-se do direito material, contrapondo àquele poder geral, permanente e incondicionado de estimular a jurisdição, que caracteriza a teoria abstrata, pressupostos de legitimidade ao seu efetivo exercício.[189] Deve-se a Galeno Lacerda, segundo consta, o pioneirismo no emprego da locução.[190]

---

civil, v. 1, n.º 206, pp. 325-318; e, por fim, em *Diritto e processo*, n.º 64, pp. 110-112. Nessa última obra, Carnelutti desenvolve o argumento de que a ação é um direito a que corresponde uma obrigação e, se não se dirige em face do adversário, só pode ser frente ao juiz, porque não há interesse do Estado contra a atividade jurisdicional. No mesmo sentido, aliás, Jean Vincent e Serge Guinchard, *Procédure Civile*, n.º 18, p. 41, e outros trabalhos. A coordenação entre direito à tutela jurídica, em face do Estado, e o direito material (alegado!), perante o réu, encontra-se explicada no texto.

186. Marco Tullio Zanzucchi, *Diritto processuale civile*, v. 1, n.º 59, p. 59, e Manuel de Andrade, *Noções elementares de processo civil*, n.º 46 e 47, pp. 74-75.

187. Calmon de Passos, *A ação no direito processual civil brasileiro*, n.º 21, pp. 52-56, fazendo crítica às ideias de Galeno Lacerda, *Despacho saneador*, pp. 75-76.

188. Calmon de Passos, *Comentários ao Código de Processo Civil*, v. 3, n.º 200.3, pp. 368-369.

189. É a doutrina majoritária no Brasil. Por todos, Cândido Rangel Dinamarco, *Execução civil*, § 36, pp. 363-376.

190. Galeno Lacerda, *Despacho saneador*, p. 76.

Nas "condições" da ação, há muito mencionadas por Chiovenda (*retro*, n.º 8.3), repousariam os requisitos mínimos para o juiz examinar o direito alegado pelo autor, sob pena de um juízo de "carência" (da ação).

O CPC de 1973 adotou, no seu art. 267, VI, como causa de extinção do processo, sem julgamento do mérito, a falta de qualquer das condições da ação, e exemplificou – a redação do dispositivo sugere simples enumeração – com a possibilidade jurídica, a legitimidade das partes e o interesse processual. No art. 301, X, o CPC de 1973 previu que ao réu competiria, antes de discutir o mérito, alegar "carência de ação". E outros dispositivos aludiam a essas condições (art. 295, II e III, e parágrafo único, III).

Tão clara opção do Estatuto por uma teoria que, à semelhança das outras, talvez seja amplamente falsificável, representando apenas um patamar transitório em relação à realidade,[191] despertou severas e compreensíveis reprovações. Entre outros, Celso Agrícola Barbi increpou a orientação do CPC de 1973 de "discutível".[192]

Mas, a maior prova do açodamento na adoção dessa controversa teoria surgiu de inesperada e dolorosa deserção das hostes condicionalistas. Enrico Tullio Liebman, em quem se buscou inspiração para redigir o CPC de 1973, e a quem seu discípulo Buzaid procurou homenagear, eliminou a possibilidade jurídica da categoria. E isso, em virtude da circunstância pueril e fortuita de a Itália introduzir o divórcio a vínculo, exemplo preferido para demonstrar a impossibilidade geradora da "carência de ação".[193] Cumpre, assim, para apreender a extensão e os efeitos da teoria a partir do pensamento que a norteou.

Liebman sustenta que a pendência do processo implica, relativamente às partes, relações recíprocas, ou seja, a relação jurídica processual.[194] Reconhece, também, que há um "poder" de provocar a jurisdição, incluído entre os direitos cívicos, que se revela genérico, indeterminado e inconsumível.[195] Entretanto, opõe a reserva de que ele não obriga o Estado à prestação jurisdicional.[196]

Consoante Liebman, imbuído daquela reticência elitista dos conservadores da melhor cepa, não pode alguém propor uma ação "qualquer", e, sim, na

---

191. Araken de Assis, *Sobre o método o método em processo civil*, n.º 2, pp. 155-156.

192. Celso Agrícola Barbi, *Comentários ao Código de Processo Civil*, v. 1, n.º 20, p. 32.

193. Enrico Tullio Liebman, *Manuale di diritto processuale civile*, n.º 73, pp. 121-123. A expressão "carência de ação", ao tempo do CPC de 1939, denotaria a necessidade de um juízo prévio, segundo Jônatas Milhomens, *Teoria e prática do despacho saneador*, n.º 57, p. 121.

194. Enrico Tullio Liebman, *Manuale di diritto processuale civile*, n.º 20, p. 30.

195. Enrico Tullio Liebman, *Manual de direito processual civil*, n.º 73, p. 150.

196. Idem, *Corso di diritto processuale civile*, n.º 9, p. 36. Também José Ignácio Botelho de Mesquita, *Da ação civil*, n.º 38, p. 92.

qualidade de titular de algum alegado direito material, uma ação com "referência a uma situação determinada e concreta".[197]

Em outras palavras, o juiz (*rectius*: o Estado), como já constava das preocupações de Chiovenda, rejeita provocações por insignificâncias. Quando, realmente, há um elo aceitável com uma situação concreta, de ação processual se tratará.[198] E o elo que relaciona processo e situação concreta deflui das condições da ação, ou seja, "as condições para que, legitimamente, se possa exigir, na espécie, o provimento jurisdicional".[199]

Por conseguinte, Liebman aceita a existência de um poder inextinguível de acudir à jurisdição. Entretanto, só há ação processual na medida em que concorrem, no caso concreto, as suas condições. Explica Liebman: "Quando, em determinado caso, faltam as condições da ação ou mesmo uma delas (interesse e legitimação para agir) dizemos que ocorre carência de ação, devendo o juiz negar o julgamento de mérito e então declarar inadmissível o pedido. A ação, como direito ao processo e ao julgamento do mérito, não garante um resultado favorável no processo: esse resultado depende da convicção que o juiz formar sobre a procedência da demanda proposta".[200] Fica claro, assim, que não existe processo, e, nem sequer, jurisdição, se desassistida a demanda das condições da ação.[201]

Algumas distinções, para compreender integralmente a evolução da tese de Liebman, se impõem. No início, Liebman afirmava que as condições da ação constituíam os requisitos para que a lide pudesse ser julgada.[202] Em realidade, então, o mérito era a lide, definida como o "conflito efetivo ou virtual de pedidos contraditórios",[203] sobre o qual recairia o provimento judicial e o "julgar a lide e julgar o mérito" eram expressões sinônimas.[204] Posteriormente, o mérito se transformaria em "todas as questões que influem na procedência ou improcedência do pedido".[205] A correção ou o desacerto dessas definições de mérito, no momento, pouco importam. Basta tê-las presente e combiná-las às condições da ação.

Primitivamente, as condições da ação eram três: o interesse, a legitimação para agir e a possibilidade jurídica do pedido.[206] E assim foram catalogadas no art. 267,

197. Idem, *Manual de direito processual civil*, v. 1, n.º 73, p. 150.
198. Idem, n.º 73, p. 151.
199. Cintra-Grinover-Dinamarco, *Teoria geral do processo*, n.º 143, p. 222.
200. Enrico Tullio Liebman, *Manual de direito processual civil*, v. 1, n.º 73, p. 151.
201. Idem, *L'azione nella teoria del processo civile*, n.º 6, p. 47.
202. Idem, *O despacho saneador e o julgamento do mérito*, n.º 11, p. 124.
203. Idem, *O despacho saneador e o julgamento do mérito*, n.º 9, p. 122.
204. Idem, ibidem.
205. Idem, *Manuale di diritto processuale civile*, v. 1, n.º 80, p. 135.
206. Idem, *Corso di diritto processuale civile*, n.º 14, pp. 48-52.

VI, do CPC de 1973, por Alfredo Buzaid,[207] e, tal qual se inferia do art. 128 – "o juiz decidirá a lide nos limites em que foi proposta" –, no segundo estatuto unitário de processo brasileiro "lide" – todavia, noção imprecisa, ora compreendendo o conflito de "pedidos contraditórios", ora questões –, significava mérito (*infra*, n.º 24). Mais tarde, entretanto, Liebman repudiou a possibilidade jurídica e dissolveu seus exemplos no conceito de interesse.[208]

Em substância, as condições mantiveram, durante esta notável evolução de 30 anos do pensamento sob exame, as suas configurações essenciais. A legitimação era, e ainda é, a "pertinência subjetiva" da ação ou a sua titularidade ativa e passiva.[209] A possibilidade jurídica do pedido – até o seu precoce e insofrido desaparecimento – consistia na ausência de proibição abstrata do pedido no ordenamento jurídico.[210] E o interesse, no início "utilidade e necessidade de conseguir o recebimento" do pedido,[211] denota o proveito entre a "afirmada lesão de um direito e o provimento jurisdicional" reclamado.[212]

Essas situações comungam o fato de todas juntas se mostrarem indispensáveis para configurar a ação.[213] E ação é um direito ao mérito e ao processo. Desse modo, situam-se fora do mérito,[214] não integrando o grupo seleto das questões que "influem" na procedência do pedido. Mais precisamente, esclarece Kazuo Watanabe, os partidários dessa teoria, Liebman à frente, entendem que a falta de um desses requisitos, apurada preambularmente, por meio da aferição das afirmativas do autor, ou depois da instrução da causa e o esclarecimento do contexto probatório, implica o juízo de carência, ou seja, a inexistência da ação.[215]

Evidentemente, nem todos os adeptos da teoria guardam absoluta fidelidade à premissa de que, na ausência das condições, inexistirá ação. Por exemplo, Barbosa Moreira se reporta a condições de legítimo exercício do direito de ação,[216]

---

207. Alfredo Buzaid, *A ação declaratória no direito brasileiro*, n.º 70, pp. 125-129, e *Do agravo de petição no sistema do Código de Processo Civil*, n.º 39, pp. 87-90.
208. Enrico Tullio Liebman, *Manuale di diritto processuale civile*, v. 1, n.º 74, pp. 121-123.
209. Idem, *O despacho saneador e o julgamento do mérito*, n.º 11, p. 127, e *Manuale di diritto processuale civile*, v. 1, n.º 74, p. 123.
210. Idem, *O despacho saneador e o julgamento do mérito*, n.º 11, p. 125, e *Corso di diritto processuale civile*, n.º 14, p. 51.
211. Idem, *O despacho saneador e o julgamento do mérito*, n.º 11, p. 125.
212. Idem, *Manual de direito processual civil*, v. 1, n.º 73, p. 157.
213. Idem, *Manuale di diritto processuale civile*, v. 1, n.º 9, p. 35.
214. É um constante no pensamento de Liebman, *Corso di diritto processuale civile*, n.º 9-12, pp. 33-46; e *L'azione nella teoria del processo civile*, n.º 6, pp. 46-47.
215. Kazuo Watanabe, *Da cognição no processo civil*, n.º 16.3, p. 64 e nota 115.
216. Barbosa Moreira, *Legitimação para agir*. Indeferimento da petição inicial, n.º 4, p. 199.

acompanhando, aliás, idêntica e precedente assertiva de Galeno Lacerda.[217] Esse último se identifica, no mesmo passo, com a conclusão geral de Liebman: a ação, abstrata quanto ao resultado, nasce concreta.[218]

Um exemplo de impossibilidade jurídica se afigura suficiente para medir as repercussões negativas dessa teoria. Alguém propõe ação de usucapião e declina, na inicial, um tempo de posse insuficiente para se consumar a prescrição aquisitiva. Em tal caso, ter-se-ia de proclamá-lo carecedor dessa ação, em razão da impossibilidade jurídica do pedido, extinguindo-se o processo sem julgamento do mérito. Se o mesmo autor, ao invés, por precaução ou malícia, descumpre o dever de veracidade e altera o fato constitutivo, declarando, na petição inicial, posse pelo tempo necessário à aquisição do domínio, somente apurando-se o equívoco depois de completa averiguação probatória, qual a diferença com o julgamento anterior? Nenhuma. E, no rigor das definições de Liebman, na última hipótese ocorreria improcedência da ação.[219] Além disso, pondera Victor Fairén Guillén,[220] houve um processo sem ação nem jurisdição, talvez até se chegasse, com semelhante controvérsia, até o mais alto tribunal, e, sempre, sem ação nem jurisdição!

Logo se conclui que a teoria eclética representa autêntico absurdo. Essa afirmação pode melindrar seus adeptos, mas é verdadeira. No exemplo da usucapião, em ambos os casos há julgamento do mérito, seja ele definido como lide, o conflito virtual ou efetivo de pedidos contraditórios, ou de questão que influi na improcedência do pedido. Por esse motivo, coerentemente, Galeno Lacerda localiza as condições de ação no mérito.[221] E, ademais, a par das evidências gritantes da realidade, não se pode excluir o caráter jurisdicional dos provimentos do juiz que concluam não ocorrer alguma das "condições" da ação ou que, nesse caso, não há "ação", porque estimulado por ela o órgão jurisdicional se pronuncia sobre o processo. Ensina, com razão, Juan Montero Aroca: "a ação e a jurisdição são conceitos correlativos, inexplicáveis, na atualidade, um sem o outro".[222]

Em vista do regime vigente no CPC de 1973, impunha-se resgatar algum sentido às condições da ação e ao juízo de "carência".

---

217. Galeno Lacerda, *Despacho saneador*, p. 76.

218. Idem, ibidem.

219. Calmon de Passos, *Em torno das condições da ação* – a impossibilidade jurídica, n.º 7, pp. 61-62, e Kazuo Watanabe, *Da cognição no processo civil*, n.º 16.3, p. 63, em hipótese semelhante entende que os adeptos da teoria eclética propugnariam, ainda, pela carência.

220. Victor Fairén Guillen, *La acción, derecho procesal y derecho político*, n.º 6, p. 80.

221. Galeno Lacerda, *Despacho saneador*, p. 88. Em sentido contrário, Moacyr Amaral Santos, *As condições da ação no despacho saneador*, n.º 55, p. 108; Eliéser Rosa, *Do despacho saneador como sentença interlocutória*, p. 33.

222. Juan Montero Aroca, *Introducción al derecho procesal*, p. 143.

Embora reconhecendo a inadequação das expressões ("condições da ação" e "carência de ação"), e aderindo à teoria abstrata, Kazuo Watanabe concilia as proposições das teorias rivais, sustentando que os temas inerentes às condições devem ser avaliados *in status assertionis*, ou seja, valendo-se o juiz exclusivamente das afirmações do autor (e por decorrência de uma cognição mais superficial) e, se for o caso, rejeitando a demanda, mediante a técnica de julgamento antecipado, baseado na classe de questões rotuladas de "condições" da ação.[223]

Por outro fundamento, Walter Eduardo Baethgen acentua que as "condições", não respeitando aos fatos, escapam ao âmbito do mérito, qualificando-se, então, como requisitos relativos à inserção da pretensão processual, ou mérito, no processo.[224]

Os dois caminhos conduzem à admissibilidade de "condições", jamais, porém, da "ação", e explicam os fundamentos e o alcance da sentença que as acolhe.

É um pouco diferente a sistemática emprestada no CPC de 2015 a essa matéria. Em primeiro lugar, baniu a possibilidade jurídica do rol das "condições" da ação, porque integrante do mérito.[225] Nada obstante, há casos residuais em que o controle judiciário é, *a priori*, inadmissível. O caso mais destacado avulta no art. 217, § 1.º, da CF/1988, que declara inadmissível o controle judiciário relativo à disciplina e às competições desportivas antes de esgotada a instância da justiça desportiva. Logo, ao menos nessa hipótese, não esgotados os meios de defesa e os recursos na justiça desportiva, o pedido ostentar-se-á impossível. Ademais, não mais utiliza as expressões malfadas – "condições da ação" e "carência de ação" –, apenas se prevendo a ausência de legitimidade e a falta de interesse processual como fundamentos hábeis à emissão de sentença terminativa (art. 485, VI), ou seja, decisão que não resolve o mérito, questões formalmente separadas dos pressupostos processuais (art. 485, IV e V). Desse arranjo se pode dizer que, ao fim e ao caso, o CPC de 2015 reservou às "condições" o mesmo papel que se lhe reconhece na teoria eclética, pois a falta de legitimidade ou de interesse impedem que seja examinado o fundo, emitindo juiz sentença de procedência ou sentença de improcedência.

---

223. Kazuo Watanabe, *Da cognição no processo civil*, n.º 17, pp. 68-71.

224. Walter Eduardo Baethgen, *As condições da ação e o novo Código de Processo Civil*, n.º 9, p. 22.

225. 3.ª T. do STJ, REsp 1.938.984/PR, 15.02.2022, Rel. Min. Nancy Andrighi, DJE 18.02.2022, in verbis: "O enquadramento da possibilidade jurídica do pedido, na vigência do CPC/73, na categoria das condições da ação, sempre foi objeto de severas críticas da doutrina, que reconhecia o fenômeno como uma questão de mérito, tendo sido esse o entendimento adotado pelo CPC/15...".

9. Balanço das principais teorias da ação

Da sumária exposição das principais teorias formuladas sobre a *vexata questio* da ação retiram-se algumas conclusões, que alimentam, por sua vez, o balanço das suas vantagens e desvantagens. Não escapam, também, das suas próprias deficiências.

Em torno da ação centraliza-se, sem dúvida, a investigação sobre o poder que gera a relação processual. Não se revela coincidência o fato de se fixar, no caráter público do processo, o ponto de partida do rebuliço doutrinário ocorrido na segunda metade do século XIX. Eis o mérito de Bülow (retro, n.º 4.1) e, antes dele, a preocupação de Müther na polêmica travada com Windscheid (retro, n.º 8.2). Daí surgiu a inevitável cisão entre direito subjetivo, enquadrado no campo do direito material, geralmente privado,[226] e "ação", reservada à esfera do direito público.

Outro elemento essencial ao problema, e causa do insucesso de várias teorias, consiste no resultado fatal do processo. Nada assegura, nos albores da demanda, que o autor vencerá, impondo seu alegado direito ao réu. Entretanto, institui-se o processo, há jurisdição, e, fatalmente, cabe responder se existe, ou não, "ação". Em caso negativo, resta encontrar como e porque houve processo.

Essas se mostram as balizas extremas da questão. E uma tese satisfatória há de resolver, simultaneamente, esses pontos.

Não se escolhe a teoria imanentista (*retro*, n.º 8.1), a do direito concreto (*retro*, n.º 8.2) e a do direito potestativo (*retro*, n.º 8.3), porque, ao fim e ao cabo, deixam de explicar a improcedência da demanda. Nas duas últimas, embora haja separação formal dos planos do direito material e processual, subsistem restrições ao emprego do processo por quem não se ache investido do direito material. Nem Wach, tampouco Chiovenda, admitiram que alguém, sem razão, vale dizer, desprovido de um direito subjetivo, pudesse se utilizar do processo e fazer vingar o direito que lhe origina a ação.

Idêntica objeção alcança Liebman, Galeno Lacerda e os prosélitos da teoria eclética. Galeno Lacerda e Liebman, em que pese o primeiro localizar as condições da ação no mérito, distinguem entre o "processo", criado somente pelo exercício do direito constitucional de acesso aos tribunais, e o verdadeiro processo determinado pela ação processual. Liebman, como visto, chega a sustentar que, no juízo de carência, faltando ao autor as "condições" da ação, ou seja, os requisitos do provimento de mérito, o juiz não exerce o poder jurisdicional do Estado. Essa nociva característica do ecletismo, além de duplicar inutilmente o espaço do direito processual, que se ocuparia, doravante, dos processos "com" ou "sem" ação e jurisdição, esbarra na própria definição liebmeniana de mérito.

226. A respeito, Alessandro Pekelis, *Azione*, n.º 13, pp. 36-37.

Resta, pela vocação de resolver o *punctum saliens* da demanda improcedente, a teoria do direito abstrato. É a que maior fidelidade guarda à realidade forense e aos princípios. Não explica, todavia, a natureza da ação (poder ou direito); ao contrário: um e outro se equivalem no pensamento de Couture, por exemplo.

Fraca é a objeção de que um direito pertencente a todos, aos que têm e aos que não têm razão, mostra-se incompreensível. Vários direitos possuem tal índole e a sua titularidade compete a qualquer pessoa. Aliás, ganham cada vez maior importância na tutela jurídica. De qualquer modo, a coordenação entre o direito material e ação exige algo mais explícito que a distinção radical entre ação e direito subjetivo.

§ 3.º Direito subjetivo, pretensão e ação

Secção I – Plano do direito material

10. Direito subjetivo material

O ponto de partida valioso, para apreender plenamente a categoria "direito subjetivo", deriva das consequências da ideia de planos na ordem jurídica. Existem pautas de conduta (= regras jurídicas), endereçadas a regular a vida em sociedade, pacificamente atendidas. Em outras ocasiões, contudo, alguém contraria a pauta prescrita, surgindo o conflito. E daí a importância da noção de lide. Ela enfatiza a diferença da efetivação normal das regras, por meio da conduta conforme dos particulares, e o seu correlato descumprimento, reclamando, conseguintemente, a aplicação do direito por intermédio dos órgãos do Estado.

Consoante adverte Pontes de Miranda, "nada mais reprovável, em método, começar-se a falar dos direitos, das pretensões, das ações e das exceções, antes de se falar da regra jurídica, do suporte fático, da incidência da regra jurídica, da entrada do suporte fático no mundo jurídico (fato jurídico)".[227] Realmente, a abordagem do direito subjetivo exige precisão quanto a esses antecedentes.

O ponto de partida consiste na circunstância de o direito reclamar fatos interessantes ao mundo jurídico. Existem fatos irrelevantes ou desinteressantes ao direito: por exemplo, a estrela cadente ou o eclipse do sol.[228] Outros, no entanto, integram especialmente a disciplina da vida em sociedade.[229] Esses fatos procuram o chamado suporte fático *(Tatbestand)*, ou seja, a previsão, na norma

227. Pontes de Miranda, *Tratado de direito de privado*, v. 5, § 560, p. 226.

228. Idem, *Tratado das ações*, v. 1, § 1.º, p. 3.

229. A respeito de sua classificação, Marcos Bernardes de Mello, *Teoria do fato jurídico*, p. 111; também Pontes de Miranda, *Tratado das ações*, cit., v. 1, § 2.º, pp. 7-17.

jurídica, de certa hipótese ou esquema de fato.[230] Recolhe-se, aqui, o primeiro elemento estrutural da norma. Não importa a designação, mas a circunstância de que se cuida de um conceito universal,[231] muitas vezes disfarçado sob outras designações (tipo legal, fato gerador, hipótese de incidência) e de fácil entendimento.

O suporte fático surge de um juízo sobre o valor do fato ao direito. Os fatos que, abstratamente, encontram-se contemplados nas normas chamam-se fatos jurídicos. Assim, a própria norma, por meio do suporte fático, enseja a discriminação entre os fatos que adquirem vocação jurídica e os que, à falta de semelhante juízo axiológico, ficam à margem do "mundo jurídico", quer dizer, do conjunto de fatos relevantes ao direito. E, todavia, este mundo se forma graças à incidência da norma ao fato.[232]

Escapa aos objetivos estritos do presente estudo definir a natureza da norma jurídica,[233] a qual, como se notou, descreve o suporte fático e produz fatos jurídicos em virtude da incidência. Ela constitui uma proposição que, ao lado do suporte, estipula efeitos ao fato.[234] De ordinário, essas proposições derivam de textos sintéticos emanados do Estado. A noção apresentada, precária e comprometida em alto grau com o positivismo jurídico,[235] não deve excluir outras teorias acerca da origem das normas e do próprio direito, prestando-se, no entanto, à constatação, *tout court*, de que a norma jurídica existe,[236] e fornece, ademais, os elementos que a compõem. E, tampouco, a taxionomia exaustiva dos fatos jurídicos deve ensejar estudo nesse contexto restrito.

Logra-se, porém, com esses dados, uma aproximação decisiva do conceito de direito subjetivo. Incidindo na norma, encaixando-se no suporte fático, o fato se torna jurídico, "o que, para alguém, determinadamente, dessa ocorrência emana, de vantajoso" constitui o direito subjetivo.[237] No direito subjetivo, portanto, há

---

230. Marcos Bernardes de Mello, *Teoria do fato jurídico*, p. 53.

231. Idem, p. 54.

232. Idem, p. 37.

233. A respeito, Norberto Bobbio, *Studi per una teoria generale del diritto*, p. 11.

234. Marcos Bandeira de Mello, *Teoria do fato jurídico*, p. 37. Acerca das teorias sobre a natureza do direito subjetivo, Pontes de Miranda, *Tratado de direito privado*, v. 5, § 565, pp. 234-241; Karl Larenz, *Derecho civil* – parte general, § 12, pp. 254-261, e Widar Cesarini Sforza, *Diritto soggettivo*, pp. 659-694.

235. É fundamental consultar Norberto Bobbio, *El problema del positivismo jurídico*, p. 11.

236. Nesse sentido, Ovídio A. Baptista da Silva, *Curso de processo civil*, v. 1, p. 60: "No plano dogmático, não pode haver direito subjetivo anterior ao momento da positivação do direito. Se o legislador 'cria-o' ou apenas o 'revela', é problema que agora não nos compete resolver".

237. Pontes de Miranda, *Tratado de direito privado*, v. 5, § 559, p. 225.

uma nítida situação de vantagem, como assevera Alessandro Pekelis,[238] em mal comparando-o à ação; e de tal ordem que, explica Pontes de Miranda,[239] importa "limitação à esfera de atividade de outro, ou de outros possíveis sujeitos de direito". O direito subjetivo, uma categoria essencial ao direito, denota a correspondência de um bem a uma determinada pessoa.[240]

Um direito subjetivo agasalha, quase sempre, poderes,[241] que definem o seu conteúdo.[242] Por exemplo: ao direito de propriedade corresponde o poder de alienar ou de dispor (art. 1.228, *caput*, do CC). O que caracteriza, entretanto, o direito subjetivo, já nascido da incidência do fato, desponta na sua condição de estado. Ele concede ao titular uma posição jurídica estática e relativa. Ao reconhecer a alguém o domínio de um imóvel, ou a *A* a condição de credor de *B*, em princípio se lhes atribui uma posição no mundo jurídico, subjetivada, que não implica nenhuma espécie de atividade.[243] É perfeitamente admissível representar o direito subjetivo por meio do verbo "ter". Sem embargo de certas imprecisões terminológicas,[244] frequentemente resultantes de textos legais, a locução "ter direito" se afeiçoa ao conceito científico exato e à expressão vulgar de "direito subjetivo".

Não se esgota, todavia, a fenomenologia jurídica com a posição de "ter" um direito.

11. Pretensão material

Mediante o preenchimento de um suporte fático, surge, para alguém, uma peculiar situação de vantagem, já designada de direito subjetivo, conferindo ao respetivo titular uma posição vantajosa, mas estática. Quando, porém, o direito, correlacionado ao dever respectivo, estatuído na regra jurídica, torna-se exigível, afirma-se que ao direito corresponde uma pretensão, ou seja, "o poder de exigir de outrem alguma prestação positiva ou negativa".[245] Em vez de permanecer estático, o direito passa a uma posição dinâmica, pois "toda pretensão tem por fito satisfação", e, portanto, representa um meio tendente a um fim determinado.[246]

---

238. Alessandro Pekelis, *Azione*, n.º 12, p. 36.
239. Pontes de Miranda, *Tratado de direito privado*, v. 5, § 564, p. 232.
240. Karl Larenz, *Derecho civil* – parte general, § 12, p. 274.
241. Pontes de Miranda, *Tratado de direito privado*, v. 5, § 566, p. 241.
242. Idem, v. 5, § 565, p. 237.
243. Ovídio A. Baptista da Silva, *Curso de processo civil*, v. 1, p. 61, e *Direito subjetivo, pretensão de direito material e ação*, p. 100.
244. Pontes de Miranda, *Tratado de direito privado*, v. 5, § 559, p. 229, alude a essas imprecisões da linguagem vulgar.
245. Idem, v. 5, § 615, p. 451.
246. Idem, v. 5, § 615, p. 452.

Por razões diversas, o conceito de pretensão se tornou nebuloso. Na fonte famosa, o § 194 do BGB, alude-se, relativamente à pretensão, ao "direito" de exigir um fazer ou uma omissão. Explica Karl Larenz que, no referido § 194, habita a concepção de Windscheid (*retro*, n.º 8.2), transladando ao campo material a *actio* romana.[247]

Em síntese larga, o direito subjetivo consistiria no elemento primário, e a possibilidade da sua imposição, na via do processo, em outro elemento, diferente e secundário, exatamente a "pretensão". Obviamente, tal noção baralha os planos material e processual, obstando a clareza do conceito. Diluindo a pretensão no processo, deu ensanchas, ademais, à teoria de Julius Binder, que condiciona o direito subjetivo à certificação de certeza resultante da atividade jurisdicional.[248]

Entre nós, adota tese análoga Homero Freire.[249] De acordo com esse autor, a pretensão se situa aquém do direito, qual *prius* lógico, e reponta uma aspiração de ter um direito subjetivo, cuja real existência, ou não, resolver-se-á definitivamente em provimento judicial favorável.

De ambas manifestações, acertadamente se diz que ignoram a realização pacífica e normal dos direitos, e desprezam a interferência excepcional da lide (*retro*, n.º 7.2).[250] Em verdade, o § 194 do BGB confundiu o direito e a pretensão, tomando o efeito pela causa.[251]

Conquanto projeção de iniciativa,[252] a pretensão constitui figura intercalar entre o direito subjetivo e a ação. Do direito subjetivo difere porque existem direitos inexigíveis, ou seja, desprovidos de pretensão.[253] Logo se impõe a referência a um direito de crédito, cuja exigibilidade se encontra diferida em virtude da fixação de termo (evento futuro e certo) ou da previsão de condição (evento futuro e incerto). O titular do crédito deverá aguardar o *tempus* (evento futuro) propício para reclamar do obrigado o pagamento. Expressivo que seja, o exemplo não elimina a pretensão real, contemporânea à constituição do direito, dirigida contra todos e visando à continuidade do estado imperturbável do direito.[254] E da ação se distingue a pretensão porque, na qualidade de potência, não importa, ainda, um agir. Uma vez pretendendo, se afigura possível que o sujeito passivo cumpra, e, assim,

247. Karl Larenz, *Derecho civil* – parte general, § 12, p. 315.
248. Julius Binder, *Prozess und Recht* – ein Beitrag zur lehre vom Rechtsschutzanspruch, § 6, pp. 113-142.
249. Homero Freire, *Da pretensão ao direito subjetivo*, pp. 102-108.
250. Nesse sentido, Karl Larenz, *Derecho civil* – parte general, § 23, p. 325, nota 92.
251. Pontes de Miranda, *Tratado de direito privado*, v. 5, § 615, p. 452.
252. A respeito, Luigi Orsi, Pretesa, n.º 8, pp. 368 e 369.
253. Pontes de Miranda, *Tratado de direito privado*, v. 5, § 615, p. 453.
254. Idem, v. 5, § 616, p. 456.

torne inútil qualquer agir posterior. Por outro lado, há pretensão sem ação.[255] Tudo somando, o verbo "querer" representa, perfeitamente, a pretensão.

O "poder exigir" – faculdade típica da pretensão – exerce-se ou não. Ao exercício efetivo da pretensão, exigindo o titular do direito, de fato, o cumprimento do dever que incumbe ao sujeito passivo, premindo-o, corresponde um outro estágio do direito subjetivo, caracterizado pelo exercício da pretensão e pelo verbo "premir".[256]

Efetivamente, afiguram-se situações diversas no caso de o titular deixar o crédito, já vencido, paralisado, porque não toma, na realidade, uma iniciativa com vistas à sua satisfação, e no caso de o titular envidar esforços para realizá-lo (por exemplo, procurando o devedor em seu domicílio).

Em nenhuma dessas hipóteses, nem sequer ocorrendo a premência do devedor, sua esfera jurídica é atingida, praticando o titular do direito, talvez, os atos adequados à sua satisfação. Exercita-se a pretensão supondo que, premido, o devedor atenda ao seu dever jurídico. Firma-se, aqui, a diferença entre pretensão, exercitada ou não, e ação, a qual consiste, ao invés, em agir perante o sujeito passivo independentemente do seu comportamento.

12. Ação material

Talvez forçadamente, mas a metáfora é cativante, assevera-se que "a ação é a inflamação do direito ou da pretensão".[257]

Nesta altura, coligadas as distinções conceptuais do direito e da pretensão, constata-se a enorme impropriedade da expressão "direito de agir", alhures empregada, e, todavia, tradicional e inextirpável em processo civil. É tão equivocado e confuso se referir a "direito de ação", quanto à pretensão como "direito" (*retro*, n.º 11), pois, à evidência, o agir do titular do direito não o constitui, antes expressa o modo dinâmico da obtenção de um efeito frente ao sujeito passivo. Declarava tal aptidão o art. 75 do CC de 1916, que rezava: "a todo o direito corresponde uma ação, que o assegura".[258] Eventual omissão dessa regra no CC de 2002, porém, não implica o desaparecimento do fenômeno.

---

255. Idem, v. 5, § 615, p. 453.
256. Nesse sentido, Ovídio A. Baptista da Silva, *Curso de processo civil*, v. 1, pp. 62-63.
257. Pontes de Miranda, *Tratado de direito privado*, v. 5, § 623, p. 482.
258. No CC de 2002, há menção indireta à ação, a exemplo do art. 161, que trata da legitimação passiva da ação visando a desconstituir negócio por fraude contra credores.

De ordinário, ao direito toca, em sequência à pretensão, a ação, que o estágio da exigência, indo além: "agir" inclui a atividade para satisfação.[259] Nasce a ação, em benefício do titular do direito, quando o sujeito passivo não satisfaz seu dever jurídico ou, tratando-se de pretensões que se satisfazem mediante atos positivos ou negativos, ocorre uma interrupção dessa conduta.[260]

Na ação, despreza-se, por inteiro, o comportamento do sujeito passivo, porque o agir se realiza contra e independentemente da sua vontade. Se alguém somente pretende – premindo ou não – que o obrigado cumpra voluntariamente o dever que lhe impõe o direito invocado.

A nota característica do conceito de ação – agir que não depende da anuência do sujeito passivo – mostra porque os ordenamentos jurídicos admitem-na excepcionalmente. O exercício privado da ação provocaria tumulto social, um progressivo desfazimento dos laços da vida em sociedade, a negação da paz e do império da justiça. Por isso, o Estado moderno proíbe-o, em geral, criminalizando-a como exercício arbitrário das próprias razões, e avocando, por decorrência, o monopólio da distribuição da justiça.

Em certos casos, a ação material, ou seja, o agir do titular de um direito substantivo, na esfera de outrem, para satisfazê-lo, sobrevive incólume. Essa é a hipótese prevista no art. 1.210, § 1.º, primeira parte, do CC, que dispõe: "o possuidor turbado, ou esbulhado, poderá manter-se, ou restituir-se por sua própria força, contanto que o faça logo [...]". Nesse dispositivo aparece a expressão clara e inequívoca do agir de alguém, titular do direito à posse, de mão própria, contra quem turba-a ou esbulha-a, contrariamente ao dever jurídico determinado por aquele direito.

Da proibição ao desforço pessoal se origina o poder jurisdicional (*retro*, n.º 7.5), capaz de eliminar o conflito e canalizar, no processo, as "ações" dos particulares. Imaginar-se-ia, naturalmente com graves inconvenientes, um sistema diverso, em que a ação obedeceria a um controle *ex post*, transformando-se, então, em regra, aquilo que o artigo há pouco transcrito consagra em caráter excepcional. Perder-se-iam, entretanto, os objetivos de restabelecimento da paz e da justa composição da lide. Por esse motivo, a ação material se veicula por meio da "ação" processual (demanda).[261] E não apenas ações: também as pretensões materiais, às vezes, representam o – enfim! – objeto do processo. Por exemplo: se o titular do crédito constata encontrar-se desassistido de termo final, e, em vista disto, almeja

---

259. Pontes de Miranda, *Tratado de direito privado*, v. 5, § 617, p. 460.
260. Idem, v. 5, § 623, p. 481.
261. Idem, v. 5, § 622, p. 478.

premir o devedor, deve interpelá-lo, segundo o art. 397, parágrafo único, do CC, que reza: "Não havendo termo, a mora se constitui mediante interpelação judicial ou extrajudicial". Fazendo-o judicialmente, na forma do art. 727 do CPC, não age, ainda, perante o obrigado, apenas lhe transmite a pretensão.[262]

Evidenciam-se no exposto, agora, as razões epistemológicas que inspiraram a escolha do vocábulo "ação" para definir e demarcar o objeto do processo. Não se atribui tal qualidade, de modo algum, à demanda, ou seja, o ato postulatório do autor. Em tal ato, o órgão judicial avaliará a ação material. O art. 337, § 2.º, examinado de perto, define os lindes dessa última, ou seja, do efeito jurídico que, por meio da demanda, o autor procura obter perante o réu. Essa é a "ação" veiculada na demanda. E demanda que, nada obstante a cumulação de ações materiais, permanece única, porque estabelece, de sua vez, também uma única relação processual (*retro*, n.º 6).

Secção II – Plano do direito processual

13. Direito à tutela jurídica do Estado

Em decorrência do veto estatal à justiça de mão própria, a lide na qual se debatem os particulares, quanto à realização de um direito subjetivo, resolve-se na jurisdição. Logo, a proibição imposta ao agir privado, ou o monopólio da jurisdição pelo Estado, constitui a causa da relação processual.[263] Além disso, haja vista o princípio da unidade,[264] vigente no ordenamento brasileiro, também os conflitos entre particulares, de um lado, e a administração, de outro, acabam na via jurisdicional, atribuindo ao respectivo poder uma feição extraordinária do ângulo da proteção jurídica à pessoa.

Na medida em que, de regra, a iniciativa de trazer a lide à apreciação do órgão jurisdicional compete ao autor (arts. 2.º), a ele se confere um direito à jurisdição, designado, amiúde, de direito à tutela jurídica,[265] cuja titularidade o assento constitucional da norma concede a qualquer sujeito dotado de personalidade judiciária (pessoas naturais e jurídicas, nacionais e estrangeiras, e entes despersonalizados).

---

262. Ovídio A. Baptista da Silva, *Curso de processo civil*, v. 1, p. 66, e Pontes de Miranda, *Tratado das ações*, v. 1, § 8, p. 61.

263. Fábio Luiz Gomes, *Da ação*, p. 127.

264. A respeito, Cintra-Grinover-Dinamarco, *Teoria geral do processo*, n.º 57, p. 94, e Kazuo Watanabe, *Controle jurisdicional*, n.º 11, pp. 26-28.

265. Assim, p. ex., Miguel Fenech, *Derecho procesal civil*, § 7, p. 26, e Jesús González Péres, *El derecho a la tutela jurisciccional*, p. 29 e ss., efetuam exaustiva análise desse direito nos sistemas jurídicos contemporâneos.

Esse direito discrepa, inteiramente, do direito subjetivo material porventura controvertido em juízo (*retro*, n.º 10), bastando enfatizar, na comparação, a origem normativa diversa e a irredutibilidade de cada qual a um esquema comum.

O direito à jurisdição caracteriza um estado, um "ter" direito subjetivo público – natureza, aliás, ínsita aos direitos subjetivos –, e não, ainda, iniciativa ou agir do indivíduo. Desse modo, se afigura assaz reprovável reputar "ação ao poder jurídico que tem o indivíduo de dirigir-se aos órgãos da jurisdição".[266] Entretanto, deve-se a Couture a descoberta da pressuposição constitucional do direito à jurisdição, o caráter fundamental desse direito, considerado, ademais, espécie típica do direito de petição.[267] Essa última ideia caiu em descrédito, porque oferece uma fórmula demasiado abstrata para representar a realidade concreta do processo, balizada, entrementes, no anseio de evitar a provocação do juiz por alguém destituído de razão. Bastante significativa, nesse sentido, a opinião de Hector Fix-Zamudio, que assevera resultar a "ação" propriamente dita do exercício de um direito de petição que constitua um processo.[268]

A crítica incorre, salvo engano, em flagrante petição de princípio: se ação e processo se interligam, não basta afirmar a existência da primeira quando o segundo se enseja, cabendo indagar, então, porque o processo deriva da ação. Revela-se, outrossim, a resistência pertinaz e injustificável a um direito incondicionado e universal – que outra dimensão teria no âmbito da Constituição? – de acesso à justiça.

Felizmente, a inserção do direito na órbita constitucional se fixou como diretriz básica.[269] Em certos sistemas, a ambiguidade do texto suscita controvérsias sobre a extensão e o conteúdo da garantia, conforme assinala, relativamente ao direito alemão, Nicolò Trocker.[270]

No direito pátrio, alude-se a um princípio da inafastabilidade do controle judiciário,[271] intimamente relacionado à cláusula do devido processo legal, hauri-

266. Eduardo J. Couture, *Las garantías constitucionales del proceso civil*, n.º 3, p. 25.
267. Idem, n.º 6, pp. 34-37.
268. Hector Fix Zamudio, *Constitución y proceso civil in Latinoamerica*, pp. 56-57. É interessante notar que o autor classifica a teoria de Galeno Lacerda (cf. item 8.5 do texto) como uma volta à tese "concreta" em tema de ação.
269. Idem, p. 68.
270. Nicolò Trocker, *Processo civile e costituzione*, pp. 162-169, com ampla referência bibliográfica.
271. Ada Pellegrini Grinover, *Os princípios constitucionais e o Código de Processo Civil*, n.º 5, p. 15.

da do *Common Law*,[272] com o que se admite, no fundo, a âncora constitucional do direito à jurisdição.[273]

Entretanto, segundo um entendimento doutrinário, o direito à tutela jurídica não gera o processo.

Por óbvio, enquanto direito e, pois, um simples estado, de acordo com as categorias precedentemente aceitas (*retro*, n.º 10, 11 e 12), o direito referido jamais origina a entidade dinâmica de um processo, o qual supõe ação, concreta e efetiva, do autor, ou seja, uma demanda. Não se controverte, porém, o ponto. Ensinam os sequazes dessa teoria, na realidade, que o direito abstrato de acesso à justiça, não produz a ação processual. Ela reclamaria, ao invés, uma relação à certa lide específica, entre outras afirmativas análogas, todas impondo um "algo mais" para se constituir a autêntica ação processual.

Nesse sentido, Liebman afirma que o poder de direito público, inexaurível e inconsumível, "não é ainda a ação, no sentido de que essa figura ostenta relevância no sistema processual, mas a sua base, o seu pressuposto de direito constitucional, a estrada sempre aberta sobre a qual o cidadão, de vez em quando, pode aviar sua ação singular". E isso, porque, conferida a todos, em quaisquer circunstâncias, "não permite distinguir cada caso, nem estabelecer uma ligação entre processo e a causa concreta pelo qual ele é proposto".[274]

Compartilha reserva análoga Galeno Lacerda, distinguindo o direito de petição da ação e acentuando a necessidade de condições, por força da ordem jurídica, que legitimem seu exercício, ao concluir expressivamente: "enquanto a relação nascida do direito de petição se justifica apenas em termos de direito constitucional, a que surge do direito de ação se agasalha nas normas do direito judiciário".[275]

Mesmo em outros quadrantes, em geral inexplorados na doutrina brasileira, contrapõe-se ao direito fundamental de provocar os tribunais, satisfeito "com qualquer atividade jurisdicional", o direito subjetivo público que encerre um pronunciamento sobre "o pedido de tutela, com uma sentença de mérito".[276]

No excerto anterior de Liebman, e nas demais citações, evidencia-se a censurável falta de percepção quanto à inutilidade de relacionar a existência do processo à situação proveniente do direito material, e nele eventualmente reproduzida na condição de objeto litigioso, porque categorias situadas em planos diferentes.

---

272. Idem, n.º 7, p. 16. É indispensável consultar, a respeito, Vincenzo Vigoriti, *Garanzie. costituzionali del processo civile*, passim.

273. Hector Fix-Zamudio, *Constitución y proceso civil in Latinoamerica*, p. 58.

274. Enrico Tullio Liebman, *L'azione nella teoria del processo civile*, n.º 5, p. 41.

275. Galeno Lacerda, *Despacho saneador*, p. 76.

276. Andres de la Oliva Santos, *Lecciones de derecho procesal*, v. 1, p. 111.

Em outras palavras, a relação processual e a relação material, cuja existência se investiga no próprio processo, nada ostentam de comum. Distingue-se a primeira da segunda em virtude da causa (monopólio da jurisdição), sujeitos (autor e réu) e objeto (prestação jurisdicional). Nenhum vínculo se entrevê nelas ou, ainda uma vez, restaria inexplicável a demanda julgada improcedente.

Na perspectiva contrária, tornam-se necessárias distinções tão difíceis quanto impossíveis, a partir de referência obrigatória ao objeto litigioso – a "causa" (*fattispecie*) de Liebman –, resumidos na seguinte pergunta: "que diferença existe entre o que não tem direito e crê tê-lo, o que não tem direito e sabe não tê-lo e o que tem direito e exerce a ação não crendo tê-lo?"[277] Nenhuma diferença ou relevância, do ponto de vista processual, surgem dessas situações peculiares ao início da relação processual, no momento em que reina a incerteza acerca da ação material, deduzida pelo autor no processo, e espancadas somente por meio da sentença.

Dessa maneira, a crer-se no raciocínio de quem restringe o direito à tutela jurídica, averbando-o de incapaz de gerar a ação, resta uma rígida concepção concreta, para solucionar o problema, atrelando a ação do autor à futura emissão de sentença favorável aos seus interesses.

14. Pretensão à tutela jurídica

O direito à tutela jurídica nasce dotado de pretensão. Cuida-se da pretensão à tutela jurídica, ou o poder de provocar a atividade jurisdicional, cujo conceito, todavia, exige algumas precisões. Ela cabe a número maior de pessoas do que o daquelas que têm pretensão (e ação) de direito material.[278] Também não pertence, exclusivamente, às partes, que somente exercem-na, na relação processual.[279]

Essas características se originam da natureza do direito de acesso à justiça (*retro*, n.º 13), e se apresentam naturais, considerando a distinção precedente dos planos material e processual. No fundo, como observa Pontes de Miranda, a dependência dessa pretensão, originária de um direito diverso à pretensão material, denota um idealismo filosófico ultrapassado e o falso raciocínio de quem, preferindo que apenas pudesse ir a juízo quem tivesse razão, desejava que sempre assim fosse, conquanto a realidade se apresentasse bem diversa.[280]

Definida a pretensão como um meio tendente a um fim, ou seja, à prestação (*retro*, n.º 11), aceita-se normalmente a tese correlata de que a prestação devida,

---

277. Pontes de Miranda, *Relação jurídica processual*, n.º 2, p. 150.
278. Idem, *Tratado das ações*, v. 1, § 32, p. 171.
279. Idem, v. 1, § 32, p. 170.
280. Idem, v. 1, § 32, p. 168.

no caso, compete ao Estado, e consiste na prestação jurisdicional, a que se obrigou o Estado ao monopolizar a distribuição da justiça.[281] Não bastará, contudo, que alguém detenha a pretensão à tutela jurídica – e, na verdade, todos a têm, porque o direito de acesso à justiça figura entre os direitos fundamentais inextirpáveis do Texto constitucional – para que se resolva a lide, ou seja, efetive-se a ação material. É preciso que o titular da pretensão exerça-a efetivamente, aja enfim, propondo a demanda, que corporifica a ação processual.

Não parece exato, consoante se sustenta,[282] que o demandante deva também agir no curso da demanda, em atividade simultânea à do Estado, porque o art. 2.º dispensa a iniciativa da parte, substituindo-a, no curso da relação processual, pelo impulso de ofício.

15. Ação processual

Existe, portanto, o direito público à jurisdição, provido da pretensão à tutela jurídica, a qual, exercida, põe o Estado a dever a prestação jurisdicional.[283] E a pretensão se exerce por meio da "ação" processual, ou demanda.[284] Ela expressa o ato de pleitear a tutela jurídica mediante sentença, segundo Leo Rosenberg e Karl Heinz Schwab.[285] Aqui, importa, sobretudo, a clareza do conceito, uma vez que a uniformidade terminológica se perdeu definitivamente nos desvãos da exatidão conceitual. O direito de acesso à justiça possui pretensão e, também, "ação". E o agir do titular desse direito desafia o Estado, abrigando o objetivo de, prestada a tutela jurisdicional, produzir um efeito jurídico em face do adversário, ou, em palavras diversas, realizar – agindo – o alegado direito material.

Essa última expectativa do autor, cumpre ressaltar, pode vir a frustrar-se, pois o Estado, obrigado que esteja à prestação jurisdicional, de resto alcançada independentemente do resultado favorável, ou não, do processo, permitirá a produção desse efeito somente após apurar-se a razão do demandante.

A demanda estabelece a relação processual, que tem por sujeito ativo o autor, ou demandante, e por passivo o Estado. Desde que citado, o réu ostenta a posição

---

281. Fábio Luiz Gomes, *Da ação*, p. 128.

282. Não obstante, é a opinião de Ovídio A. Baptista da Silva, *Curso de processo civil*, v. 1, p. 72.

283. Pontes de Miranda, *Relação jurídica processual*, n.º 13, p. 156.

284. Nesse sentido, é incensurável a interpretação de Cândido Rangel Dinamarco à palavra "domanda": Liebman, *Manual de direito processual civil*, v. 1, n.º 18, p. 34, nota 24 do tradutor.

285. Leo Rosenberg e Karl Heinz Schwab, *Zivilprozessrecht*, § 91, p. 459: "Die Klage ist das Gesuch um Gewahrung von Rechtschutz durch Urteil".

de polo do verso da relação,[286] porque ela se oferece em ângulo: dois sujeitos ativos (autor e réu) e um passivo (Estado). O demandado possui idêntico direito e pretensão à tutela jurídica. Ele, porém, não age, porque não foi dele a iniciativa de propor a demanda, e, sim reage à demanda ajuizada.[287] Essa afirmativa se respalda no art. 485, § 4.º, ao proibir a desistência da demanda senão com o assentimento do réu, que deseja do Estado a tutela de improcedência.[288]

Eventual menção a cúmulo de demandas se revela, nesse contexto, pouco razoável. Se o autor vem a juízo, veiculando duas ou mais ações materiais, ajuíza uma única "ação" ou demanda, ou remédio processual, informando, aliás, por esse motivo, por rito único (art. 327, § 1.º, III e § 2.º), requisito aplicável às diversas espécies de cumulação subjetiva ou objetiva. E por que seria diferente? Cumulam-se, assim, ações materiais, ou objetos litigiosos, identificados por intermédio dos elementos inscritos no art. 337, § 2.º.

Enfim, o problema do cúmulo se resolve no exame do conteúdo (objeto litigioso) do processo e não do seu continente (processo).

Naturalmente, convém examinar a noção de objeto litigioso, tão prezada na processualística alemã, para administrar a contraprova à tese de que o cúmulo implica pluralidade de ações materiais, porque essas, e não a demanda ("ação" processual), constituem o conteúdo do processo.

§ 4.º Classificação da Ação Material

16. Natureza da classificação das ações ou sentenças

Demarcadas, com toda a nitidez, as áreas de influência das "ações" – material e processual (demanda) –, a identificação da ação, prospectando os elementos que a individualizam, segundo o art. 337, § 2.º, e, reflexamente, o próprio cúmulo de ações, supõe outro ponto. Ele consiste na classificação das espécies de ação. Em especial, quanto ao processo de conhecimento, sobre o qual se projeta o programa da cumulação, ora em estudo, a taxionomia das ações dispõe de um espaço tradicional e de uma relevância crescente.

Indiferente se mostra classificar ações ou sentenças. Na medida em que ao conteúdo da demanda corresponderá, inevitavelmente, o da sentença de procedência, em virtude do princípio da congruência, ou da adstrição do juiz à ação da parte, logo se compreende a dupla perspectiva do problema. Do ponto de vista material, com efeito, os lindes expressos na demanda obrigam o juiz, que se encontra impedido de proferir um provimento além, aquém ou fora deles, na forma

286. Pontes de Miranda, *Relação jurídica processual*, n.º 15, p. 158.

287. Ovídio A. Baptista da Silva, *Curso de processo civil*, v. 1, p. 72.

288. Idem, v. 1, p. 73.

dos arts. 490 e 493, *caput*.[289] E isso se deve a outro princípio, o da demanda, contemplado no art. 2.º, que atribui ao autor a iniciativa da instauração do processo e da fixação do *thema decidendum*.

Por conseguinte, troca-se somente de ângulo, na avaliação do ponto: ao cuidar das espécies de ação, sopesa-se o conteúdo da demanda em seu início e potencialmente; ao aludir à classificação das sentenças, se avalia o mesmo já em seu término. Esse duplo aspecto da questão traz uma consequência expressiva porque, na abertura do processo, ponderar-se-á uma ação asserida, mas na sentença de procedência surgirá uma ação declarada existente. E a classificação abrangerá as ações deduzidas em demandas acolhidas por juízo de procedência, haja vista a razão curial de que, na demanda improcedente, ao autor não competia nenhum direito e, logo, ação material.[290] Nesse caso, em doutrina se destaca a natureza declaratória da sentença de improcedência.[291]

Conforme deflui do que se expôs (retro, n.º 12), a cada direito material corresponde uma ação, que o assegura. Assim, a tradição de arrolar incontáveis grupos de ações, classificadas segundo critérios heterogêneos, encontra um ótimo fundamento.

Entre os velhos representantes da processualística de origem luso-brasileira, proclamava-se a necessidade de conhecer as ações "não menos pelos nomes que pelos efeitos".[292] Como hoje (infra, n.º 32.1), ao autor se dispensava o ônus de nomear a ação,[293] todavia dado útil nas estatísticas judiciais e, via de regra, objeto do registro mencionado no art. 284, mas seu estudo se guiava, então, por casuísmo total, quiçá exasperante. Por exemplo, Gusmão, já neste século, reduzia a "cada grupo de relações jurídicas da mesma natureza" a "classe de ações uniforme e adequada" à garantia e defesa do direito.[294] Daí as ações reunidas em base objetiva, subjetiva e formal: reais, pessoais, mistas, penais, reipersecutórias, (in)transmissíveis, (im)prescritíveis, sumárias e ordinárias.[295]

289. A respeito, Ovídio A. Baptista da Silva, *Curso de processo civil*, v. 1, p. 120 e p. 340.

290. Idem, p. 340.

291. Idem, p. 119. Na doutrina alemã, Leo Rosenberg Karl Heinz Schwab, *Zivilprozessrecht*, § 150, p. 819, e Arwed Blomeyer, *Zivilprozessrecht–Erkenntnisverfahren*, § 86, pp. 427 e 428, naturalmente considerando a classificação tripartida.

292. José Homem Corrêa Telles, *Doutrina das acções*, p. 15.

293. Nesse sentido, Pereira e Souza, *Primeiras linhas sobre o processo civil*, v. 1, § CXXX, p. 121.

294. Manoel Aureliano de Gusmão, *Processo civil e comercial*, v. 1, § XCII, p. 300.

295. João Monteiro, *Programa do curso de processo civil*, v. 1, §§ 23-25, pp. 96, 100 e 101; Almeida Jr., *Direito judiciário brasileiro*, pp. 124-133; Corrêa Telles, *Doutrina das ações*, § 2.º, pp. 27-28; Francisco de Paula Baptista, *Compêndio de teoria prática do processo civil comparado com o comercial e de hermenêutica jurídica*, § 8, p. 12, e Alfredo Buzaid, *A ação declaratória no direito brasileiro*, n.º 71, p. 130.

Dessa metodologia, suspeita de ligações perigosas com a teoria imanentista (*retro*, n.º 8.1), chegou-se a uma classificação mais geral, empregando os efeitos das ações, nada obstante as críticas e as resistências à novidade.

Enquanto Liebman, expondo a tripartição das forças da sentença em três classes – declaratórias, constitutivas e condenatórias –, estima "a única classificação legítima e importante" a que se refere "à espécie e à natureza do provimento demandado",[296] outros rejeitavam-na energicamente,[297] porque não consultaria os "reclamos de uma rigorosa classificação científica". De seu turno, Gabriel José de Rezende Filho obtemperava que, do ponto de vista da ação como faculdade de pleitear "aos órgãos jurisdicionais a aplicação da lei no caso concreto", afigurava-se, ao invés, "a única classificação racional".[298] Lopes da Costa, contemporâneo desse último, reúne as ações de modo amplo em declaratórias, por sua vez divididas em condenatórias e meramente declaratórias, constitutivas, executivas (*v. g.*, a reintegração de posse) e executórias.[299]

Outras classificações, que não a inspirada na "espécie e natureza" da tutela do órgão jurisdicional,[300] subsistiram, todavia, no *ius positum*, nem desapareceriam apenas porque uma delas foi ungida de científica e irrepreensível. No terreno da competência, a lei utiliza os velhos e úteis critérios (por exemplo: ações pessoais e reais, contempladas no art. 46, *caput*, e art. 47, *caput*).

Seja como for, o exame e a reunião das ações, considerando a respectiva força ou eficácia principal, ostentam a qualidade de se afinarem ao objeto litigioso e reproduzir a efetividade pretendida do provimento jurisdicional.

Com efeito, veiculando a demanda, perante o réu, a alegada ação material do autor, a classificação que leva em conta o seu conteúdo, ou objeto litigioso, é tão material quanto a que separa ações pessoais e reais. A sentença de procedência, acolhendo o pedido formulado, produzirá a eficácia ínsita à ação material, ou seja, o ato estatal concederá a vantagem, prevista no direito subjetivo, que originariamente o titular alcançaria por intermédio do agir privado. Logo, apesar de

296. Enrico Tullio Liebman, *Manuale di diritto processuale civile*, v. 1, n. 76, p. 126.

297. Affonso Fraga, *Instituições do processo civil do Brasil*, v. 1, § 33, p. 252.

298. Gabriel José de Rezende Filho, *Curso de direito processual civil*, v. 1, n.º 181, p. 160.

299. Lopes da Costa, *Direito processual civil brasileiro*, v. 1, n.º 56, p. 71. Outros autores, como Wilhelm Kisch, *Beiträge zur Urteillehre*, § 4, p. 85, aludiam às ações "liberatórias" ("*das äuslosende Urteil*"), que, todavia, são constitutivas segundo Clóvis do Couto e Silva, *Comentários ao Código de Processo Civil*, v. 11, t. 2, n.º 481, p. 438.

300. É a expressão de Humberto Theodoro Jr., *Curso de direito processual civil*, v. 1, n.º 55, pp. 63-64.

uma taxionomia processual, como as demais, porque considera a demanda o seu fundamento, descansa no direito material.[301]

Por esse motivo, a fiel manutenção da eficácia da sentença se impõe como exigência natural da efetividade do processo. Não se logrando, por meio da atividade do Estado, um resultado análogo à função do direito subjetivo, ou seja, desaparecendo a rigorosa correspondência entre ação (material) e sentença, talvez por razões atribuíveis exclusivamente às deficiências do aparato jurisdicional, frustrar-se-á a realização do direito objetivo e a efetividade do controle judiciário.

17. Eficácia principal e eficácias secundárias da ação material

Talvez o mérito maior de Pontes de Miranda, no campo do direito processual, consistiu na insistência em afirmar que nenhuma ação ou sentença nasce pura. Teve a notável intuição de considerar a ação um conjunto de eficácias, e de classificá-la por meio da eficácia principal.[302]

Evidentemente, como acentua Clóvis do Couto e Silva,[303] toda gama de efeitos das sentenças não se restringe às categorias de condenação, declaração e constituição. Esse imprescindível alargamento da fenomenologia das sentenças, porém, não exclui a descoberta, na mesma ação ou sentença, de várias eficácias, uma das quais, preponderante ou principal, dentro daqueles números aceitos.

Tão cediça se tornou a combinação de eficácias que poucos se forram de adotá-la. Na doutrina francesa, em geral conservadora, localizou-se na sentença duplo efeito, "porque o juiz deve constatar a existência da pressuposição da norma aplicável à situação de fato, que lhe é submetida (qualificação), e depois aplicar-lhe o efeito jurídico (sanção), variando, portanto, a importância do elemento declaratório e do constitutivo conforme a hipótese".[304]

Em certo sentido, Liebman notou o ponto, enfatizando que, nas sentenças de mérito, há declaração da relação jurídica deduzida em juízo, porque premissa ao provimento constitutivo ou condenatório ulterior.[305]

---

301. Neste sentido, Ovídio A. Baptista da Silva, *Curso de processo civil*, v. 1, p. 119.
302. Pontes de Miranda, *Tratado das ações*, v. 1, § 26, p. 124. No mesmo sentido: Clóvis do Couto e Silva, *Comentários ao Código de Processo Civil*, v. 11, t. 2, n. 483; Ovídio A. Baptista da Silva, *Curso de processo civil*, v. 1, p. 120.
303. Clovis do Couto e Silva, *Comentários ao Código de Processo Civil*, v. 11, t. 2, n.º 483, p. 441.
304. Hervé Croze e Christian Morel, *Procédure civile*, n.º 70, p. 80.
305. Enrico Tullio Liebman, *Manuale di diritto processuale civile*, v. 1, n.º 83, p. 142.

Nada conduz, contudo, à rígida compartimentação das eficácias em constante 15, também atribuível a Pontes de Miranda,[306] como afirma, argutamente, Adroaldo Furtado Fabrício.[307] Daí não se deve retirar, açodadamente, a inexistência de duas ou mais eficácias em cada provimento,[308] porque realidade ofuscante. Em verdade, assinala-se, de maneira lapidar, a tese mais próxima da realidade, em tema de classificação de sentença, a partir dos seus efeitos, considera-as um feixe de eficácias, capaz de se decompor como a luz solar no espectro, uma das quais preponderante e decisiva à inclusão da sentença na classe adequada.[309]

Em casos específicos, a exemplo da ação de despejo, ressalta-se que a sentença, além de comandar a recuperação do bem locado (eficácia principal: executiva), desfaz o contrato de locação (eficácia secundária: constitutiva) e declara o direito do locador ao despejo (eficácia secundária: declaratória).[310]

18. Tripartição e classificação quinária das sentenças

No direito continental prevalece, como rememora Alfredo Buzaid,[311] a classificação tripartida das ações (declaratória, condenatória e constitutiva). Naturalmente, esse é o pensamento de Liebman.[312] Tão influente é a classificação tripartida

---

306. Pontes de Miranda, *Tratado das ações*, v. 1, § 26, pp. 122-130, que atribui, a cada sentença, um peso de um a cinco, reservado à eficácia principal força cinco, e, às demais, gradativamente, forças quatro a um, de modo que, somadas todas, em cada provimento resulte sempre uma força total igual a 15. Essa classificação desperta, naturalmente, dúvidas devido à sua rigidez.
307. Adroaldo Furtado Fabrício, *Comentários ao Código de Processo Civil*, v. 8, t. 3, n.º 476, p. 598, nota 621. Só discordamos do insigne jurista quando julga pacífica, no direito brasileiro, a adesão à ideia de que cada sentença possui mais de uma eficácia, ou força. Oxalá os seguidores de Liebman se dobrassem às evidências! Veja-se, p. ex., o destino nada feliz a que a ideia conduziu Tomás Pará Filho, *Estudo sobre a sentença constitutiva*, pp. 36 e 37.
308. Exemplo de recuo se encontra em Humberto Theodoro Jr. Nas suas *Lições de direito processual civil*, de 1975, n.º 25, p. 50, afirma: "A classificação das sentenças se faz pelo efeito principal do julgado", porque, "na prática", as sentenças não seriam "puras"; já no *Processo de conhecimento*, v. 2, n.º 495, p. 655, de 1977, a referência desaparece.
309. Ovídio A. Baptista da Silva, *Sentença mandamental*, § 10, p. 87.
310. Identifica a sentença executiva o Ac. da 2.ª Câm. Cível do TARS, na Ap. Cível 11.046, j. em 4/75, Rel. Des. Athos Gusmão Carneiro, publ. no livro *O novo Código de Processo Civil nos tribunais do RGS e SC*, v. 12, pp. 690-691, de autoria daquele relator e ilustre processualista.
311. Alfredo Buzaid, *A ação declaratória no direito brasileiro*, n.º 71, p. 130.
312. Enrico Tullio Liebman, *Efficacia ed autorità della sentenza*, n.º 7, p. 23, e *Manuale di diritto processuale civile*, v. 1, n.º 82, p. 141.

que o CPC português de 2013 declara, no seu art. 10, n.º 2, que as ações declarativas podem ser de simples apreciação, de condenação e constitutivas, tendo antes estipulado que as ações são declarativas ou executivas. Essa proposição confunde a função (cognição ou execução) do processo e a força da ação. Não se deve supor que semelhante estágio se alcançou sem percalços de índole diversa ou que, hoje, revele-se pacífico.[313] No entanto, na generalidade, a asserção ainda se revela verdadeira.[314]

Todavia, a tripartição se mostra insuficiente para esgotar a fenomenologia sentencial, que abrange, ainda, as sentenças mandamental e executiva.[315]

Limitando-se as categorias tradicionais à força da sentença, graves consequências se produzem, distorcendo o âmbito das funções jurisdicionais. Um exemplo expressivo patenteia a insuficiência da tripartição e, pois, a recepção de sentenças outras, classificáveis por uma força principal que, de ordinário, falta as declaratórias, condenatórias e constitutivas. É bem dever que a atualização dos dados legislativos não retirou vigor do exemplo, nem sequer modifica o raciocínio aqui exposto.

Segundo reza o art. 501, "Na ação que tenha por objeto a emissão de declaração de vontade, a sentença que julgar procedente o pedido, uma vez transitada em julgado, produzirá todos os efeitos da declaração não emitida". Cuida-se da chamada sentença substitutiva da declaração de vontade, cuja espécie mais conhecida é a da pretensão que, nas promessas de compra e venda (contrato preliminar), toca ao compromissário para obter do compromitente a declaração de vontade para formar o contrato definitivo, propiciando a aquisição do domínio. Nesse último caso, a ação recebe a designação de adjudicação compulsória. Ora, a natureza desse provimento não se acomoda na classificação dominante. Comentando o

---

313. Nesse sentido, a adoção da sentença mandamental ("*Anordnungsurteil*") por James Goldschmidt, *Der Prozess als Rechtslage,* § 31, p. 496, nota 2.615, e *Derecho procesal civil*, § 15a, p. 113. Também reconhece Clóvis do Couto e Silva, *Comentários ao Código de Processo Civil,* v. 11, t. 2, n.º 483, p. 441, analisando, aliás, as posições da moderna doutrina alemã, que a fenomenologia dos efeitos das sentenças não se limita às três classes.

314. Enrico Tullio Liebman, *Effetti della sentenza e cosa giudicata*, pp. 1-10; Artur Anselmo de Castro, *Direito processual civil declaratório*, v. 1, n.º 17, pp. 97-100; Francisco Mendez Ramos, *Derecho procesal civil*, v. 1, n.º 37, pp. 639-640; Adolf Schönke, *Zivilprozessrecht*, § 44, I, p. 147 e José Frederico Marques, *Manual de direito processual civil,* v. 1, n.º 141, p. 164.

315. É uma forte tendência na processualística riograndense: Sérgio Gilberto Porto, *Doutrina e prática dos alimentos,* n.º 30, p. 101; Clóvis do Couto e Silva, *Comentários ao Código de Processo Civil,* v. 11, t. 2, n.º 481, pp. 437-438; Ovídio A. Baptista da Silva, *Teoria geral do processo,* pp. 82-103; Araken de Assis, *Manual da execução,* n.º 3, pp. 89-107 e Carlos Alberto Álvaro de Oliveira, *Alienação da coisa litigiosa*, § 18, p. 142. Embora baralhando as funções do processo (cognição, execução e cautelar) com as eficácias da ação, Luiz Fux, *Curso de direito processual civil*, p. 135.

art. 1.066 do CPC de 1939, Liebman entrevia, nesse pronunciamento, a condenação do réu a prestar a declaração de vontade, reputando tal sentença condenatória, porque seu conteúdo importaria "declarar a existência da obrigação e em impor ao mesmo tempo a sanção prevista na lei para seu cumprimento".[316] Debruçando-se, em seguida, sobre o art. 2.932 do CC italiano, reproduzido no art. 639 do CPC, Liebman modificou seu diagnóstico para sentença constitutiva.[317]

De outro lado, Theodoro Jr., de resto adepto tranquilo da tripartição, afirma-a condenatória, e, contudo, aduz que o provimento não comporta execução subsequente, como de rigor nas autênticas sentenças condenatórias, porque a "própria execução" se exaure no trânsito em julgado, e, portanto, há uma ação "executiva *lato sensu*".[318] Ora, a classificação em três classes se excepcionou, nesse asserto, por uma quarta classe de ação ou sentença, a executiva. Lógica elementar exige, então, a ampliação do critério para abranger quatro classes.

O exemplo põe à mostra as dificuldades insuperáveis de quem adota a classificação tripartite, excluindo a combinação recíproca dos efeitos.[319] Ele demonstra, radicalmente, o grau de inadequação de uma teoria obsoleta e falsificável.[320]

Uma explicação consistente e suplementar da imprestabilidade da restrição tripartite, no direito pátrio, deriva do âmbito largo da atividade jurisdicional brasileira comparativamente à europeia.[321] Nessa última, viceja o apego à declaração, constituição e condenação, mas, entre nós, conforme se ressaltou (*retro*, n.º 4.4), os atos jurisdicionais primam sobre os administrativos. O órgão jurisdicional submete os órgãos administrativos, controlando a legalidade dos seus atos e tornando comum, conseguintemente, a emanação de ordens endereçadas às autoridades administrativas. A ação mandamental, destaca Ovídio A. Baptista da Silva, dispensa considerações em torno da infungibilidade do *facere* imposto pelo juiz à Administração.[322]

---

316. Humberto Theodoro Júnior, *Processo de Execução*, n.º 99, pp. 237-238.

317. Enrico Tullio Liebman, *Corso di diritto processuale civile*, n.º 19, p. 162. Há grande dissídio na doutrina alienígena: Araken de Assis, *Sobre o método em processo civil*, p. 162, especialmente nota 29.

318. Humberto Theodoro Júnior, *Curso de direito processual civil*, v. 2, n.º 799, p. 891, e *Comentários ao Código de Processo Civil*, v. 4, n.º 248, pp. 326 e 327.

319. Nesse sentido, a observação insuperável de Clóvis do Couto e Silva, *Comentários ao Código de Processo Civil*, v. 11, t. 1, n.º 88, pp. 105-106.

320. Araken de Assis, *Sobre o método em processo civil*, n.º 6, pp. 160-162.

321. É a explicação de Carlos Alberto Álvaro de Oliveira, *Alienação da coisa litigiosa*, § 18, p. 142, com base na ideia original e fecunda de Galeno Lacerda, *Comentários ao Código de Processo Civil*, v. 8, t. 1, n.º 32, pp. 171-172.

322. Ovídio A. Baptista da Silva, *Sentença mandamental*, § 10, p. 86, também citado por Carlos Alberto Álvaro de Oliveira, *Alienação da coisa litigiosa*, § 18, p. 143.

19. Classificação das eficácias da ação material

Ressalvada a combinação de eficácias, no sentido de que em cada sentença coexistem, provadamente, forças diversas, uma das quais preponderante (*retro*, n.º 17), e compreendido o termo "eficácia" (*retro*, n.º 16), ou seja, a energia automática da resolução judicial, o critério distintivo das eficácias assenta, como ensina Liebman, no efeito "característico e próprio da sentença, correspondente a cada categoria de ações".[323]

Têm as ações força, cuja preponderância do elemento declaratório, constitutivo, condenatório, mandamental ou executivo as classifica.[324]

19.1 Ação declaratória

Mediante a força declaratória e o reconhecimento da existência ou da inexistência de relação jurídica, ou da autenticidade ou falsidade de um documento (art. 19),[325] o autor aspira a extirpar a incerteza.[326] É o que estabeleceu a 1.ª Turma do STJ: "O exercício da ação declaratória pressupõe a incerteza a ser obviada pela sentença".[327]

Além da própria relação jurídica, em sua inteireza, a declaração recobre qualquer dos seus componentes, por exemplo, os lindes do direito ou do respectivo dever.[328] A ação declarativa, diz Pontes de Miranda, agudamente, respeita ao ser ou não-ser da relação jurídica.[329] Nesse sentido, julgou a 3.ª Turma do STJ: "O pleito declaratório pode referir-se, não só à existência da relação jurídica, como a seu

---

323. Enrico Tullio Liebman, *Manuale di diritto processuale civile*, v. 1, n.º 82, p. 142.

324. Pontes de Miranda, *Tratado das ações*, v. 1, § 32, p. 161.

325. Giuseppe Chiovenda, *Azioni e sentenze di mero accertamento*, p. 3; idem, *Instituições de direito processual civil*, v. 1, n.º 59, p. 302; Francesco Carnelutti, *Lezioni di diritto processuale civile*, v. 2, n. 70, p. 4; Leo Rosenberg e Karl Heinz Schwab, *Zivilprozessrecht*, § 94, p. 469; Adolf Wach, *La pretensión de declaración*, p. 84; Leonardo Pietro Castro, *La acción declarativa*, n.º 3, p. 7; Manuel Fraga Iribane, *La acción meramente declarativa*, p. 89, e Lúcio Lanfranchi, *Contributo allo studio dell'azione di mero accertamento*, p. 232. Na doutrina brasileira, além de obras gerais, vale a pena mencionar: João Batista Lopes, *Ação declaratória*, n.º 1.3.3, p. 14; Ada Pellegrini Grinover, *A ação declaratória incidental*, n.º 29, p. 47; Celso Agrícola Barbi, *Ação declaratória principal e incidente*, pp. 70-72 (seguindo, aliás, a teoria concreta de Chiovenda); Alfredo Buzaid, *A ação declaratória no direito brasileiro*, p. 115, e Adroaldo Furtado Fabrício, *A ação declaratória incidental*, n.º 24, pp. 38-39.

326. Enrico Tullio Liebman, *Manuale di diritto processuale civile*, 3.ª ed., v. 1, n.º 83, pp. 141-142. Nela se ignora outra eficácia relevante que a da coisa julgada: Pontes de Miranda, *Tratado das ações*, v. 1, § 34, p. 197, e Andrea Proto Pisani, *Appunti sulla tutela de mero accertamento*, n.º 1, p. 621. Na jurisprudência: 2.ª T. do STJ, REsp 16.513/SP, 18.12.1995, Rel. Min. Ari Pargendler, *DJU*, 18.03.1996, p. 7554.

327. 1.ª T. do STJ, REsp 39.374/SC, 27.10.1992, Rel. Min. Gomes de Barros, *RJSTJ* 54/354.

328. Pontes de Miranda, *Tratado das ações*, v. 1, § 25, p. 119.

329. Idem, § 25, p. 118.

exato conteúdo".[330] Por isso, nos termos da Súmula 181 do STJ, admite-se ação declarativa para "obter certeza quanto à exata interpretação de cláusula contratual".

Duas outras observações, quanto a essa eficácia, identificada no conteúdo da sentença, se impõem urgentemente. Em geral, a teor do disposto no art. 19, I, ela não recai sobre fatos.[331] Isso se mostra inexato. Em primeiro lugar, os elementos de fato da regra incidem, e, portanto, o órgão judiciário se manifestará sobre tal questão, tanto que eles sejam controvertidos. Ademais, conforme deflui do art. 935, segunda parte, do CC, regras especiais determinam alcance diverso à força declaratória, que, neste exemplo, abrangerá a "existência do fato".

Por outro lado, a demanda julgada improcedente declara a inexistência da ação material.[332] Equivoca-se, porém, Chiovenda, ao sustentar que o fenômeno decorre da virtual impossibilidade de execução dessa espécie de eficácia.[333] Fenômeno análogo ocorre no juízo de procedência e, de qualquer sorte, nada se adianta, com semelhante observação inócua, quanto à estrutura da declaração ou sobre o conteúdo de sentença preponderantemente declarativa.

19.2 Ação constitutiva

A ação constitutiva implica mudança (criação, modificação ou extinção) na relação jurídica.[334]

Tal ação provém da eficácia inovadora existente em certos direitos subjetivos,[335] e, rompendo os laços anteriores das classificações típicas do direito comum,[336] aperfeiçoou-se progressivamente.

Inicialmente, a inovação pareceu indissociável da eficácia declarativa, de um lado, ou da transformação fática promovida pela execução, de outro, terminando por aproximar conceptualmente a eficácia constitutiva das outras duas aceitas na

---

330. 3.ª T. do STJ, REsp 32.618/RN, 30.03.1993, Rel. Min. Eduardo Ribeiro, *RJSTJ* 48/428.

331. Por todos, João Batista Lopes, *Ação declaratória*, n.º 1.5, p. 32.

332. Enrico Tullio Liebman, *Manuale di diritto processuale civile*, v. 1, n.º 83, p. 142.

333. Giuseppe Chiovenda, *Instituições de direito processual civil*, v. 1, n.º 59, p. 301.

334. Neste sentido, Enrico Tullio Liebman, *Manuale di diritto processuale civile*, v. 1, n.º 86, p. 150; Leo Rosenberg e Karl Heinz Schwab, *Zivilprozessrecht*, § 95, p. 447; Fritz Baur, *Zivilprozessrecht*, n.º 106, p. 84; Rudolf Bruns, *Zivilprozessrecht*, n.º 132, p. 177; José Frederico Marques, *Manual de direito processual civil*, v. 2, n.º 344, p. 35; Pontes de Miranda, *Tratado das ações*, v. II, § 25, pp. 120-121; Ovídio A. Baptista da Silva, *Curso de processo civil*, v. 1, p. 140 e Tomás Pará Filho, ob. cit., pp. 116 e 158.

335. Giuseppe Chiovenda, *La acción en el sistema de derechos*, n.º 13, p. 37 e nota 118, com a análise da doutrina alemã da época.

336. Neste sentido, Tomás Pará Filho, *Estudo sobre a sentença constitutiva*, p. 51 e 52.

classificação tripartida.[337] Não escapou, inclusive, de uma crítica ideológica, produzida pela insinuação de um poder criador ao juiz, nessas situações, recomendando-se, para rejeitá-la, que os juízes se coloquem em sua curul de juízes.[338] Essa é suspeita permanente que recai sobre a atividade judicante, mas há nela flagrante exagero, porque o órgão judicial sempre há de formular a regra jurídica concreta e nela o elemento criador se faz presente. Problema completamente diferente consiste na possibilidade de formular regras jurídicas abstratas, no sistema filiado ao *Civil Law*, como se almeja com a vinculação prevista no art. 927, III a V (os incisos I e II se respaldam na CF/1988), mas, aí, o problema nada tem a ver com a força constitutiva.

Mas logo se verificou que ela não se atrela à categoria dos direitos potestativos, como insistiu Chiovenda,[339] porque direitos dessa espécie alcançam tutela, às vezes, mediante ações declarativas.[340] Em verdade, a ação constitutiva se origina, no plano material, da eficácia inovadora das situações ali existentes.[341] Como efeito principal, ela produz um estado jurídico novo, ou seja, "muda em algum ponto, por mínimo que seja, o mundo jurídico".[342]

Segundo Franco Lancellotti, razões de oportunidade presidem a eficácia transformadora, e, todavia, ela não implica "o desenvolvimento de alguma atividade material", e, sim, "unicamente presta uma manifestação de vontade dirigida a produzir efeitos jurídicos".[343] À transformação resultante da sentença constitutiva, considerada somente tal índole, porque outras eficácias coexistem no provimento, não se segue nenhuma projeção física (executiva): adquire-se, de plano, o estado originado do ato judicial. E, dependendo das peculiaridades da situação material, a eficácia constitutiva projeta-se *ex nunc* ou *ex tunc*,[344] ou seja, em se tratando de ação desconstitutiva, implica retorno ao estado anterior, apanhando, na retroprojeção, toda a eficácia do ato ou do negócio jurídico.

---

337. A respeito, Alfredo Rocco, *La sentenza civile*, n.º 57, p. 131 e 132 e Franco Lancellotti, Sentenza civile, n.º 50, p. 1.138.
338. Afonso Fraga, *Instituições do processo civil do Brasil*, v. 1, § 33, p. 256.
339. Giuseppe Chiovenda, *Instituições de direito processual civil*, v. 1, n.º 51, p. 282; e *Principios de derecho procesal civil*, v. 1, § 8, p. 231.
340. Neste sentido, Franco Lancellotti, *Sentenza civile*, n.º 50, p. 1.138.
341. José Zafra Valverde, *Sentencia constitutiva y sentencia dispositiva*, p. 97.
342. Pontes de Miranda, *Tratado das ações*, v. 1, § 35, p. 203.
343. Franco Lancellotti, *Sentenza civile*, n.º 57, p. 1.144. Ver Andrea Proto Pisani, Sulla tutela c. d. costitutiva (e suella teniche di produzine degli effetti sostanziali), n.º 2.4.3, p. 86.
344. A respeito, Tomás Pará Filho, *Estudo sobre a sentença constitutiva*, pp. 138-140 e Giovanni Cristofolini, Efficacia della sentenza nel tempo, n.º 10, pp. 317-322.

19.3 Ação condenatória

De todas as eficácias tradicionais, a que se apresenta mais enigmática ao estudioso é a condenatória. A natureza da antiga fórmula (*condemnatio*) a todos atormenta, grassando divergências intensas.

Na influente concepção de Liebman,[345] o elemento condenatório resulta da soma de duas declarações independentes, as quais, conforme deflui do art. 20, mostram-se fracionáveis em juízos autônomos. Segundo tal raciocínio, num primeiro momento o juiz declara o direito posto em causa e, na sequência, impõe ao vencido "a sanção estabelecida na lei para o ato ilícito". Em relação à força declaratória, o provimento condenatório se distinguiria, outrossim, pelo efeito de abrir caminho à execução.[346] Essa última explicação se afigura assaz insuficiente, porquanto, ao empregar o efeito para definir a causa, encobre o conteúdo da sentença ou a nota essencial dessa eficácia.

Na doutrina italiana, variações periféricas da tese central se encontram em Calamadrei, que alude o estado de sujeição patrimonial do réu,[347] ou em Francesco Invrea que, após erudita análise da função condenatória no direito romano, conclui pela declaração (*accertamento*) do ilícito (*torto*) e a pronúncia de remédio, civil ou penal, respectivo.[348] Entre os alemães, há referência constante à imposição de uma prestação (*Leistung*) ao réu.[349]

Ora, acentua Franco Lancellotti, com razão, que a sentença condenatória não constitui a sanção executiva, porque essa decorre *ope legis*.[350] Daí a conclusão de que a sentença condenatória representa uma subespécie da declaratória, ocorrente quando a declaração versa "obrigações suscetíveis de execução forçada",

345. Enrico Tullio Liebman, *Manuale di diritto processuale civile*, v. 1, n.º 84, p. 185, e *Processo de execução*, n.º 7, pp. 14-19. Na doutrina brasileira, Frederico Marques, *Manual de direito processual civil*, v. 1, n.º 109, pp. 133-134; Theodoro Jr., *Curso de direito processual civil*, v. 1, n.º 55, p. 63; No mesmo sentido, no direito italiano: Crisanto Mandrioli, *Sulla correlazione necessaria tra condanna ed eseguibilità forzata*, n.º 2, p. 1.344, com justa crítica de Valerio Tavormina, *In tema di condanna, accertamento ed efficacia esecutiva*, n.º 2, p. 29. No direito alemão, prepondera a tese de que a condenação impõe ao réu o dever de prestar: por todos, Leo Rosenberg e Karl Heinz Schwab, *Zivilprozessrecht*, § 93, p. 461.

346. Enrico Tullio Liebman, *Manuale di diritto processuale civile*, v. 1, n.º 84, p. 184.

347. Piero Calamandrei, *La condanna*, n.º 4, pp. 490-492.

348. Francesco Invrea, *La sentenza di condanna*, p. 40.

349. Leo Rosenberg e Karl Heinz Schwab, *Zivilprozessrecht*, § 93, p. 461.

350. Franco Lancellotti, *Sentenza civile*, n.º 55, p. 1.142.

diferentemente do simples estado "ou situação jurídica não suscetível de execução forçada".[351]

Uma acurada e devastadora crítica da condenação civil se deve à egrégia pena de Barbosa Moreira: em primeiro lugar, a imposição ao vencido das despesas do processo, em que pese condenação, inclusive ensejando o cumprimento, resulta do fato objetivo da derrota e não de ilícito por ele praticado; ademais, há sanções operadas pela eficácia constitutiva (*v.g.*, a invalidade do negócio jurídico); e, finalmente, nada explica a particularidade de a "segunda" declaração, justamente a que aplica ao vencido a "sanção", autorizar a execução do vencido, pois ela, em princípio, não se distingue da primeira.[352] Tanto não é exata a teoria, conforme se evidencia nesse último aspecto, que, obtida a primeira declaração, ao invés de propor nova ação declarativa, o vitorioso, na primeira etapa, deverá propor ação condenatória (ao menos no caso de o provimento não definir os elementos de prestação a cargo do autor, consoante equivocada tese agora em voga), conforme antigo entendimento da jurisprudência: "[...] em se tratando de ação de natureza meramente declaratória, a decisão vale como preceito para a ação de natureza condenatória, se proposta".[353] Talvez, por semelhante motivo, autores de tomo se refugiam no circunlóquio: ação condenatória resulta em sentença condenatória![354]

No estágio atual do processo civil, em síntese, resigna-se o intérprete à compreensão da sentença condenatória por seus efeitos,[355] devidamente balanceados, ou seja, uma certa dose de eficácia executiva (= efeito executivo) capaz de ensejar, em etapa ulterior, a ação executória, e tão rarefeita que não autorize a transformação

---

351. Idem, n.º 56, p. 1.143, com o que, salvo engano, nega-se a premissa do próprio autor, ou seja, a independência da "condenação".

352. Barbosa Moreira, *Reflexões críticas sobre uma teoria da condenação civil*, n.º 7, p. 77. Respondeu-lhe, sem resolver o problema, para sustentar Liebman, Tomás Pará Filho, *Estudo sobre a sentença constitutiva*, pp. 31-33.

353. 2.ª T. do STJ, REsp 5.049-PE, 27.11.1991, Rel. Min. José de Jesus, *RJSTJ* 34/252.

354. Pontes de Miranda, *Tratado das ações*, v. 4, § 1.º, p. 4.

355. É a conclusão de Ovídio A. Baptista da Silva, *Curso de processo civil*, v. 1, p. 131. Na doutrina italiana, Elio Fazzalari, *Istituzioni di diritto processuale*, p. 172; G. Verde, *Profili del processo civile*, p. 120; Gian Antonio Micheli, *Corso di diritto processuale civile*, v. 1, n.º 14, p. 48; Crisanto Mandrioli, *Corso di diritto processuale civile*, v. 1, n.º 15, p. 54; Sergio Costa, *Manuale di diritto processuale civile*, n.º 22, p. 32; Romano Vaccarella, *Titolo esecutivo, precetto, opposizioni*, p. 119; Giancarlo Giannozzi, *Condanna (diritto processuale civile)*, n.º 2, p. 1.084 e 1.085; Claudio Petrucci, *Condanna (dir. proc. civ.)*, n.º 3, p. 712-714. E na doutrina alemã, assinalando o aparecimento do título executivo, Fritz Baur, *Zivilprozessrecht*, n.º 101, p. 81; R. Bruns, *Zivilprozessrecht*, § 24, n.º 130, p. 171. Ensaio instigante, buscando decifrar o enigma, é o de Antonio Janyr Dall'Agnol Jr., *Ação condenatória*: estrutura e função, n.º 2, pp. 44-45.

física de modo automático e subsequente ao provimento, tal como na ação de força executiva (*infra*, n.º 19.5).

A lei processual não ministrou conceito claro, o que, no CPC de 1973, tão propenso a eles, não deixava de surpreender. Porém, o instituto da hipoteca judiciária, atualmente previsto no art. 495, oferecia e ainda oferece débil pista, relacionando o verbo "condenar" ao "pagamento de prestação consistente em dinheiro", inclusive no caso de "conversão de prestação de fazer, não fazer ou de dar coisa em prestação pecuniária"; em seguida, porém, o vestígio já fraco se exaure, cedendo às razões alinhadas na crítica à tese precedente de Liebman.

Essa omissão não significa que a eficácia condenatória seja elemento artificial e aberrante da ação e da sentença. Vários dispositivos, entre eles o mencionado art. 495, utilizam o verbo "condenar" e seus cognatos. Certo, o art. 515, I, ao conferir pretensão a executar para "as decisões proferidas no processo civil que reconheçam a exigibilidade de obrigação de pagar quantia, de fazer, de não fazer ou de entregar coisa", preferiu fórmula analítica, aparentemente prescindindo do elemento condenatório, a fim de acolher sentenças declarativas, incluindo as de improcedência, que imponham prestação ao vencido e ministrem os dados necessários ao respectivo cálculo. Cuida-se de simples ilusão: se a sentença supostamente declarativa reconhece prestação a cargo do vencido, foi além da simples declaração, todavia admissível, consoante o art. 20. Ademais, é preciso considerar que a sentença constitui um feixe de eficácias e, *v.g.*, a sentença de que resolve contrato bilateral (art. 475 do CC), cuja força é constitutiva negativa, havendo os contratantes realizado prestações recíprocas (por exemplo, na promessa de compra e venda, o compromissário pagou parte do preço e o compromitente entregou a posse do bem), eventualmente implicará a necessidade de restituições recíprocas, exibindo eficácia condenatória, quanto à prestação de dinheiro, e executiva, quanto à posse. Vale enfatizar, portanto, que o elemento condenatório é comum e imprescindível a todos os títulos arrolados no art. 515. Por exemplo, a sentença arbitral (art. 515, VII) comportará execução "sendo condenatória" (art. 31, *in fine*, da Lei 9.307/1996).

Em que pese fugidia a essência da "condenação", de resto classe entroncada no comércio jurídico e nas usanças dos operadores, integra ela o *ius positum*.

19.4 Ação mandamental

Foi graças a cuidadoso exame empírico das eficácias, ação por ação, injustamente averbado por Liebman de pouco feliz,[356] que se isolou, no núcleo da sentença, a eficácia mandamental, cuja preponderância no pronunciamento do juiz

356. Enrico Tullio Liebman, *Efficacia ed autorità della sentenza*, n.º 9, p. 30, nota 10.

tipifica a quarta e autônoma classe de sentenças do regime classificatório até aqui seguido.

Segundo Goldschmidt,[357] provimento desse teor contém a declaração do direito e a ordem, proferida pelo juiz, dirigida a alguma autoridade. Exemplos de ações mandamentais se encontram, amiúde, nas demandas cautelares,[358] e em outras, definitivas, como os embargos de terceiro,[359] contemplados no art. 674 ou no § 771 da ZPO.[360] Exemplo de ação mandamental que satisfaz direito se encontra, ainda, no mandado de segurança, conforme afirmou julgado do STJ, ao reconhecer-lhe, em geral, caráter satisfativo.[361] Entre nós, quaisquer dúvidas acerca da autonomia dessa classe de ação desapareceram com o art. 212, § 2.º, da Lei 8.069/90, que previu, expressamente, o emprego da "ação mandamental" em defesa dos direitos do menor e do adolescente. E o art. 139, IV, do CPC de 2015 declara que o órgão judiciário pode determinar medidas mandamentais para o cumprimento das ordens judiciais.

Todavia, justificando a prudência de Goldschmidt, que advertia pender a figura, ainda, de ulteriores investigações,[362] revela-se insatisfatória a definição proposta. Com efeito, a força mandamental não visa somente à emanação de uma ordem perante autoridades públicas, inclusive a judicial, característica peculiar ao *habeas corpus* ou aos embargos de terceiro. Ela possui idêntica eficácia perante particulares. O art. 139, IV, não discrimina os destinatários da ordem. Exemplo típico dessa espécie de ordem, entre os particulares, desponta no arresto cautelar, medida de urgência incidentalmente mencionada (art. 301). Com razão se ressalta a prevalência, em

---

357. James Goldschmidt, *Derecho procesal civil,* § 15a, pp. 113-115. Critica-o, aliás, Adolf Schönke, *Zivilprozessrecht,* § 44, I, p. 147. No direito brasileiro, há o brilhante estudo de José Carlos Barbosa Moreira, A sentença mandamental: da Alemanha ao Brasil, pp. 251-265.

358. Assim, Ovídio A. Baptista da Silva, *Comentários ao Código de Processo Civil,* pp. 91-95. Na jurisprudência, 1.ª S. do STJ, MC na AR 1.724/SP, 02.09.1999, Rel. Min. Milton Luiz Pereira, *DJU* 28.02.2000, p. 39.

359. Reconheceu a 3.ª T. do STJ, REsp 38.881/RJ, 16.11.1993, Rel. Min. Waldemar Zveiter, *RJSTJ*, 58/399, representar os embargos de terceiro "ação mandamental dirigida contra ato constritivo do juízo".

360. O exemplo é de James Goldschmidt, *Derecho procesal civil,* § 15a, p. 113. No mesmo sentido, Pontes de Miranda, *Tratado das ações*, v. 6, § 3, p. 10; e Clóvis do Couto e Silva, *Comentários ao Código de Processo Civil,* v. 11, t. 2, n.º 481, p. 437 (para a maioria dos casos), e Araken de Assis, *Manual da execução,* n.º 612, p. 1.756.

361. 2.ª T. do STJ, RMS 1.873-8-DF, 24.11.1993, Rel. Min. Pádua Ribeiro, *RJSTJ* 58/162.

362. James Goldschmidt, *Derecho procesal civil,* § 15a, p. 113.

todos os casos, de uma ordem para que, imediatamente, alguém atenda.[363] Não se torna possível, contudo, imaginar que uma ordem judicial, enquanto tal, destinada aos particulares, determine outra coisa, se descumprida, do que a persecução penal, obedecida, ainda, a garantia do devido processo. E isso, porque o órgão judiciário, além da *jurisdictio* para resolver a lide, é dotado de dose legítima de *imperium* para resguardar o prestígio de sua função pública e efetivar seus comandos.

Assim, a razão básica pela qual a desobediência à ordem do juiz importa terapia diferente da ordinária, empregada para debelar rebeldias à reprovação emanada do elemento condenatório, reside no desacato ao *imperium* do juiz. Um expressivo exemplo deflui do art. 22, parágrafo único, da Lei 5.478, de 25.07.1968, que criminaliza a recusa ou o descumprimento de ordem do desconto em folha. Nessa hipótese, aliás, a pena protege a eficácia imediata da sentença preponderantemente condenatória a prestar alimentos.

Fácil se revela, então, partindo das distinções realizadas, acentuar a flagrante heterogeneidade dos efeitos que decorrem da ordem de arresto (eficácia mandamental) e da condenação a prestação de fato fungível: nessa, o empreendimento executório visará à transformação física descumprida pelo obrigado e, contudo, realizável contra e independentemente de sua vontade; naquela, a atividade executiva, congenitamente estatal, alterará o mundo fático em área na qual só o próprio indivíduo, e ninguém mais, poderia atuar eficazmente.

A essência da eficácia mandamental, que, como visto, não recai na qualidade do sujeito passivo da ordem, na realidade, repousa no conteúdo da ação. Elemento independente, o mandado, incrustrado no núcleo da sentença, irradia efeitos bem discerníveis, em razão de inerente caráter estatal.[364]

19.5 Ação executiva

A força executiva promove intercâmbio patrimonial, ou seja, retira determinado valor do patrimônio do obrigado e põe-no no patrimônio do credor. Ela é imediata (eficácia ou força executiva) quando a incursão na esfera jurídica do réu mira bem identificado (*corpus certum*), que lá se encontra de maneira já reconhecida como ilegítima no pronunciamento judicial, e, portanto, integrando o ato a própria regra jurídica concreta, dispensa novo processo; e diferida ou mediata (efeito executivo), quando a penetração executiva atinge a esfera patrimonial e

363. Pontes de Miranda, *Tratado das ações*, v. 6, § 1.°, p. 3. Essa é a função, no direito anglo-saxão, do *Contempt of Court*: Roberto Molina Pasquel, *Contempt of Court*, § 33, pp. 78-79. Sobre o assunto, e para maiores referências bibliográficas, ver Araken de Assis, *Da execução de alimentos e prisão do devedor*, n.° 2.2.4, pp. 61-64.

364. Nesse sentido, Ovídio A. Baptista da Silva, *Sentença mandamental*, § 10, pp. 87-89.

jurídica legítima do executado, o que acarreta a necessidade de controlar de modo pleno a atuação do meio executório. Nessa última hipótese, a prévia condenação (regra jurídica concreta formulada Estado-juiz), ou a posse de documento a ela equiparado (regra jurídica concreta formulada pelo Estado-legislador), *ex vi legis*, funciona como o bilhete de ingresso à prática dos atos executivos no patrimônio (legítimo) do obrigado.[365] Em outras palavras, no caso de força executiva, os atos de realização prática visam à recuperação de bem que integra a esfera jurídica do vencedor; na hipótese de efeito executivo, recairão tais atos na esfera jurídica do vencido.

A eficácia executiva opera por meio de atos de transformação do mundo físico.[366] Isso ocorre quando diferida a execução ou quando o pronunciamento judicial já nasce com força executiva, a exemplo do sucedido nas ações que sempre dispensaram a constituição de nova relação processual,[367] como as de depósito, a reivindicatória,[368] as possessórias de um modo geral, inclusive a de imissão na posse, a petição de herança, a ação de nunciação de obra nova, a de divisão e outras, máxime quando fundadas em direito real. Divisou tal aspecto, perfeitamente, julgado do STJ: "Nas ações possessórias, a sentença de procedência tem eficácia executiva *lato sensu*, com execução mediante simples expedição e cumprimento de um mandado".[369] Explica Carnelutti a tutela diferenciada do direito real em relação ao obrigacional, esse último se adscrevendo à sentença condenatória: "A razão, para mim, é sempre uma: o ladrão guarda o dinheiro que não é seu, enquanto o obrigado mantém o dinheiro seu. Esse tem, aquele não tem a propriedade. O direito do credor recebe da moral e do direito um reconhecimento menos pleno do que o direito do proprietário, porque aquele, e não esse, se encontra em conflito com um direito obrigacional".[370] Essa classe de sentenças adquire cada vez maior aceitação.

---

365. Vide Francesco Carnelutti, *Instituciones de derecho procesal civil*, v. 1, n.º 173, p. 266.

366. Araken de Assis, *Manual da execução*, n.º 4, pp. 103-107. Aqui se adota um conceito amplo de ato executivo, que abrange, assim, todas as transformações operadas no mundo físico. Cabe ressalvar, todavia, que tais atos, às vezes, não são *satisfativos*, vale dizer, implicam a transferência de valores ao patrimônio de alguém, e, sim, *cautelares*, vale dizer, somente retiram valores de algum patrimônio sem transplantá-los à esfera jurídica alheia.

367. Nesse sentido, Ovídio A. Baptista da Silva, *Teoria Geral*, pp. 273 e 274.

368. Sobre ela, e sua inclusão na classe, Ovídio A. Baptista da Silva, *Reivindicação e sentença condenatória*, pp. 142-186.

369. 4.ª T. do STJ, REsp 739-RJ, 10.09.1990, Rel. Min. Athos Carneiro, *RJSTJ* 4/57.

370. Francesco Carnelutti, *Diritto e processo nella teoria delle obbligazioni*, p. 214.

Porém, impõe-se uma precisão ulterior. Após a lei processual brasileira retornar à técnica do CPC de 1939, no concernente à execução dos provimentos judiciais, prevendo o "cumprimento" da sentença, *in simultaneo processu*, não sem excepcionar os títulos executivos judiciais arrolados no art. 515, VI a IX, conforme o art. 515, § 1.º, tornou-se usual a afirmativa de que todas as sentenças condenatórias se tornam executivas *lato sensu*. Essa última expressão é assaz curiosa, porque não se indica qual seria a sentença executiva em sentido estrito. Seja como for, o equívoco dessa concepção é palmar. A atividade executiva jamais se limitou a realizar créditos, em geral, e o crédito pecuniário, em particular. E a própria *actio iudicati* romana não se cingia às ações de direito das obrigações.[371] A execução, ou seja, a realização prática da regra jurídica concreta, impõe-se, seja o direito real ou pessoal, quer se realize *in simultaneo processu* ou não. É que o critério classificatório das sentenças pela força e efeitos arranca do direito material, e, portanto, a execução *in simulaneo processu*, simples opção técnica, nada altera substancialmente. Nas pretensões dotadas de força executiva, a exemplo da ação reivindicatória (real) e da ação de despejo (pessoal), a execução visa a recuperar bem integrante do patrimônio do vencedor; nas ações condenatórias, a execução recairá sobre o patrimônio do vencido, nos termos do princípio da responsabilidade patrimonial (art. 391 do CC). É uma diferença incontornável, porque originária do direito material, e, como assinala Pontes de Miranda, a "unicidade de processo, dependente de simpatias do legislador processual, não pode elidir a dualidade das pretensões e ações, condenatória e executiva".[372] E, fundamentalmente, dos provimentos judiciais que outorgam ao vencedor título judicial (art. 515, I), nos capítulos principal ou secundário (sucumbência), e cujo elemento comum, ao fim e ao cabo, é a condenação, surge nova pretensão: a pretensão a executar. O argumento é, sobretudo, *de lege lata*. Se é lícito ao executado, opondo-se à execução injusta, alegar prescrição, desde que superveniente à sentença (art. 525, § 1.º, VII), e a prescrição, consoante reza o art. 189 do CC, extingue a pretensão, então é porque da sentença condenatória nasce uma nova pretensão (pretensão a executar), cujo prazo de prescrição é idêntico (e variável) ao da pretensão à condenação (Súmula do STF, n.º 150).

Essas considerações demonstram quão delicada e, nada obstante, produtiva é classificação das ações e sentenças em cinco classes, tolhendo as explicações simplistas.

371. Pontes de Miranda, *Comentários ao Código de Processo civil*, v. 9, p. 15.

372. Idem, v. 9, p. 10.

3

OBJETO LITIGIOSO

§ 5.º Função do objeto litigioso

20. Relevância do objeto litigioso no direito processual

Desde cedo – e semelhante inclinação já se surpreende na obra de Bülow – a tese polarizadora da processualística alemã, o objeto litigioso (*Streitgegestand*) ou pretensão processual (*prozessualer Anspruch*), também designado de objeto do processo (*oggetto del giudizio*) surgiu e se firmou na condição de corolário da natureza do processo.

Ensinava Bülow, com efeito, que ao tribunal cabe, antes de examinar a relação material, dita *merita causae*, e seu suporte fático (*Tatbestand*), prover sobre a relação processual e o respectivo *Tatbestand*.[1] Essa divisão, no pensamento de Bülow, atingia todos os atos seriais do procedimento até seu final, e correspondia, no processo romano, às fases *in iure* e *in iudicio*,[2] ao jogo dialético do fundo (mérito) e forma (procedimento).

Naquela etapa preliminar, destinada ao exame da admissibilidade da demanda (*Vorverfahren*), como agudamente observa Claudio Consolo,[3] o objeto da cognição do juiz abrangerá os pressupostos processuais (*retro*, n.º 5.3), constituindo requisito necessário à apreciação da relação material controvertida, objeto do juízo de mérito (*Hauptverfahren*). Daí, seguramente, a distinção de Wach,[4] sobre o objeto do processo, englobando tanto a pretensão material quanto a pretensão à tutela jurídica (*Rechtsschutzanspruch*).

---

1. Oskar Bülow, *Die Lehre von den Prozesseinreden und die Prozessvoraussetzungen*, pp. 6-7.
2. Idem, p. 7. Não é essa a visão dos processualistas brasileiros, que tendem a identificar um trinômio de questões, acrescentando ao rol as "condições" da ação, presentemente reduzidas à legitimidade e ao interesse processual (art. 485, VI, do CPC de 2015). A respeito, Alfredo Buzaid, *Do agravo de petição no sistema do Código de Processo Civil*, n.º 40, pp. 90-91 e Kazuo Watanabe, *Da cognição no processo civil*, n.º 14, p. 51-53.
3. Claudio Consolo, *Il cumulo condizionale di domande*, v. 1, pp. 142-143. Já Buzaid, *Do agravo de petição no sistema do Código de Processo Civil*, n.º 36, p. 83, vê, aqui, reminiscências "civilistas".
4. Adolf Wach, *Handbuch des Deutschen Civilprozessrechts*, v. 1, § 2.º, IV, p. 19.

Desprezando, provisoriamente, em razão do caráter secundário relativamente ao cúmulo de ações, o acerto ou o desacerto dessa dupla impostação do objeto litigioso,[5] deriva, contudo, das abalizadas opiniões de Wach e de Bülow, fundadores da moderna ciência processual tedesca, a concepção de que, no processo, duas ordens de questões fundamentais se oferecem ao juiz, relativas ao próprio processo e ao móvel da disputa entre as partes, formando o objeto do processo. Em outras palavras, o desdobramento da definição do processo, como relação jurídica diferente do *meritum causae*, implica a perquirição do seu objeto, o qual recebe, de plano, quiçá contraditoriamente, ao menos nas posições explicadas, os influxos da relação processual pendente.

O estudo do objeto litigioso se tornou polo fundamental do processo e instituto centralizador das soluções cabíveis aos temas principais da ciência, incluindo, por óbvio, o cúmulo de ações. Ele representa "verdadeiro centro ao qual converge a disciplina de inúmeros institutos processuais".[6] O exemplo da importância emprestada ao objeto do processo, naquelas paragens, se encontra-se em obra famosa, e muito difundida entre nós, de Karl Heinz Schwab,[7] que, a partir da noção de objeto litigioso, explica, de uma vez, a cumulação de ações, a modificação da demanda, a litispendência e a coisa julgada. Os doutrinadores italianos adjetivam, generosamente, a acentuada predileção dos colegas alemães. Em útil exposição sobre o assunto, apreciado em perspectiva de índole latina, um autor italiano reputou-a "fervorosa",[8] e outro, "apaixonada".[9]

A distância cautelosa que a doutrina peninsular, e a brasileira de sua área de influência, guardam do objeto litigioso, compreende-se mediante a substituição realizada, no angusto problema, deste conceito por outro, precedentemente estudado, a ação. Esses setores doutrinários não se deixaram transportar ao "clima metodológico" reinante nas terras germânicas.[10] E, ao lado da preferência, *ex professo*, pela ideia de ação, vigora no direito brasileiro um critério bem nítido, a teor do art. 337, § 2.°, do CPC, que a define, pertinentemente à coisa julgada e à

5. Em sentido contrário, Claudio Consolo, *Il cumulo condizionale di domande*, v. 1, pp. 144 e 145, nota 55, máxime face ao caráter privado do sistema da *litiscontestatio*, destacado por Giovanni Pugliese, Processo privato e processo pubblico, pp. 66-109.

6. Cândido Rangel Dinamarco, O conceito de mérito em processo civil, n.° 13, p. 39; idem, *Intervenção de terceiros*, n.° 5, pp. 21-23; e Karl Heinz Schwab, *Der Streitgegenstand im Zivilprozess*, p. 3.

7. Karl Heinz Schwab, *Der Streitgegenstand im Zivilprozess* p. 3. Também Frierich Lent, *Diritto processuale civile tedesco*, § 37, pp. 148-149.

8. Cerino Canova, La domanda giudiziali ed il suo contenuto, n.° 4, p. 45.

9. Claudio Consolo, *Il cumulo condizionale di domande* v. 1, p. 157.

10. Cândido Rangel Dinamarco, O conceito de mérito em processo civil, n.° 13, p. 39.

litispendência, utilizando os três elementos tradicionais (partes, causa, pedido), tornando desinteressantes profundas divagações a respeito. Em sistemas abeberados na mesma forma, explica-se que a ação constitui o objeto do processo.[11]

Convém rememorar que o direito alemão muito deve, quanto às controvérsias em torno do objeto litigioso, à existência e às imprecisões do conceito legal de *Anspruch* distribuído nos §§ 313, 118, 281 e 321 da ZPO.[12]

Entre nós, portanto, os descaminhos conceituais da "ação" reclamam cuidados, e a utilidade, aqui, da compreensão ligeira do objeto litigioso se prende ao possível paralelo dessa noção no concernente à "ação".

21. Limites da problemática do objeto litigioso

Segundo Karl Heinz Schwab, as especulações sobre o objeto litigioso não denotam especial propensão da ciência alemã à uma laboriosa confecção de um conceito sutil e preciso, e, sim, correspondem a uma necessidade prática, extensiva à generalidade dos ordenamentos jurídicos, derivada da demarcação exata dos lindes do litígio das partes.[13]

Em seguida, Schwab aduz que a pretensão (*Anspruch*), referida em vários dispositivos da ZPO, todavia, diferente da contemplada no § 194 do BGB (*retro*, n.º 11), é o objeto litigioso, cuidando-se, aliás, em ambos os casos, de um conceito puramente processual (*prozessualer Anspruch*).[14] A pretensão processual regula vários institutos e a sua pluralidade importa o fenômeno do processo cumulativo, dependendo, outrossim, da essência e do alcance a ela conferido, a determinação da unidade do objeto litigioso.[15]

De outro lado, como se percebeu entre nós,[16] ao objeto do processo corresponde o mérito da demanda, à medida que os institutos, comuns a esse objeto a ele se vinculam, especialmente a gênese do cúmulo de ações. Essas são as implicações práticas e positivas do objeto litigioso.

---

11. Teresa Armenta Deu, *La acumulacion de autos (reunión de procesos conexos)*, n.º 36, p. 165.
12. É a enumeração parcial de Karl Heinz Schwab, *Der Streitgegenstand im Zivilprozess*, p. 5. No mesmo sentido, invocando Habscheid, que arrola os termos sinônimos empregados pela ZPO (*Streitgegestand, Streitverhältnis,* e *streitges Rechtsverhäaltnis*), José Rogério Cruz e Tucci, A causa petendi *no processo civil*, pp. 92-95.
13. Karl Heinz Schwab, *Der Streitgegenstand im Zivilprozess*, p. 4. Todavia, Cerino Canova, La domanda giudiziali ed il suo contenuto, n.º 6, p. 76 acusa os alemães de teorizarem sobre a teoria.
14. Karl Heinz Schwab, *Der Streitgegenstand im Zivilprozess*, p. 5. No mesmo sentido, José Rogério Cruz e Tucci, A causa petendi *no processo civil*, p. 79.
15. José Rogério Cruz e Tucci, A causa petendi *no processo civil*, p. 95.
16. Cândido Rangel Dinamarco, O conceito de mérito em processo civil, n.º 3, p. 24.

Em um ponto isolado, no entanto, a extensão do objeto litigioso, enquanto conceito unitário, escapa das raias rigorosas que lhe permitem, em tese, abranger os institutos apontados (cumulação, modificação da demanda, litispendência e coisa julgada). É que, no direito brasileiro, este último instituto, a coisa julgada, assume uma feição muito peculiar, terminando por extravasar os lindes do objeto litigioso ou – na ordem de ideias aqui defendida, afinada à dicção do art. 337, § 2.° – da ação material. Nenhuma construção unitária, com efeito, do objeto litigioso, de resto, plenamente satisfatória aos demais rincões compatíveis ao problema, se compadecerá da autêntica transformação operada com o trânsito em julgado. Diversas passagens, na identificação da demanda (*infra*, n.º 32), ressaltarão a dificuldade.

Na raiz da questão, em realidade, entrelaçam-se, com igual peso, a eficácia preclusiva da coisa julgada, às vezes designada de julgamento implícito,[17] e a noção de lide (*retro*, n. 7.2), expressão das aspirações das partes no processo, e tomada, agora, como sinônimo de mérito no estatuto processual anterior. Desta última, a intenção do legislador pátrio, a despeito de certas vacilações, aqui e ali,[18] de modo assaz claro, foi o de concebê-la como o mérito.[19] Basta, para corroborar o diagnóstico no tocante à coisa julgada, a lembrança oportuna do art. 468 do CPC de 1973, o qual atribui "força de lei" à sentença que julgar, total ou parcialmente, a lide, nos limites da própria lide e das questões decididas. Já o art. 503, *caput*, do CPC de 2015 alude à "decisão que julgar total ou parcialmente o mérito". Da eficácia preclusiva cuida, de seu turno, o art. 508, rezando: "Transitada em julgado a decisão de mérito,

17. Na fórmula do art. 474 do CPC de 1973, Barbosa Moreira, A eficácia preclusiva da coisa julgada material no sistema do processo civil brasileiro, n.° 4, p. 102, censura a "inútil ficção do julgamento implícito", pois se trata de proibir as alegações e defesas, deduzidas ou não, em julgamento posterior, e não "reputar deduzidas e repelidas" ditas alegações e defesas. Entretanto, esta é a dicção da lei, como a melhor expressão de Alfredo Buzaid, *Do agravo de petição no sistema do Código de Processo Civil*, n.° 55, p. 113, afinal autor do anteprojeto do CPC de 1973. É a locução correntia no direito italiano (*giudicato implicito*): *vide*, Giovanni Pugliese, Giudicato civile, n.° 24, p. 864. Nenhuma crítica, naturalmente, ao emérito jurista Barbosa Moreira, somente se pretende situar, até terminologicamente, a inspiração do legislador brasileiro. Vale a pena lembrar, ao propósito, que toda a dificuldade reside na *causa petendi*, cujas variações na jurisprudência francesa turvam a questão: Jean Vincent e Serge Guinchard, *Procédure civile*, n.° 89, p. 120, e Daniel Tomasin, *Essai sur l'autorité de la chose jugée en matiére civile*, n.° 272, p. 202.

18. Sobre o assunto, Cândido Rangel Dinamarco, O conceito de mérito em processo civil, n.° 1, p. 21.

19. Di-lo, aliás, expressamente, a Exposição de Motivos de Buzaid (n.° 6): "o projeto só usa a palavra 'lide' para designar o 'mérito' da causa". Guarda absoluta fidelidade ao entendimento anterior, exposto no *Do agravo de petição no sistema do Código de Processo Civil*, n.° 48, p. 103. Tenha-se em conta, porém, que a "lide", considerada por Buzaid, é a mesma de Liebman, O despacho saneador e o julgamento do mérito, n.° 9, p. 122.

considerar-se-ão deduzidas e repelidas todas as alegações e as defesas que a parte poderia opor tanto ao acolhimento quanto à rejeição do pedido".

O dispositivo transcrito não reproduz, propriamente, o art. 287, parágrafo único, do CPC de 1939, que dispunha algo bem diverso, ou seja, considerava "decididas todas as questões que constituíam premissa necessária da conclusão",[20] Subentendendo-se, aí, as questões prejudiciais. Ao *caput* do art. 287 daquele estatuto, efetivamente se relaciona, em versão melhorada,[21] o art. 503, *caput*, e § 1.°, do vigente CPC, já referido. Por sua vez, em relação ao direito anterior, o art. 508 do CPC de 2015 reproduz, com ligeiras modificações redacionais, o art. 474 do CPC de 1973. Mas, volvendo ao problema das questões prejudiciais, no *ius positum*, em virtude ao que estabelece o art. 503, § 1.°, as "premissas" decerto participam da indiscutibilidade própria da eficácia de coisa julgada, ressalva feita às restrições estipuladas no referido parágrafo e no subsequente, que não interessam ao problema sob escrutínio. Em que sentido, então, opera a eficácia preclusiva?

A compreensão dos objetivos e do alcance natural do art. 508 exige, de saída, recordar a noção de lide parcial e de lide total, exposta por Carnelutti. Ensinava ele que as partes dispõem sobre a matéria trazida ao crivo judicial, exemplificando através da hipótese de alguém, pretendendo a herança por duplo título, testamentário e legítimo, invocasse a primeira causa – segundo Carnelutti, por sinal, a alegação denota a *ratio* e não a causa do direito[22] –, caso em que o processo adquire feitio parcial, comparativamente ao que, contendo ambas as causas, reproduzisse a totalidade da lide.[23]

Examinando o assunto, reconhece-se a "sua utilidade prática em relação à litispendência e coisa julgada", embora, no tocante ao mérito, citando outra vez Carnelutti, ressalve que interessa apenas "o indicado na demanda".[24] É verdade que, quanto ao disposto no art. 287, parágrafo único, do CPC de 1939, a interpretação de Buzaid, de resto incensurável perante semelhante regra, assuma contornos

---

20. Em sentido contrário, Barbosa Moreira, A eficácia preclusiva da coisa julgada material no sistema do processo civil brasileiro, n.° 4, p. 102, sem, porém, justificar este ponto de vista.

21. A respeito, a crítica de Alfredo Buzaid, *Do agravo de petição no sistema do Código de Processo Civil*, n.° 54, pp. 111-112, derivando a norma, por sinal, o art. 290 do *Proggetto* (1926) de Carnelutti. Igualmente, Botelho de Mesquita, *A autoridade da coisa julgada e a imutabilidade da motivação da sentença*, n.° 26, pp. 47-48.

22. Sobre a idéia de "questão", há o levantamento exaustivo de Ovídio A. Baptista da Silva, Os limites objetivos da coisa julgada no direito brasileiro, §§ 4.° e 5.°, pp. 136-142. Não nos parece, todavia, que o conceito de questão, colocado no art. 468 do CPC de 1973, apresentava relevância na definição da eficácia preclusiva, pelas razões explicadas no texto.

23. Francesco Carnelutti, *Sistema de derecho procesal civil*, v. 2, n.° 360, pp. 658 e 659.

24. Alfredo Buzaid, *Do agravo de petição no sistema do Código de Processo Civil*, n.° 55, p. 113.

moderados, explicando que o julgamento implícito abrange as questões de resolução "logicamente necessária para chegar à solução" contida no provimento.[25]

Como quer que seja, resta claro o espírito que presidiu o nascimento da eficácia preclusiva da coisa julgada no direito pátrio: a necessidade prática de recusar, no futuro, um novo processo, tendo por causa de pedir aquela porção da lide pré-processual excluída, voluntariamente, da primeira demanda. Necessidade que se expressa, como afirma Araújo Cintra, na preservação da autoridade do primeiro julgado perante a "subsequente impugnação deste mediante alegações ou defesas não apreciadas no processo em que foi proferida".[26]

Retornando à interpretação do art. 508, alguns pontos importantes à fixação do exato sentido da regra merecem destaque, em detrimento de outros, geralmente enfrentados, com a técnica empregada pelo legislador para estabelecer o princípio, recorrendo à "ficção" do julgamento implícito ("...considerar-se-ão deduzidas e repelidas..."), e a arbitrária combinação da regra, totalmente diversa do art. 287, parágrafo único, do CPC de 1939, com o princípio da congruência – a estrita correspondência entre o mérito e o julgamento (art. 490 do CPC de 2015) – e a indiscutibilidade das questões prejudiciais. Em primeiro lugar, existe a cláusula inicial da norma, que refere à circunstância de a sentença de mérito "transitar em julgado"; depois, deve ser entendida de maneira correta a alusão às alegações, que competem ao autor, em cotejo com as "defesas", naturalmente atribuíveis ao réu.

Quanto à parte inicial, ela demarca o campo de incidência do artigo, que opera em relação à decisão de mérito passada em julgado. E a consequência normal dessa constatação radica no fato de que não somente da coisa julgada formal aqui se cuida; também, e principalmente – qual a outra utilidade do princípio do deduzido e dedutível? – da coisa julgada material. E os lindes desta se enquadram, tranquilamente, na hipótese normal expressa tanto no art. 490 quanto no art. 503, *caput*: o juiz julgará o mérito nos limites em que foi "proposto", por meio dos atos postulatórios principais das partes (petição inicial e contestação), sem olvidar a possibilidade de o réu formular, por sua vez, pedido contra o réu mediante reconvenção (art. 343), recobrindo a indiscutibilidade, nessa contingência, os "limites da questão principal expressamente decidida". Quer dizer, a eficácia preclusiva da coisa julgada vai além do que, de ordinário, encontra-se abrangido na resolução

25. Idem, ibidem.

26. Antônio Carlos Araújo Cintra, *Comentários ao Código de Processo Civil*, v. 4, n.° 272, p. 309. No mesmo sentido, Sérgio Gilberto Porto, *Comentários ao Código de Processo Civil*, v. 6, p. 225. Por sua vez, Cândido Rangel Dinamarco, *Instituições de direito processual civil*, v. 3, n.° 966, p. 323, designa a eficácia preclusiva de "mecanismo de autodefesa" do instituto.

do conflito e das respectivas questões trazidas pelas partes, ou seja, das questões principais porventura decididas pelo órgão judicial. Nenhuma outra interpretação, salvo engano, preserva o sentido da cláusula examinada.

Interessa avaliar, ato contínuo, o argumento empregado para restringir esse alcance, que, como acentua Giovanni Pugliese, implica um "fenômeno de extensão" do vetusto brocardo *tanto iudicatum quantum disputatum*.[27] Em outras palavras, elide a tradicional equação *res iudicanda* = *res iudicata*. Segundo Ernane Fidélis dos Santos, por exemplo, a lei dispôs cautelosamente, ao se referir a "alegações", em lugar de causas, um dos elementos individualizadores da ação porque, consistindo a "questão" ignorada ou reservada uma causa autônoma, sobre ela não recai a preclusão do artigo, restrita a "alegações".[28]

Nesse ponto, não difere Barbosa Moreira, alegando que interpretação diversa afrontaria a tríplice identidade (critério de individualização adotado na lei processual brasileira anterior e na atual) da ação, prevista no art. 337, § 2.°, e aplicável à coisa julgada por decorrência do § 3.° do mesmo dispositivo.[29] Nada obstante, à vista do art. 508, e de sua indubitável origem, se alguma coisa parece razoável, esta reside na intenção de ampliar o contexto e os limites da coisa julgada.

De outra banda, a palavra "alegaçoes", simétrica a "defesas", conjuga-se com a parte final, ou seja, deve ser capaz de embasar o "acolhimento" do pedido. E o elemento, na demanda, hábil para ensejar a procedência – o verbo "acolher" possui este preciso significado no art. 487, I – do pedido é exatamente a *causa petendi*. Nem se compreenderia, de resto, que à "defesa", que cabe ao réu alegar, segundo o art. 336, se contrapusesse não a *causa petendi*, e, sim, singelas "alegações", ou seja, os argumentos que a compõem.

Assim, por este lado, o art. 508 abrange as causas do autor e as defesas do réu não deduzidas. Vale notar que, na interpretação conservadora desse dispositivo no direito anterior, admitia-se, entretanto, a abrangência dentro da eficácia preclusiva das "questões" não deduzidas. Nada impede, nessa linha de raciocínio,

27. Giovanni Pugliese, Giudicato civile, n.° 4, p. 864.

28. Ernane Fidelis dos Santos, *Comentários ao Código de Processo Civil*, v. 6, n.° 346, p. 342. É inútil, na matéria, Moacyr Amaral Santos, *Comentários ao Código de Processo Civil*, v. 4, n.° 372, p. 497, que diz não atingir o dispositivo "nova lide", sem explicar o que entende por tal Wellington Moreira Pimentel, *Comentários ao Código de Processo Civil*, v. 3, p. 608, observa que cabe ao autor trazer todas as "razões" que amparem o pedido, face ao princípio da eventualidade.

29. Barbosa Moreira, A eficácia preclusiva da coisa julgada material no sistema do processo civil brasileiro, n.° 6.1, p. 104, nota 11, criticando posição contrária de Sérgio Sahione Fadel, *Código de Processo Civil comentado*, v. 12, p. 49, sobre o assunto. *Vide*, também, Machado Guimarães, Preclusão, coisa julgada, efeito preclusivo, pp. 9-32.

e resgatando o verdadeiro alcance da regra, sobre "causas" também ignoradas na sentença.

Destaca, Giovanni Pugliese, ao propósito, que o julgamento implícito, nas ações fundadas em direito real, abrange todos os fatos aquisitivos do direito, e, nas demais ações, onde se evidenciaria com vigor diferente, tudo quanto se afigure idôneo à demonstração da subsistência ou da validade do fato constitutivo.[30]

Sem embargo da concessão visível à teoria da individualização (*infra*, n.° 31.1), dificilmente transportável ao direito brasileiro, e a ressalva concernente às ações baseadas em direitos obrigacionais, encontra-se explícita a opinião de que, em alguns casos, o julgado exclui a apreciação posterior de *causa petendi* autônoma. E isto, desconsiderando regra tão clara como a do art. 508, prejudicada, entre nós, na sua inteligência no CPC de 1973, em razão das lembranças e dos resquícios do agora inexistente art. 287, parágrafo único, do CPC de 1939.

O inconveniente resultado derivava da imprópria noção de processo ou de lide parcial. Outros dispositivos, espalhados no CPC de 1973, revelavam o fútil propósito do legislador de aproveitar o processo para resolver a lide em sua integridade, ou seja, na sua irrelevante e fugidia dimensão pré-processual. O art. 73 do CPC de 1973, por exemplo, autoriza sucessivas denunciações da lide, e, desse modo, permitia que em processo único se resolvessem várias lides,[31] ou, talvez, os diferentes aspectos da lide total. Nesta linha de coerência se situava, então, o art. 474 do CPC de 1973, de olho no futuro, e aproveitando o processo para extinguir totalmente a lide entre as partes.

A inconveniência de semelhante diretriz, fundada em exacerbada economia processual, mostra-se manifesta. Mas, não se afigura lícito, nem conforme ao rigor científico, ignorar as graves implicações da eficácia preclusiva, como a concebeu o legislador, sendo aceitável restringi-la, mediante interpretação restritiva, aos fatos simples conexos ao fato essencial narrado pelo autor.[32] Nesse sentido, de resto,

---

30. Giovanni Pugliese, Giudicato civile, n.° 24, p. 865. Em sentido diverso, Enrico Allorio, Critica della teoria del giudicato implicito, pp. 245-256, e Liebman, *Manuale di diritto processuale civile*, v. 3, n.° 397, p. 259. Veja-se, porém, a explicação de Walter J. Habscheid, *Introduzione al diritto processuale civile comparato*, § 27, p. 185, sobre o significado do princípio, de acordo com o texto.

31. De resto, de admissão discutível Sydney Sanches, *Da denunciação no direito processual civil brasileiro,* n.° 9.29, p. 182, que nota a multiplicidade de lides, termina por repeli-la (n.° 9.29, p. 188); admite-a, no entanto, Athos Gusmão Carneiro, *Intervenção de terceiros*, n.° 16.5, p. 74.

32. Caso contrário, o esforço hercúleo, e vão!, de Ovídio A. Baptista da Silva, *Curso de processo civil*, v. 1, pp. 446-449, demonstra a impossibilidade total de resgatar sentido unívoco à norma, com diversos exemplos assentados na causa de pedir. Critica-o, sem embargo de

pronunciou-se o STJ, com o seguinte alvitre: "A norma do art. 474 do CPC [de 1973] faz com que se considerem repelidas também as alegações que poderiam ser deduzidas e não o foram, o que não significa haja impedimento a seu reexame em outro processo, diversa a lide".[33] No caso, "lide" é empregada como sinônimo de "pedido".

Resumida a gênese do art. 508, cujos termos são similares aos da regra que lhe antecedeu, impende definir brevemente os pressupostos da respectiva aplicação. Ela abrange (*a*) os fatos preexistentes – constitutivos, extintivos, impeditivos e modificativos – e (*b*) os fatos dessa natureza surgidos até a última oportunidade assinalada na lei processual para sua alegação, discussão e julgamento, nos termos do art. 493, *caput*, do CPC. Importa destacar que a autoridade da coisa julgada não é imune aos fatos supervenientes, entendidos como tais os que surgiram após essa última oportunidade,[34] entre nós dilatada para além do primeiro grau.[35] E pressupõe cognição plenária do órgão judicial, porque na cognição sumária determinadas matérias, em que pese alegadas, não podem ser julgadas e, por definição, postergam-se para processo ulterior, como acontece com a discussão sobre domínio na ação possessória.

Como quer que seja, aqui interessa outro aspecto da magna questão. No tocante à individualização da ação, ou do objeto litigioso, a tríplice identidade

o art. 474 do CPC de 1973, e, *a fortiori*, o vigente art. 508, ter maior campo de incidência do que o defendido por Ovídio, cuja exegese, então, é parcimoniosa, Sérgio Ricardo de Arruda Fernandes, Alguns aspectos da coisa julgada no direito processual civil brasileiro, n.° 3, p. 85-87. Sobre a abrangência, no dispositivo polêmico, apenas dos fatos simples, conexos ao fato principal (aquele que tem "o condão de delimitar a pretensão"), v. José Rogério Cruz e Tucci, *A* causa petendi *no processo civil*, pp. 225 e 226. Exposição semelhante fazem Arruda Alvim, *Tratado de direito processual civil*, v. 1, p. 486 e Sérgio Gilberto Porto, *Coisa julgada civil (análise e atualização)*, n.° 10, p. 86, e, mais recentemente, nos *Comentários ao Código de Processo civil*, pp. 230-235; Cândido Rangel Dinamarco, *Instituições de direito processual civil*, v. 3, n.° 996, p. 325. Mais amplo é Paulo Roberto de Oliveira Lima, *Contribuição à teoria da coisa julgada*, n.° 3.4, p. 32-34. Por outro lado, em se tratando de processos de cognição sumária, vale dizer, em que certas causas, por força de lei, ficam sem apreciação, parece razoável supor que, nesses casos, não incida a eficácia preclusiva: o processo ulterior, sobre a mesma "lide", poderá conter alguma das causas pré-excluídas, se, naturalmente, ela for admissível nesta segunda demanda, pelo fato de que, na primeira, ao autor não era lícito trazê-las, conforme ressalva do § 616 da ZPO: Leo Rosenberg e Karl Heinz Schwab, *Zivilprozessrecht*, § 156, p. 841; Leo Rosenberg, El efecto preclusivo de las sentencias según el derecho alemán , p. 280.

33. 3.ª T. do STJ, REsp 11.315/RJ, 31.08.1992, Rel. Min. Eduardo Ribeiro, *RJSTJ* 37/413.
34. João de Castro Mendes, *Limites objetivos do caso julgado em processo civil*, n.° 31, III, p. 183.
35. 3.ª T. do STJ, REsp 1.120.302/RS, 01.06.2010, Rel. Min. Massami Uyeda, *DJE* 15.06.2010.

vigora para a cumulação, modificação da demanda e litispendência. Não abrange a autoridade da coisa julgada, posto que é ponto de partida para definir seu alcance, porque a eficácia preclusiva amplia a proteção bilateral por ela conferida. Não há impedimento, por exemplo, que no curso da primeira ação (art. 337, § 3.º), o autor ajuíze demanda fundada em causa diversa, que, do contrário, ficaria recoberta da eficácia preclusiva. Razões de conveniência, por sinal, recomendam tal comportamento. Não ocorrendo o ajuizamento de outra demanda, e a despeito dos limites, por assim dizer naturais, da indiscutibilidade ínsita à autoridade de coisa julgada, em decorrência do princípio da congruência (art. 490 c/c art. 492, *caput*), matéria estranha ao objeto litigioso – causas de pedir diversas, como autoriza o art. 508? fatos simples, como se propugna no âmbito doutrinário? – submeter-se-á ao efeito preclusivo, protegendo o desfecho do processo contra eventuais ataques oblíquos do vencido (ou, admitida a preclusão das causas de pedir preexistentes à última oportunidade para sua alegação, à luz do art. 493, *caput*, do vencedor). É o sentido que, não sem tergiversações, o STJ empresta ao fenômeno aqui tratado. Em singular julgado, o STJ declarou que a autoridade da coisa julgada não se limita a vetar novo julgamento, em sentido convergente ou divergente, no caso de repetição da ação (art. 337, § 4.º), pois a eficácia preclusiva "impede seja infirmado o resultado a que se chegou em processo anterior com decisão transitada em julgado, ainda que 'a ação repetida seja outra, mas que, por via oblíqua, desrespeita o julgado adredemente proferido'".[36] Em julgado anterior, realçou: "A coisa julgada atinge o pedido e a sua causa de pedir. Destarte, a eficácia preclusiva da coisa julgada... impede que se infirme o resultado a que se chegou em processo anterior com decisão transita, ainda que a ação repetida seja outra, mas que por via oblíqua desrespeite o julgado anterior".[37] Ora, a redação cautelosa – "... ainda que a ação repetida seja outra..." – não elimina a circunstância de a "outra" ação só pode se fundar em causa de pedir anteriormente omitida. É a interpretação que se nos afigura correta e justa,[38] preservando o direito fundamental processual à igualdade.[39]

Por tal motivo, a reconstrução de uma teoria unitária do objeto litigioso, incluindo a coisa julgada, é inviável no direito brasileiro e, linhas adiante, repercussões do seu conceito, máxime quanto à causa de pedir (*infra*, n.º 32.2), não considera a coisa julgada.

---

36. 2.ª T. do STJ, REsp. 938.617/SP, 11.10.2011, Rel. Min. Mauro Campbell Marques, *DJE* 18.10.2011.
37. 1.ª T. do STJ, REsp. 1.152.174/RS, 03.03.2011, Rel. Min. Luiz Fux, *DJE* 11.02.2011.
38. Araken de Assis, *Processo civil brasileiro*, v. 4, n.º 2.144, pp. 1.230-1.242.
39. Em sentido contrário, Bruno Vasconcelos Carillho Lopes, *Limites objetivos e eficácia preclusiva da coisa julgada*, n.º 19, pp. 124-126.

§ 6.º Panorama da teoria do objeto litigioso

22. Desenvolvimento das principais tendências doutrinárias sobre o objeto litigioso

Em Wach, nada obstante o dualismo já apontado, que, frisa Claudio Consolo, se não abraça inteiramente o objeto litigioso, reparte o objeto da "declaração judicial",[40] ou seja, da cognição do juiz, encontra-se uma formulação característica. Diz Wach, em suma, que uma relação jurídica material constitui o objeto do processo, geralmente contida em uma pretensão do autor, tirante o caso da ação declaratória negativa.[41]

Em tal entendimento se descobre, de logo, uma afinidade com a visão imanentista da ação. Realmente, não pode a pretensão material, *tout court*, expressar o objeto litigioso, porque não se sabe, até a sentença definitiva, se uma pretensão dessa natureza competirá ao autor. Cabem aqui as críticas que desgraçaram a teoria civilista da ação (*retro,* n.º 8.1).

Em face de um motivo tão ponderável, outras direções mais toleráveis buscou a processualística alemã. Friedrich Lent explica o objeto litigioso através de um direito ou de uma relação jurídica materiais, porém, não efetivamente existentes, bastando a afirmação (*Rechtsbeauptung*) do demandante, nesse sentido.[42] O autor afirma um efeito jurídico perante o réu.[43] Esse efeito jurídico se individualiza por meio do pedido e da causa, observando Lent, com razão, que a demanda contendo pedido de quantia "x", proveniente do mútuo de valor "y", firmado em certo ano, e do mútuo de valor "z", do anterior, na realidade contém duas ações e não uma ação condenatória.[44]

Enfim, para Lent, a identificação de mais de um direito substancial, no processo, importa pluralidade de ações,[45] quando, então, embora substancialmente diversos os direitos em que assenta o *petitum*, há uma ação única, porquanto rigorosamente idêntico o conteúdo da pretensão, e na medida em que, ao autor, afigura-se indiferente o fundamento escolhido pelo juiz para deferir o efeito jurídico almejado.[46]

---

40. Claudio Consolo, *Il cumulo condizionale di domande*, v. 1, p. 157.
41. Adolf Wach, *Handbuch des Deutschen Civilprozessrecht*, v. 1, § 2.°, II, p. 13. De acordo com Walter J. Habscheid, L'oggetto del processo nel diritto processuale civile tedesco, p. 456, os autores antigos identificavam o objeto com o direito substancial invocado pelo autor.
42. Friedrich Lent, *Diritto processuale civile tedesco*, § 37, p. 149.
43. Idem, § 37, p. 154.
44. Idem, § 37, p. 150.
45. Idem, § 37, pp. 150-151.
46. Idem, § 37, p. 152-153.

Nesse ponto, de seu lado, apega-se Schwab, imputando a Lent a pregação de um conceito desvalido de objeto litigioso, que excepciona o cúmulo de ações, além de outros recuos e evoluções censuráveis, no pensamento de Lent, durante várias e sucessivas exposições.[47] Entretanto, como o próprio Schwab ressalta, a concepção de Lent, cujas raízes promanam do direito material, possui caráter processual,[48] utilizando os elementos extraídos da demanda.

Em direção análoga, Arthur Nikisch identifica o objeto litigioso à afirmação de um direito, existente ou não – distanciando-se, agora, de Lent – sobre o qual pede um provimento judicial, endereçada ao réu.[49] Dita afirmação se individualiza, na maioria dos casos, por intermédio do pedido.[50] Quanto ao cúmulo de ações – apontando Schwab, aqui também, sensível evolução[51] –, Nikisch lança a regra de que há pluralidade se o autor exige uma resolução judicial sobre cada uma das afirmações de direito, contradizendo seu próprio exemplo, retirado da ação declaratória de domínio, em que vislumbrava cúmulo na exposição de várias causas pelo autor.[52]

De Nikisch em diante, concentrada na investigação da pretensão processual, diferente da pretensão material, enquanto noção puramente "processual",[53] a ênfase doutrinária em torno do objeto litigioso recaiu sobre o pedido (*Antrag*), assumindo a causa papel secundário, somente individualizando, em alguns casos, o *petitum*.

Por exemplo, Leo Rosenberg diz oferecer o autor uma afirmação de direito, ou de consequência jurídica, cuja forma relevante desponta no pedido e, tanto que seja necessário, fundamentada em fatos.[54] Em relação ao cúmulo, Rosenberg nega-o, se o mesmo acontecimento histórico incide em dois suportes fáticos, como no caso das responsabilidades contratual ou extracontratual, ou, em outras palavras, torna indiferente ao pedido a existência de duas ou mais pretensões

---

47. Karl Heinz Schwab, *Der Streitgegenstand im Zivilprozess*, § 2.°, I, p. 9.
48. Idem, § 2.°, I, p. 10. Como diz Carlos Ramirez Arcila, *Teoría de la acción*, p. 120, "processual", enfim, se chama a pretensão trazida ao processo.
49. Arthur Nikisch, *Zivilprozessrecht*, § 42, p. 163.
50. Idem, § 42, p. 163-164.
51. Karl Heinz Schwab, *Der Streitgegenstand im Zivilprozess*, § 4.°, II, 1, p. 47.
52. Arthur Nikisch, *Zivilprozessrecht*, § 42, p. 163.
53. Leo Rosenberg, *Tratado de derecho procesal civil*, v. 2, § 88, p. 29. No mesmo sentido, por uma concepção "processual", Walter J. Habscheid, *Introduzione al diritto processuale civile comparato*, § 26, p. 179, e L'oggetto del processo nel diritto processuale civile tedesco, p. 456. No mesmo sentido, Fernando Luso Soares, *Processo civil de declaração*, n.° 53, p. 272.
54. Leo Rosenberg, *Tratado de derecho procesal civil*, v. 2, § 88, p. 30. No mesmo sentido, Carlos Ramirez Arcila, *Teoría de la Acción*, p. 105.

materiais.[55] Diversamente, se do conjunto de fatos o autor retira dois pedidos, há cumulação.[56]

De seu lado, Schönke segue trilha análoga, entendendo o objeto litigioso como afirmação de um efeito jurídico; e única, ainda que represente várias pretensões materiais segundo o § 194 do BGB;[57] de conseguinte, inexistirá cúmulo deduzindo o autor idêntica consequência jurídica de fatos diferentes, ou dos mesmos fatos encarados de angulações diversas.[58]

Conhece-se muito bem a opinião, do próprio Schwab, de que o pedido (*Begehren* ou, no direito italiano, *richiesta*) constitui o objeto litigioso,[59] em algumas situações interpretado, apenas, pela causa de pedir. Assim, na demanda em que o autor pede a condenação do réu de certa quantia "x", não ocorre cumulação, estribado o pedido em causas diferentes, como, por exemplo, um mútuo e uma compra e venda;[60] todavia, esta unidade do pedido às vezes se revela uma aparência equívoca, pois, embasado tal pedido em dois mútuos, um no valor "y" e outro no valor "z", que somam "x", há cúmulo de ações.[61] Nas ações constitutivas (*v.g.*, o divórcio), as causas desse remédio, que fundamentam a pretensão processual, carecem de relevo.[62] Logo, a sua combinação eventual não implica cúmulo de ações. Da mesma forma, nas ações declaratórias, a pluralidade de pedidos, independentemente da quantidade de causas, determina a cumulação.[63] De resto, e interessantemente, Schwab não confunde o pedido com a pretensão à tutela jurídica.[64]

---

55. Leo Rosenberg, *Tratado de derecho procesal civil*, v. 2, § 88, p. 38.
56. Idem, § 88, p. 39.
57. Adolf Schönke, *Zivilprozessrecht*, § 47, I, 2, p. 159.
58. Idem, § 50, p. 175-176. Afirma, com razão, Karl Heinz Schwab, *Der Streitgegenstand im Zivilprozess*, § 6, II, p. 60, que a teoria de Schönke, em tema de cúmulo de ações, não se mostra compatível com a do objeto litigioso, pois, se o "estado de coisas" compõem-no, a cada um deve corresponder um objeto litigioso.
59. Karl Heinz Schwab, *Der Streitgegenstand im Zivilprozess*, § 16, II, p. 186.
60. Idem, § 16, I, p. 183.
61. Idem, § 9, III, 1, pp. 89-91.
62. Idem, § 9, IV, p. 99.
63. Idem, § 9, III, 2, p. 95.
64. Idem, § 16, II, p. 186. É largamente aceita a teoria de Schwab no Brasil. Deve-se seu prestígio, por sem dúvida, à posição de Liebman, no clássico e já citado estudo "O despacho saneador e o julgamento do mérito", em que afirma, em negrito, que o "pedido do autor é o objeto do processo". José Frederico Marques, *Instituições de direito processual civil*, v. 3, n.° 659, p. 160, declara, por exemplo, que é "o pedido que estabelece o objeto do juízo"; expressão retificada no *Manual de direito processual civil*, v. 11, n.° 91, pp. 116-117, para "lide", fixada no pedido, e, em suma, no "pedido de tutela jurisdicional". Wellington Moreira Pimentel, *Comentários ao Código de Processo Civil*, v. 3, p. 274, repete Frederico Marques, na primeira versão. Alfredo Buzaid, *Do agravo de petição no sistema do Código*

Em sentido contrário, Walter J. Habscheid não despreza a causa, valendo-se da letra e do significado do que dispõe o § 253 da ZPO. Se, nessa regra, *Anspruch* equivale a objeto litigioso, assinala Habscheid, torna-se indispensável compô-la de dois elementos, a *res* demandada, ou *Gegenstand*, e seu fundamento, ou *Grund*.[65] Este segundo e indispensável elemento, na sua concepção, equivale a episódio da vida, ou *Lebenssachverhalt*,[66] pouco importando, no seu contexto, a presença de um ou vários fatos. Por exemplo, derivando de um acidente ferroviário danos diferentes, os fatos constitutivos, quiçá vários, não infirmam a unidade do episódio, e, assim, do objeto do processo.[67] Desse modo, não interessa se o episódio narrado incide em dois ou mais suportes fáticos, porque o juiz tem o dever de ofício de examinar qual a regra jurídica aplicável ao caso.

Esta teoria recebeu, no ponto atinente à substituição da tradicional noção de *causa petendi* pela de "episódio da vida", a crítica séria de Lent. Ele acentua, convincentemente, a dubiedade do último conceito, o qual se revela inidôneo e incapaz de substituir, com a exatidão necessária, o de *causa petendi*, por sua vez haurido do suporte fático, definido na norma, e a correspondente pretensão material. Na verdade, o fluxo contínuo dos fatos, a narrativa em seu conjunto, no que se resume, ao fim e ao cabo, o episódio da vida, somente se apreende e se define graças à definição prévia do suporte fático.[68]

Das teses examinadas, a de Schwab se mostra inconciliável, totalmente, à disciplina legal vigente no direito brasileiro, em virtude dos termos contundentes do art. 337, § 2.º. E a objeção calha, decerto, ao direito germânico, embora o § 253 da ZPO tenha função análoga ao art. 319, III, do CPC brasileiro, que reclama a exposição, na inicial, dos fatos e fundamentos jurídicos do pedido, e, portanto, atua em campo diverso da regra brasileira, específica ao objeto litigioso. Entre nós, com

---

de Processo Civil, n.º 43-F, p. 99, endossa Liebman. No mesmo sentido, Thereza Alvim, *Questões prévias e limites objetivos da coisa julgada*, p. 4. E, por fim, próximo a Schwab, situa-se Arruda Alvim, *Direito processual civil*, v. 1, p. 72, cuja importância extraordinária, porém, ver-se-á no seu conceito (duplo) de objeto litigioso. De seu lado, Galeno Lacerda, *Despacho saneador*, p. 82 e p. 83, discorda de todos. Para ele, mérito é um juízo de valor, "a propriedade de o pedido do autor conformar-se, ou não, com o direito". De acordo com a exposição do texto, a crítica de Liebman a Carnelutti, quando censura a idéia de lide, deve ser aceita; não, assim, a sua definição de mérito, que no direito brasileiro não prescinde da causa de pedir. Há uma recensão sobre a doutrina brasileira em Sydney Sanches, Objeto do processo e objeto litigioso do processo, pp. 40-45; e, de Karl Heinz Schwab, em Arruda Alvim, *Direito processual civil*, v. 2, pp. 107-118.

65. Walter J. Habscheid, L'oggetto del processo nel diritto processuale civile tedesco, p. 458.
66. Idem, p. 460.
67. Idem, p. 461.
68. Friedrich Lent, *Diritto processuale civile tedesco*, § 37, p. 154-155.

efeito, o art. 337, § 2.°, consagrou a teoria dos três elementos – partes, causa de pedir e pedido (*aedem personae*, *aedem causae* e *aedem petitum*) –, formada no final do Século XIX,[69] conclamando partes e órgão judiciário a comparar, quando necessário, tais elementos em dois ou mais processos distintos. Em decorrência do critério legal, a causa de pedir assume importância equivalente à do pedido.[70] Assim, a lei brasileira optou pela concepção binária (*Zweigliedriger Streitegegenstand*) – causa de pedir e pedido –,[71] rejeitando a unitária (*Eingliedriger Streitgegenstand*). Essa última, que é a defendida por Schwab, emprega apenas o pedido, eventualmente interpretado consoante a causa de pedir, mas a respectiva repercussão revela-se escassa,[72] salvo no processo civil pátrio, pois a monografia dedicada ao assunto, traduzida para o espanhol, se tornou relativamente acessível.[73]

Outras posições, intituladas por Habscheid de "processuais", porque visam a adequar-se à realidade aferida no processo,[74] parecem ignorar a sua precípua qualidade de instrumento, visando, enfim, aplicar o direito material ao litígio. Daí por que, como nota Cerino Canova, as progressões posteriores da doutrina alemã relacionam o objeto litigioso ao direito material trazido ao processo,[75] como, corretamente, sempre insistiu Lent.

Quando Lent introduz o conceito relativo à afirmação de direito (*Rechtsbeauptung*), para fugir da redução do objeto litigioso à condição de simples retrato do direito material, cuja existência depende da triunfante verificação no processo, expressa, à evidência, o estado de incerteza típico dos direitos trazidos, em razão

69. Matteo Pescatore, *Sposizione compendiosa della procedura civile e criminale*, v. 1, pp. 168-183.
70. Liane Boll Kimmich, Teorias do objeto litigioso do processo no direito brasileiro e alemão, n.° 10.3, p. 174.
71. Walter J. Habscheid, *Der Streitgegenstand im Zivilprozess*, § 15, 2, pp. 221-222.
72. Por exemplo, na Áustria, consoante Walter H. Rechberger, *Kommentar zur ZPO*, p. 1.057.
73. Rinaldo Mouzalas, Delimitação do objeto litigioso do processo: análise das principais teorias difundidas no Brasil, pp. 123-145.
74. Walter J. Habscheid, *Introduzione al diritto processuale civile comparato*, § 26, p. 179.
75. Cerino Canova, La domanda giudiziali ed il suo contenuto, n.° 5, p. 53. Na mesma obra, n.° 5, pp. 59-67, cuida-se da evolução da doutrina alemã. De observar que a indistinção entre os planos processual e material leva a inevitáveis confusões. Não se pode afirmar, junto com Carlos Ramirez Arcila, *Teoría de la acción*, p. 105, que não há distinção entre a pretensão material e a processual. Evidentemente, o litígio torna a pretensão material, "processualizada" na demanda, incerta. Por outro lado, não se afigura lícito asseverar, como faz João de Castro Mendes, *Direito processual civil*, v. 1, n.° 9, p. 66, que a pretensão é determinada "processualmente" face à tutela (declaratória, constitutiva, condenatória), porque esta é uma classificação derivada do direito material alegado pelo autor (cf. item 16 do texto).

do litígio, à apreciação judicial. Objeta, Nicola Picardi, que,[76] dessa maneira, intenta-se dar corpo às sombras. Nessa contingência, convém admitir no processo um fluido mundo de penumbras, porque, caso contrário, tornar-se-ia forçoso reconhecer preambularmente o direito material alegado pelo autor, abstraindo a possibilidade de improcedência da pretensão deduzida; por óbvio, semelhante resultado é espantoso e inadmissível.

E nesse ponto se observam, a rigor, as acendradas atenções de que a investigação sobre o objeto do processo se reveste, nos autores tedescos, para escapar dos efeitos deletérios de uma identificação, *tout court*, ao direito material invocado, e, outrossim, preservar o direito à tutela jurídica do autor, independentemente da relação material afirmada. Não se esgotam, contudo, nesse aspecto, as semelhanças dogmáticas. Releva-se, também, no caráter da cognição incidente no objeto litigioso.

23. Dupla dimensão do objeto do processo: reflexos na separação dos planos material e processual

Uma das lições extraídas do breve sumário da teoria alemã sobre o objeto litigioso, superada, no direito brasileiro, por inequívoca definição legal – art. 337, § 2.° – deriva da introdução, cautelosa e oportuna, da tese de afirmação de um direito ou consequência jurídica (*Rechtsbehauptung*), para evitar, ainda que referido o objeto do processo ao direito material, os inconvenientes de se adjudicar ao autor, já no ajuizamento da demanda, o direito material simplesmente alegado e que o processo se encarrega de apurar se existe ou não.

Ora, decorre dessa constatação a diferença entre objeto do processo e objeto da sentença. Nesta última, com efeito, à vista do juízo de valor nela emitida – nota reclamada por Galeno Lacerda na definição de mérito[77] –adquirir-se-á certeza quanto à existência, ou não, do direito material. A sentença de procedência possui

76. Nicola Picardi, *La sucessione processuale*, v. 1, n.° 24, p. 125.

77. Galeno Lacerda, *Despacho saneador*, p. 82 e p. 83. No mesmo sentido, Miguel Teixeira de Sousa, *Sobre a teoria do processo declarativo*, § 26, p. 145, que observa, com razão, constituir o objeto do processo os fatos e o da sentença, os efeitos substantivos decorrentes desses fatos, o que se encontra na fundamentação (p. 142), sem prejuízo do princípio da congruência. Feliz é a conclusão de Cruz e Tucci, *A* causa petendi *no processo civil*, pp. 108-109: "E, como decorrência natural da regra da eventualidade, pode ser afirmado que os posicionamentos lastreados nos postulados da denominada teoria da substanciação, que identificam *o objeto litigioso na causa de pedir* e no pedido, como, por exemplo, o de Habscheid, encontram-se mais próximos e harmônicos com o direito positivo alemão". Sobre objeto litigioso, Maria Victoria Berzosa Francos, *Demanda, "causa petendi" y objeto del proceso*, pp. 17-28.

a relevante função de certificar o direito material do autor.[78] Em tal proposição, assim, resta incólume a álea inerente ao processo e se preserva o lugar e a independência do direito de acesso à justiça, inconfundível, por certo, com objeto da relação processual.

Outra contribuição fundamental, que se propaga alhures, até à intensidade constante da litispendência, caminho percorrido por Claudio Consolo,[79] provém da repartição do objeto do processo.

Localiza-se a semente do dualismo, como se identificou, na obra de Wach (*retro*, n.° 20). Mas, deve-se a Arwed Blomeyer a decisiva separação do objeto material (*sachlicher Streitgegestand*) do objeto processual (*prozessualer Streitgegestand*).[80] Neste último, ficam acantonadas as questões relativas ao plano processual, especialmente enfrentadas nos provimentos que não examinam o mérito (*v.g.*, art. 485, II, III, IV, VII, X), contrapondo-se ao conteúdo dos autos em que o juiz avalia, total ou parcialmente, o direito material posto em causa. A atividade do órgão judiciário se desenvolverá em dois planos distintos, o primeiro lógica e cronologicamente antecedente ao segundo: o juízo de admissibilidade e o juízo de mérito.

Em que pese a censura ao critério de Blomeyer, increpado de insuficiente para distinguir, realmente, as sentenças que julgam o mérito das que não o enfrentam, concorda Miguel Teixeira de Sousa que, no objeto do processo, não se incluem os pressupostos processuais e "outras condições de existência da acção".[81]

Entre nós, assume posição análoga Arruda Alvim, que define o objeto litigioso como "o conflito de interesses qualificado pela pretensão do autor, ou seja, a lide, que difere do objeto do processo, que é o objeto litigioso e demais questões que o juiz deve resolver".[82] Já afirmara, em obra anterior, ter o conceito de objeto litigioso compreensão menor que o de objeto do processo, pois abrange, ao contrário daquele, "tudo aquilo que se apresenta à intelecção do juiz".[83]

No mesmo sentido, com extraordinária clareza, Sydney Sanches distingue o objeto da *cognitio*, que envolve toda a atividade intelectiva do órgão jurisdicional,

---

78. Dos reflexos disto na classificação das ações e das sentenças, cf. n.° 16 do texto.
79. Claudio Consolo, *Il cumulo condizionale di domande*, v. 1, pp. 106 e ss.
80. Arwed Blomeyer, *Zivilprozessrecht*, § 40, pp. 188-203. Afirma o autor (p. 198), caracteristicamente, para quem vê as classificações das ações no plano material: "Jede Klage estrebt eine sächliche Streitgegestand durch ververteilung, Fertstellung oder Rechstgestalgung".
81. |Miguel Teixeira de Sousa, *Sobre a teoria do processo declarativo*, § 16, p. 142 e p. 143.
82. Arruda Alvim, *Código de Processo Civil comentado*, v. 1, p. 387 e p. 388.
83. Idem, *Direito processual civil*, v. 2, p.149, nota 96.

do objeto do *iudicium*, ou seja, a matéria do julgamento do mérito.[84] Não difere a conclusão geral de Kazuo Watanabe.[85]

Em síntese, o objeto da cognição do juiz, que abrange o próprio processo, adquire uma dimensão maior que o objeto litigioso, ou *thema decidendum*, ou mérito, em princípio definido, irreversivelmente, como a ação material, *ex vi* do art. 337, § 2.°.

Dessas notáveis afirmações se retira, outra vez, a confirmação da autonomia do plano processual – e das questões, nele agitadas, submetidas à apreciação judicial – enquanto realidade distinta do plano material. Logo, uma teoria da ação que baralha ambos os planos não explicará o cúmulo de ações. Na realidade, a noção de objeto litigioso, depurada dos problemas pertinentes ao processo, também participando, no entanto, da cognição do juiz, eficientemente explorada na processualística alemã, destina-se a definir a ação material afirmada na demanda (*retro*, n.° 12), essa sim passível de cúmulo.

24. Definição de mérito e cúmulo de ações

Da análise efetuada, deflui uma definição de mérito escoimada do que pertença ao plano processual. Mas é um terreno sujeito a muitas vacilações.

Por exemplo, Calmon de Passos, cuja teoria da ação revela extraordinária perspicácia,[86] assevera: "... a lide, que existe anteriormente ao processo, faz-se mérito, como objeto do processo, mediante a ação".[87] Evidentemente, encara-se "ação", nessa passagem, na qualidade de remédio jurídico processual, restando, para o mérito, a lide.

De seu lado, Arruda Alvim acentua que o conceito de objeto litigioso coincide "com a ideia de mérito, tal como delineado pelo autor".[88]

Finalmente, Alfredo Buzaid, responsável pelos padrões dogmáticos que permearam o CPC de 1973, a lide "se presta de modo fecundo a caracterizar o mérito da causa",[89] e transpôs a asserção doutrinária ao texto legal: "o projeto só usa a palavra 'lide' para designar o mérito da causa".[90] Entenda-se, todavia, que a lide de

84. Sydney Sanches, Objeto do processo e objeto litigioso do processo, p. 45.
85. Kazuo Watanabe, *Da cognição no processo civil*, n.° 18.5, p. 79.
86. Calmon de Passos, *A ação no direito processual civil brasileiro*, n.° 42, p. 145 e p. 146.
87. Idem, *Comentários ao Código de Processo Civil*, v. 3, n.° 196.2, p. 355. De modo coerente, passa, então, a discorrer sobre partes, causa e pedido como elementos da "identidade da lide" (n.° 196.5, p. 357).
88. Arruda Alvim, *Código de Processo Civil comentado*, v. 1, p. 387.
89. Alfredo Buzaid, *Do agravo de petição no sistema do Código de Processo Civil*, n. 48, p. 103.
90. Idem, *Exposição de motivos*, n.° 6.

Buzaid segue a representação de Liebman, ou seja, se define através do pedido, tal qual o objeto litigioso para Karl Heinz Schwab (*retro*, n.° 22).

Com vantagem, demonstra Cândido Rangel Dinamarco, que a intenção de Buzaid gorou na esfera terminológica.[91] Não só existiam dispositivos, no CPC de 1973, em que "lide" dificilmente significava "mérito", como na designação de certos mecanismos (*v.g.*, "denunciação da lide", em que se alude ao "processo") empregava a palavra em sentido diverso. Ademais, contra a vontade do legislador conspirava o sistema do próprio CPC de 1973 e a dicção do art. 301, § 2.°, equivalente ao art. 337, § 2.°, do CPC de 2015, que definira o mérito (ou a lide?) em moldes diversos e, nada obstante, aplicáveis ao cúmulo de ações.

Na realidade, a lide é a causa do processo e da função jurisdicional (*retro*, n.° 7.2). Quanto ao mérito, porém, e abstraída a circunstância de o CPC de 2015 não a ter empregado, a ação material fornece o contorno exato, e, por isso, relativamente à cumulação, examinar-se-á o cúmulo de "ações". Em certos casos, por exemplo, a ação rescisória fundada em incompetência absoluta, a origem da regra jurídica não obscurece o fato de que o direito à rescisão da sentença de mérito, contemplado no art. 966, II, constitui outro direito, diverso daquele que regula a competência, e, como tal, um direito substancial (à rescisão). E existem hipóteses em que o autor traz uma pretensão material ao processo, não "agindo", ainda, perante o réu, como na interpelação para tornar exigível obrigação desprovida de termo.

Mesmo considerando a ação (ou a pretensão) materiais, avalia-se o mérito, em todas as situações, no prisma da afirmação (alegação) respectiva, que incumbe ao autor, à qual se acrescerá a eventual contribuição do réu, se e quando excepcionar fatos impeditivos, modificativos ou extintivos (art. 332, II), ou seja, quando alegar exceções ou objeções materiais (defesa de mérito indireta). É duvidoso, para alguns, que a defesa de mérito indireta do réu amplie o mérito, embora reconheçam o aumento da área do *iudicium*; porém, sempre é bom recordar que a decretação da prescrição e da decadência constitui julgamento do mérito (art. 487, II). Pois bem. Nessa qualidade, *in status assertionis*, o juiz aquilatará o mérito, e, até a sentença, nunca se cogitará da existência ou da inexistência da ação e da pretensão (materiais). E os elementos do mérito se identificam por meio das partes, da causa e do pedido.

---

91. Cândido Rangel Dinamarco, O conceito de mérito em processo civil, n.° 1, p. 21.

4

ELEMENTOS DA AÇÃO

§ 7.º Individuação da demanda

25. Considerações sobre o critério legal

No tocante à coisa julgada e à litispendência, o art. 337, § 2.º, reza que "uma ação é idêntica a outra quando possui as mesmas partes, a mesma causa de pedir e o mesmo pedido". Adotou o estatuto processual, nesse tema, e calhando ao problema do cúmulo de ações, o critério da tríplice identidade (*eadem personae, eadem res* e *eadem causa petendi*), desenvolvido, no final do Século XIX, por Matteo Pescatore.[1] O dispositivo seguiu a lição clássica de Chiovenda, segundo o qual esses elementos se oferecerem naturalmente "da essência da ação".[2]

Cuida-se da "ação" proposta, e, por tal motivo, avaliam-se os elementos da "ação" ajuizada, ou seja, da demanda.[3] Mesmo discrepando do conceito de "ação", aqui empregado, observa Humberto Theodoro Jr. que o dispositivo alude a "elementos da causa", e não da ação, porque o "direito de ação é único, variando apenas as lides deduzidas em juízo (isto é, as causas)".[4] De sua parte, Frederico Marques, à mercê da mesma dificuldade, acentua que os elementos pertencem à pretensão, porque andam juntas pretensão e ação.[5]

---

1. Matteo Pescatore, *Sposizione compendiosa della procedura civile e criminale*, v. 1, pp. 168-183.
2. Giuseppe Chiovenda, *Instituições de direito processual civil*, v. 1, n.º 108, p. 489. De acordo com ele, outrossim, José Ignácio Botelho de Mesquita, A *causa petendi* nas ações reivindicatórias, p. 167.
3. Giuseppe Chiovenda, *Instituições de direito processual civil*, v. 1, n.º 108, p. 489, e Andrea Proto Pisani, Princípio della domanda, n.º 5, p. 1.057.
4. Humberto Theodoro Júnior, *Curso de direito processual civil*, v. 1, n.º 55-C, p. 67.
5. José Frederico Marques, *Manual de direito processual civil*, v. 1, n.º 131, p. 154. Já Amaral Santos, *Primeiras linhas de direito processual civil*, v. 1, n.º 118, p. 140, fala em "elementos de pretensão" porque alegadamente, em toda ação vem referida uma situação de fato concreta. Neste sentido, também, Juan Montero Aroca, *La intervención adhesiva simple*, n.º 13, p. 62. Evidentemente, "pretensão" (de direito material) e ação (processual) não se confundem: vide n.º 11 e 15 do texto.

Essas divergências exibem a importância do rigor conceitual. O intérprete (juiz, advogado privado e público, promotor, defensor público), minimamente informado, e medianamente sensível a tais inexplicáveis variações doutrinárias, cairá em estado de profunda perplexidade, prejudicando a almejada aplicação do instrumento e a realização da justiça. Os elementos respeitam à ação de direito material (*retro*, n.º 12), ou seja, ao objeto litigioso e ao conteúdo do processo, e não ao remédio jurídico processual ou à "ação" do direito à tutela jurídica (*retro*, n.º 15), que veicula, indiferentemente à subsistência, e universalmente, ações e pretensões.

O critério eleito pelo CPC de 1973, e reproduzido no CPC de 2015, mereceu algumas censuras. Segundo Celso Agrícola Barbi, a passagem da lei se revela antiquada, porque repelida, em virtude de suas deficiências, a tríplice identidade nas legislações modernas.[6] Em uma das suas raras defesas explícitas da própria obra no CPC de 1973, Alfredo Buzaid rejeita a crítica de Barbi, lembrando que a teoria das três *eadem* goza de aceitação de estatutos processuais modernos, como o CPC português de 1961 (art. 498) – repetido no art. 581, n.º 1, do CPC de 2013 – e o CPC da Cidade do Vaticano (art. 306, § 2.º), além da chancela da maioria dos processualistas.[7] Não há razão para discordar do grande criador do CPC brasileiro de 1973.

Com efeito, há norma expressa, no art. 337, § 2.º, e a substituição desse modo de individualização pela teoria do objeto litigioso, especialmente do agrado da processualística alemã, não parece vantajosa, considerando o invencível desentendimento que sua perfeita caracterização provoca entre os alemães (*retro*, n.º 22).[8] É inaceitável, entre nós, conceituar o objeto litigioso como os pedidos imediato e mediato, servindo a *causa petendi* tão só para esclarecer-lhe o alcance e o sentido.[9] Assim, adequada se mostra a escolha do legislador pátrio. Melhor

6. Celso Agrícola Barbi, *Comentários ao Código de Processo Civil*, v. 1, n.º 55, p. 74 e 75. Na sua origem, aplicava-se à coisa julgada; no medievo, passou à teoria geral: Edgardo Grasso, La regola di corrispondenza tra il chiesto ed il pronunciato e la nullità da *ultra* e da *extrapetizione*, n.º 1, pp. 387-391.

7. Alfredo Buzaid, *A ação declaratória no direito brasileiro*, n.º 214, pp. 352 e 353.

8. É a observação de Barbosa Moreira, *Litisconsórcio unitário*, n.º 12, p. 29. No mesmo sentido, em relação ao direito italiano, Cerino Canova, La domanda giudiziale ed il suo contenuto, n.º 6, p. 68. E ainda: Couture, *Fundamentos del processo civil*, n.º 270, p. 415, e Jaime W. Teitelbaum, *El proceso acumulativo civil*, n.º 20, p. 86.

9. Karl Heinz Schwab, *Der Streitgegenstand im Zivilprozess*, § 16, I, p. 185, *in verbis*: "Immer kommt es also auf den ausgelegten Antrag an. Zur Auslegung aber muss der Sachverhalt herangezogen werden". Essa tese é considerada "vitoriosa" por Elicio De Cresci Sobrinho, *Objeto litigioso no processo civil*, n.º 130, p. 103, mas improcedentemente.

ficar com o diagnóstico de Arruda Alvim, no tocante à valia da tríplice identidade, segundo o qual sua longevidade constitui "índice seguro da sua correspondência a uma necessidade e, pois, possivelmente a uma verdade científica".[10]

Outro ponto a clarear-se, preliminarmente, reside no âmbito da investigação dos elementos apontados. Integrando, por suposto, a ação material, eles brotam da relação substantiva trazida à apreciação judicial.[11] Porém, impossível estimá-los existentes de maneira indiscutível na demanda, pois isso significaria, em última análise, tomar como presente, no início do processo, um direito subjetivo material atribuível ao autor, e, assim, retornar aos postulados inaceitáveis de uma teoria concreta da ação. Por conseguinte, considerar-se-á, nesta avaliação, somente a atividade assertiva do autor,[12] ou seja, "à simples possibilidade de existência do direito substantivo, a um direito meramente hipotético".[13]

Essa medida das afirmações do autor, constantes da demanda, *in status assertionis*, explica perfeitamente, à luz da teoria abstrata, a função das "condições" da ação (*retro*, n.º 6.5), e não pode ser obliterada, também, quanto à aferição dos elementos objetivos da causa.

A teoria da tríplice identidade individualiza perfeitamente a ação coletiva. Em primeiro lugar, convém recordar que o *nomem juris* conferido à demanda (*v.g.*, ação civil pública) é dado irrelevante à individualização.[14] Também são os elementos objetivos, recolhidos da demanda efetivamente ajuizada, que definem o objeto litigioso no processo civil. O rótulo "ação civil pública" é apenas o epíteto genérico do remédio processual. Quer dizer, "a 'ação', no sentido de direito processual, ou *remédio jurídico processual*, é o meio instrumental, que o direito formal põe a serviço de pessoas que estejam em determinadas situações para que, com o uso dele, possam suscitar *decisão*, isto é, a entrega da *prestação jurisdicional*".[15] É tão impróprio individualizar a ação civil pública por sua designação quanto concluir que duas ações de indenização, entre as mesmas partes, mostram-se idênticas só porque são "ações de indenização". Um exemplo demonstra a identidade objetiva em remédios distintos.[16] Figure-se a hipótese de a empresa pública *A* dispensar a licitação, ilegalmente, e contratar a empresa privada *B*, invocando a

---

10. Arruda Alvim, *Direito processual civil*, v. 2, pp. 62-55. Esclarece, entretanto, que a teoria dos três *eadem* derivou da falta de interpretação do direito romano (p. 59).
11. Crisanto Mandrioli, *Corso di diritto processuale civile*, v. 1, n.º 28, p. 104.
12. Gian Antonio Micheli, *Corso*, v. I/30 e 31, n. 9.
13. Andrea Proto Pisani, Principio della domanda, n.º 5, p. 1.056, e José Ignácio Botelho de Mesquita, A *causa petendi* nas ações reivindicatórias, p. 167.
14. Teori Albino Zavascki, *Processo coletivo*, n.º 3.6, p. 79.
15. Pontes de Miranda, Remédio jurídico processual, n.º 11, p. 155.
16. *Vide*, Araken de Assis, *Processo civil brasileiro*, v. 1, n.º 238, p. 655.

notória especialização desta e a singularidade do objeto contratual. Em tese, há dois remédios concorrentes para debelar o hipotético vício do contrato e corrigir a ilegalidade da atuação administrativa. Legitima-se qualquer cidadão a controverter a nulidade do contrato, haja vista a ilegalidade da dispensa de licitação, a teor do art. 4.º, III, *a*, da Lei 4.717/1965, presumindo-se a lesividade, ínsita ao ato em si, porque infringiu à moralidade administrativa.[17] Em tal hipótese, o autor da ação popular pleiteará a invalidação do contrato (pedido principal de força constitutiva negativa) e a condenação da ré *B* à restituição dos valores recebidos em decorrência do contrato nulo (pedido sucessivo de força condenatória). E, sem embargo, o Ministério Público (art. 5.º, I, da Lei 7.347/1985) legitima-se a propor a ação civil pública (art. 1.º da Lei 7.347/1985), invocando a mesma causa e formulando os mesmos pedidos. Em vão se tentou extremar ambos os remédios, porque a identidade acaba por surgir flagrante nesses casos.[18]

26. Efeitos da tríplice identidade

Segundo o magistério de Chiovenda,[19] consagrado ainda uma vez no art. 337, § 2.º, uma ação se identifica à outra quando houver igualdade dos três elementos. Portanto, a tríplice identidade confere importância equivalente a todos os elementos, robustecendo a conclusão exarada de que, a par da dimensão subjetiva, o objeto do processo se forma por meio do pedido e da causa de pedir (*infra*, n.º 31). Com invulgar exatidão, proclamou julgado do STJ: "Ainda que ocorra identidade de partes e de pedido, não havendo em relação à causa de pedir, inatendível é a argüição de coisa julgada".[20]

Mas o efeito principal exsurge do fato de que a alteração de qualquer elemento distinguirá, de uma vez por todas, uma ação da outra; e, desse modo, duplicado um desses elementos, dentro do mesmo processo, haverá cúmulo de ações. Logo, a cumulação ocorre através das partes (cumulação subjetiva), da causa de pedir (cumulação causal) e do pedido (cumulação objetiva). Não é por diverso motivo que se destaca, repetidamente, a importância da individualização, operação definida

---

17. José Afonso da Silva, *Ação popular constitucional*, n.º 118, p. 149.
18. José dos Santos Carvalho Filho, *Ação civil pública*, p. 9.
19. Giuseppe Chiovena, *Instituições de direito processual civil*, v. 1, n.º 209, p. 491; Crisanto Mandrioli, *Corso di diritto processuale civile*, v. 1, n.º 28, p. 103; Marco Tullio Zanzucchi, *Diritto processuale civile*, v. 1, n.º 73, p. 101; Giancarlo Giannozzi, *Appunti per un corso di diritto processuale civile*, n.º 16, pp. 50-52; Vicente Greco Filho, *Direito processual civil brasileiro*, v. 1, n.º 15, p. 81.
20. 4.ª T. do STJ, REsp 2.074-RJ, 20.03.1990, Rel. Min. Fontes de Alencar, *DJU*, 30.04.1990, p. 5.329.

inigualavelmente por Chiovenda (*retro*, n.º 1), e que se espraia em vários rumos: alteração da demanda, litispendência, coisa julgada, e, por fim, o cúmulo de ações.[21]

Convém ressaltar, outra vez, que a tríplice identidade não explica todos esses fenômenos. O direito brasileiro ignora, ao contrário do exigido por Karl Heinz Schwab,[22] uma definição unívoca de objeto litigioso (ou melhor: o objeto litigioso, todavia definido na forma da lei não explica a coisa julgada por inteiro), aplicável aos mencionados fenômenos.

Em primeiro lugar, surgia o embaraço determinado pela noção de lide, que Buzaid, intencionalmente, utilizou como sinônimo de mérito no CPC de 1973 (*retro*, n.º 24). O abandono dessa noção no CPC de 2015 desanuviou em parte o panorama. Assim, a causa de pedir e o pedido são empregados autonomamente para estabelecer a conexão na sua feição típica (art. 55, *caput*);[23] ou disciplinar a modificação da demanda (art. 329) e a continência (art. 56). As deficiências da causa de pedir, ou do pedido, requisitos da petição inicial (art. 319, III e IV), importam inépcia (art. 330, § 1.º, I). E, dentro da própria causa de pedir, em não decorrendo a conclusão logicamente dos fatos, ou seja, do fato jurídico não se originando a consequência jurídica afirmada pelo autor, verifica-se inépcia (art. 330, º 1.º, III).

Em outras oportunidades, todavia, a lei processual abandona a ideia de ação, e, de conseguinte, os seus elementos. Por exemplo: o juízo de procedência advém do acolhimento, total ou parcial, do pedido (art. 487, I), e não da ação. A eficácia de coisa julgada recobre a questão principal expressamente decidida, segundo a dicção do art. 503, *caput*, incumbindo ao juiz julgar o mérito "acolhendo ou rejeitando, no todo ou em parte, os pedidos formulados pelas partes" (art. 490).

Ademais, o vão intento de empregar o processo uma única vez, embora a lide pré-processual não seja integralmente reproduzida pelo pedido, extinguindo de vez o conflito entre as partes, resultou no art. 508 (*retro*, n.º 21). Esse dispositivo conferiu uma eficácia preclusiva à coisa julgada que, abrangendo causas de pedir omitidas – além de exceções, que competem ao réu –, atingirá inclusive as ações não propostas pelo autor.[24]

21. Andrea Proto Pisani, Principio della domanda, n.º 5, p. 1.056.

22. Karl Heinz Schwab, *Der Streitgegenstand im Zivilprozess*, § 16, I, pp. 183-185, com a impugnação, quanto ao direito português, de Artur Anselmo de Castro, *Processo civil declaratório*, v. 1, n.º 26, p. 298. Esta última posição se afina ao direito brasileiro, principalmente tendo em conta a exegese difícil do art. 508, como exposto no n.º 21 do texto.

23. De observar que, para Egas Moniz de Aragão, Conexão e tríplice identidade, pp. 50-56, basta à conexão elementos "comuns", na causa de pedir ou no pedido, e não a "identidade".

24. Por isso, Ovídio A. Baptista da Silva, *Curso de processo civil*, v. 1, pp. 446-449 observa que a questão ganha contornos quase insolúveis.

Como quer que seja, tributando fidelidade à definição de objeto litigioso, aplicável ao CPC vigente, e desconsiderando a coisa julgada, aliás, instituto de difícil controle, aproveitar-se-á a ação e os seus elementos no problema da cumulação.

Do exame individual dos elementos se compreendem, de vez, as combinações possíveis.

§ 8.º Identidade de partes

27. Noção de parte em processo civil

O conceito de parte adquire extraordinária importância no processo. É empregado em variadas disposições legais. O art. 139, I, determina ao juiz velar pela igualdade das partes; o art. 56 contempla a continência na ação em que sejam idênticas as partes; o art. 77 atribui deveres às partes; e, significativamente, o art. 506 dispõe não se estender os efeitos da coisa julgada material senão às partes entre as quais se a dá, sem prejudicar terceiros, indiferentes à relação processual.[25] Nada obstante, rememora Enrico Redenti,[26] "parte" é locução "de significado vário e oscilante no uso".

Há certo consenso em que a noção de parte assume pertinência exclusivamente processual.[27] Decorre da posição ativa ou passiva de quem ostenta capacidade para estar em juízo (*Parteifähigkeit*) na relação processual. A partir de Chiovenda,[28] ao menos, para quem a noção de parte se entronca no processo, realiza-se nítida separação entre a parte enquanto titular da relação material (*v.g.*, o credor e o devedor), ou parte em sentido substancial (*materielle Parteibegriff*),[29] e a parte processual (*formelle Parteibegriff*),[30] o efetivo figurante do processo. Também se desenvolveu, na doutrina germânica, a noção de parte funcional (*funktionelle Parteibegriff*),[31] para explicar a atuação de certos entes despersonalizados (*v.g.*, a massa falida), mas é incomum, no direito brasileiro, o uso da última expressão.

---

25. Ovídio A. Baptista da Silva, *Curso de processo civil*, v. 1, p. 185.
26. Enrico Redenti, *Il giudizio civile con pluralità di parte*, n.º 58, p. 75, nota 2.
27. Ovídio A. Baptista da Silva, *Curso de processo civil*, v. 1, p. 185; Enrique Véscovi, *Teoría general del proceso*, p. 185.
28. Giuseppe Chiovenda, *Instituições de direito processual civil*, v. 2, n.º 14, pp. 320-321.
29. Walter Heintzmann, *Die Prozessführungsbefugnis*, I, A, pp. 3-5.
30. Idem, I, B, pp. 5-6.
31. Idem, I, C, pp. 6-7.

Daí o conceito de parte, segundo o qual autor é quem pede a tutela jurídica do Estado, e réu é aquele contra quem se pediu esta tutela.[32]

28. Razões da relevância processual da identidade de partes

No art. 337, § 2.º, ao se mencionar as "partes", alude-se a parte em sentido material ou processual? Supõe-se que a esta última. Ensina Frederico Marques: "alguém pode ser parte, estar em juízo e, todavia, não possuir a qualidade de parte legítima *ad causam*."[33]

Ora, legitimidade, que para alguns "condiciona" a ação (*retro*, nº. 6.5), afigura-se a qualidade de quem possui um direito subjetivo material, e, portanto, encontra-se na expectativa de uma sentença de mérito, favorável ou desfavorável. É *status* que se verifica na relação jurídica material, segundo Luigi Monacciani,[34] através da constatação de uma situação legitimadora. Por conseguinte, o órgão judicial apreciará uma figura intercalar que, considerada tão só as afirmativas do autor a respeito, classifica-se entre os pressupostos processuais subjetivos,[35] e, mediante a emanação de juízo sobre a efetiva correspondência do figurante no processo e a situação substantiva legitimadora, em geral após a atividade probatória, no mérito da causa.

Tudo ponderado, parte constitui uma situação aferida na relação processual, e, parte legítima, na relação material.

Em consistindo a parte um elemento da ação, e da ação material, ter-se-ia de investigá-la de acordo com a legitimidade? Ou, ao contrário, ao efeito de identificar a demanda, interessa o fato de que alguém demandou outrem? Pela primeira orientação se inclina Arruda Alvim: "deve-se advertir, contudo, que para haver identidade de ações – embora diversas as partes – impõe-se, necessariamente, que as partes diversas sejam igualmente legítimas processualmente".[36] Em sentido

32. Neste sentido, Leo Rosenberg, *Tratado de derecho procesal civil*, v. 1, § 39, p. 211; Andres de la Oliva Santos, *Lecciones de derecho procesal*, v. 2, p. 122; Varela-Bezerra-Nora, *Manual de processo civil*, n.º 37, p. 101. Friedrich Lent, *Diritto processuale civile tedesco*, § 18, p. 62; Artur Anselmo de Castro, *Direito processual civil declaratório*, v. 2, n.º 41, p. 91; Gian Antonio Micheli, *Corso di diritto processual civile*, v. 1, n.º 49, p. 171; Crisanto Mandrioli, *Corso di diritto processuale civile*, v. 1, n.º 44, p. 158 e Andrea Proto Pisani, Parte nel processo, pp. 917-942.

33. José Frederico Marques, *Manual de direito processual civil*, v. 1, n.º 224, p. 250.

34. Luigi Monacciani, *Azione e legitimazione*, n.º 100, p. 269.

35. Sobre tal classificação dos pressupostos processuais, Araken de Assis, *Processo Civil brasileiro*, v. 1, n.º 100, pp. 301-302. Andrea Proto Pisani, *Diritto processuale civile*, p. 318, classifica a legitimidade entre os requisitos extraformais relativos às partes.

36. Arruda Alvim, *Direito processual civil*, v. 2, pp. 67 e 68.

contrário, assinala-se, com razão, que interessa a parte em sentido processual.[37] Logra-se comprovar o acerto desta última tese por meio da constatação de que, na execução de título judicial, legitima-se o executado a alegar na impugnação a sua ilegitimidade (art. 525, § 1.º, II); quer dizer, a parte ilegítima perante a pretensão a executar legitima-se, todavia, a alegar a própria ilegitimidade.

Aqui, surge uma questão muito relevante, e inçada de dificuldades, desmentindo o otimismo de Andrea Proto Pisani, ao proclamar trabalhos menores em torno da identificação das partes.[38]

Em realidade, a correspondência, ou não, da titularidade do direito material, que enseja a ação respectiva, é irrelevante para distinguir uma ação da outra. Por exemplo, se *A* ajuíza uma ação de despejo por falta de pagamento contra *C*, alegando ser o locador do imóvel utilizado por este último, e *B* ajuíza outra ação, com a mesma causa de pedir e o mesmo objeto, dizendo que, ao invés de *A*, ostenta a situação de locador daquele imóvel, não há identidade de partes. E isso porque *A* e *B*, simplesmente, são pessoas distintas. Certo, a sentença reconhecerá *A* ou *B* como locador do imóvel, eventualmente reunidas as ações para julgamento conjunto (art. 55, *caput*), em razão da conexão, ressalvada a hipótese de que nenhum deles, na verdade, ocupa essa posição, mas o terceiro chamado *D*. No entanto, esse juízo dependerá do desfecho do processo, *de meritis*, ou seja, da razão de *A* ou de *B*, e a identificação da ação material deve ser aferida no início do processo e não no seu fim. Em outras palavras, a titularidade (efetiva!) do direito material (alegado!) não interfere em nada com a identificação dessas ações. A *hipotética* titularidade da ação material invocada em juízo, ao invés, presta-se à identificação mencionada no art. 337, § 2.º.

Existe um ponto de contato entre o demandante (= autor da ação processual) e o suposto detentor do direito subjetivo exposto na inicial. Qualquer pessoa, simplesmente ao provocar a atividade jurisdicional do Estado, apresenta sua titularidade do direito à tutela jurídica, ou seja, da ação processual. Não é disso que, aqui, se cuida. Esse mesmo autor, porém, alegando algum direito material, dele se supõe titular, para fins de identificação da demanda. Não lhe cabendo, na verdade, tal direito, cumpre admitir que ele, considerado *in status assertionis*, jamais foi ou se tornará igual ao direito efetivamente atribuído ao verdadeiro locador.

Consoante Ovídio A. Baptista da Silva, o falso credor figura como sujeito do processo ("parte" processual), e do mérito tal qual exposto na petição inicial, na mesma situação que ocuparia o verdadeiro credor. Decerto ele não constitui sujeito da relação entre o verdadeiro credor e o devedor, quiçá também litigiosa.

---

37. Cintra-Grinover-Dinamarco, *Teoria geral do processo*, n.º 144, p. 225.

38. Proto Pisani, *Principio della domanda*, n.º 6, p. 1.060.

Mas essa outra lide se ostenta irrelevante naquele processo, instaurado pelo falso credor, porquanto, alterado um dos sujeitos, modificar-se-á o próprio litígio. E aduz: "daí por que a questão da legitimidade para a causa (*legitimatio ad causam*), definida como a pertinência ao autor (legitimação ativa) e ao réu (legitimação passiva) real e efetiva da relação jurídica *afirmada* como existente, é *questão de mérito* e a sentença que declarar inexistente a legitimidade do falso credor decidirá, com força de coisa julgada, sua pretensão face ao réu".[39]

Comprova-se, então, o princípio de que os elementos da ação (material) se individualizam na demanda, acompanhando apenas as alegações do autor. No caso, quanto à noção de parte, parece suficiente, a fim de posteriormente desenvolver a problemática do cúmulo de ações, identificar o autor e o réu da relação processual pendente: ambos, conforme o natural desdobramento da tese, confundem-se com os titulares hipotéticos da relação material, impasse que somente o juízo de mérito resolverá a contento.

29. Qualidade jurídica da identidade de partes

A posição da parte há de ser avaliada, na relação processual, sob o ângulo jurídico, e não físico.[40] Uma mesma pessoa pode se colocar em dois processos, regulados pela mesma causa de pedir e pedido, de acordo com qualidades diferentes. É a vetusta lição, ainda uma vez, de Chiovenda.[41]

Segundo se afirma, a hipótese de substituição processual justificaria a apreciação da parte de acordo com a qualidade jurídica.[42] Difícil se ostenta, no entanto, localizar, entre os exemplos catalogados de situações em que alguém postula em nome próprio, *ex vi* do art. 18, *caput*,[43] as ações com a mesma causa de pedir e o mesmo pedido que pertençam ao substituto e ao substituído ante o mesmo réu. Em geral, o substituto obra em lugar do substituído, justamente porque este não se legitima ativa ou passivamente. É o caso do agente fiduciário, habilitado a exercer qualquer ação com fundamento nas debêntures, porque o(s) debenturista(s), em

---

39. Ovídio A. Baptista da Silva, *Curso de processo civil*, v. 1, p. 189.

40. Giovanni Verde, *Profili del processo civil*, p. 113; Gian Antonio Micheli, *Corso di diritto processuale civile*, v. 1, n.º 9, p. 32; Arruda Alvim, *Direito processual civil*, v. 2, p. 66; Vicente Greco Filho, *Direito processual civil brasileiro*, v. 1, n.º 15, p. 81; Calmon de Passos, *Comentários ao Código de Processo Civil*, v. 3, n.º 196.6, p. 357.

41. Giuseppe Chiovenda, *Instituições de direito processual civil*, v. 1, n.º 109, p. 491.

42. Calmon de Passos, *Comentários ao Código de Processo Civil*, v. 3, n.º 196.6, p. 357 e Vicente Greco Filho, *Direito processual civil brasileiro*, v. 1, n.º 15, p. 81.

43. Celso Agrícola Barbi, *Comentários ao Código de Processo Civil*, v. 1, n.º 84, p. 110; Arruda Alvim, *Código de Processo Civil comentado*, v. 1, p. 442 e Waldemar Mariz de Oliveira Jr., *Substituição processual*, n.º 60, p. 125, com a ressalva de que todos são corretos, segundo o último autor.

nome próprio, não pode exercer seu direito em juízo. O art. 527 do Cód. Comercial[44] autoriza ao capitão do navio, embora não seja o seu proprietário, requerer o arresto da mercadoria em segurança do pagamento do frete.[45] Evidentemente, se o proprietário obtiver tal medida, as duas ações se identificam integralmente, posto que sejam diversos os autores.

Melhor exemplifica a situação versada a hipótese da mulher casada ou da companheira que, intimada da penhora, na execução movida contra o marido, legitima-se aos embargos de terceiro (art. 674, § 2.º, I) para defender sua meação e, a outro título, porque seus bens particulares ou os bens da meação respondem pelo cumprimento da obrigação, aos embargos do devedor (art. 914, *caput*) para controverter a própria dívida. Por outro lado, os casos de legitimidade extraordinária concorrente (ou disjuntiva) oferecem exemplo frisante: se o lesado *A* pelo ilícito penal praticado por *B* pleiteia a reparação do dano, e, simultaneamente, o Ministério Público ingressa com demanda contra *B*, pleiteando idêntica indenização, há nominal diferença dos autores, mas a qualidade jurídica é a mesma, e, portando, ocorrerá litispendência (art. 337, § 3.º). O exemplo é decisivo: não se vá supor que *B*, autor do ilícito, indenizará duas vezes, pois o Ministério Público postula em proveito de *A*.

De outro lado, certo crédito representa o objeto de execução por parte do credor que, no curso da lide, vem a falecer, e os seus herdeiros, ignorando a pendência desta execução, ajuízam outra, visando a realizar o mesmo crédito (de imaginar-se, por óbvio, que o título executivo tenha sido obtido em duplicata[46]). A despeito da diversidade (parcial) de partes, há identidade entre as ações, e, conseguintemente, litispendência (art. 337, §§ 2.º e 3.º, primeira parte).

Esses exemplos salvam a tese de que a identidade de partes apura-se na qualidade da situação legitimadora invocada pelo autor na inicial.

30. Pluralidade de partes e cúmulo de ações

Facilmente se localizam processos habitados, nos polos da relação processual, por vários autores, ou vários réus, e, mesmo, por diversos autores e réus. A esse fenômeno se designa litisconsórcios ativo, passivo ou recíproco.[47] Exigida, no art. 337, § 2.º, a identidade de partes, cabe indagar, agora, se a presença de mais de um autor, ou de um réu, implica respectivamente a existência de mais de uma ação.

---

44. Dispositivo em vigor, conforme art. 2.045 do CC de 2002.
45. Waldemar Mariz de Oliveira Jr., *Substituição processual*, n.º 70, p. 152.
46. Araken de Assis, *Manual da execução.*, n.º 120, pp. 598-601.
47. Por todos, Ovídio A. Baptista da Silva, *Curso de processo civil*, v. 1, p. 196.

Convém advertir que a conclusão afirmativa, aparentemente natural, situa-se longe da unanimidade. Tratando amplamente do litisconsórcio, Guilherme Estellita extrema-o, porém, do *concurso de ações*, ou seja, da existência de mais de uma ação a partir de certa norma (por exemplo, ao comprador de coisa afetada por vício redibitório compete a ação para pedir abatimento do preço ou a ação para pedir o desfazimento do negócio), e da *cumulação de ações*, ou de pedidos, lembrando, quanto à última, a hipótese da ação de cobrança de obrigação solidária, promovida por mais de um credor contra vários devedores, quando há litisconsórcio e um só pedido.[48] E conclui: "sempre que houver pluralidade de autores ou réus, haverá litisconsórcio, haja ou não concurso ou cumulação de ações".[49]

Em sentido oposto, insiste Chiovenda no seguinte: "a diversidade dos sujeitos produz diversidade de ações, mesmo quando é devida por diversos ou a diversos a *mesma coisa,* ou quando se pretende, em relação a diversos, o *mesmo efeito jurídico.*"[50] Menciona ele, a título de exemplo, no primeiro caso, a obrigação solidária e, no outro, a ação para impugnar a deliberação da assembleia geral de uma companhia.[51]

Maiores clareza e orientação nessa área, na qual afloram, repentinamente, os agudos problemas de litisconsórcio, exigem algumas distinções. Uma delas recai sempre na ideia de ação. Investigam-se os elementos da ação material, correspondente ao titular do direito subjetivo, afirmada na demanda, e que constitui o objeto do processo, e, por isso, "processual", porque examina-se no início ou no curso do processo, mas antes da sentença, e a efetiva existência do direito se atrela ao resultado do processo. Mostra-se estranha a tal âmbito, portanto, a ação processual, poder atribuível a quem exercitar seu direito à tutela jurídica. Assim, a pluralidade de autores, ou de réus, no processo, não importa, por óbvio, cumulação de ações processuais. Esta última constatação não resolve, *tout court,* o ponto fundamental, vale dizer, a correspondente cumulação de ações *materiais.*

Esclarece-se, incidentalmente, a partir desses dados, a inexatidão da diferença, às vezes mencionada,[52] entre cúmulo de demandas e de ações. Nestas últimas, pensa-se na peculiar definição de "ação" processual de Liebman e representa, então, a cumulação de ações processuais, já referida, e imprópria ao objeto da indagação. Aquelas, por sua vez, significam o exercício concreto da ação processual,

48. Idem, pp. 20 e 21.

49. Idem, p. 22.

50. Giuseppe Chiovenda, *Instituições de direito processual civil,* v. 1, n.º 109, p. 409.

51. Idem, nº. 209, p. 493.

52. Cândido Rangel Dinamarco, *Litisconsórcio,* n.º 28, p. 81, especialmente a nota n. 17.

ou seja, o ato de quem age em juízo.[53] É o veículo e a baliza da ação material. Na demanda, realmente, estimam-se os elementos, aqui sob análise, e nela se recolhem os subsídios cabíveis à definição do objeto do processo (ação material). Só há sentido em cogitar da pluralidade de demandas se "demanda", para todos os efeitos, equivaler à ação material.[54]

Resolver a questão, nos seus termos corretos, implica distinguir os regimes e as espécies litisconsórcio. Concebe-se o litisconsórcio como necessário ou facultativo: naquele, mais de uma pessoa, obrigatoriamente, deve vir a juízo para alcançar o bem da vida; neste, embora o direito seja comum a mais de uma pessoa, cabe a qualquer uma, isoladamente, litigar.[55] Quanto aos regimes do litisconsórcio, cumpre distinguir o comum, no qual as partes se consideram independentes uma das outras, do unitário, quando o objeto do processo se ostenta incindível em relação aos seus sujeitos, motivo por que a sentença que acolher a demanda se apresentará uniforme para todos os litisconsortes.[56]

Por conseguinte, tratando-se de litisconsórcio facultativo, quer ativo, quer passivo, haverá cumulação de ações. Essa é a opinião acatada de Liebman: "no litisconsórcio facultativo, as ações conexas, mesmo propostas no mesmo processo, restam distintas e podem ser decididas de modo diferente".[57] No momento, não interessam os pressupostos de admissibilidade do cúmulo subjetivo, e tampouco seus efeitos.

Diversamente, no litisconsórcio necessário, ainda segundo Liebman,[58] existe ação única. Vale dizer que, se determinado direito material tocar a mais de uma

---

53. Idem, n.º 20, p. 71. No mesmo sentido, Ovídio A. Baptista da Silva, *Curso de processo civil.*, v. 1, p. 171.

54. Em certo sentido, Cândido Rangel Dinamarco, *Litisconsórcio*, n.º 20, p. 72, distancia-se apenas no plano terminológico do que expõe o texto, pois diz que a "demanda" se identifica através da teoria dos três *aedem,* mas "demanda" tem, naturalmente, acepção diversa.

55. Cândido Rangel Dinamarco, *Litisconsórcio*, n.º 19.1, pp. 66-68 e Maria Encarnación Davila Millan, *Litisconsorcio necesario*, pp. 17-29.

56. Cândido Rangel Dinamarco, *Litisconsórcio*, n.º 19.2, pp. 68 e 69, e Ovídio A. Baptista da Silva, *Curso de processo civil*, v. 1, pp. 199-207, embora discrepante. Sobre a diferente compreensão entre litisconsórcio necessário e unitário, Barbosa Moreira, *Litisconsórcio unitário*, n.º 75, pp. 131 e 132.

57. Enrico Tullio Liebman, *Manuale di diritto processuale civile*, v. 1, n.º 52, p. 86. Esta é a orientação da doutrina italiana desde Enrico Redenti, *Il giudizio civile con pluralità di parte*, n.º 5, pp. 5-8. Em sentido contrário, Leo Rosenberg, *Tratado de derecho procesal civil*, v. 2.º, §§ 4 p. 99. Ovídio A. Baptista da Silva, *Curso de processo civil*, v. 1, p. 198, porém, adere à posição de Redenti, junto com Francisco Mendez Ramos, *Derecho procesal civil*, v. 1, n.º 21, p. 432.

58. Enrico Tullio Liebman, *Manuale di diritto processuale civile*, v. 1, n.º 51, p. 84; Artur Anselmo de Castro, *Processo civil declaratório*, v. 1, n.º 26, p. 198; Juan Montero Aroca, *La*

pessoa, devendo todas efetivá-lo em conjunto, a demanda proposta com semelhante escopo agasalha somente uma ação. E a conclusão permanece válida para o litisconsórcio passivo ou misto. Aliás, assim rezava o art. 29 do CPC português de 1961: "No caso de litisconsórcio necessário, há uma única ação com pluralidade de sujeitos; no litisconsórcio voluntário, há uma simples acumulação de acções, conservando cada litigante uma posição de independência em relação aos seus compartes". É dispositivo reproduzido no art. 35 do CPC português de 2013.

Em que medida o regime do litisconsórcio, comum ou necessário, interfere no problema da cumulação?

Ora, se o litisconsórcio for a um tempo necessário e unitário, somente há uma ação. Tratando-se, ao invés, de litisconsórcio facultativo e unitário, haverá mais de uma ação na demanda proposta por mais de um autor (por exemplo, na ação popular ajuizada por vários cidadãos)? Cândido Rangel Dinamarco, que situa na base do regime unitário uma relação jurídica inconsútil, sustenta, nesse caso, nada obstante a complexidade subjetiva do processo, a inexistência de cúmulo de demandas (*rectius:* ações), e, sim, "concurso" subjetivo de ações (processuais), porque idênticos os elementos objetivos (causa e pedido), variando os legitimados, de modo que "uma só das ações concorrentes pode ser exercida, como podem duas conjuntamente, três ou mais (litisconsórcio facultativo), mas havendo exercício conjunto de ações, ele se dará através de *uma só demanda* (unidade formal e jurídica)".[59] No que se relaciona à ação material, ou objeto do processo, vez que se despreza a cumulação de ações processuais, a tese nega o cúmulo.

A questão sob foco se revela difícil. Aliás, o próprio litisconsórcio facultativo unitário oferece inúmeros problemas. Tomando-se por inconsútil o objeto do processo, ainda que várias pessoas possam, ou não, persegui-lo em juízo, se no caso concreto ajuízam a demanda em conjunto, parece que a solução não deve ser idêntica a do litisconsórcio obrigatório. Face à unidade do objeto litigioso, parece relevante, na hipótese, o caráter facultativo. Por outro lado, a se acreditar no art. 337, § 2.º, que contempla a diversidade de parte ao lado da causa de pedir e do pedido (objeto), idênticos ou não, como dado suficiente à diferenciação da ação, ter-se-ia de algum modo ignorar a regra.

Essa objeção, deduzida do art. 337, § 2.º, já se encontra excepcionada. Nas hipóteses de litisconsórcio necessário, com efeito, há cúmulo subjetivo e, todavia, não existe cumulação de ações. De modo que, na realidade, um dos elementos catalogados no artigo em referência, o subjetivo, não mostra a mesma importância,

---

intervención adhesiva simple, n.º 6, p. 19, e Hélio Tornaghi, *Comentários ao Código de Processo Civil,* v. 1, p. 209.

59. Cândido Rangel Dinamarco, *Litisconsórcio*, n.º 22, p. 75.

ou valor, na individualização da ação material. Embora com mais de um autor, ou mais de um réu, descaracteriza-se a pluralidade de ações (objetos litigiosos) em alguns casos. Assim, também, quando ocorrer o facultativo, em se tratando de litisconsórcio unitário, não existirá ação material única. Exemplos desta espécie, na prática: (*a*) ação "pauliana', proposta por dois ou mais credores; (*b*) ação revocatória, no juízo falimentar, proposta por vários credores; (*c*) ação de dois ou mais herdeiros para provar a autenticidade do testamento, ou acionados pelo herdeiro legítimo na ação de nulidade deste testamento, e assim por diante.[60]

Essa hipótese não configura "concurso" de ações, pois concorrer significa juntar-se a alguém numa ação, cooperar, segundo léxico de boa cepa.[61] E quem cumula com outrem ações, sem dúvida coopera tanto quanto quem não cumula nada e, não obstante, figura como parte no processo. Reserva-se a expressão "concurso" às ações materiais que se excluem, como a redibitória e a que visa ao abatimento do preço (arts. 441, *caput*, e 442 do CC).[62]

Em síntese, toda vez que *necessário* o litisconsórcio existe uma só ação. Nas demais hipóteses de litisconsórcio facultativo, ao invés, há cumulação de ações.

§ 9.º Identificação da causa de pedir

31. Conceito e teorias sobre a causa de pedir

A causa de pedir constitui o mais delicado e problemático dos elementos que individualizam a ação material.[63] Paradoxalmente, à primeira vista, afigura-se noção de razoável clareza, porque a própria designação expressa o título, a razão da demanda.[64] Na demanda, além de invocar a prestação jurisdicional do Estado, o autor afirma o motivo pelo qual almeja o bem da vida perante o adversário, que somente se viabiliza por meio da tutela estatal. Nesse "motivo", pulsa e descansa causa de pedir.

Na compreensão da causa de pedir, contudo, duas fórmulas empolgam número significativo de adeptos, de ambos os lados, e a adoção de uma delas implica

---

60. Ovídio A. Baptista da Silva, *Curso de processo civil*, v. 1, p. 205.
61. Aurélio Buarque de Holanda Ferreira, *Novo dicionário da língua portuguesa*, p. 447.
62. O exemplo é de Guilherme Estellita, *Do litisconsórcio no direito brasileiro*, p. 21.
63. Assim, Arruda Alvim, *Direito processual civil*, v. 2, p. 76; Sérgio Costa, *Manuale di diritto processuale civile*, n.º 194, p. 266; Jaime W. Teitelbaum, *El proceso acumulativo civil*, n.º 22, p. 94.
64. Enrico Tullio Liebman, *Manuale di dirtto processuale civile*, v. 1, n.º 87, p. 252; Crisanto Mandrioli, *Corso di diritto processuale civile*, v. 1, n.º 209, p. 109; José Frederico Marques, *Manual de direito processual civil*, v. 1, n.º 132, p. 154, assinala que a causa de pedir constitui a "razão" da pretensão.

consequências diferentes na prática. Chamam-se de teorias da (a) individualização e da (b) substancialização. Leo Rosenberg constata, nas mais recentes exposições dos partidários de cada corrente, uma progressiva harmonia.[65] Do acerto desse diagnóstico, e com o fito de situar e compreender essas concepções discrepantes, cumpre inventariá-las, brevemente, antes de perquirir os seus desacordos.

31.1 Teoria da individualização

A causa de pedir se completa, segundo a teoria em apreço, somente pela identificação, na petição inicial, da relação jurídica da qual o autor extrai certa consequência jurídica. Por exemplo: na ação reivindicatória, basta o autor alegar o domínio, pouco importando sua fonte, originária (usucapião) ou derivada (registro da compra e venda). Segundo Wach, a quem repugnava a substancialização acolhida pelos tribunais alemães, como explica Schönke,[66] "A locução 'fundamento da pretensão exercida', não se refere, necessariamente, como parecem crer os 'Motivos', aos fatos fundadores da demanda. Fundamento da demanda é a relação jurídica da qual deriva a pretensão".[67]

Logo, a teor da teoria da individualização, o autor limitar-se-á, na ação fundada em domínio, a alegar o domínio, mostrando-se irrelevante a causa aquisitiva (compra e venda ou testamento).[68]

Desse entendimento discrepa, parcialmente, Giovanni Verde, acentuando que as ações constitutivas se ostentam "típicas", ou seja, surgem de suportes fáticos, previamente estabelecidos, nos quais os fatos assumem reduzida importância.[69]

Melhor explica a tese, talvez, Crisanto Mandrioli: nos direitos relativos, diz ele, qualquer fato se afigura apto a preencher o suporte legal, e, por isso, a minuciosa e exata caracterização dos fatos se revela essencial à causa de pedir; nos

---

65. Leo Rosenberg, *Tratado de derecho procesal civil*, v. 2, § 88, p. 43; Arruda Alvim, *Direito processual civil*, v. 2, p. 82. Sobre a origem da celeuma, Cruz e Tucci, *A* causa petendi *no processo civil*, p. 75 e 76. V., ainda, Jean Vincent e Serge Guinchard, *Procédure civile*, n.º 372, p. 396-399. De acordo com idéia haurida na doutrina alemã, em certas demandas basta o sujeito e o conteúdo (autodeterminadas), enquanto outras exigem fatos (heterodeterminadas); vide, Cerino Canova, La domanda giudiziale ed il suo contenuto, n.º 5, p. 60 e Crisanto Mandrioli, Reflessioni in tema di *petitum* e di *causa petendi*, n.º 6, p. 475.
66. Adolf Schönke, *Zivilprozessrecht*, § 47, III, 4, a, p. 160.
67. Adolf Wach, Mündlichkeit und Schriftlichkeit, p. 18.
68. Arruda Alvim, *Direito processual civil*, v. 2, p. 87.
69. Giovanni Verde, *Profili del processo civile*, p. 114.

direitos absolutos, ao invés, e neste ponto adere àquele ponto de vista inicial,[70] os fatos têm importância secundária e contingente. As ações constitutivas ocupam posição intermediária, pois os direitos à criação, à modificação ou à extinção de uma relação jurídica derivam de certo esquema, que reclama uma série de fatos genéricos análogos.[71] Assim, se alguém ajuíza ação anulatória alegando dolo, presume-se subsumida, a este tipo, a generalidade dos fatos, alegados ou alegáveis, capazes de compor a figura do dolo. Tal não significa, por óbvio, que ao autor seja lícito não alegar qualquer fato ou conjunto de fatos hábeis a preencher a figura do dolo. E, para não fugir a exemplo no campo da ação constitutiva, embora comum o problema às ações executivas, se alguém propõe uma ação de separação judicial, baseada em adultério e embriaguez, na linha de raciocínio agora exposta há ação única, porquanto ambos os fatos se enquadram no esquema geral da "grave violação dos deveres do casamento", previsto no art. 5.º, *caput*, da Lei 6.515, de 26.12.1977.[72]

Observa-se, então, na moderna doutrina italiana, a tendência de estimar dispensável, nas ações fundadas em direito absoluto (direitos autodeterminados), a cabal descrição dos fatos. Tempera, ainda, a função dos fatos nas ações constitutivas, em proposição extensível às ações executivas da classificação quinária, e libera o autor da sua completa narração, substituída pela indicação do direito formativo invocado na demanda. Mas, nas ações baseadas em direitos relativos (direitos heterodeterminados), de força declarativa ou condenatória, mister se afigura a precisa exposição do fato ou fatos que originaram o direito alegado pelo autor.

No tocante à cumulação de ações, tema central da investigação aqui empreendida, Wach afirma que, na ação declaratória positiva de domínio, em que se aponte testamento ou usucapião como causa de aquisição da propriedade, trata-se de uma só ação.[73] Nesse particular, recebe o aplauso de Arruda Alvim.[74]

Do merecimento dessas posições, que aplicam a teoria tripartite das ações, cuidar-se-á adiante.

---

70. Giovanni Verde, *Profili del processo civile*, p. 115 e Crisanto Mandrioli, *Corso di diritto processuale civile*, v. 1, n.º 29, p. 108.

71. Crisanto Mandrioli, *Corso di diritto processuale civile*, v. 1, n.º 29, p. 109. É a posição, outrossim, de Enrico Tullio Liebman, *Manuale di diritto processuale civile*, v. 1, n.º 87, p. 153.

72. A isto se inclina Ovídio A. Baptista da Silva, *Curso de processo civil*, v. 1, p. 447.

73. Adolf Wach, Mündlichkeit und Schriftlichkeit, p. 24.

74. Arruda Alvim, *Direito processual civil*, v. 2, p. 88.

31.2 Teoria da substancialização

Segundo assevera Schönke, prosélito da substancialização, constituem os fundamentos da demanda o conjunto de fatos em que o autor baseia a ação.[75] Nas ações condenatórias, cumpre ao autor articular os fatos apropriados à configuração do direito violado pelo réu; nas ações constitutivas e declaratórias, os fatos concretos que originam o corolário afirmado na demanda. Em consequência, fundando o autor ação condenatória no contrato de fiança firmado pelo réu e, ainda, em ato ilícito, há várias ações materiais, conforme Schönke, porém inexistirá cumulação de ações, pois se tratará de ação processual única.[76]

Nesta última passagem, há notável confusão entre os planos material e processual. Embora seja facilmente superável, nada favorece o esclarecimento dos efeitos da teoria da substancialização no juízo cumulativo.

Conforme o art. 319, III, ao autor compete, na inicial, explicitar "o fato e os fundamentos jurídicos do pedido". Já reinava harmonia, na doutrina brasileira, no reconhecimento da adesão do CPC de 1973 à teoria da substancialização.[77] Nada se alterou perante o art. 319, III, do CPC de 2015. Ao propósito, reiteradamente, invoca-se Liebman.[78] Mas esse autor, como de resto os demais autores italianos, senão consagrando a individualização,[79] inclina-se, ao menos, a "tendências menos radicais", no alvitre de Proto Pisani.[80]

Na opinião de Calmon de Passos, fato jurídico é o que incidiu na norma (*retro*, n.º 10) e, então, integram a *causa petendi* o fato, a relação jurídica e a consequência

---

75. Adolf Schönke, *Zivilprozessrecht*, § 47, III, 4, a, p. 160.
76. Idem, § 50, II, 1, b, p. 169.
77. José Frederico Marques, *Manual de direito processual civil*, v. 1, n.º 153, p. 137; Cintra-Grinover-Dinamarco, *Teoria geral do processo*, n.º 114, p. 226; Vicente Greco Filho, *Direito processual civil brasileiro*, v. 1, n.º 15, p. 83; Calmon de Passos, *Comentários ao Código de Processo Civil*, v. 3, n.º 122.4, p. 221; Moacyr Amaral Santos, *Primeiras linhas de direito processual civil*, v. II, n.º 122, p. 142 e Pontes de Miranda, *Comentários ao Código de Processo Civil*, v. 4, p. 17. Todavia, Cruz e Tucci, *A* causa petendi *no processo civil*, pp. 144-145, averba este entendimento de "parcial", pois a alusão a "fundamentos jurídicos" revela a adoção de uma fórmula intermediária. No CPC de 2015, Luiz Guilherme Marinoni e Sérgio Cruz Arenhart, *Comentários ao Código de Processo Civil*, v. 4, p. 363, com ressalva aos direitos reais.
78. Celso Agrícola Barbi, *Comentários ao Código de Processo Civil*, v. 1, n.º 292, p. 266; José Frederico Marques, *Manual de direito processual civil*, v. 1, n.º 135, p. 137.
79. Giancarlo Giannozzi, *La modificazione della domanda nel processo civile*, n.º 11, p. 36.
80. Proto Pisani, Principio della domanda, n.º 6. p. 1.061.

pretendida pelo autor,[81] excluído o fundamento legal.[82] A inclusão dos fatos e da relação jurídica nos componentes da causa de pedir justifica a asserção de Elio Fazzalari. Eles revelariam duas faces da mesma realidade, com a única diferença de enfoque, ora fixado sobre o suporte fático (substancialização), ora nos efeitos correspondentes (individualização).[83]

Segundo postula a teoria da substancialização, portanto, a indicação completa dos fatos se afigura fundamental para particularizar a ação. Por conseguinte, a narração de mais de um fato, suficiente, de per si, para originar o efeito jurídico consubstanciado no pedido, implica a existência de pluralidade de ações. E quaisquer ações, mesmo derivadas de direitos absolutos, hão de se basear em fatos. Na ação reivindicatória, por exemplo, o autor deve apontar o modo de aquisição do domínio.[84] Fundamentando o remédio processual, concomitantemente, em testamento e usucapião, o réu enfrentará duas ações. Parece evidente, trocando o ângulo da análise e considerando o dever de o réu impugnar "precisamente" as alegações de fato do autor, a necessidade de expor ao menos uma causa de aquisição do domínio.

Cabe avaliar a rigorosa fidelidade do art. 319, III, à teoria da substancialização, desde a configuração emprestada à causa de pedir no direito brasileiro, mas, seguramente, o dispositivo não consagra a tese oposta da individualização.

32. Componentes da causa de pedir

De início, delimitar o entorno definitivo da causa de pedir, à luz do art. 319, III, reclama a exclusão dos elementos infensos em seu âmbito. Ao depois, a valoração dos que, ao contrário, a ela se mostram naturais encerra a análise do problema. Em termos gerais, compõem a causa de pedir: (*a*) os fatos constitutivos ou razões de fato; e (*b*) os fundamentos jurídicos ou razões de direito. Já o fundamento legal é o componente supérfluo da causa de pedir.

---

81. Calmon de Passos, *Comentários ao Código de Processo Civil*, v. 3, n.º 122.1, p. 218 e José Albuquerque Rocha, *Teoria geral do processo*, p. 139.
82. Calmon de Passos, *Comentários ao Código de Processo Civil*, v. 3, n.º 122.3, p. 219; Pontes de Miranda, *Comentários ao Código de Processo Civil*, v. 4, p. 15.
83. Elio Fazzallari, *Note in tema di diritto e processo*, pp. 119 e 120.
84. Moacyr Amaral Santos, *Primeiras linhas de direito processual civil*, v. 1, n.º 122, p. 142. Em sentido contrário, Pontes de Miranda, *Comentários ao Código de Processo Civil*, v. 4, p. 17 e Gian Antonio Micheli, *Corso di diritto processuale civile*, v. 1, n.º 9, p. 34.

32.1 Fundamento legal

O fundamento legal apontado pelo autor, e o *nomen iuris* por ele utilizado (*v.g.*, ação de "rescisão" do negócio, fundada em inadimplemento do parceiro, em lugar de ação de "resolução"),[85] ostentam-se inteiramente irrelevantes na caracterização da *causa petendi*. Quanto à designação da demanda (*nomen iuris*), assentou julgado do STJ: "Para a ciência processual, o rótulo que se dá à causa é irrelevante, atendendo apenas a conveniências de ordem prática".[86]

Deriva semelhante certeza de antigo e obscuro brocardo – *iura novit curia* –, que atribui exclusivamente ao órgão jurisdicional o dever de joeirar os fatos e encontrar a regra jurídica na qual, supostamente, incidiram. Nessas condições, pondera Arruda Alvim, mostra-se lícito ao autor alterar, a qualquer momento, na pendência da demanda, o artigo de lei declinado na inicial, ou, mesmo, ao juiz acolher a ação se apoiando em lei diversa.[87] Neste último sentido, aliás, já se pronunciou o STJ, autorizando o juiz a se valer "de regra jurídica diversa da invocada, pelo autor, na inicial".[88]

No concernente à cumulação de ações, admitir a indiferença do fundamento legal importa identificar uma única ação, se o autor, após expor o complexo de fatos, invoca duas ou mais regras jurídicas para designar a consequência reconhecida neste material. Daí, se alguém se vitimou em acidente de transito, na condição de passageiro de um ônibus e, na demanda reparatória dos danos, aponta tanto as regras de responsabilidade contratual quanto extracontratual para amparar o pedido, trata-se de uma única ação.[89]

Duas observações se impõem sob o império desta inabalável certeza. De modo insuperável, Fritz Baur demonstrou que juiz fica vinculado ao exame dos fatos exclusivamente sob certo aspecto jurídico, se assim convieram as partes ou o

---

85. Sérgio Costa, Domanda, n.º 7, p. 167.

86. 4.ª T. do STJ, REsp 31.143/BA, 27.06.1996, Rel. Min. Sálvio de Figueiredo, *DJU*, 16.09.1996, p. 33.743.

87. Arruda Alvim, *Manual de direito processual civil*, v. 1, n.º 158, p. 235. Neste sentido, Cruz e Tucci, *A* causa petendi *no processo civil*, p. 161, e, ainda, Sérgio Costa, Domanda giudiziale, n.º 7, p. 167; Crisanto Mandrioli, *Corso di diritto processuale civile.*, v. 1, n.º 29, p. 106; Vicente Greco Filho, *Direito processual brasileiro*, v. 1, n.º 15, p. 84. Em sentido contrário, Jaime W. Teitelbaum, *El proceso acumulativo civil*, n.º 22, p. 99 e Giancarlo Giannozzi, *Appunti per un corso di diritto processuale civile*, n.º 16, p. 51.

88. 3.ª T. do STJ, REsp 5.239/SP, 05.03.1991, Rel. Min. Nilson Naves, *RJSTJ* 21/432.

89. Naturalmente, supondo os mesmos fatos, pois, caso contrário, há cumulação causal, como ensina Jaime W. Teitelbaum, *El proceso acumulativo civil*, n.º 27, pp. 107 e 108. Em outros ordenamentos, a diferença de tratamento jurídico dessas responsabilidades implica solução diversa: Cerino Canova, La domanda giudiziale ed il suo contenuto, n.º 22, p. 194. É duvidoso, porém, afirmar que os fatos de uma e de outra situação diferem, como faz Cerino Canova, La domanda giudiziale ed il suo contenuto, n.º 22, p. 198.

autor, bem como se atrelará à opinião concordante dos desavindos sobre determinada questão jurídica.[90] Os limites traçados à cognição judicial no art. 141 confirmam essas conclusões. Assim, interessando ao autor *A* afastar a incidência de certo tributo em razão da inconstitucionalidade da regra *X*, e, não, em virtude da qualificação do fato gerador na regra *Y*, cuja alíquota é mais elevada, pode pleitear que o juiz examine unicamente a questão constitucional e não se pronuncie sobre qualquer outra questão infraconstitucional.

Por outro lado, a liberdade conferida ao órgão jurisdicional de enquadrar a ação material do autor em tal ou qual regra jurídica, ignorar a errônea qualificação jurídica do material de fato da demanda e suprir as deficiências que, porventura, contenha a petição inicial na lembrança das regras aplicáveis ao caso – ou, mais precisamente, (*a*) qualificar o material de fato e (*b*) convocar a norma aplicável ao litígio –, não elide o direito de o autor utilizar suas opiniões jurídicas, no mérito ou nas questões do processo, a fim de influir no convencimento do juiz.[91] É preciso, antes de mais nada, o órgão judiciário propiciar o debate das partes acerca de seu entendimento, num e noutro caso, em respeito ao contraditório.

Reduzido, então, o fundamento legal à sua real dimensão, fica claro que o enquadramento do complexo de fatos trazidos pelo autor na inicial, em duas ou mais regras jurídicas, não importa cumulação de ações.

32.2 Fatos jurídicos

Conterá a demanda, fundamentalmente, a explanação dos fatos jurídicos. Assim se entende o complexo de fatos (fundamentos), objeto de incidência na regra jurídica, e do qual o autor retira a conclusão consubstanciada no pedido. Esses fatos são objeto de narrativa na petição inicial. Ninguém melhor do que Pontes de Miranda expressou o conteúdo eficiente dessa exposição: “A narração há de ser clara e precisa; convém, outrossim, que seja exaustiva, mas concisa; e subentende-se que há de conter a verdade dos fatos, exposto com probidade e encadeamento, tal como se passaram”.[92] Em outras palavras, a causa de pedir ingressa no processo, a partir da petição inicial, como enunciado linguístico. Ora, os enunciados se exprimem segundo as regras da linguagem dos atos processuais. Logo, quanto menos correta for a construção linguística, gramatical ou sintática do enunciado, mais difícil se tornará a fixação do seu significado.[93]

---

90. Fritz Baur, Da importância da dicção *iura novit curia*, pp. 169-177.
91. Nicolò Trocker, *Processo civile e costituzione*, p. 642-647.
92. Pontes de Miranda, *Comentários ao Código de Processo Civil*, v. 4, p. 14.
93. Michele Taruffo, *La prova civile*, p. 17.

A indicação dos fatos exprime o nó górdio da causa de pedir e explica, também, o rebuliço causado pelas teorias rivais da substancialização e da individualização. Não há dúvida de que os fatos se ostentam essenciais, irremovíveis, indispensáveis. E isso porque se mostra "absolutamente inafastável (*sic*) a realidade de que o direito decorre de fatos".[94] Logo, a narrativa fática integra a *causa petendi*.

O art. 319, III, alude a "fato", no singular, e realmente um único fato individualizado talvez seja suficiente à incidência (*v.g.*, a morte), a hipótese mais comum é a de um conjunto de fatos. Em geral, portanto, o autor obriga-se a expor vários fatos relacionados entre si, identificando os que têm relevo à hipótese de incidência da norma, e a narrar na petição inicial o que expressivamente se chamou de episódio da vida (*Lebensachverhalt*).[95]

Os fatos hão de ser indicados para favorecer à inteligência da categoria jurídica controvertida, em função da qual se deduzem as consequências perante o réu. Desse ângulo, então, a teoria que dispensa os fatos, reclamando a relação jurídica, apresenta-se errônea.[96] Como já se assinalou, ela impossibilita a defesa do réu, gravado com o ônus de impugnar precisamente as alegações de fato constantes da petição inicial (art. 341), sob pena de se presumirem verdadeiras.

Outra questão, porém, consiste em indagar quais fatos gozam de relevância para distinguir a causa de pedir. A esse propósito, distinguem-se três classes de fatos: (*a*) os fatos principais ou constitutivos (*v.g.*, art. 493, *caput*), que correspondem aos elementos de incidência da norma porventura aplicável ao litígio; (*b*) os fatos secundários, também chamados de fatos simples, que tornam singulares e inconfundíveis com os da mesma espécie os fatos principais articulados; e (*c*) os fatos relativos ao interesse processual.

Em princípio, desprezam-se os fatos simples ou secundários, ou seja, os que, de per si, não preenchem o esquema de fato da norma. Por exemplo, se o adultério se consumou de manhã, ou à noite; se o dia estava ensolarado, ou chovia; se o marido embriagou-se nesta ou naquela bodega; se o acidente ocorreu no início desta rua, ou no fim daquela; se numa sexta-feira, ou num sábado; tudo isso, circunstâncias da *causa petendi*, servem para completá-la e esclarecê-la, mas não bastam para constituí-la. Eventuais (*a*) omissão (*v.g.*, a autora *A*, pleiteando a separação do réu *B*, fundada no adultério com *C*, não indica em que motel *B* e *C* se encontravam) ou (*b*) imprecisão (*v.g.*, a autora *A*, pleiteando a separação do réu *B*, indica o motel *X* como o local do encontro entre *B* e *C*, mas apura-se na instrução que o encontro se

---

94. Arruda Alvim, *Direito processual civil*, v. 2, p. 82.

95. Walter J. Habscheid, *Der Streitgegenstand im Zivilprozess*, § 14, II, 2, pp. 209-210.

96. Idem, p. 82; James Goldschmidt, *Zivilprozessrecht*, § 54, 1, c, p. 123, só a vê na declaração negativa.

deu no motel *Y*), de um desses fatos, não toram a causa de pedir irreconhecível e inservível à individualização da ação material.

No entanto, o conjunto circunstancial, ou sucessos históricos, às vezes provocam a nítida impressão de problema de difícil solução.

Inspirado nas lides da campanha, Ovídio A. Baptista da Silva recorda a ação de "rescisão" da parceria rural, fundamentada em danos à gleba arrendada pelo emprego de técnicas agrícolas inadequadas, e em danos à colheita pela utilização de sementes impróprias.[97] Enfrentaria o réu uma ação com dois fundamentos ou duas ações, ante o que dispõe o art. 32, IV, do Decreto 59.566, de 14.11.1966, que permite o despejo por "dano causado à gleba arrendada ou às colheitas, provado o dolo ou culpa do arrendatário"?

Ampliando o campo de indagação, com o fito de fugir das ações constitutivas, considerando as ponderações já exaradas no exame da teoria da individualização (*retro*, n.º 31.1), vale recordar exemplo instigante no campo da ação de investigação de paternidade segundo a sistemática da anterior lei civil. Se *A* propõe investigação contra *B*, alegando concubinato (art. 363, I, do CC de 1917), entre a mãe do investigante *A* e o investigado *B*, poderia o juiz, nada obstante a falta de prova do concubinato, julgar procedente a ação porquanto, na fase de instrução, comprovou-se a existência de relações sexuais (art. 363, II, do CC de 1917)? E ter-se-ia, aí, cumulação de ações ou uma ação com dois fundamentos? Inclina-se Ovídio A. Baptista da Silva pela última solução e aduz: "a circunstância de estarem os fundamentos de uma mesma demanda distribuídos por dois ou mais dispositivos legais, não implicará que existam necessariamente tantas ações quantos sejam os preceitos legais em causa".[98] No sistema do CC de 2002, pode-se transportar o problema para o âmbito da fecundação artificial: alegada pelo investigante seu caráter homólogo (art. 1.597, III), poderá ser acolhida a demanda se a prova revelar sua condição heteróloga e o consentimento do marido (art. 1.597, V)?

Na correta avaliação destas questões se exige, todavia, uma premissa básica. Colecionam-se exemplos, aprofundam-se indagações, alteram-se circunstâncias e juntam-se ou abandonam-se fatos simples, tendo em vista os limites objetivos

97. Ovídio A. Baptista da Silva, Os limites objetivos da coisa julgada no direito brasileiro, § 9, pp. 159-164.

98. Neste sentido, Ovídio A. Baptista da Silva, *Curso de processo civil*, v. 1, p. 447. Existe interessante acórdão sustentando que, rejeitada a alegação de concubinato (art. 363, I, do CC de 1916), é possível, sem ofensa à causa de pedir, acolher a ação sob o fundamento de relações sexuais (art. 363, II, do CC): 4.ª Câm. Cív. TJRS, Ap. Cív. 583008800, 20.04.1983, Rel. Des. Oscar Gomes Nunes, *RJTJRS* 109/359. Evidentemente, no concubinato se presumem as relações sexuais entre os concubinos.

da coisa julgada. Mais precisamente, como esclarece Barbosa Moreira, a eficácia preclusiva, haurida da decisão de mérito não mais sujeita a recurso, é que dita os rumos dessa controvérsia.[99]

Indubitavelmente, o art. 508 constitui uma fonte de tormentas e um campo de ensaio inexaurível. Mas, consistindo a coisa julgada e, por consequência, o elastério maior ou menor dos seus limites, um instituto diferente, é preciso abandonar a ilusão de que o legislador, coerente do princípio ao fim do sistema, impôs sentido unívoco à noção de objeto litigioso. Esse ponto mereceu exame linhas antes (*retro*, n.º 21).

Na lei portuguesa anterior, por igual, Artur Anselmo de Castro sustentava a adoção de conceitos diversos de causa de pedir, ora ligada a fatos concretos, para fins de coisa julgada, ora relacionada a certa categoria abstrata, relativamente à alteração da demanda. Por exemplo: se alguém ajuíza uma ação de divórcio alegando adultério, posteriormente pode trazer à apreciação judicial outro adultério, sucedido na pendência da ação, o qual constituirá causa de pedir autônoma, não importando alteração da causa de pedir, figurada, agora, na categoria abstrata "violação do dever de fidelidade conjugal".[100]

Conseguintemente, arredado do caminho o escolho da coisa julgada, que se governa de acordo com outros princípios, cumpre distinguir entre os fatos caracterizadores da causa de pedir e os que, nesse âmbito, mostram-se prescindíveis à sua configuração, e, *a fortiori*, irrelevantes. De rigor considerar que "nem a irrelevância absoluta e nem a completa relevância", como, acertadamente, aprecia Ovídio A. Baptista da Silva, favorecem a segurança da solução.[101]

Verdadeira a origem da ação material, a partir do direito subjetivo, como poder de se efetivar às custas de alguém dentro da esfera jurídica alheia, forçoso concluir, nesses termos, que, correspondendo os fatos alegados pelo autor ao suporte de mais de um direito subjetivo, ter-se-á cumulação de ações. Naturalmente, cumpre identificar o direito subjetivo, extremando-o de outros análogos. Quando isto se revela factível? Em se admitindo, por hipótese, que certo fato (ou conjunto de fatos) – o direito brota dos fatos –mostra-se isoladamente apto a fundamentar determinada consequência jurídica objetivada pelo autor.

99. Barbosa Moreira, Os limites objetivos da coisa julgada material no sistema do novo Código de Processo Civil, n.º 3, p. 100.

100. Artur Anselmo de Castro, *Direito processual civil declaratório*, v. 1, n.º 26, pp. 209-210 e Cerino Canova, La domanda giudiziale ed il suo conenuto, p. 22, nota 66.

101. Ovídio A. Baptista da Silva, Os limites objetivos da coisa julgada no direito brasileiro, § 9, p. 163.

Seja como for, necessário se afigura submeter a tese a alguns testes de consistência. Convém, inicialmente, enfrentar o exemplo retirado da ação de despejo do parceiro, *ex vi* do art. 32, IV, do Decreto 59.566, de 14.11.1966.

Segundo a verba legislativa, conceder-se-á o despejo ocorrendo dano à gleba arrendada ou às colheitas, provada a culpa ou o dolo do arrendatário. Salvo engano, o artigo em tela chancela dois direitos subjetivos de obter o despejo do arrendatário, perfeitamente distintos, ambos fundados na culpa: (*a*) o dano causado à gleba arrendada; e (*b*) o dano à colheita.

Pois bem. E se o autor, na inicial da ação de despejo, descreve um comportamento culposo do réu, por meio de uma única ação ou de um único ato (por exemplo, deitou ele à terra uma quantidade tão elevada de produtos químicos que, a um só tempo, destruiu a safra e tornou estéril a terra),[102] enquadrado na categoria "dano à gleba" e "dano à colheita"? Há uma ou duas ações materiais? Em face da disposição ínsita dos fatos alegados de incidirem, simultaneamente, nos dois suportes, existem duas ações, embora só um complexo de fatos. Outros fatos – por exemplo, o retardamento culposo do cultivo – ostentam análoga vocação de se incluírem somente no tipo "dano à colheita".

Nota-se, aí, a indiscutível vocação de os fatos incidirem nas duas categorias, independentemente, e, dessa maneira, escaparem da problemática do fundamento legal (*retro*, n.º 32.1). Realmente, duas ações constitutivas diferem, caso, em uma, se invoque erro e, em outra, coação. Mas se, em ambas, os fatos descritos se revelam inteiramente coincidentes, divergindo apenas a qualificação que se lhes atribui, nada obsta à identidade das ações, à vista do art. 337, § 2.º.[103] Distingue-as, segundo a proposição, somente a roupagem jurídica, ou seja, o fundamento legal, elemento extrínseco à causa de pedir e, como visto, irrelevante. Diferente a solução, a toda evidência, se o complexo de fatos preenchesse, simultaneamente, a figura do dolo e do erro, quando, então, haveria duas ações.

Neste ponto, calha reiterar que o efeito radical do art. 508 não combina – intencionalmente – com qualquer construção uniforme da idéia de objeto litigioso. Não há dúvida de que, no exemplo das ações fundadas em erro ou dolo, apesar de diversas, porque os fatos jurídicos ensejam direitos subjetivos ao desfazimento do negócio jurídico por dolo e por erro, a eficácia preclusiva da coisa julgada abrangeria, na sua exegese mais radical, esta última (erro), se exposta, na inicial, somente a outra (dolo).

---

102. O exemplo é de Ovídio A. Baptista da Silva, Os limites objetivos da coisa julgada no direito brasileiro, § 9, p. 164.

103. Artur Anselmo de Castro, *Direito processual civil declaratório*, v. 1, n.º 26, pp. 208-209.

Na inversão dos dados da análise e, ainda testando a tese, convém lograr resposta à indagação da existência, ou não, de duas ações se, nas ações constitutivas e executivas, deduz o autor vários fatos que, isolados, preencheriam convenientemente um único suporte fático.

Nesse aspecto, Liebman é bem claro, asseverando que a ação constitutiva se identifica, na demanda, pelo direito formativo e pelo fato jurídico que lhe origina, e, quanto aos fatos, cumpre separar as circunstâncias da figura complexa do fato jurídico.

Assim, referido o dolo como a mácula do contrato, não se alterará a causa juntando outras circunstâncias que concorram à formação da figura do dolo; ao contrário, ocorrerá modificação da causa de pedir se o autor passa a considerar a violência ou o erro.[104]

Portanto, segundo Liebman, alegando o autor, na ação de separação, adultério e embriaguez, a adição a esses fundamentos primitivos de outro adultério "não muda a causa", porque tais fatos concorrem à figura da grave violação dos deveres do casamento. E haveria uma única ação (*retro*, n.º 31.1). Mas o problema reside na aptidão do adultério e da embriaguez, isoladamente, ensejarem o direito subjetivo à separação. E, por suposto, se tratam de duas ações, e não uma só.

O direito formativo à separação se encontra formulado genericamente no artigo, *sub oculis*, com a locução "grave violação dos deveres do casamento" que torne insuportável a vida em comum. Vários conjuntos de fatos se amoldam ao tipo genérico, revelando-se exemplificativo o rol do art. 1.573 do CC ("Podem caracterizar a impossibilidade da comunhão de vida..."): o adultério e a embriaguez habitual e escandalosa, pela gravidade que assumem na convivência social, tradicionalmente exemplificam a quebra dos deveres impostos ao cônjuge pelo casamento. Um e outro possuem sucessos históricos próprios, inconfundíveis para o efeito de incidência na norma e não necessariamente coincidentes, embora se mostre possível imaginar o adultério indecoroso do bêbado. Toda vez, porém, que o conjunto circunstancial delinear e marcar adultério e embriaguez, em diferentes atos imputáveis ao réu, à medida que o direito subjetivo à separação se afigure único ("grave violação dos deveres do casamento"), esgrime o eventual autor da demanda com duas ações materiais,[105] destacáveis perfeitamente uma da outra, e não uma ação com dois fundamentos. Basta lembrar que o adultério ou a embriaguez, apartados, funcionariam, *tout court*, como causa de pedir da separação.

---

104. Enrico Tullio Liebman, *Manuale di diritto processuale civile*, v. 1, n.º 87, pp. 153-154.

105. Neste sentido, Vicente Greco Filho, *Direito processual civil brasileiro*, v. 1, n.º 15, pp. 83-84, e José Carlos Barbosa Moreira, *O novo processo civil brasileiro*, § 1.º, VI, 2, p. 16.

Em cada uma delas, acodem uma série de sucessos históricos, pormenores e eventos – por exemplo, dia, hora e local do ato violador[106] –, e a demonstração do caráter insuportável da vida conjugal trazida pelo fato, que colorirá a causa de pedir. Essas circunstâncias admitem variação, adição ou alteração sem importar a verdadeira modificação da *causa petendi*, vetada no art. 329, II, a partir do saneamento de organização do processo.

Verdade que nem sempre se mostrará fácil distinguir os fatos principais (imodificáveis e vinculantes ao órgão judicial, salvo a alegação do fato superveniente, a teor do art. 493, *caput*) dos fatos secundários. Mas todo episódio da vida narrado pelo autor apresenta um núcleo duro – o esquema de fato previsto na norma –, que é imutável sem modificação da causa de pedir. Não é essencial à configuração do adultério, por exemplo, o dia, a hora, o local do *rendez-vouz*, mas o contato íntimo do cônjuge com alguém. A identificação cabal dessa pessoa até pode ser dispensada. Por exemplo, imagens e áudio, obtidos licitamente, comprovam as relações sexuais do marido com outra mulher, cuja identidade permanece ignorada, em virtude da recalcitrância do varão de revelar sua identidade, a despeito da clareza das imagens. A falta desse dado secundário é irrelevante, inexistindo impedimento para acolher o pedido.

Ainda uma vez, sem embargo da enfadonha repetição, cumpre insistir que a eficácia preclusiva da coisa julgada, face ao disposto no art. 508, abrangerá, em princípio, todos os fatos jurídicos dedutíveis na ação de separação (adultério, embriaguez e qualquer outro apto a incidir na regra), tenham, ou não, sido deduzidos na demanda.

A ação declaratória, positiva ou negativa, que visa a extirpar o estado de incerteza sobre a existência ou a inexistência de relação jurídica,[107] e seu modo de ser, bem como reconhecer a falsidade ou autenticidade de documento (art. 19, I e II), se presta-se à obtenção de um juízo declaratório do domínio,[108] e, juntamente com a reivindicatória – protótipo da ação petitória – atrai a discórdia das teorias da

---

106. Ernane Fidélis dos Santos, *Manual de direito processual civil,* v. 2, n.º 512, p. 4, e Jaime W. Teitelbaum, *El proceso acumulativo civil*, n.º 22, p. 100.

107. Ovídio A. Baptista da Silva, *Curso de processo civil,* v. 1, p. 122. V. também João Batista Lopes, *Ação declaratória*, n.º 1.4.3, p. 28 (contra, aliás, identificando a "segurança"). Arruda Alvim, *Código de Processo comentado,* v. 1, p. 356; Celso Agrícola Barbi, *Ação declaratória principal e incidente*, pp. 70 e 71; Ada Pellegrini Grinover, *A ação declaratória incidental,* n.º 32, p. 50 e 51; Adroaldo Furtado Fabrício, *A ação declaratória incidental,* n.º 19, p. 29-31; Alfredo Buzaid, *A ação declaratória no direito brasileiro,* n.º 70, p. 125 e 126; Manuel Fraga Iribane, *La acción meramente declarativa*, pp. 96 e 97 e Leonardo Prieto-Castro, *La acción declarativa,* n.º 29, p. 61.

108. Neste sentido, Celso Agrícola Barbi, *Comentários ao Código de Processo Civil,* v. 1, n.º 50, pp. 65 e 66 e Arruda Alvim, *Código de Processo comentado,* v. 1, p. 357.

individualização e da substancialização.[109] Comparando os direitos absolutos e os direitos relativos, assinala Pontes de Miranda: "O proprietário pode reivindicar, qualquer que tenha sido o título; o credor nem sempre pode cobrar".[110] Todavia, contrapõe Arruda Alvim, destacando o fato de o direito absoluto valer contra todos: "Isto, porém, não dispensa o titular, ou mais precisamente, 'o que se pretende titular de um direito real, a propriedade', por exemplo, de fundamentar o seu direito, para vê-lo reconhecido judicialmente, quando contestado".[111]

Razão assiste, sem dúvida, ao último alvitre. Os fatos jurídicos relevantes à configuração do domínio, ou seja, a causa da sua aquisição, revelam-se imprescindíveis. Assim, o autor que reivindica com fundamento em testamento e na compra e venda cumula duas ações.[112]

Finalmente, as ações condenatórias reclamam a exata indicação do fato jurídico do qual nasce o alegado direito subjetivo do autor, porque a simples menção da relação jurídica se mostra inócua à sua individualização. Ensina Pontes de Miranda: "Cada relação é suscetível de obrigações de prestações distintas. Daí a exigência de serem caracterizados o fato e a obrigação mesma".[113] Não difere, ainda, a ação mandamental.

Por fim, aos fatos que ensejam o efeito jurídico perante o réu, associa-se o fato constitutivo do interesse (processual) de o autor vir a juízo.[114] Em particular, o ponto importa às ações declaratórias, que, segundo o entendimento predominante, visam a eliminar um estado de incerteza. Ora, a dúvida em torno da relação

---

109. Salvatore Satta, Domanda giudiziale, n.º 12, p. 824; Artur Anselmo de Castro, *Direito processual civil declaratório*, v. 1, n.º 26, pp. 205-206, e Cerino Canova, La domanda giudiziale ed il suo contenuto, n.º 3 e 4, pp. 37-48.

110. Pontes de Miranda, *Comentários ao Código de Processo Civil*, v. 4, p. 17.

111. Arruda Alvim, *Código de Processo comentado*, v. 2, p. 91 e Jaime W. Teitelbaum, *El proceso acumulativo civil*, n.º 22, p. 99.

112. Vicente Greco Filho, Direito processual civil, v. 1, n.º 15, pp. 83-84; Jaime W. Teitelbaum, *El proceso acumulativo civil*, n.º 22, pp. 103 e 104 e José Ignácio Botelho de Mesquita, A *causa petendi* nas ações reivindicatórias, p. 177. Assinala, em interessante estudo sobre o tema, José Rogério Cruz e Tucci, A 'causa petendi' na ação reivindicatória, n.º 9, p. 207: "... resulta que no processo civil brasileiro poderão existir, na órbita da ação reivindicatória, tantas 'causae petendi' quanto forem os 'fatos essenciais' passíveis de serem deduzidos em cumulação eventual, num único processo, ou, sucessivamente, em autônomas demandas". É o caso da alegação de domínio fundada em compra e venda e em prescrição aquisitiva.

113. Pontes de Miranda, *Comentários ao Código de Processo Civil*, v. 4, p. 17 e Jaime W. Teitelbaum, *El proceso acumulativo civil*, n.º 22, p. 96.

114. José Ignácio Botelho de Mesquita, "A *causa petendi* nas ações reivindicatórias, p. 179; Giancarlo Giannozzi, *Appunti per un corso di diritto processuale civile*, n.º 16, p. 51; Vicente Greco Filho, *Direito processual civil brasileiro*, v. 1, n.º 15, p. 83; José Carlos Barbosa Moreira, *O novo processo civil brasileiro*, § 1.º, VI, 1, p. 15 e Piero Calamandrei, Istituzioni di diritto processuale civile, § 39, p. 148.

jurídica, ou de alguma parte integrante dela, deve ser real e concreta, e não subjetiva, porque o escopo da atividade jurisdicional não se harmoniza com o de prestar consultas ao interessado e de deliberar em tese. Por isso, além de expor os fatos pertinentes à relação jurídica, cujo reconhecimento se reclama, ou não, ao juiz, compete ao autor historiar os fatos que determinaram, do lado do réu, a criação da dúvida ou da sua jactância, designando-se titular de um direito subjetivo frente ao autor. Mas, como diz Pontes de Miranda, o interesse "ressalta da simples narração dos fatos".[115] Por exemplo, o interesse processual se encontra implícito, na ação resolutória da promessa de compra e venda (art. 475 do CC), no próprio fato do inadimplemento imputado ao parceiro.[116]

Como quer que seja, ressaltada a autonomia entre os planos material e processual, e, portanto, repelida a inclusão do interesse neste último,[117] limitando ou condicionando o direito à tutela jurídica, o interesse se inclui no objeto litigioso de forma neutra, pois a sua eventual variação preserva incólume a ação.[118] Logo, a arguição de mais de um fato relativo ao interesse processual não implica cúmulo de ações.

32.3 Fundamentos jurídicos

O art. 319, III, exige, ao lado da indicação do(s) fato(s) constitutivos, principais ou essenciais, anteriormente explicados e distinguidos dos fatos simples, a dos "fundamentos jurídicos do pedido". E o art. 330, § 1.º, III, declara inepta a petição inicial se "da narração dos fatos não decorrer logicamente a conclusão". Quer dizer, há de existir entre as razões de fato e o pedido formulado certo nexo lógico ou de causa e efeito.

Explica Pontes de Miranda que o requisito duplo, inserido no art. 319, III, abrange *narratio* e *medium concludendi.* [119] De duas maneiras a petição inicial padecerá da incongruência apontada no art. 330, § 1.º, III: (*a*) o autor tipificou corretamente fatos jurídicos (*v.g.*, declara que a relação jurídica entre as partes é de locação), mas lhes atribui consequências que, de nenhum modo, a eles se relacionam (*v.g.*, a restituição do bem pelo vencimento do prazo de uso concedido); (*b*) o autor qualificou erradamente os fatos jurídicos (*v.g.*, declara que a relação jurídica entre as partes é de comodato) e, por isso, pediu efeitos inconcebíveis (*v.g.*,

115. Pontes de Miranda, *Comentários ao Código de Processo Civil,* v. 4, p. 15.
116. Giancarlo Giannozzi, *Appunti per un corso di diritto processuale civile,* n.º 16, p. 52.
117. Neste equívoco recaiu Gian Antonio Micheli, *Corso di diritto processuale civile,* v. 1, n.º 9, p. 33.
118. Giancarlo Gianozzi, *Appunti per un corso di diritto processuale,* n.º 16, p. 53.
119. Pontes de Miranda, *Comentários ao Código de Processo Civil,* v. 4, p. 14.

o pagamento de aluguéis).[120] Nessas hipóteses, embora lícito ao juiz qualificar os fatos trazidos pela parte (*retro*, n.º 32.1) – *iura novit curia* –, não poderá superar o obstáculo criado pelo autor, e contido na peça, em virtude da proibição do art. 141: o pedido formulado diverge da causa de pedir, tal qual exposta. O erro da conclusão inviabiliza o próprio pedido. No entanto, se o autor expõe fatos que não interessam ao direito, o equívoco reside mais na falta de causa do que na conclusão inadequada.[121]

Designa-se de *causa petendi* remota aos fatos jurídicos (*retro*, n.º 32.2), e de *causa petendi* próxima à sua repercussão jurídica, ou seja, aos fundamentos jurídicos.[122]

Nesse limitado sentido, e só nele, entender-se-á a afirmativa peremptória de Andrea Proto Pisani, de que a causa de pedir se compõe "dos elementos de fato e de direito do suporte fático do qual deriva o direito substantivo deduzido em juízo".[123] Em outras palavras, a causa se divide em dois momentos: (a) a concreta individuação dos fatos jurídicos; e (b) a afirmação da sua coincidência com regras que lhes conferem os efeitos constantes do pedido.[124] Assim, após narrar o encontro do cônjuge com terceiro, e as intimidades ocorridas, *ipso facto* caracterizando o fato jurídico (causa de pedir remota), o autor diz ter havido adultério (causa de pedir próxima), e, daí, pleiteará a separação.

Talvez, dos mesmos fatos, ou seja, da mesma causa de pedir remota, a parte retire duas conclusões. Por exemplo, se dos fatos conhecidos e expostos se afigurar reconhecível o adultério, ou seja, a quebra do dever de fidelidade conjugal através da prática de relações sexuais com outro parceiro, e injúria grave. Decerto, um encontro às escondidas constitui tanto adultério, seguindo-se o coito, quanto injúria, ambas as causas concretas redutíveis à causa genérica "grave violação dos deveres do casamento", presumindo a "impossibilidade da comunhão de vida" ou "vida em comum" (art. 1.573, *caput*, e incs. I e III, *in fine*, do CC). Outro exemplo de mais de um efeito jurídico se encontra no dano à colheita e à gleba mediante

---

120. Calmon de Passos, *Comentários ao Código de Processo Civil*, v. 3, n.º 156.2, p. 216.

121. Contra, Calmon de Passos, *Comentários ao Código de Processo Civil*, v. 3, n.º 156.1, p. 215.

122. Humberto Theodoro Jr., *Curso de direito processual civil*, v. 1, n.º 55-C, p. 68; Vicente Greco Filho, *Direito processual civil brasileiro*, v. 1, n.º 15, p. 83; Moacyr Amaral Santos, *Primeiras linhas de direito processual civil*, v. 1, n.º 122, p. 142, e José Frederico Marques, *Manual de direito processual civil*, v. 1, n.º 135, p. 157.

123. Andrea Proto Pisani, Principio della domanda, n.º 6, p. 1.062 e Cerino Canova, La domanda giudiziale ed il suo contenuto, n.º 3, p. 39. Neste sentido, Elio Fazzallari, *Istituzioni di diritto processuale civile*, p. 228. Sobre a teoria deste último, ver José Rogério Cruz e Tucci, A denominada *situação substancial* como objeto do processo na obra de Elio Fazzalari, pp. 62-75.

124. Piero Calamandrei, Istituzioni di diritto processuale civile, § 39, p. 148.

o emprego inadequado de produto químico (*retro*, n.º 32.2). E, às vezes, a causa decorre da multiplicidade de fatos, acumulados na fundamentação (*v. g.*, a prática de vários adultérios, de diversos atos danosos à gleba e à safra, e assim por diante).

Interessa identificar, na exposição de várias causas de pedir, remotas e próximas, se há, ou não, cumulação de ações.

Declinando o autor, simultaneamente, mais de uma causa de pedir próxima e remota, estando o fato e a consequência relacionados em cada uma, resta pouca dúvida de que há mais de uma causa de pedir, e, conseguintemente, cumulação de ações. Por exemplo: narra o autor que, utilizando certo produto, o réu causou dano à colheita, e, com outro, danos irremediáveis à gleba. Há, aqui, dois atos diferentes, idôneos a incidir nas normas respectivas.

Porém, a dúvida se instala, ao invés, na pluralidade de causas remotas vinculada à unidade de causa próxima, e, também, na pluralidade de causas próximas face à unidade de causa remota.

Exemplifica a primeira espécie aventada a ação de separação judicial em que o autor narra o adultério do cônjuge *A* com *B* em duas ou mais ocasiões distintas. E da outra, o dano à gleba e à colheita em ato único.

Nessas hipóteses, assevera-se que inexistirá identidade de causas de pedir, não se cogitando os óbices da coisa julgada ou da litispendência,[125] e, por evidente, haverá cumulação de ações. Em razão do disposto no art. 508 do CPC (eficácia preclusiva quanto às causas preexistentes), a conclusão, quanto à coisa julgada, parece impugnável, e, certamente, diversa ela se apresenta em tema de cumulação.

Um mesmo complexo de fatos origina, às vezes, dois direitos subjetivos, e, em seguida, duas ações materiais, que os asseguram. Por outro lado, se cada adultério, individualmente, enseja, de per si, o direito subjetivo à separação, afigura-se irreprochável que, alegado mais de um, há dois direitos e duas ações materiais.

Evidentemente, também aqui cumpre distinguir entre os fatos principais e os fatos simples. Os sucessos históricos que cercam a relação amorosa do cônjuge *A* com o parceiro *B*, talvez incluindo relações sexuais continuadas, ou, quiçá, intermitentes, ajudam a esclarecer a quebra do dever de fidelidade, não constituindo os atos isolados causas de pedir também independentes.

Desdenhável se revela o argumento – adaptado aos exemplos colecionados –, devido a Schönke,[126] de que, nessas hipóteses, não logrando o autor provar o adultério com *B*, e, sim, o adultério com *C*, deveria ter lugar uma sentença de procedência parcial. O art. 487, I, alude ao acolhimento total ou parcial do pedido, e este,

---

125. Humberto Theodoro Júnior, *Curso de direito processual civil*, v. 1, n.º 55-C, p. 68.
126. Adolf Schönke, *Zivilprozessrecht*, § 50, II, 1, b, p. 169.

nos casos referidos, mostra-se substancialmente único e justifica a procedência total.

Realmente, almejando o autor a aquisição de um bem da vida, indiferente a ele se o alcança por este ou aquele direito subjetivo. Do ponto de vista do réu, decretada a separação face o adultério com *B*, ou com *C*, pouco importa, haverá total sucumbência.

33. Classificação da causa de pedir

A causa de pedir apresenta duas espécies: (*a*) remota (fatos jurídicos) e (*b*) próxima (fundamentos jurídicos), objeto da análise e de respectiva relevância quanto à cumulação de ações (*retro*, n.º 32.3).

Certa classificação distingue, ainda, a causa (*a*) ativa, ou seja, os fatos jurídicos, e a causa (*b*) passiva, ou o fato constitutivo do interesse processual. Por exemplo: "se o autor reclama a restituição da quantia emprestada, a *causa petendi* abrange o empréstimo, fato 'constitutivo' do direito alegado (aspecto ativo), e o não pagamento da dívida no vencimento, fato 'lesivo' do direito alegado (aspecto passivo)".[127]

Essa distinção desinteressa à cumulação de ações, porque a chamada causa de pedir passiva pode variar, duplicar-se ou, simplesmente, não existir, sem que a identificação da ação sofra dessas vicissitudes.

Além disto, na ação declaratória (positiva) da existência do dever de indenizar do réu, quando houver violação do direito (art. 20), o interesse processual é intrínseco à *causa petendi* ativa, e se afigura duvidoso isolar os dois aspectos.

Por outro ângulo, a *causa petendi* pode ser (*a*) simples, (*b*) composta e (*c*) complexa. Esse critério contempla o conteúdo do complexo de fatos. É (*a*) simples a *causa petendi* integrada por um só fato jurídico; (*b*) composta, formando dois ou mais conjuntos de fato pretensão única; (*c*) complexa, do mesmo conjunto de fatos surgem duas pretensões distintas.[128] Exemplos: (*a*) o autor *A* alega que a ré *B* manteve relações sexuais uma única vez com *C* (fato simples e causa de pedir única); (*b*) o autor *A* alega que a ré *B* manteve várias relações sexuais com *C* e com *D*, em dias e locais diferentes: os fatos principais são distintos, mas homogêneos, formando causa de pedir composta e única; (*c*) o autor *A* alega que adquiriu do réu *B* a coisa *x* com vício oculto, motivo pelo qual pleiteia o desfazimento do contrato ou o abatimento do preço: o esquema

---

127. José Carlos Barbosa Moreira, *O novo processo civil brasileiro*, § 1.º, VI, 1, p. 15; Crisanto Mandrioli, *Corso di diritto processuale civile*, v. 1, n.º 29, p. 107, e Sérgio Costa, Domanda giudiziale, n.º 7, p. 167.

128. José Rogério Cruz e Tucci, *A* causa petendi *no processo civil*, n.º 4.4.3, p. 156.

de fato é único, mas os efeitos jurídicos distintos, sendo complexa a *causa petendi* e que origina duas ações.

Em virtude do princípio da congruência (art. 141 c/c art. 490), a causa de pedir, via de regra, é (*a*) fechada. Se *A* propõe ação de separação contra *B*, alegando adultério, a pretensão não pode ser acolhida se ficar provada a embriaguez habitual, posto que não seja possível, definida a questão de fato passível de prova (adultério) na decisão de saneamento e organização do processo (art. 357, II), em tese, averiguar fatos não alegados por *A* na petição inicial. Acontece, porém, que esse desvio de rumos é comum, mas não pode ensejar a emissão de sentença *extra petita*. O caráter fechado da *causa petendi* é impraticável ou inconveniente no controle concentrado de constitucionalidade. Nada obstante a alegação do autor de que a norma *X* infringe o preceito *Y* da CF/1988, compete ao STF cotejar a norma *X* perante todo o texto constitucional, e pode entender que a violação ocorreu perante a norma *Z*. Eventual juízo de improcedência, de resto, declara constitucional a norma *X* perante todo o texto constitucional.[129] Em tal hipótese, diz-se que a causa de pedir é (*b*) aberta. Tal não significa, absolutamente, alteração do objeto litigioso, mas opção por fundamentos jurídicos (razões de direito) distintos, fundando-se o STF no antigo adágio *iura novit curia*.

34. Súmula da causa de pedir

Do exposto, se conclui que a causa de pedir compreende os fatos constitutivos (*retro*, n.º 32.2) e os fundamentos jurídicos (*retro*, n.º 32.3),[130] conforme, aliás, a dicção do art. 319, III.

Algumas questões se escondem atrás dessa tranquila formulação. Em princípio, fatos constitutivos (*causa petendi* remota e ativa) são aqueles que preenchem o suporte fático da regra jurídica, criando situação de vantagem para certa pessoa, embora, por vezes, completem mais de um suporte e incidam em regras diversas. Nesse caso, investindo-se alguém na titularidade de dois direitos subjetivos, independentes entre si, e fazendo-os valer na demanda, há duas ações materiais. Ao invés, a multiplicação dos fatos constitutivos do interesse processual (*causa petendi* passiva) não desdobra a ação material, e, em muitas hipóteses, se acha embutida nos fatos jurídicos.

---

129. 1.ª T. do STF, AgRg-ED no RE 372.535/SP, 09.10.2007, Rel. Min. Carlos Britto, *DJE* 10.04.2008.

130. Ovídio A. Baptista da Silva, *Curso de processo civil*, v. 1, p. 173. Arruda Alvim, *Direito processual civil*, v. 2, p. 120, destaca que, para alterar a ação, ou se muda o fato, ou se muda a consequência. Em sentido contrário, reclamando a alteração do fato exclusivamente, Giancarlo Giannozzi, *Appunti per un corso di diritto processuale civile*, n.º 16, p. 53.

Os fundamentos jurídicos (*causa petendi* próxima), que ligam os fatos jurídicos e o pedido, ou seja, a conclusão, retirada dos fatos, da qual decorre o *petitum*, multiplicam a causa de pedir, e, portanto, a indicação de dois fundamentos jurídicos, mesmo a partir de um único complexo de fatos – tendo-se em conta, sempre, que a existência de mais de um conjunto de fatos, mesmo com idêntico efeito jurídico, importa cumulação – determina cúmulo de ações materiais.

O regulamento da cumulação de ações por intermédio da causa de pedir examinar-se-á adiante.

§ 10 Identidade de pedido

35. Dimensões material e processual do pedido

O pedido agasalha a invocação do poder jurisdicional do Estado. Ele expressa o exercício da ação processual (demanda). O autor utiliza o remédio jurídico processual porque, em virtude da proibição da tutela privada, de outra maneira, lhe é defeso atingir o adversário. Por outro lado, e justamente porque aspira realizar algum direito perante o réu, o pedido veicula a ação material (*retro*, n.º 12). Com efeito, ninguém ingressa em juízo para explorar as virtudes da Justiça Pública, mas porque almeja obter proveito, vantagem, utilidade, benefício ou bem da vida perante outra pessoa. O pedido não equivale à ação, pois a ação não se pede, e, sim, se tem e exerce-se ação.[131] Convém observar que, ao contrário do imaginado Pekelis,[132] a ação do próprio titular do direito não restou eliminada nos ordenamentos jurídicos contemporâneos. É intuitivo que o autor age através dos órgãos do Estado e a prestação jurisdicional, ao fim e ao cabo, reproduz rigorosamente o agir privado, posto fora da lei na esfera extrajudicial, porque nocivo à vida em sociedade.[133] Então, o pedido veicula a ação material.

Em geral, afirma-se que o pedido transporta a pretensão processual.[134] Não fica claro, segundo essa trilha, como a pretensão material se transforma em "processual" (*retro*, n.º 22). A pretensão material se distingue daquela deduzida do processo, de suas congêneres que não o foram, por força do litígio. Por conseguinte, ao se designar de "pretensão processual" a pretensão material litigiosa, verificada, a cada passo, nas afirmações do autor (*retro*, n.º 25), a transformação se torna nítida e mais aceitável a própria noção. Evidentemente, nenhuma delas

131. *Tratado das ações* cit., v. I/289, § 48.

132. Alessandro Pekelis, Azione, n.º 5, pp. 33 e 34.

133. Ovídio A. Baptista da Silva, *Curso de processo civil*, v. 1, p. 67.

134. Ernane Fidélis dos Santos, *Manual de direito processual civil*, v. 2, n.º 512, p. 3, e Vicente Greco Filho, *Direito processual civil brasileiro*, v. 2, n.º 14, p. 56.

é satisfatória. Na verdade, o pedido veicula a ação material, sem prejuízo do seu aspecto referido à tutela processual.[135]

Ademais, o pedido não determina sozinho o limite objetivo da lide,[136] ou, melhor, do objeto litigioso. Os lindes objetivos do mérito, da "causa" (palavra usada em muitos dispositivos, *v.g.*, no art. 447, § 2.º, II, mencionando o impedimento da "parte na causa"), ou – corretamente – da ação, derivam da conjugação de dois elementos, o pedido e a causa de pedir.[137] Essas noções permitem definir o pedido como ato pelo qual o autor formula a ação material que o juiz efetivará, no caso de procedência, em face do réu. Ele declinará de todas as consequências decorrentes do direito material e pretendidas pelo autor.

36. Classificação do pedido

O duplo aspecto que medra no pedido, a um só tempo, exercício da ação processual perante o órgão do Estado e da ação material perante o adversário, induziu a doutrina tradicional a distinguir o tipo de providência requerida, equivalente à natureza da ação, e o bem da vida visado através da tutela pelo autor. Liebman, em lição clássica, separa as espécies de providências de forma tripartite (declaração, constituição e condenação) e as inclui no plano processual.[138]

Mas salta à vista que, consistindo a ação processual em veículo neutro e universal de quaisquer direitos subjetivos, o que varia, e com ela o tipo de tutela, é a ação material. Por isso, a classificação das ações, ou das sentenças, haja vista o princípio da correlação entre o *petitum* e o provimento definitivo da causa, devidamente elevada à quinária (*retro*, n.º 19), integram o plano material.[139]

---

135. Por isso, José Frederico Marques, *Manual de direito processual civil*, v. 1, n.º 133, p. 55, acentua que a "ação" visa ao Estado e a "pretensão" o réu. Este duplo aspecto, referido aos planos material e processual, parece inextirpável do pedido.

136. Humberto Theodoro Jr., *Curso de direito processual*, v. 1, n.º 55-C, p. 67; Ernane Fidélis dos Santos, *Manual de direito processual civil*, v. 2, n.º 513, p. 5; Vicente Greco Filho, *Direito processual civil brasileiro*, v. 2, n.º 14, p. 57; Moacyr Amaral Santos, *Primeiras linhas de direito processual civil*, v. 1, n.º 121, p. 131; Milton Paulo de Carvalho, *Do pedido no processo civil*, p. 97. Em sentido contrário, Jean Vincent e Serge Guinchard, *Procédure civile*, n.º 369, p. 392; Francisco Ramos Mendez, *Direito procesal civil*, v. 1, p. 427 e José Inácio Botelho de Mesquita, A *causa petendi* nas ações reivindicatórias, p. 168.

137. Ovídio A. Baptista da Silva, *Curso de processo civil*, v. 1, p. 173.

138. Enrico Tullio Liebman, *Manuale di diritto processuale civile*, v. II, n.º 76, p. 126.

139. Ovídio A. Baptista da Silva, *Curso de processo civil*, v. 1, p. 199 e Giancarlo Giannozzi, *Appunti per un corso di diritto processuale civile*, n.º 16, p. 58, sem razão, afirma que tal objeto é do juiz.

O tipo de tutela revela claramente o agir privado, ou seja, o que o particular realizaria, pelas próprias forças e independentemente da vontade de outrem, a fim de impor o direito subjetivo contestado. E o bem da vida que, com essa ação, o particular alcançaria, constitui o outro lado do pedido. Em última análise, o bem da vida constitui o objeto da prestação do direito subjetivo material.

Classifica-se o pedido ou objeto, tradicionalmente, em duas espécies: (*a*) mediato; e (b) imediato. Aquele é o bem da vida, o proveito, a vantagem, o benefício, a utilidade, enfim o efeito jurídico pretendido pelo autor perante o réu; e este é o tipo de providência requerida ao juiz (declaração, constituição, condenação, execução e mandamento).[140] Segundo um dos comentaristas do CPC de 1973, o segundo estatuto processual unitário brasileiro desconheceria a distinção.[141] O autor do anteprojeto do CPC de 1973 repeliu a crítica,[142] alegando que, nas ações declaratórias, confundir-se-iam os pedidos mediato e imediato[143] e, caso adotasse a distinção no âmbito da tríplice identidade, incorreria em erro. Essa equivalência também se estenderia às ações constitutivas.[144] Em várias passagens, o CPC de

140. Andrea Proto Pisani, Principio della domanda, n.º 6, p. 1.060; Crisanto Mandrioli, *Corso di diritto processuale civile,* v. 1, n.º 28, pp. 104-105; Giancarlo Giannozzi, *Appunti per un corso di diritto processuale civile,* n.º 16, p. 56;; Sérgio Costa, Domanda giudiziale, n.º 6, p. 166; Gian Antonio Micheli, *Corso di diritto processuale civile,* v. 1, n.º 92, p. 32; Giuseppe Chiovenda, *Instituições de direito processual civil,* v. 1, n.º 110, p. 494; Piero Calamandrei, Istituzione di diritto processuale civile, § 39, p. 147; Enrico Tullio Liebman, *Manuale di diritto processuale civile,* v. 1, n.º 87, p. 159; Sérgio Costa, *Manuale di diritto processuale civile,* n.º 194, p. 266; Artur Anselmo de Castro, *Direito processual civil declaratório,* v. 1, n.º 26, pp. 201-202; Fernando Luso Soares, *Processo civil de declaração,* n.º 53, p. 273; João de Castro Mendes, *Direito processual civil,* v. 1, n.º 10, p. 66; José Carlos Barbosa Moreira, *O novo processo civil brasileiro,* § 1.º, II, 1, p. 10; Moacyr Amaral Santos, *Primeiras linhas de direito processual civil,* v. 1, n.º 122, p. 142; Calmon de Passos, *Comentários ao Código de Processo Civil,* v. 3, n.º 196.7, p. 358; José de Albuquerque Rocha, *Teoria geral do processo,* p. 137; Celso Agrícola Barbi, *Comentários ao Código de Processo Civil,* n.º 294, p. 268; José Frederico Marques, *Manual de direito processual,* v. 1, n.º 134, p. 156; Ernane Fidélis dos Santos, *Manual de direito processual civil,* v. 2, n.º 515, pp. 6-7; Cintra-Grinover-Dinamarco, *Teoria geral do processo,* n.º 144, p. 226 e Jaime W. Teitelbaum, *El processo acumulativo civil,* n.º 23, pp. 123 e 124. Diversamente, Milton Paulo de Carvalho, *Do pedido no processo civil,* pp. 98-99, segundo o qual o pedido se individualiza desde os elementos *força, efeito e causa.*

141. Celso Agrícola Barbi, *Comentários ao Código de Processo Civil,* v. 1, n.º 55, p. 75.

142. Alfredo Buzaid, *A ação declaratória no direito brasileiro,* n.º 213, pp. 351 e 352.

143. Moacyr Amaral Santos, *Primeiras linhas de direito processual civil,* v. 1, n.º 121, p. 141, e Giancarlo Giannozzi, *Appunti per un corso di diritto processuale civile,* n.º 16, p. 57.

144. Giancarlo Giannozzi, *Appunti per un corso di diritto processuale civile,* n.º 16, p. 57.

2015 adjetiva o pedido (*v.g.*, pedido principal, no art. 308, *caput*), e até utiliza a palavra com o sentido mais próprio de requerimento (*v.g.*, no art. 99, *caput*, no tocante à postulação do benefício da gratuidade), porque não há repercussão fora do processo; porém, igualmente, omitiu qualquer referência ao pedido imediato ou ao pedido mediato. Essa cautela não tem sentido. Não se confundem, na ação declarativa, o bem da vida almejado (certeza) e a providência jurisdicional necessária para atingir semelhante escopo (declaração). Uma coisa é a força do provimento, outra, o efeito jurídico da sua concessão.

Divide-se o pedido, também, em (*a*) material e (*b*) processual.[145] O primeiro integra o mérito e retrata o direito material deduzido na demanda (encarado *in status assertionis*); o outro se expressa no provimento, declaratório, constitutivo ou condenatório (acrescente-se: executivo e mandamental) pleiteado ao órgão jurisdicional. Vicia a tese a observação já referida de que as ações declaratórias, constitutivas, condenatórias, mandamentais e executivas surgem no direito material, e, portanto, jamais constituiriam um objeto "processual" (*retro*, n.º 16).

Segundo alguns autores, variando o pedido mediato ou o pedido imediato, inexistirá identidade de ações.[146] Exemplifica-se a hipótese com a relação entre ação declaratória e condenatória: o objeto desta última se mostra mais amplo que o da outra e, assim, verifica-se continência (art. 56), ou litispendência parcial, e não litispendência total (art. 337, § 3.º).[147] Por outro lado, a proposição ulterior da ação declaratória negativa à ação condenatória (ou executória) do credor inibe a primeira, pela mesma razão, ou seja, em virtude da maior dimensão do objeto daquelas.

Esta observação se acolhe com sérias reservas, aplicando-se, quiçá, à generalidade dos casos, mas bem comporta algumas exceções. Por exemplo, adotando-se a classificação das "pretensões processuais" no processo executivo de Guasp,[148] entre nós, recebida sob a designação de meios executórios,[149] e em tudo semelhante, para esses efeitos, à taxionomia das ações próprias do processo de conhecimento, os resultados infirmam a tese. Existem três meios executórios para o credor

---

145. Proto Pisani, Principio della domanda, n.º 6, p. 1.060.

146. Cintra-Grinover-Dinamarco, *Teoria geral do processo*, n.º 144, p. 226; Vicente Greco Filho, *Direito processual civil brasileiro*, v. 1, n.º 15, p. 82;; Calmon de Passos, *Comentários ao Código de Processo Civil*, v. 3, n.º 196.8, p. 358 e Giancarlo Giannozzi, *Appunti per un corso di diritto processuale civile*, n.º 26, p. 58.

147. Alfredo Buzaid, *A ação declaratória no direito brasileiro*, n.º 212, p. 350.

148. Jaime Guasp, *La pretensión procesal*, p. 80 e 81.

149. Araken de Assis, *Manual da execução*, n.º 19, pp. 157-168; Cândido Rangel Dinamarco, *Execução civil*, § 27, pp. 311-318 e Humberto Theodoro Jr., *Processo de execução*, pp. 7-9.

realizar seu crédito alimentar executivamente: (*a*) coerção pessoal (art. 528, *caput*, e § 3.º); (*b*) desconto em folha (art. 529); e (*c*) expropriação (art. 528, § 8.º).[150] Ora, se o credor da obrigação alimentar ajuíza duas execuções do mesmo crédito, uma pelo rito da coação pessoal e outra pelo rito da expropriação, em que pese a diferença de objeto imediato, tratar-se-á ou não de ações idênticas? Não parece razoável obrigar o devedor a pagar o débito por dois remédios diferentes, mas concorrentes e simultâneos. Logo, as ações se identificam e, àquela proposta em segundo lugar, opõe-se o obstáculo da litispendência.

E há outro caso persuasivo, fundado nas obrigações alternativas, obrigações com prestação facultativa ou com faculdade de substituição. Desejando o autor, por exemplo, a condenação do réu, a despeito da existência de um só objeto imediato, se oferece à escolha do réu (art. 252, *caput*, do CC) uma ou outra prestação, porque, cabendo ao autor, ele desde logo efetuará um pedido fixo. Contudo, o direito subjetivo que origina a ação material é único e, por esse motivo, inexistirá cúmulo de ações.

E permanece em pleno vigor a premissa de que a identificação da ação, através do pedido, implica o exame dos objetos mediato e imediato, porque a avaliação expressa análise de ambos.

37. Reflexos dos objetos mediato e imediato na cumulação de ações

Em se individualizando a ação material, no tocante ao pedido, tanto pelo objeto mediato, quanto pelo objeto imediato (na generalidade dos casos), afigura-se natural que, visando o autor, na demanda, a vários objetos, mediatos ou imediatos, há mais de uma ação, desde que, respectivamente, diversos os direitos subjetivos de que se originam as ações.

Concebe-se ao autor visar, na mesma demanda, de uma vez, à declaração e à condenação, ou a duas condenações. Este último caso, por exemplo, ocorre na cumulação simples, quando o autor pede a condenação do réu ao pagamento de dívidas oriundas de negócios jurídicos diferentes. E a outra sucede quando o autor, na ação de cobrança dos juros da dívida, à vista da alegação do réu da inexistência do negócio jurídico principal, pede a declaração incidental da sua existência (arts. 503, § 1.º). Ensina, Barbosa Moreira: "a cumulação abrange também as hipóteses em que o autor formula dois ou mais pedidos, ou um pedido com dois ou mais objetos mediatos, para obter 'um único' dentre eles."[151]

Os exemplos ressalvam expressamente a circunstância de a ação material conter mais de uma eficácia, porque semelhante peculiaridade não caracteriza

150. Araken de Assis, *Da execução de alimentos e prisão do devedor*, n.º 7.2, pp. 125-133.

151. Barbosa Moreira, *O novo processo civil brasileiro*, § 1.º, V, 1, p. 13.

o cúmulo. Assim, a ação de despejo por falta de pagamento possui uma eficácia principal (executiva) e, ao mesmo tempo, no mínimo duas eficácias secundárias: a declaratória (direito do autor à retomada) e a constitutiva negativa (desfazimento da relação *ex locato*); porém, a ação material se ostenta única.[152]

Essas hipóteses ficarão claras no exame do regulamento específico da cumulação de ações pelo pedido.

152. Por isso, Jaime W. Teitelbaum, *El proceso acumulativo civil*, n.º 23, p. 121, conclui, tratando dos pedidos acessórios, afirmando que a inscrição da sentença de divórcio não é pedido autônomo, e sim pedido acessório do objeto único da lide.

5

CUMULAÇÃO SUBJETIVA

§ 11 Generalidades sobre o cúmulo subjetivo

38. Definição de litisconsórcio

É comum, ao ensejo de enfrentar o litisconsórcio, buscando o conteúdo e a extensão da figura, traçar paralelo entre o esquema ordinário da relação processual, de feição angular (*retro*, n.º 5.2), vinculando um autor e um réu ao juízo, e a relação excepcionalmente tornada plural.[1]

Não raro acontece, contrastando o quadro elementar, que mais de uma pessoas figure, de modo legítimo, como parte, em um dos polos da relação processual. Externamente, portanto, o litisconsórcio representa a assunção, no mesmo e único processo, da função de parte por duas ou mais pessoas na posição de autores ou de réus.[2] Litisconsórcio é "um vocábulo erudito, formado pela junção de duas palavras latinas – *litis*, genitivo de *lis*, e de *consortio*, ablativo de *consortium*, para literalmente exprimir *compartimentação na lide*".[3] Mas, do ponto de vista substancial, a presença de várias pessoas, na qualidade de autores ou de réus, sugere um número correspondente de ações. E, com efeito, somente por exceção o número de litisconsortes – designação ecumênica das partes ativa ou passivamente coligadas – não traduz pluralidade de ações materiais. O processo é, como se disse, único.[4]

Questão muito diversa, por óbvio, consiste em descobrir por que, afinal, várias pessoas se envolvem, voluntária ou forçadamente, com semelhante situação. Essa pergunta transcende ao processo, embora o fenômeno aí ocorra. Impõe-se um desvio prolongado nos terrenos do direito material. Esse plano preside as hipóteses em que os laços das ações dos litisconsortes se revelam de tal índole que a

1. Por exemplo, Guilherme Estellita, *Do litisconsórcio no direito brasileiro*, p. 17.
2. Por todos, Cândido Rangel Dinamarco, *Litisconsórcio*, n.º 10, p. 39. Mais recentemente, *Instituições de direito processual civil*, v. 2, n.º 560, p. 329.
3. Affonso Fraga, *Instituições de direito processual civil*, v. 2, n.º 202, p. 83.
4. Sergio Costa, *Manuale di diritto processuale civile*, n.º 132, p. 183.

demanda conjunta se torna conveniente, e, mesmo, rigorosamente indispensável. Nessa última hipótese, aliás, existe uma única ação. Disso resulta a singela e relevantíssima diferença entre o cúmulo subjetivo, ou cumulação de ações em consequência da pluralidade de partes, e o litisconsórcio: a simples e formal pluralidade de sujeitos não implica, *tout court*, cúmulo subjetivo, que só ocorre quando cada um deduz direitos subjetivos autônomos. Em alguns casos, os litisconsortes vêm conjuntamente ao processo, baseados no mesmo e único direito, e, assim, desaparece a cumulação de ações.

Nessa perspectiva, avultam as duas divisas extremas do litisconsórcio. Dos vínculos materiais que, a partir do art. 113, autorizam o litisconsórcio, defluem as louváveis preocupações de economia e de harmonia dos julgados.[5] Realmente, os laços substantivos das ações recomendam tratamento idêntico, porque a lide envolve direitos talvez rigorosamente iguais, e, daí, a necessidade de harmonia, ou de não contradição das sentenças, mais facilmente obtida através da demanda conjunta. Em outras ocasiões, a fragilidade do liame supõe a demanda conjunta em razão de economia, de custos financeiros (*v.g.*, a remuneração do perito é dividida entre os litisconsortes) e de atividades processuais na resolução de lides análogas.

Esses valores há muito mereceram destaque. Em alguma medida, todavia, afigura-se recente balanceá-los, sem embargo de se situarem, tradicionalmente, e de maneira uniforme, na raiz do litisconsórcio.[6]

Deixando de lado, por motivos óbvios, o litisconsórcio originado de causa única, desde logo chamado de necessário, em que os princípios da economia e da harmonia não assumem maior influência, eles possuem relevo, ao revés, quando a conveniência das partes estimula a demanda conjunta. Do vínculo de maior intensidade (comunhão) ao de menor (afinidade), a seguir examinados (*infra*, n.º 45), os fatores se dispõem em ordem inversa. A harmonia se revela fundamental na comunhão, e a economia de mínimo relevo; já na afinidade, a economia impera, porque virtualmente inexistente o risco de contradição, se, porventura, desmembrado o julgamento das ações reunidas sob tal fundamento.

Dessa forma, compreende-se o litisconsórcio sob dupla concepção. No plano processual, ele evidencia a pluralidade de partes, quer como autores, quer como réus; e nada adianta, em resumo, tal visão curta. No material, porém, se acha justificado o instituto, seja em face dos vínculos que ligam as ações, seja por decorrência do tratamento refletido na demanda, eis que ações de alguma homogeneidade nela se veicularam.

---

5. Cândido Rangel Dinamarco, *Litisconsórcio*, n.º 18, p. 61.
6. No entanto, Cândido Rangel Dinamarco, *Litisconsórcio*, n.º 18.1, pp. 62-66 e Giuseppe Chiovenda, *Principios de derecho procesal civil*, § 88, pp. 670-672.

39. Classificação do litisconsórcio

Como em tantos outros institutos, espalhados no direito processual, os mais diversos e discrepantes critérios classificam o fenômeno da pluralidade das partes no processo civil. E os juristas não desperdiçam o manancial com que se defrontam, esmiuçando as ricas facetas da figura chamada litisconsórcio. O valor ou a utilidade das classificações, de resto já avançadas em grande parte, variam segundo a precisão conferida ao vocábulo e às notas presas à sua extensão. No que tange ao cúmulo, da observação emergem efeitos.

Dentro de visão topológica,[7] o litisconsórcio pode ser: (*a*) ativo, quando se coligam vários autores; (*b*) passivo, quando a pluralidade ocorre com os réus; e (*c*) recíproco (misto), se a pluralidade ativa e passiva ocorre simultaneamente.[8] Essas palavras se mostram parcialmente inexpressivas, mas induzem ao que pretendem representar, ou seja, à presença de mais de um autor, de mais de um réu e da concomitante pluralidade de autores e réus.

Mediante diverso ponto de vista, considerando a eficácia da sentença perante os litisconsortes (art. 114, *caput, in fine*), quanto à resolução de certo objeto litigioso, ou em razão de disposição legal, o litisconsórcio é (*a*) necessário, ou seja, obrigatório ou indispensável naquela relação processual; ou, ao revés, (*b*) facultativo,[9] também designado, ante a influência alemã, simples (*einfache*).[10]

No primeiro, assevera-se, principalmente na doutrina italiana,[11] em substância tratar-se de um problema de legitimação: a lei material, no tocante a determinados direitos, impõe a demanda da totalidade dos seus titulares, ou que todos os obrigados sejam demandados. Certas dúvidas, derivadas de exame mais atento e profundo da natureza da sentença proferida, nada obstante a preterição do litisconsorte necessário,[12] turvam o quadro da obrigatoriedade. Existindo, provadamente, em tais casos, objeto litigioso único, de nenhuma importância, na problemática do cúmulo de ações, a reconstrução desse conceito.

No âmbito do litisconsórcio facultativo (simples ou comum) se situam, na realidade, as questões pertinentes à cumulação subjetiva de ações. Litisconsorciando-se autores, ou réus, na mesma demanda, em virtude de razões de conveniência (*retro*,

---

7. José Carlos Barbosa Moreira, *Litisconsórcio unitário*, n.º 2, p. 11.

8. Por todos, Cândido Rangel Dinamarco, *Litisconsórcio*, n.º 19.3, p. 69.

9. José Carlos Barbosa Moreira, *Litisconsórcio unitário*, n.º 2, p. 11; Calmon de Passos, *Do litisconsórcio no Código de Processo Civil*, n.º 11, p. 18-20; Cândido Rangel Dinamarco, *Litisconsórcio*, n.º 19.1, p. 67. e Guilherme Estellita, *Do litisconsórcio no direito brasileiro*, p. 144.

10. É a observação de José Carlos Barbosa Moreira, *Litisconsórcio unitário*, n.º 3, p. 13.

11. Proto Pisani, *Opposizione di terzo ordinaria*, pp. 608-610.

12. A respeito, Nelson A. Jobim, A sentença e a preterição do litisconsorte necessário, pp. 32-46.

n.º 38), eles mantêm independentes, em relação uns aos outros, as ações materiais. Do regime de admissibilidade dessa espécie de litisconsórcio cuidar-se-á adiante.

Por outro lado, o tratamento a que se submetem os litisconsortes na relação processual – quer no litisconsórcio necessário, quando se obrigaram à demanda conjunta, quer no facultativo, no qual impera a liberdade de se associarem no processo – por vezes difere profundamente. Fala-se, então, de um regime comum, considerando os litisconsortes, nas relações entre si e com a parte (ou partes) contrária, litigantes distintos (art. 117, primeira parte), e de um regime especial, quando "o juiz tiver de decidir o mérito de modo uniforme para todos os litisconsortes" – a redação vigente corrigiu a equívoca redação anterior, que aludia à uniformidade perante as "partes", não se compreendendo que a univocidade do resultado atingisse a ambos e a todos, a um só tempo, ocasionando um esdrúxulo impasse na solução do mérito[13] – como afirma o art. 116.[14]

Em nada ajudava ao esclarecimento dessas espécies a redação anterior, que incorrera em "lamentável confusão", no diagnóstico preciso de Barbosa Moreira,[15] baralhando o litisconsórcio necessário e o unitário. As duas figuras se mostram distintas, passando a demonstração da dessemelhança por exemplos bem frequentes de litisconsórcios jungidos ao regime especial, ou seja, à uniformidade, e, todavia, facultativos: (*a*) a ação "pauliana" promovida por dois ou mais credores; (*b*) a ação anulatória, ou cautelar de suspensão da deliberação social, intentada por dois ou mais sócios; (*c*) a ação popular promovida por dois ou mais cidadãos.[16] Foi o litisconsórcio unitário exemplarmente dilucidado por Barbosa Moreira.[17] Essa obra, escrita na vigência do CPC de 1939, mas já considerando os termos do futuro CPC de 1973, continua imprescindível no assunto. Impende assinalar que, segundo o art. 115, I e II, a decisão de mérito, quando proferida sem a integração do contraditório, mostrar-se-á nula, no caso da relação jurídica que implica litisconsórcio unitário obrigatório, e ineficaz, no caso do litisconsórcio necessário por força de lei, para os que não forem citados.

No respeitante ao cúmulo de ações, partindo da cabal separação entre os litisconsórcios necessário e facultativo, de um lado, e no regime a cada um aplicado,

13. José Carlos Barbosa Moreira, *Estudos sobre o novo Código de Processo Civil*, p. 75.
14. Celso Agrícola Barbi, *Comentários ao Código de Processo Civil*, v. 1, n.º 302, p. 275.
15. José Carlos Barbosa Moreira, *Estudos sobre o novo Código de Processo Civil*, p. 74, e antes em *Litisconsórcio unitário*, n.º 143, p. 227.
16. Os exemplos se encontram em Ovídio A. Baptista da Silva, *Curso de processo civil*, v. 1, p. 205.
17. É a monografia, já citada, *Litisconsórcio unitário*, 1972. Sobre o assunto, com ampla análise da jurisprudência, Elício de Cresci Sobrinho, *Litisconsórcio. Doutrina e jurisprudência*, pp. 135-154.

comum ou especial, de outro, segundo a natureza do objeto litigioso, o art. 114 e o art. 115, I e II, não interferem na sua configuração. Uma vez facultativa a demanda conjunta, pouco importa a natureza comum ou especial do seu regime: haverá, invariavelmente, cumulação de ações por princípio.

Quanto ao momento da constituição, o litisconsórcio se revela (*a*) inicial, apresentando-se logo na abertura da relação processual; ou (*b*) ulterior, chamado igualmente de sucessivo, ocorrendo ele no curso do processo, e que importará, por exemplo, a integração dos litisconsortes necessários passivos preteridos (art. 115, parágrafo único) ou a reunião de processos conexos, *ex vi* do art. 55, *caput*.

Finalmente, as ações dos litisconsortes se combinam, à semelhança da cumulação de pedidos, de várias maneiras. É incomum essa afirmação na doutrina brasileira,[18] e, contudo, as ações se ordenam de modo (*a*) sucessivo, ou seja, escalonadamente, a segunda delas procedente se a primeira também o for; (*b*) eventual, vale dizer, se aprecia a segunda ação na hipótese de rejeitar a primeira; simples, ou seja, inteiramente independentes; e (*c*) alternativo, quando se acolher uma ou a outra ação. Daí aludir-se, respectivamente, a litisconsórcio simples, sucessivo, eventual e alternativo. Essas constituem as espécies de litisconsórcio que realmente interessam ao cúmulo de ações.

§ 12 Espécies de cúmulo subjetivo

40. Generalidades sobre as espécies de cúmulo subjetivo

Dizer que há cumulação de ações no litisconsórcio voluntário porque, ao contrário do que ocorre no necessário, verifica-se a pluralidade de objetos litigiosos, ou ações materiais, equivale, no respeitante ao cúmulo de pedidos, observar a presença de vários *petita*. Em outros termos, o fenômeno fica consignado e a sua natureza, em princípio, delineada. Repele-se, por igual, a óbvia confusão entre o cúmulo subjetivo, cuja extensão é menor, e a pluralidade de partes. Mas, na realidade, nada se adianta em relação ao tema central da análise, ou seja, às formas com as quais, na demanda – objeto do estudo é a cumulação originária –, surgirá a referida cumulação.

No intuito de esclarecer as circunstâncias de admissão, segundo a lei, do litisconsórcio – ou, em suma, quais os elementos comuns das ações dos litisconsortes, que tornam proveitosa a demanda conjunta, dentro dos princípios que a regulam (*infra*, n.º 45) – uma série de exemplos serão trazidos à colação. Para separar as espécies de cúmulo subjetivo de ações, os referidos exemplos reclamam, agora, tratamento sob diverso ponto de vista. Não se trata da descoberta dos laços entre as

18. A respeito, Cândido Rangel Dinamarco, *Litisconsórcio*, n.º 82, pp. 390-393.

ações, tal como, aliás, dispõe o art. 113. Necessário se mostra saber qual o objetivo, a finalidade que cada ação persegue, uma relativamente à outra, ou seja – vez que a única distinção recai nos sujeitos –, as posições de cada qual no papel de parte.

Dois exemplos ilustram o ponto: (*a*) a demanda de fiadores diferentes para reaver do afiançado comum o que pagaram ao credor deste, hipótese de comunhão, subsumida no art. 113, I (*infra*, n.º 45.1); (*b*) a demanda da mãe e do filho contra o pai, a primeira buscando repartir as despesas do parto, e o segundo pleiteando alimentos, abrigada no art. 113, III (*infra*, n.º 45.2).

Na primeira hipótese, cada fiador visa a resultado independente, reintegrando o seu patrimônio desfalcado; na segunda, existe uma relação de interdependência tal que, improcedente a primeira, porque o réu não teve filhos, requisito indispensável para a imposição das despesas originadas no parto, seguir-se-á, inevitavelmente, a improcedência da segunda, porque o réu não deve alimentos ao autor, pelo menos a título de parentesco. Então, conceber-se-ia cúmulo simples e cúmulo sucessivo, como na cumulação de pedidos (*infra*, n.º 46)? Eis o problema.

Observam-se, de qualquer sorte, quanto à finalidade, diferenças nos exemplos, que possibilitam, paralelamente, agrupar as ações dos litisconsortes e definir as espécies de cúmulo subjetivo. Em princípio, a sorte de cada ação dos litisconsortes não se vincula às demais. Logo, a primeira forma de cúmulo subjetivo é o (*a*) independente. Essa espécie somente ocorre no litisconsórcio voluntário e no caso de regime simples: no litisconsórcio necessário, por definição a ação é única, inexistindo cúmulo subjetivo; no regime especial (litisconsórcio unitário), desapareceria a independência de ações. Em outras hipóteses, as ações dos litisconsortes se ordenam uma após a outra, ou seja, sucessivamente, de modo que a procedência da primeira implica a da segunda, e vice-versa, fitando-se o juízo de improcedência. Logo acode à mente a figura da (*b*) cumulação subjetiva sucessiva. Concebe-se, por igual, que a apreciação da segunda ação, seja qual for seu próprio desfecho, dependerá de o órgão judiciário rejeitar a primeira ação. Tem-se, aí, (*c*) cumulação subjetiva eventual. Por fim, o juiz tanto poderá acolher uma delas como a outra, mas não as duas ações dos litisconsortes simultaneamente: é o (*d*) cúmulo alternativo.

Outros problemas, todavia, surgem, e deverão ser vencidos antes de encerrar-se o estudo. O regime especial (unitário) do litisconsórcio dá a impressão de perturbar enormemente a clareza das ideias a respeito da matéria. Também a admissibilidade do chamado litisconsórcio alternativo se afigura discutível, e, aqui, sem pejo de posições diversas, parcialmente rejeitado. No exame das espécies enfatizar-se-ão as dificuldades.

41. Litisconsórcio voluntário alternativo

Talvez rompendo a ordem natural e lógica de distribuição da matéria, no campo atribuído às formas de cumulação, examinar-se-á, de logo, a existência e a admissibilidade do chamado litisconsórcio alternativo. Essa figura adquiriu uma tal relevância e repercussão que a sua configuração se prende, fatalmente, às formas de cúmulo subjetivo.

Ocorre o cúmulo subjetivo alternativo (passivo) quando um ou mais autores propõem demanda, perante dois ou mais réus, em tal ordem que, por decorrência de própria dúvida, exposta na demanda, acerca da legitimidade de todos os réus na causa, pedem a procedência em relação a apenas um dos demandados; ou, ao invés, implantando-se o estado de incerteza sobre a titularidade do direito litigioso, duas ou mais pessoas propõem demanda, perante um ou mais réus, pedindo, todavia, um juízo favorável em benefício de apenas um deles (cúmulo ativo).

Evidentemente, existe uma delicada questão de ilegitimidade nessas demandas. Desde o início, embora impossível, *a priori,* identificar quem afronta semelhante requisito de admissibilidade da demanda (o autor *A* ou o autor *B*; o réu *C* ou o réu *D*), posto que seja certo, segundo os exatos termos inicial, que alguém ostenta a condição de parte ilegítima *ad causam*. Esse, aliás, o ponto prático a ser resolvido. Assim, a elaboração tranquila da figura gera robusta resistência, notadamente do ângulo do juízo: de que modo admitir e processar demanda em que uma parte reconhece não ter o direito controvertido? E não é, absolutamente, inconcebível essa situação, em especial do lado passivo. É o que acontece em acidentes de trânsito na via terrestre: o automóvel do autor *A*, parado no semáforo, é atingido pelo veículo situado atrás (*C*), por sua vez impulsionado por um terceiro (*D*). O autor fica em dúvida quanto à condição de corpo neutro do automóvel que lhe atingiu, e, nessa contingência, propõe a demanda perante os dois proprietários (*C* e *D*), fiando-se que a apreciação da prova pelo órgão judicial esclarecerá se ambos, ou apenas o terceiro (*D*), agiram culposamente. E hipótese ainda mais trivial se localiza na legitimidade passiva em caso de alienação do veículo. Segundo a Súmula do STJ, n.º 132, os veículos se transferem pela tradição, motivo por que o antigo proprietário não responde pelo dano provocado a terceiro pelo veículo na posse do adquirente, independentemente do registro. Essa orientação infringe o art. 221, *caput*, parte final, do CC, c/c art. 129, n.º 7, da Lei 6.015/1973, porque o instrumento particular surtirá efeitos perante terceiros posteriormente ao registro. Na dúvida quanto à data da transferência, dado decisivo para imputar a responsabilidade ou a *C* ou a *D*, admite-se a demanda de *A* contra *C* e *D*, apurando-se a data exata do negócio por qualquer meio de prova (art. 221, parágrafo único, do CC), sem prejuízo da força probante do documento particular, incidindo, conforme a hipótese, o art. 409, parágrafo único, I a V, do CPC.

O litisconsórcio alternativo jamais alcançará rasa e cabal aceitação. No vaticínio pesa, em boa medida, a omissão do legislador na prévia e geral disciplina do cúmulo subjetivo. Responsabilidade que, todavia, reclama temperamentos. Em outros e adiantados sistemas, onde o estatuto processual brasileiro se inspirou, a questão igualmente desafia o intérprete.[19] Subentende-se no problema, ademais, dúvida sobre a verdadeira natureza da cumulação, rotulada alternativa, e que indica o primeiro passo no rumo do esclarecimento da admissão das espécies de litisconsórcio já arroladas.

Parte-se da indagação se, considerando o art. 326, *caput*, e o fato de o cúmulo subjetivo importar correlatamente o cúmulo objetivo, permite a lei cumulação de ações dirigidas contra pessoas diferentes, para que, rejeitada uma, aprecie o juiz a outra.[20] E, em caso de dúvida dos autores, na identificação, entre eles, do verdadeiro credor, faculta-se-lhes pedir um provimento, perante adversário comum, em proveito do que, no processo, for reconhecido na condição de credor?

Designa-se o primeiro caso de litisconsórcio eventual, guardando a costumeira fidelidade à definição legal, em princípio aplicável ao cúmulo de pedidos; e, ao segundo, litisconsórcio alternativo. Daí se infere que separa as espécies uma certa dúvida, originada no plano material, e se funda na interpretação do direito alegado, que exclui, reciprocamente, a posição de cada autor, e, no plano processual, levada de caso pensado à apreciação do juiz. Mostra-se secundária a ordem de formulação das ações.

Vale lembrar, quanto ao cúmulo de pedidos, que a ordem escalonada das ações – uma em primeiro; depois a outra, se improcedente a anterior – constitui, segundo se depreende do art. 326, *caput*, a característica basilar da cumulação eventual. Certa doutrina, porém, descobre no artigo citado uma "cumulação alternativa por subsidiariedade" (*sic*) – o art. 326, *caput*, realizou concessão a essa tese –,[21] contrariando a precisão conceptual há muito traçada entre o cúmulo eventual e o alternativo.[22]

Na doutrina italiana, Giuseppe Tarzia emprega os exemplos indistintamente e acentua que a doutrina alemã alude, estribada na incerteza (dúvida), ao cúmulo

---

19. Por exemplo Friedrich Lent, *Diritto processuale civile tedesco*, § 88, p. 327, diz que se ignoram controvérsias. Arwed Blomeyer, *Zivilprozessrecht*, § 109, p. 612, afirma duvidosa a questão. Registre-se, porém, que a 5.ª Câm. do 1.º TACivSP, na Ap. 327.860, 25.08.1984, Rel. Juiz Scarance Fernandes, *Jurisprudência brasileira*, v. 127, pp. 174-176, apreciou afirmativamente o cabimento no direito brasileiro.
20. Cândido Rangel Dinamarco, *Litisconsórcio*, n.º 82, p. 392.
21. Calmon de Passos, *Comentários ao Código de Processo Civil.*, v. 3, n.º 157, p. 274, precisando que os pedidos, nessa espécie, "não se situam no mesmo plano"!
22. Giuseppe Chiovenda, *Principios de derecho procesal*, v. 2, § 91, pp. 733-734. A questão é ventilada por Cândido Rangel Dinamarco, *Litisconsórcio*, n.º 82, p. 392, nota 136, que segue, no particular, a terminologia de Chiovenda.

eventual.[23] Realmente, refere Friedrich Lent a situação do credor que, duvidando da eficácia da assunção da dívida, age contra o cessionário, em primeiro lugar, e contra o cedente, de forma subordinada, ou seja, eventual.[24] No mesmo sentido, Arwed Blomeyer.[25] Adolf Schönke nega, em tais termos, o litisconsórcio eventual.[26] Leo Rosenberg e Karl Heinz Schawb destacam que a jurisprudência ignora os rigores da disciplina legal e acolhe o litisconsórcio baseado em direitos e obrigações alternativas, ou em relação eventual.[27]

Dessa incerteza conceitual, derivada de opiniões que confundem ou assemelham o litisconsórcio eventual ao litisconsórcio alternativo, surge uma hipótese de solução.

Na verdade, inexiste cumulação de ações no pedido alternativo, por uma razão curial: o objeto litigioso, verificado *in status assertionis*, não agasalha a necessária pluralidade, característica do cúmulo; ao invés, revela uma inequívoca unidade de direito (e de ação), expressando a alternância somente objetos mediatos diversos, insuficientes à constituição de duas ações.

Por outro lado, no exemplo aventado de litisconsórcio passivo, ao reclamar o autor tutela jurídica em dúvida quanto à legitimidade dos réus, há de sempre revelar preferência por um deles. Nesse exato momento, indubitavelmente, escalonará as ações, e, assim, a demanda conterá uma sequência expressa ou implícita, de modo que o juiz, para julgá-la, examinará a condição de um réu e, depois, a do outro. Uma das ações perante os réus terá colocação subsidiária. Portanto, nessas situações, o litisconsórcio adquirirá a forma eventual.

Em separando tal dúvida os autores, embora previamente acertados em demandar conjuntamente, acometendo ao juiz a tarefa de resolver a questão, pugnam, todavia, entre si de maneira resoluta, e a um só tempo, excluindo, por isso, qualquer ordem ou prelação. No litisconsórcio ativo, então, surge a alternância, caracterizada pela situação de o juiz julgar procedente a ação de um ou de outro autor.

Essa distinção supera as imprecisões. Nada impede, e, ao contrário, tudo recomenda a admissão das figuras em estudo. O processo instrumenta o direito material e, à margem dessa funçao, enseja o reino da incerteza. Ensina a prática que respostas *a priori* em tema de legitimidade, ou afins, revelam-se impossíveis

---

23. Giuseppe Tarzia, Appunti sulle domande alternative, n.º 7, pp. 292 e 293. Idem, *Il litisconsorzio facoltativo nel processo di primo grado*, n.º 8, pp. 43 e 44. No mesmo sentido, Enrico Redenti, *Diritto processuale civile*, v. 2, n.º 88, p. 92.
24. Friedrich Lent, *Diritto processuale civile tedesco*, § 88, p. 327.
25. Arwed Blomeyer, *Zivilprozessrecht*, § 109, p. 612.
26. Adolf Schönke, *Zivilprozessrecht*, § 26, III, 1, p. 90.
27. Leo Rosenberg e Karl Heinz Schwab, *Zivilprozessrecht*, § 49, p. 240.

ou pouco recomendáveis, tendo alguns processos, de resto, prolongada sobrevida sob cerradas discussões análogas. Convém recordar que a crítica principal contra as "condições da ação" se funda na complexa e demorada investigação que o requisito, a mais das vezes, reclama do órgão judiciário. Não se pode fechar as portas do processo à realidade, que conhece idênticas contingências. Além disso, a propositura das demandas separadamente provocaria, adiante, a reunião dos processos, na forma do art. 55, *caput*.[28] Fez bem o STJ em admitir o litisconsórcio ativo alternativo.[29]

Todavia, a espécie alternativa ocorre somente no litisconsórcio ativo, e a eventual, necessariamente, no passivo.

42. Litisconsórcio voluntário simples

Entre as espécies de cumulação em litisconsórcio sobreleva-se a simples. Trata-se de forma comum e natural, no contexto do fenômeno, e, por essa razão, imperceptível. Um exemplo esclarece totalmente a afirmação. Quando dois fiadores ajuízam demanda conjunta perante o afiançado comum, buscando a reintegração dos respectivos patrimônios, desfalcados pelo adimplemento da dívida garantida perante o credor, o objetivo de cada qual se cinge à própria esfera jurídica. Em outras palavras, as ações dos litisconsortes guardam absoluta autonomia. Nada impede, aliás, à vista do exemplo, um juízo de improcedência quanto a uma das ações.

O regime comum ou especial do litisconsórcio não interfere nesse resultado. Por óbvio, interessa o litisconsórcio voluntário unitário porque, tornada necessária a demanda conjunta, o cúmulo nem sequer aparece na questão (*retro*, n.º 30). E examinando o objeto litigioso, no caso do regime especial, conclui-se que ele preserva a qualidade de inconsútil, em nada contribuindo à sua divisibilidade o fato de não se acharem obrigados os titulares do direito ao consórcio processual. Não existe a independência de ações, embora reguladas, aparentemente, também pela "concorrência" típica da voluntariedade. De modo que, repelida a própria ideia de cumulação, de nenhuma espécie de cúmulo se cogita.

43. Litisconsórcio voluntário sucessivo

Na hipótese de mãe e filho, conjuntamente, fundando-se no art. 113, III, ajuizarem ações de alimentos e de ressarcimento das despesas do parto, evidencia-se o caráter prejudicial de uma em relação à outra. O juízo de procedência da ação de alimentos pressupõe a obrigação do suposto pai quanto às despesas, pois,

28. Cândido Rangel Dinamarco, *Litisconsórcio*, n.º 82.2, p. 396.
29. 2.ª T. do STJ, REsp 727.233/SP, 19.03.2009, Rel. Min. Castro Meira, *DJe* 23.04.2009.

na raiz do dever de prestar alimentos, situa-se a paternidade que os autores não colocaram em causa.

Nenhuma complexidade real traz a espécie sucessiva. A dependência constitui um ponto facilmente resolvido na sentença e não oferece, em princípio, aspectos peculiares na formulação.

§ 13 Regime de admissibilidade do cúmulo subjetivo

44. Fisionomia da admissibilidade do litisconsórcio facultativo

O cúmulo subjetivo ostenta os seus requisitos de admissibilidade. E, o primeiro deles, talvez o fundamental, e que vale para todas as espécies de litisconsórcio, independentemente do regime, comum ou especial, a que cada ação se submete, surge da estrita legalidade do litisconsórcio.

Com efeito, duas ou mais pessoas não podem litigar em conjunto, quer agindo na demanda, quer reagindo à demanda, senão à vista de explícita permissão legal. Mesmo alargada a disciplina no art. 46 do CPC de 1973, relativamente à do art. 88 do CPC de 1939, todavia restringida no art. 113 do CPC de 2015, a extensão maior das hipóteses de admissibilidade jamais significou que alguém pudesse demandar ou ser demandado conjuntamente com outra pessoa à margem da disciplina legal. O rol das hipóteses de admissibilidade do litisconsórcio era e é taxativo.[30]

Mas, o art. 113 continua omitindo hipótese óbvia: a imposição, *ex vi legis*, do litisconsórcio necessário. De notar que o art. 114 em nada contribui para a solução do problema.[31] O segundo fundamento dessa espécie de litisconsórcio – o caráter inconsútil do objeto litigioso –, repetido no art. 116, funda-se num dos casos do art. 113. Observa Ovídio A. Baptista da Silva que o litisconsórcio necessário unitário se origina, de sua vez, na comunhão (art. 113, I), e o necessário simples, somente imposto pela lei, dificilmente escaparia de idêntica sorte.[32] De modo que, por esse lado, a exceção aparente ao fechamento desaparece do panorama.

Do exposto se conclui, ademais, que o art. 113 se revela fonte neutra tanto do litisconsórcio necessário, quanto do facultativo, apesar da locução "podem litigar", indício do último, declinada no seu *caput*.[33] Oportuno registrar, desde logo,

---

30. Moacyr Amaral Santos, *Primeiras linhas de direito processual civil*, v. 2, n.º 304, p. 304.
31. Moacyr Amaral Santos, *Primeiras linhas de direito processual civil*, v. 2, n.º 304, p. 3.
32. Ovídio A. Baptista da Silva, *Curso de processo civil*, v. 1, p. 208.
33. Nesse sentido, Humberto Theodoro Jr., *Curso de direito processual civil*, v. 1, n.º 99, p. 105; José Carlos Barbosa Moreira, *Estudos sobre o novo Código de Processo Civil*, p. 72; Ovídio A. Baptista da Silva, *Curso de processo civil*, v. 1, p. 207; Moacyr Amaral Santos, *Primeiras linhas de direito processual civil*, v. 2, n.º 304, p. 3; Ernane Fidélis dos Santos, *Manual de*

que o inc. I do art. 113, geralmente apontado como fonte exclusiva da primeira espécie, comporta perfeitamente o facultativo. Segundo Dinamarco, vincular a ideia de comunhão, automaticamente, à necessidade do litisconsórcio, constitui um "preconceito herdado do estatuto precedente", no caso o CPC de 1939.[34] O alvitre subsiste atual. Outros pormenores se impõem na exegese da regra (*infra*, n.º 45.1).

Outra ponderação, de ordem sistemática, ressalvado os demais pressupostos da conjugação de pessoas em função de parte e a eles influenciando, deriva do exame dos laços que permitem atuar conjuntamente na relação processual, da comunhão (inc. I), em direitos ou obrigações, à afinidade de questões, por ponto comum de fato ou de direito (inc. III), mostra-se visível que o art. 113 prevê vínculos progressivamente mais fracos a enlaçar os prováveis litisconsortes.

Em relação aos §§ 59 e 60 da ZPO alemã, em que o legislador brasileiro se abeberou, após curiosa transposição de Chiovenda, a circunstância não escapou a Guilherme Estellita: "examinadas em conjunto as três situações e comparadas" – o autor se referia ao art. 88 do CPC de 1939 –, "poder-se-á observar que sua seriação obedece a uma escala descendente quanto à existência da unidade, ligação ou aproximação das relações jurídicas".[35] Esse progressivo espaçamento dos laços que unem os litisconsortes apresenta expressiva função. Por exemplo, a admissibilidade, em si mesma, do fenômeno, reclama medidas e pesos provenientes do direito material. Não só os incisos do art. 113, assentados uniformemente sobre o objeto litigioso, sugerem a conclusão, embora bastassem por si; o próprio tratamento dos litisconsortes, no processo, indiferente à maior ou à menor proximidade entre eles, no âmbito de cada regime, simples ou especial, comprova que, do plano processual, não se retiram os subsídios necessários à elaboração do cabimento.

Revelando-se fraco e distante o elo contemplado no art. 113, III, não podem surpreender certas hipóteses, fortemente contrastantes aos casos de comunhão (inc. I), que, nada obstante, consente-se à luz do dispositivo. Essencial a compreensão do ponto à exegese madura da regra.

Convém advertir, ainda, que a verificação dos pressupostos fundados no direito material, aqui como em toda a problemática da cumulação de ações, realiza-se

---

direito processual civil, v. 1, n.º 126, p. 68, e Celso Agrícola Barbi, *Comentários de Código de Processo Civil*, n.º 287, p. 261. Em sentido contrário, aparentemente, Arruda Alvim, *Código de Processo comentado*, v. 2, p. 352.

34. Cândido Rangel Dinamarco, *Litisconsórcio*, n.º 66, p. 316. A crítica se dirige a Pontes de Miranda, *Comentários Código de Processo Civil*, v. 1, p. 26, ainda preso ao texto antigo. Calmon de Passos, *Do litisconsórcio no Código de Processo Civil*, n.º 21, pp. 32 e 33, sempre defendeu a tese de que "comunhão" não significa, inevitavelmente, "necessariedade".

35. Guilherme Estelitta, *Do litisconsórcio no direito brasileiro*, p. 137.

hipoteticamente,[36] ou seja, segundo as alegações dos autores, porque, caso contrário, transformar-se-ia o controle em julgamento de mérito.

45. Fontes do litisconsórcio voluntário

Encontram-se contempladas no art. 113 as fontes do litisconsórcio voluntário. No ensaio que granjeou ótima reputação acerca das figuras do litisconsórcio no estatuto processual anterior, Machado Guimarães advertiu, sabiamente, que o legislador, "valendo-se de fórmulas concisas e esmeradas, ainda que inexpressivas e insuficientes",[37] deixara ao intérprete o espinhoso e relevante cometimento de iluminar o conteúdo exato dessas categorias. Embora os aperfeiçoamentos introduzidos, em alguma medida, tenham colaborado na explicitação das fórmulas, o repto se demonstra correto e é atual.

45.1 Comunhão de direito ou de obrigações

O art. 113, I, permite o litisconsórcio quando duas ou mais pessoas mantêm comunhão de direitos ou obrigações relativamente à lide. É interesse assinalar o emprego do vocábulo "lide", apesar de banido em outras passagens do estatuto vigente como sinônimo de mérito (ou objeto litigioso).

Em comparação ao art. 88 do CPC de 1939, houve decisiva melhora já na redação do art. 46, I, do CPC de 1973, agora repetida, *verbum ad verbum*, no art. 113, I. Por equívoco de tradução da fonte alemã, ou seja, da primeira parte do § 59 da ZPO,[38] imputado a João Monteiro,[39] transformou-se a palavra alemã *Rechtsgemeinschaft*, ou comunhão de direito, em "comunhão de interesses" no mencionado

36. Machado Guimarães, As três figuras do litisconsórcio, p. 210. No mesmo sentido, Leo Rosenberge Karl Heinz Schwab, *Zivilprozessrecht*, § 49, p. 240, que, em relação à primeira parte do § 59 da ZPO, equivalente ao art. 46, I, do CPC de 1973 e do art. 113, I, do CPC de 2015, afirmam "wenn die Streigenossen in Ansehung des Streitgegenstandes in (behaupteter) Rechtsgemeinschaft stehen".

37. Machado Guimarães, As três figuras do litisconsórcio, p. 204, fórmulas que atribui a Francisco Morato, no Congresso de 1936.

38. O texto do § 59 da ZPO é o seguinte: "Mehrere Personen können als Streitgenossen gemeinschfatlich Klagen oder Verklagt werden, wenn sie hinsichtlich des Streitgegenstandes in Rechtsgemeinschaft stehen oder wenn sie aus demselben tatsächlichen und rechtlichen Grunde berechtigt oder verpflichtet sind".

39. João Monteiro, v. 1, § 54, p. 210.

art. 88 do CPC de 1939.[40] No particular, a crítica certeira de Machado Guimarães ao erro cometido nesse texto produziu efeito no CPC de 1973.[41]

Outra passagem, ainda segundo Machado Guimarães, recolhida no art. 88 do CPC de 1939, deve-se a Chiovenda que, comentando disposições do CPC italiano de 1865,[42] diz que a lei, às vezes, contentava-se com "interesse comum".[43] No entanto, o próprio Chiovenda ressalvou, oportunamente, não mediar, invariavelmente, entre os litisconsortes obrigados pela mesma relação jurídica, uma comunidade de interesses.[44]

Por outro lado, o art. 113, I, utiliza a expressão "relativamente à lide", para se manter próximo ao original alemão, que alude a "hinsichtlich des Streitgegenstandes", trocando, significativamente, "objeto litigioso" por "lide" (*retro*, n.º 24).[45] Deixou, também, de reputar o litisconsórcio, neste caso, necessário, motivo de a solidariedade, na lúcida nota de Machado Guimarães, ter sido entendida no regime antigo como hipótese de conexão, a fim de fugir, evidentemente, da inaceitável obrigatoriedade.[46]

Do texto inspirador, portanto, o art. 113, I, ampliou a ideia de comunhão para abranger, ao lado dos direitos, as obrigações. No mais, ostenta fidelidade ao modelo, repetindo o art. 46, I, do CPC de 1973.

Os exemplos desse litisconsórcio envolvem as várias figuras de comunhão: (*a*) ações de cobrança de vários credores (art. 267 do CC de 2002), titulares do crédito, e/ou contra os devedores solidários (art. 275, *caput*, primeira parte, do CC de 2002); (*b*) ação reivindicatória promovida por dois ou mais condôminos (art. 1.314,

---

40. Machado Guimarães, As três figuras do litisconsórcio, p. 207, e Guilherme Estellita, *Do litisconsórcio no direito brasileiro*, p. 136.
41. Machado Guimarães, As três figuras do litisconsórcio, pp. 207 e 208. A respeito, José Carlos Barbosa Moreira, *Estudos sobre o novo Código de Processo Civil*, p. 72. Já Calmon de Passos, *Do litisconsórcio no Código de Processo Civil*, n.º 18, p. 29, falava em "comunhão jurídica" para caracterizar as palavras da lei.
42. Os textos, porém, não são exatamente claros. Art. 470: "La domanda di riforma o di annullamento proposta da una delle parti interessate ad impugnare la sentenza giova alle altre per i capi nei quali hanno interesse comune purchè intervengano nel giudizio e facciano adesione nei modi e nei termini stabiliti in appresso"; art. 500: "Quando con un solo atto siano impugnate più sentenze pronunziate nello stesso giudizio, basta um solo deposito. Mediante um solo deposito possono più persone avanti lo stesso interesse proporre la domanda di rivocazione, purchè con un sollo atto".
43. Giuseppe Chiovenda, *Principios de derecho procesal civil*, v. 1, § 88, p. 671.
44. Idem, ibidem.
45. Cândido Rangel Dinamarco, *Litisconsórcio* n.º 30, p. 85.
46. Guilherme Estellita, *Do litisconsórcio no direito brasileiro*, pp. 142-145, com amplas referências.

caput, do CC de 2002); (*c*) ação direta do credor retardatário contra o devedor e os outros credores na forma do art. 784 do CPC de 1973, ainda vigente (art. 1.052 do CPC de 2015);[47] (*d*) ação dos fiadores para reaver do devedor o que pagaram ao credor;[48] (*e*) ação do alienante para haver dos adquirentes a respectiva parte do preço.[49]

Em todos os casos, o litisconsórcio ativo se revela facultativo. Para a comunhão resultar na obrigatoriedade da demanda comum, impõe-se que concorram, ainda, as condições do art. 114, ou seja: (*a*) a imposição de texto de lei; ou (*b*) a necessidade de tratamento uniforme dos litisconsortes (regime especial).[50]

45.2 Conexão através da causa de pedir ou do pedido

O art. 46, II, do CPC de 1973 estabelecia que mais de uma pessoa pode demandar conjuntamente derivando os seus direitos ou obrigações de idêntico fundamento de fato ou de direito. Essa hipótese desapareceu do rol do art. 113. Convém rememorar o alcance da regra anterior, a fim de apurar se, realmente, ocorria sobreposição total com a hipótese subsequente – conexão através da causa de pedir ou do pedido –, ou, caso contrário, qual o tratamento a ser conferido à área porventura deixada a descoberto.

O art. 46, II, do CPC de 1973 inspirava-se no Direito alemão, agora da parte final do § 59 da ZPO,[51] inclusive através da noção de fundamento (*Grund*). Logo acode à mente, na interpretação da regra, a causa de pedir, composta do(s) fato(s) constitutivos e dos fundamentos jurídicos (*retro*, n.º 32). No entanto, a conexão através da causa, ou seja, a identidade parcial das ações dos litisconsortes em decorrência de terem a mesma *causa petendi*, na qualidade de fonte ao litisconsórcio, recebia e recebe previsão específica no inciso seguinte do artigo (art. 46, III, CPC/1973 e art. 113, II, CPC/2015). É evidente, assim, que a interpretação do difícil dispositivo depende da compreensão dos conceitos de fundamento, de direito e de fato, de um lado, e da subsequente inclusão, ou não, das hipóteses no âmbito da "conexão".

Essa exploração se mostraria inútil, consoante alvitre lançado no direito anterior e presumível fonte da supressão, porque ocorrera simples superposição, em virtude da diversidade dos textos de que se socorreu o legislador para montar

47. James Goldschmidt, *Zivilprozessrecht*, § 69, p. 438 e Araken de Assis, *Manual da execução*, n.º 440.3, p. 1.313.
48. Adolf Schönke, *Zivilprozessrecht*, § 26, II, 1, p. 90.
49. Celso Agrícola Barbi, v. 1, *Comentários ao Código de Processo Civil*, v. 3, n.º 290, p. 264.
50. Idem, n.º 287, p. 193.
51. *Vide*, o § 59 da ZPO, reproduzido na nota 38 deste capítulo.

o art. 46, II, do CPC de 1973.[52] Realmente, enquanto o inc. II se alimentou da já mencionada parte final do § 59 da ZPO, o inc. III do mesmo dispositivo, a que corresponde o art. 113, II, do CPC de 2015, proveio diretamente da parte inicial do art. 103 do CPC italiano.[53] Porém, restava saber se a identidade de fundamentos de fato ou fundamentos de direito equivalia, *tout court*, à conexão através da causa ou ficava englobada nessa hipótese. Salta aos olhos que uma e outra não se confundem com a afinidade, contemplada atualmente no art. 113, III, e que corresponde à última parte do art. 103 do CPC italiano, pois a afinidade se contenta com um ponto comum, de fato ou de direito.[54] Em outras palavras, o inc. II do art. 46 do CPC de 1973 podia constituir categoria intermediária, entre a identidade total das causas (conexão), e a existência somente de ponto comum, à medida que parece retirar da causa o fundamento de fato ou o fundamento de direito, como elementos distintos e capazes, de *per si*, de ensejar o litisconsórcio.

Verdadeiro que seja o raciocínio, ter-se-ia a seguinte formulação: (*a*) identidade total das causas (conexão); (*b*) identidade parcial em virtude do fundamento de fato; (*c*) identidade parcial em decorrência do fundamento de direito; (*d*) afinidade, através de ponto comum, tanto de fato quanto de direito.

Dentre os exemplos que, na literatura germânica, ilustram o permissivo cabível no § 59 da ZPO, alguns se revelam assaz expressivos. Recorda James Goldschmidt (*a*) a ação dos sócios para impugnar deliberação social,[55] exemplo também citado por Leo (*b*), a ação da mãe e do filho extraconjugal perante o pai para obter ressarcimento das despesas com o parto e haver alimentos,[56] e (*c*) a ação dos que figuram em conjunto em um dos polos da relação contratual;[57] Wilhelm Kisch menciona (*d*), a ação dos locatários comuns contra o locador, e (*e*) a ação de vários segurados contra a seguradora para interpretar idêntica cláusula dos diversos

52. Cândido Rangel Dinamarco, *Litisconsórcio*, n.º 34, p. 93.
53. Reza o art. 103 do CPC italiano: "Più parti possono agire o essere convenute nello stesso processo, quando tra le cause che si propongono esiste connessione per l'oggetto o per il titolo dal quale dipendono, oppure quando la decisione dipende, totalmente o parzialmente, dalla risoluzione di identiche questioni".
54. A respeito, Cândido Rangel Dinamarco, *Litisconsórcio*, n.º 32, p. 88 e 89.
55. James Goldschmidt, *Zivilprozessrecht*, § 69, I, 3, c, p. pp. 170-171.
56. Adolf Schönke, *Zivilprozessrecht*, § 26, II, 3, p. 90.
57. Wilhelm Kisch, *Elementos de derecho procesal civil*, § 49, p. 240. O último também é empregado por Adolf Schönke, *Zivilprozessrecht*, § 26, II, 3, p. 90.

contratos;[58] Walter Zeiss (*f*), as ações dos vários lesados pelo mesmo acidente, e (*g*) a ação dos titulares de títulos ao portador.[59]

Quase a totalidade dos exemplos, às vezes com variações insignificantes (por exemplo, em vez da ação para interpretar a cláusula do contrato, pensa-se na ação para cobrar o seguro), incluem-se na rubrica da conexão causal. Por exemplo: Ovídio A. Baptista da Silva arrola os casos *a* e *d*;[60] Hélio Tornaghi, a ação de diversos locatários contra o mesmo reajustamento dos aluguéis de cada contrato perante o locador comum, demanda assimilável a *e*.[61]

Quanto às locuções "fundamento de fato" e "fundamento de direito", elas só podem referir-se, respectivamente, aos fatos jurídicos, ou causa remota (*retro*, n.º 32.2), e aos seus fundamentos, ou causa própria (*retro*, n.º 32.3), que compõem a causa de pedir. Não se cogita, naturalmente, do fundamento legal à vista do princípio cediço *iura novit curia*. Destaca-se, a propósito, que a causa de pedir é elemento composto do amálgama formado a partir do fato e da consequência,[62] o que se harmoniza com o conceito já defendido (*retro*, n.º 34).

Ora, um fato ou conjunto de fatos incide, por vezes, em mais de um suporte, beneficiando pessoas distintas. No exemplo de Leo Rosenberg e de Karl Heinz Schwab, sob *b*, a característica se mostra bem explícita. Do mesmo conjunto de fatos, o nascimento, retira-se a ação do filho, visando a alimentos, e a da mãe, objetivando dividir as despesas de parto. Fica patente, também, a diferença marcante das consequências extraídas do mesmo fato, ou fundamento jurídico. Coerentemente, se a pluralidade de causas remotas e a pluralidade de causas próximas implicam cúmulo objetivo, a diferença em um desses elementos descaracteriza a *causa petendi*.

Em princípio, as hipóteses aventadas para o antigo art. 46, II, do CPC de 1973, acomodavam-se à previsão de conexão causal. Porém, a conexão através da causa requer identidade total, e não a identidade parcial, ou seja, a coincidência apenas da causa remota ou da causa próxima. Os dúbios exemplos antes arrolados devem se amoldar a tal distinção, sendo de notar que, no direito alemão, à mingua

58. Wilhelm Kisch, *Elementos de derecho procesal civil*, § 66, p. 316. O primeiro exemplo é reproduzido por Friedrich Lent, *Diritto processuale civile tedesco*, § 81, p. 309.

59. Walter Zeiss, *Zivilprozessrecht*, § 85, p. 287.

60. Ovídio A. Baptista da Silva, *Curso de processo civil*, v. 1, p. 210.

61. Hélio Tornaghi, *Comentários ao Código de Processo Civil*, v. 1, p. 213.

62. Ernane Fidélis dos Santos, *Manual de direito processual civil*, v. 1, n.º 129, pp. 69-70. O exemplo de o amante surrar a mulher com o cachorro de estimação do rival, ferindo-a e matando-o, *ipso facto* originando duas ações (a do rival e a da amásia), a partir do mesmo fato, é uma hipótese altamente improvável. Não esclarece a raça e as dimensões do cão, a força física do amante e a reação do cachorro ao ser agarrado.

de regra equiparável à do vigente art. 113, II, nenhuma preocupação têm os autores na espécie. De resto, quer por subsunção a uma ou a outra norma, torna-se indiscutível a admissibilidade do litisconsórcio facultativo ativo.

Porém, há uma complicação adicional, presa à ideia de conexão: emprega a lei conceito de sentido unívoco? Uma resposta negativa ao quesito, ampliando a noção constante do art. 113, II, torna o instituto tão abrangente que anula, automaticamente, as sutis diferenças ora examinadas? E encontrar-se-á aí a explicação para a eliminação da identidade de fundamento de fato ou de fundamento de direito do rol do art. 113 do CPC de 2015?

O art. 113, II, autoriza o litisconsórcio quando houver conexão pelo pedido ou pela causa de pedir. Em relação ao direito anterior, trocou-se "objeto" por "pedido".

Dos conceitos, utilizados na regra, dois foram examinados em profundidade: o pedido e a causa de pedir. Outro, a conexão, constitui tema dos mais ásperos, motivo de discórdias invencíveis, e que mereceu, entre nós, estudos do mais alto merecimento.[63] É relevante o avanço na matéria, porque, em outros ordenamentos, lamenta-se exatamente o pouco caso dispensado à augusta questão.[64]

A essa noção, de *per si* motivo de cautela na interpretação, junta-se a cláusula final, esclarecendo o tipo de conexão legitimador do litisconsórcio, ou seja, a fundada no pedido e na causa de pedir, cuja função supletiva ou restritiva representa ponto de primeiro plano no problema.

O art. 103 do CPC de 1973 rezava o seguinte: "reputam-se conexas duas ou mais ações, quando lhes for comum o objeto ou a causa de pedir". Por sua vez, o art. 55, *caput*, do CPC de 2015, declara: "Reputam-se conexas duas ou mais ações quando lhes for comum o pedido ou a causa de pedir". Ora, ao prever a conexão, para fins de litisconsórcio, como derivada do pedido e da causa de pedir, o art. 113, II, incidiu na mesma flagrante repetição da lei anterior, que deixava duas saídas, bem observadas por Barbosa Moreira: ou (*a*) a cláusula em tela se revela supérflua – vício que os juristas temem e repelem obstinadamente, segundo o princípio de que a lei ignora palavras inúteis – ou (*b*) a lei dá a entender um conceito de conexão mais amplo, ou diverso, do que pedido e causa de pedir comuns (= idênticas).[65] Lição adotada pelo STJ, de resto, ao estabelecer o seguinte: "... a indagação sobre o objeto ou a causa de pedir, que o artigo por primeiro quer que seja comum, deve ser entendida em termos, não se exigindo a perfeita identidade,

63. José Carlos Barbosa Moreira, *A conexão de causas como pressuposto da reconvenção*, § 16, pp. 123-132 e Guilherme Estellita, *Do litisconsórcio no direito brasileiro*, pp. 158-163.

64. Teresa Armenta Deu, *La acumulación de autos*, n.º 36, p. 166, nota 204.

65. Barbosa Moreira, *A conexão de causas como pressupostos da reconvenção*, n.º 71, p. 128.

senão que haja um liame que os faça passíveis de decisão unificada".[66] Assim, como a conexão não se afigura noção unívoca, limitada à identidade de pedido e de causa de pedir, o art. 55, § 3.º, do CPC de 2015, adotou fórmula mais flexível, estabelecendo o seguinte: "serão reunidos para julgamento conjunto os processos que possam gerar risco de prolação de decisões conflitantes ou contraditórias caso decididos separadamente, mesmo sem conexão entre eles". Entenda-se bem: sem a conexão do art. 55, *caput*, ou seja, a identidade de pedido ou de causa de pedir. Claro está que o problema aumenta, perante o art. 55, § 3.º, cumprindo descobrir e definir quais os vínculos entre os objetos litigiosos de dois processos distintos que provocam o risco da emissão de "decisões conflitantes ou contraditórias". Mas, antes de mais nada, cabe rememorar às origens do art. 113, II, no estatuto processual.

Ensinava Chiovenda que, geralmente, a lei autoriza autores e réus a litigar conjuntamente se entre as ações promovidas por aqueles ou contra estes havia uma "conexão jurídica".[67] E o art. 103 do CPC italiano, que sobreveio à essa influente lição, previu a hipótese nesses termos: "Mais de uma parte pode agir ou ser demandada no mesmo processo, quando entre as causas propostas existe conexão pelo objeto ou pelo título do qual derivam..." Essa, sem dúvida, a fonte principal da lei brasileira.

O fenômeno da conexão, na doutrina italiana, também fator de determinação (art. 33) ou modificação (art. 40) da competência, ocorre, segundo Liebman,[68] secundado pela generalidade da doutrina,[69] quando duas ações, embora diferentes, em comum ostentam, ao menos, um dos seus elementos. Não discrepa, na Espanha, Teresa Armenta Deu.[70] O problema reside em que, na aguda observação de Barbosa Moreira,[71] quando se cuida de aplicar na prática o conceito, explicando as diversas situações em que há conexão, nunca se guarda absoluta fidelidade ao definido.

Ocorreu, entre nós, que o art. 88 do CPC de 1939 estipulava o litisconsórcio, brusca e simplesmente, "na conexão de causas". Deixou em branco, em princípio, a definição de causas conexas. Porém, o art. 134, § 2.º, do mesmo diploma, localizado no Título relativo à competência, dispôs: "havendo mais de um réu e sendo diferentes seus domicílios, poderão ser demandados no foro de qualquer deles, si houver conexão quanto ao objeto da demanda ou quanto ao título ou fato que lhe

66. 3.ª T. do STJ, REsp 3.511-RJ, 10.12.1991, Rel. Min. Waldemar Zveiter, *DJU*, 11.03.1991, p. 2.391.

67. Giuseppe Chiovenda, *Principios de derecho procesal civil*, v. 2, § 88, p. 670.

68. Enrico Tullio Liebman, *Manuale di diritto processuale civile*, v. 1, n.º 88, pp. 154-155.

69. Por todos, Crisanto Mandrioli, *Corso di diritto processuale civile*, v. 1, n.º 30, p. 110.

70. Teresa Armenta Deu, *La acumulación de autos*, n.º 36, p. 166.

71. Barbosa Moreira, *A conexão de causas como pressuposto da reconvenção*, n.º 67, pp. 122 e 123.

sirva de fundamento". Convém recordar, por oportuno, que tal regra se assemelhava à do art. 33 do CPC italiano.[72]

Explicitando, então, a preocupante "conexão de causas", presente no regulamento do litisconsórcio, Guilherme Estellita sustentou que essa se efetivava nos casos do art. 134, § 2.º, do CPC de 1939, ou seja, quando as ações tiverem em comum a causa ou o pedido.[73] Por outro lado, Machado Guimarães obtemperou que, assim, se prestigiaria o circunlóquio, pois a locução acrescida se mostra inútil ou apenas explicativa.[74] Essas opiniões divergentes, acrescidas da inclinação do autor do anteprojeto do estatuto processual de 1939, Pedro Baptista Martins, de relegar à jurisprudência a tarefa de forjar os contornos definitivos da conexão,[75] fornece a chave que decifra a cláusula final do art. 46, III, do CPC de 1973, e, conseguintemente, a redação do art. 113, II, do CPC de 2015.

Realmente, visando a evitar o erro do CPC de 1939, e tendo em vista a límpida definição administrada por Liebman a respeito do instituto sob foco, quase literalmente reproduzida na lei brasileira, e de modo algum esmaecida pela reiteração dos tópicos da competência e do litisconsórcio no CPC italiano, o legislador brasileiro alvitrou a cláusula final, de caráter expletivo,[76] no artigo sob crítica.

Tal não significava que o conceito de conexão se apresentasse, no direito brasileiro, unívoco. Ele não o era, como apreendeu Barbosa Moreira relativamente à reconvenção,[77] apesar dos tentames de fidelidade da lei à concepção de Liebman e da advertência lúcida, constante de acórdão do STJ, segundo a qual mostra-se impossível "dilargar em excesso o que a lei quis restrito".[78] Seja como for, o litisconsórcio baseado na conexão não se prestava a exemplificar as eventuais exceções porque ele, intencionalmente, harmonizava-se com a noção

---

72. Reza o art. 33: "Le cause contro più persone che a norma degli articoli 18 e 19 dovrebbero essere proposte davanti a giudici diversi, se sono conesse per l'oggetto o per il titolo possono essere proposte davanti al giudice del luogo di residenza o domicilio di una di esse, per essere decise nello stesso processo".

73. Guilherme Estellita, *Do litisconsórcio no direito brasileiro*, pp. 164-174. Já Calmon de Passos, *Do litisconsórcio no Código de Processo Civil*, n.º 28, p. 40, diz que era "qualquer espécie de conexão".

74. Luiz Machado Guimarães, As três figuras do litisconsórcio, p. 209. Incorre, porém, obsedado pelo § 59 da ZPO, na precipitação de distinguir, no regime do CPC de 1939, três hipóteses de conexão: identidade do pedido, do fato e das consequências jurídicas (p. 211). Não havia à época regra de direito positivo análoga ao art. 46, II, do CPC de 1973.

75. Pedro Baptista Martins, *Comentários ao Código de Processo Civil*, v. 2, p. 46, e Pontes de Miranda, *Comentários ao Código de Processo Civil*, v. 1, pp. 468 e 477.

76. Assim, Celso Agrícola Barbi, *Comentários ao Código de Processo Civil*, v. 1, n.º 293, p. 267.

77. Barbosa Moreira, *A conexão de causas como pressuposto da reconvenção*, n.º 72, p. 131.

78. 3.ª T. do STJ, REsp 26.919/RJ, 10.11.1992, Rel. Min. Eduardo Ribeiro, *RJSTJ* 42/451.

estrita de conexão, exigindo identidade total da causa ou do objeto. E a maior prova de que as ações agasalham relações outras, de menor intensidade ou importância, encontrava-se, afinal, no inciso que exigia apenas identidade do fato ou do fundamento, e não de toda a *causa petendi*, e no que reclamava somente questão afim, de fato ou de direito. Já no CPC de 1973 havia uma conexão em sentido amplo, que abrigava outras formas de relacionamento das ações. Aliás, a parte final do art. 103 do CPC italiano, considerada conexão imprópria, e, na verdade, de acordo com Elisabetta Silvestri, nesse caso "as causas não são propriamente conexas".[79]

Essas considerações levaram o legislador, em 2015, a suprimir a identidade de fundamento de fato ou de direito como hipótese de litisconsórcio, de um lado, e a de adotar noção mais fluída de conexão (apesar de o art. 55, § 3.º, declarar que, nesse casos, inexiste conexão, inspirando-se na doutrina italiana há pouco citada), evitando o impasse do CPC de 1973, em que conexão, para fins de litisconsórcio, era tomada no sentido estrito.[80] Em outras palavras, para os fins do art. 55, § 3.º, e, conseguintemente, para o art. 113, II, basta a identidade de fundamento de fato ou de fundamento de direito, caso em que transparece o risco de decisões contraditórias ou conflitantes, quer recomendando a reunião dos processos, quer permitindo litisconsórcio.

Exemplo clássico de ações conexas se depara nas demandas dos credores para desfazer negócio jurídico em razão de fraude contra credores (art. 158, *caput*, e § 2.º, do CC de 2002).[81]

45.3 Afinidades de questões por um ponto comum de fato ou de direito

O derradeiro inciso do art. 113 admite o litisconsórcio quando as ações tiverem afinidade de questões por ponto comum de fato ou de direito.

Corresponde o dispositivo, *grosso modo*, à parte final do art. 103 do CPC italiano, e, também, ao § 60 da ZPO alemã, sem amoldar-se, completamente, a nenhum dos dois. Quanto ao primeiro, basta lembra que alude à resolução, total

79. Elisabetta Silvestri, Dell'esercizio dell'azione, p. 103. Diz Salvatore Satta, *Diritto processuale civile*, n.º 19, p. 41, que outras razões, tais como a acessoriedade, a garantia, a prejudicialidade, a reconvenção etc., também importam conexão. No mesmo sentido, aplicável ao direito italiano, Enrico Tullio Liebman, *Manuale di diritto processuale civile*, v. 1, n.º 88, pp. 135-136

80. Conforme entendia, afinal, José Carlos Barbosa Moreira, *A conexão de causas como pressuposto da conexão*, n.º 71, p. 129.

81. Ovídio A. Baptista da Silva, *Curso de processo civil*, v. 1, p. 209.

ou parcial, de questões idênticas,[82] e o segundo, do qual Machado Guimarães diz nossa lei se afastar,[83] exige direitos e obrigações da mesma classe e fundamento homogêneo (*gleichartig*).

A regra se inspira, provavelmente, na lição de Chiovenda, que se encontra na raiz do art. 88 do CPC brasileiro de 1939, pois o autor afirmava: "a afinidade, que, na falta de conexão, pode autorizar o litisconsórcio, consiste em que as diversas relações, ainda que diversas e independentes, tenham em comum um ponto de fato ou de direito a decidir".[84]

No concernente ao art. 88 CPC de 1939, porém, a disciplina imprimida no CPC de 1973 e repetida em 2015 aboliu a "inovação ousada, se bem que pouco ponderada", no sentir de Machado Guimarães,[85] segundo a qual dependia a formação do processo cumulativo da concordância do réu, e daí, o problema da recusa à formação do litisconsórcio facultativo. Por isso, chamava-se tal litisconsórcio de impróprio,[86] à semelhança, aliás, do direito italiano. Evidentemente, a terminologia se tornou "imprópria".

Estabelecidos, assim, a genealogia e o parentesco do art. 113, III, convém esclarecer-lhe o conteúdo.

Questões que se reclamam afins, ou seja, somente semelhantes, apresentam acepção controvertida. No campo da coisa julgada, suscita sérias dúvidas.[87] Ainda na vigência do CPC de 1973, reputando o conceito de questão útil sob vários pontos de vista,[88] Buzaid lhe conferiu caráter retirado das concepções de Carnelutti, o qual o define como ponto duvidoso, de fato ou de direito, na lide.[89] De acordo com Machado Guimarães, apreciando divergências sobre o vocábulo, este revela o sentido real das "questões" que capacitam o litisconsórcio.[90]

---

82. A respeito, Guilherme Estellita, *Do litisconsórcio no direito brasileiro*, p. 181.
83. Machado Guimarães, As três figuras do litisconsórcio, p. 211, que faz a lei brasileira se aproximar da italiana. No mesmo sentido, Calmon de Passos, *Do litisconsórcio no Código de Processo Civil*, n.º 35, p. 45.
84. Giuseppe Chiovenda, *Principios de derecho procesal civil*, v. 2, § 88, p. 672.
85. Machado Guimarães, As três figuras do litisconsórcio, p. 202.
86. A respeito, Ovídio A. Baptista da Silva, *Curso de processo civil*, v. 1, p. 97 e Pontes de Miranda, *Comentários ao Código de Processo Civil* (de 1939), v. 2, p. 107.
87. Ovídio A. Baptista da Silva, Limites objetivos da coisa julgada no direito brasileiro, § 6, pp. 142-148.
88. Alfredo Buzaid, *Do agravo de petição no sistema do Código de Processo Civil*, n.º 55, p. 112.
89. Giuseppe Chiovenda, *Instituições de direito processual civil*, v. 1, n.º 13, pp. 36-37.
90. Machado Guimarães, As três figuras do litisconsórcio, p. 213. Em sentido contrário, Calmon de Passos, *Do litisconsórcio no Código de Processo Civil*, n.º 37, p. 46, por "causa".

Por outro lado, deixou-se claro que, nas questões, o ponto comum pode ser de fato ou de direito. O art. 103 do CPC italiano, ao contrário, omitiu a natureza das questões a serem resolvidas, e, então, falta unanimidade a respeito da inclusão de questões de direito.[91]

Logo, ao invés de comunhão (inc. I), da identidade total ou da parcial (inc. II) da *causa petendi*, a simples semelhança (afinidade) em um ponto de fato ou de direito na causa de pedir permite o litisconsórcio (inc. III).

Existem exemplos clássicos de litisconsórcio fundado no art. 113, III. O mais expressivo expõe Eduardo Espínola: a ação de cobrança do proprietário de prédio sinistrado contra as seguradoras, baseado em apólices diversas e independentes.[92] Outros arrola Guilherme Estelitta, a saber: (*a*) a ação dos náufragos contra o responsável pelo evento; (*b*) a ação do dono da fazenda invadida e danificada por animálias pertencentes a vários donos.[93] Ovídio lembra, ainda, a ação do condomínio para cobrar as cotas do condomínio contra dois ou mais condôminos diferentes.[94] E o STJ admitiu a cumulação, no mesmo processo, da ação fundada na responsabilidade contratual do transportador, e contra o responsável, fundada em responsabilidade extracontratual.[95]

46. Pressupostos processuais e litisconsórcio. Caracterização dos requisitos do cúmulo subjetivo

No cúmulo subjetivo inicial, justamente em decorrência da presença de várias pessoas, na função de autores e réus, devem concorrer em relação a cada uma delas os pressupostos processuais (*retro*, n.º 5.3).

Os pressupostos subjetivos em relação às partes assumem, naturalmente, especial destaque. Todos os litisconsortes hão de observar os pressupostos da personalidade processual, capacidade processual, capacidade postulatória e legitimidade (exceção feita, nesse caso, ao litisconsórcio alternativo, em que, por definição, um dos autores ou um dos réus é parte ilegítima). De idêntica maneira se torna mister a observância dos pressupostos subjetivos do juízo. Os pressupostos processuais objetivos, extrínsecos ou intrínsecos à relação processual, mostram-se obrigatórios, eis que rejeitar-se-á, evidentemente, que uma das ações ofenda os pressupostos da litispendência (art. 337, § 3.º, primeira parte); coisa julgada (art. 337, § 4.º); perempção (art. 486, § 3.º); prévio pagamento ou depósito da

91. Elisabetta Silvestri, Dell'esercizio dell'azione, p. 103.

92. Eduardo Espínola, *Código de Processo do Estado da Bahia anotado*, v. 1, p. 315.

93. Guilherme Estellita, *Do litisconsórcio no direito brasileiro*, pp. 186 e 187.

94. Ovídio A. Baptista da Silva, *Curso de processo civil*, v. 1, p. 209.

95. 3.ª T. do STJ, REsp 38.922/SP, 26.10.1993, Rel. Min. Eduardo Ribeiro, *RJSTJ* 55/271.

sucumbência anterior (art. 486, § 2.º) ou garantia (art. 83) das despesas processuais, ou, de um modo geral, os requisitos de existência, validade e eficácia dos atos processuais.

Esses pressupostos, quanto à admissibilidade do litisconsórcio, possuem importância desigual. Sobrelevam-se os concernentes às partes, haja vista a sua pluralidade, intrínseca ao fenômeno; e a repetição de ação em curso ou extinta, que dá azo aos impedimentos da litispendência e da coisa julgada, respectivamente, desafia, mais uma vez, a problemática da identificação da ação. Ademais, avultam as questões da competência, pressuposto indispensável ao cabimento, *ab initio* do litisconsórcio,[96] ou melhor, à sua legitimidade e conservação na demanda, da identidade de rito e da compatibilidade das ações.

Calha, aqui, uma distinção fundamental, encontrada em Leo Rosenberg e Karl Heinz Schwab,[97] que permite identificar quais os requisitos do litisconsórcio, além das suas fontes, já catalogadas, e a sua legalidade.

É que a cumulação subjetiva implica, sempre, cumulação objetiva, pois a ação de *A* contra o réu *B* necessariamente difere da ação de *A* contra o réu *C*. Por isso, os requisitos inerentes ao cúmulo objetivo – entre nós, convém observar, estabelecidos no art. 327 – revelam-se de rigor, nomeadamente a identidade de procedimento e a inexistência de proibição ao cúmulo. Nomeiam-se também, a admissibilidade do procedimento escolhido pelos litisconsortes e a competência; no entanto, esses se relacionam às ações dos litisconsortes individualmente consideradas.

Embora diferente o regime de admissibilidade do cúmulo de pedidos, inspirando-se o estatuto processual brasileiro, basicamente, no art. 470 do CPC português de 1961 – o art. 36 do CPC português de 2013 denomina de "coligação" ao cúmulo subjetivo e estabelece requisitos específicos para sua formação –, em detrimento do § 260 da ZPO, o entendimento da doutrina alemã se mostra aproveitável entre nós. Cabe distinguir os requisitos pertinentes a cada ação dos litisconsortes, inseridos no âmbito geral dos chamados pressupostos processuais, e os do litisconsórcio, derivados, de um lado, das suas fontes (*retro*, n.º 45), e de outro do cúmulo de pedidos. Estatui o art. 327, § 1.º, quatro pressupostos específicos:

---

96. Neste sentido, Friedrich Lent, *Diritto processuale civile tedesco*, § 81, p. 310.

97. Leo Rosenberg e Karl Heinz Schwab, *Zivilprozessrecht*, § 49, p. 240 e Andres De la Oliva e Miguel Angel Fernandez, *Lecciones de derecho procesal*, v. 2, p. 200. Giuseppe Tarzia, *Litisconsorzio facoltativo nel processo di primo grado*, p. 62, ao invés, põe em destaque só os pressupostos processuais de cada "causa", no que é acompanhado por Calmon de Passos, *Do litisconsórcio no Código de Processo Civil*, n.º 50, p. 56. Evidentemente, essa problemática deve ser referida a cada litisconsorte, individualmente, inserindo-se na relação jurídica processual enquanto figura complexa; neste caso, o defeito identificado em relação a um litisconsorte não contamina a integralidade da relação.

(*a*) compatibilidade dos pedidos (*rectius:* ações); (*b*) competência; (*c*) identidade do tipo de procedimento; e (*d*) preservação do princípio da igualdade das partes (art. 113, § 1.º) e, no litisconsórcio ulterior, a do princípio do contraditório. Esse último pressuposto, atinente à cumulação sucessiva, não integra o objeto do presente estudo (*retro*, n.º 3). O art. 327, § 2.º, acrescenta que, diversos os procedimentos das ações cumuladas, tolerar-se-á o cúmulo, todavia, sob o rito comum, sem prejuízo das "técnicas processuais diferenciadas" porventura aplicáveis a uma das ações (*v.g.*, pretendendo o autor *A* perante o réu *B* pagar parte do preço e, sucessivamente, obter a adjudicação compulsória do imóvel prometido vender, *in simultaneo processu*, nada impede o depósito inicial da prestação, peculiaridade do procedimento da consignação em pagamento).

Nota-se uma área compartilhada com os pressupostos processuais em sentido estrito, constituída da competência e da compatibilidade de procedimentos. Essa circunstância não infirma o princípio de que os requisitos do cúmulo subjetivo e os pressupostos denotam coisas diversas.

47. Identidade de rito das ações dos litisconsortes

Expressa o cúmulo subjetivo, antes de mais nada, a existência de pluralidade de ações materiais. Segundo Giuseppe Tarzia, a unidade formal do processo se afigura essencial ao litisconsórcio.[98] Daí por que as ações devem se sujeitar a um procedimento único, pois, do contrário, frustrar-se-ia semelhante princípio.

Esse requisito é pouco explorado.[99] Realmente, atenção superficial recebia até tratamento exemplar realizado no direito anterior.[100] Na doutrina alemã, no entanto, ao lado da presença obrigatória, em relação a cada litisconsorte, dos pressupostos processuais, propugna-se a aplicação analógica do § 260 da ZPO,[101] em princípio destinado a regular a cumulação de pedidos, que impõe, para todas as ações, idêntica espécie de procedimento.[102] E Giuseppe Tarzia confirma: "a

---

98. Giuseppe Tarzia, *Litisconsorzio facoltativo nel processo di primo grado,* n.º 6, p. 38.

99. Cândido Rangel Dinamarco, *Litisconsórcio*, n.º 80, p. 378, nota 106, referindo-se, também, a uma observação idêntica de Giuseppe Tarzia, *Litisconsorzio facoltativo nel processo di primo grado,* n.º 12, p. 126.

100. Moacyr Amaral Santos, *Primeiras linhas de direito processual civil,* v. 2, n.º 307, pp. 6-8.

101. O texto é o seguinte: "Mehre Ansprüche des Klagers gegen denselben Beclagten könnes, auch wenn si auf verschiedenen Grüden berehen, in einer Klage verbunden werden, wenn für sämtliche Ansprüche das Prozessgerich zustandig und dieselbe Pozessart zulässig ist".

102. Neste sentido, Leo Rosenberg Karl Heinz Schwab, *Zivilprozessrecht*, § 49, p. 240, Friedrich Lent, *Diritto processuale civile tedesco*, § 81, p. 210; Adolf Schönke, *Zivilprozessrecht*, § 26, II, 4, a, p. 90 e Wilhelm Kisch, *Elementos de derecho procesal civil,* § 66, p. 316.

escolha do mesmo módulo processual, para deduzir em juízos várias pretensões, é condição para se formar o litisconsórcio".[103]

O problema se põe, fundamentalmente, no litisconsórcio facultativo. No litisconsórcio necessário, ou o objeto litigioso se mostra inconsútil e, pois, único, e a resolução há de ser uniforme para a totalidade dos litisconsortes (art. 116) – "só tem sentido aludir a *unitariedade* e, para todos os litisconsortes, é a mesma *causa petendi*, e o mesmo é o pedido", assevera Barbosa Moreira[104] –, ou a lei determina a indispensabilidade da demanda conjunta e, neste caso, comum o regime do litisconsórcio e, nada obstante, necessário ele, há ação única. Resolve-se a pluralidade de partes, em ambos os casos, na unidade do objeto litigioso e, de conseguinte, na própria unidade procedimental.[105] É curial que, perante a mesma ação material, não convivem, a um só tempo, dois procedimentos diferentes.

Delimitado, portanto, o campo de incidência do pressuposto, que, por sinal, aproxima-se ao do cúmulo subjetivo e do tema que interessa ao estudo, passa-se à sua disciplina.

Relega-se, aqui e agora, o conceito e a classificação dos procedimentos para exame ulterior no contexto da cumulação de pedidos. Adianta-se, todavia, que as diversidades rituais se prendem à especificidade das ações. Não pode a ação afeiçoada a rito especial, assim, reduzir-se, *tout court*, a outro rito sem descaracterizar-se materialmente.

De outro lado, ocorre a diversidade ritual nas ações dos litisconsortes, de resto autorizadas pelo art. 113, que se encontra no núcleo do problema. Mantendo fidelidade aos lindes da cumulação estudada, que se restringe à inicial, exclui-se determinado exemplo – o dos condôminos que, atacando ato ilegal da administração que lhes interditou o prédio, ajuízam respectivamente mandado de segurança e ação de procedimento comum –, no qual a reunião dos processos, *ex vi* do art. 55, *caput*, parece inviável.[106] Mas outros exemplos, pertinentes, compõem o quadro: (*a*) duas ações condenatórias, conexas pela causa (art. 113, II), cujos pedidos mediatos, todavia, apresentam valores diferentes, de modo que uma poderia se sujeitar ao rito dos juizados especiais da Justiça Comum; (*b*) as ações da mãe, para ressarcir-se das despesas do parto, e do filho, para haver alimentos, ambas contra o pai, estando a última subordinada ao rito especial da Lei 5.478, de 25.07.1968.[107]

---

103. Giuseppe Tarzia, *Litisconsorzio facoltativo nel processo di primo grado,* n.º 12, p. 125.
104. Barbosa Moreira, *Litisconsórcio unitário*, n.º 74, p. 129.
105. Neste sentido, Cândido Rangel Dinamarco, *Litisconsórcio*, n.º 80, p. 378.
106. Idem, n.º 80.1, p. 379.
107. Idem, n.º 80.2, p. 380.

Consistindo a compatibilidade dos procedimentos, à semelhança do direito alemão, requisito da cumulação subjetiva, nada mais natural que incida o art. 327, § 2.º, ou seja, o princípio da preferência do rito comum,[108] que estabelece, ocorrendo a diversidade de ritos, a admissão do cúmulo seguindo-se semelhante procedimento, de que trata o art. 318, *caput*. Outra hipótese implicaria a proibição do litisconsórcio, e, conseguintemente, a negação dos princípios da economia e da não contradição que chancelam a sua existência.[109]

Não basta, contudo, o princípio de que a cumulação se abriga sob o comum. É que as ações de rito especial não admitem, em princípio o cúmulo com outras de rito comum. Tampouco duas ações atreladas a procedimento especial – *v.g.*, a prestação de contas e a consignação em pagamento – são cumuláveis entre si, quer no rito de uma delas, quer ambas sob o procedimento comum. Essa incompatibilidade desaparece perante o art. 327, § 2.º, autorizam o emprego, no procedimento comum, das "técnicas processuais diferenciadas previstas nos procedimentos especiais a que se sujeitam um ou mais pedidos cumulados, que não forem incompatíveis com as disposições sobre o procedimento comum". O princípio parece claro, mas sua aplicação prática oferece dificuldades. O autor *A* obrigou-se a comprar o imóvel *X* do vendedor *C*, mediante o saldo credor favorável a *B*, por sua vez devedor de A em valor equivalente ao preço do imóvel *X*, o qual entregara mercadorias em consignação a *C*, e, nada obstante, *C* não prestou contas a *B*: mostrar-se-ia possível, nessa contingência, *A* e *B*, em litisconsórcio ativo fundado no art. 113, III, *B* pleitear a prestação de contas, e, havendo saldo credor, e *A* pedir a declaração do cumprimento da obrigação relativa ao preço e, sucessivamente, a adjudicação compulsória? Impõe-se resposta positiva, porque as ações de *A* assumem caráter subsidiário relativamente à de *A*.

Logo, a proposição geral se mostra perfeitamente válida quando autônomas as ações dos litisconsortes. Mas, em se tratando de ações subjetivamente cumuladas de modo sucessivo ou eventual (por exemplo, a ação negatória de paternidade, contra filho, cumulada com a anulação de casamento, contra a mãe, fundada em erro essencial quanto à pessoa), a ação sucessiva ou subordinada se adscreverá ao rito da outra. Por isso, o art. 327, § 3.º, adotando o entendimento aqui esposado, declara que não se aplica à cumulação eventual de pedidos o requisito da compatibilidade, porque o oposto é natural nessa espécie de cúmulo. Idêntica diretriz se pode aplicar, havendo cumulação subjetiva, no tocante ao problema do procedimento. No capítulo dedicado ao cúmulo de pedidos, e ao requisito da compatibilidade de ritos, o assunto será tratado amplamente.

108. Pontes de Miranda, *Comentários ao Código de Processo Civil*, v. 4, p. 7.
109. *Litisconsórcio* cit., n. 80.3, p. 381 e 382.

48. Problema de competência nas ações dos litisconsortes

Um dos problemas mais difíceis da ciência processual, graças aos critérios dissonantes utilizados, reside na competência. Difícil de expor e de compreender, o tema rejeita simplificações, subvertendo o método típico do processo.[110]

Paradoxalmente, o problema de competência deriva de uma necessidade prática bem visível do exercício da função jurisdicional. Em certo ordenamento, e momento histórico, há um dado número de lides que, para se resolverem justamente precisam ser repartidas. Esta distribuição implica, de um lado, a criação de uma quantidade adequada – às vezes esquecida! – de juízos e, de outro, na separação das lides, em decorrência de características extrínsecas ou intrínsecas, nascendo, assim, as duas balizas extremas da competência. É fácil perceber que a combinação desses fatores, de resto joeirados por conveniência, não possui limites; mas torna intuitiva a clássica definição de competência como a partição da jurisdição.[111] Na verdade, a descentralização dos juízos obedece à impossibilidade do tribunal único, e a competência significa, portanto, uma correlação entre o órgão e a lide.

Na primeira vertente, os órgãos assumem as seguintes dimensões: (*a*) existência de organismos institucionais relativamente autônomos, ou "justiças" especializadas, comparativamente à "comum", de caráter residual; (*b*) existência de órgãos inferiores ou superiores em face da previsão constitucional do duplo grau de jurisdição; (*c*) existência de divisão judiciária em todo o território nacional (comarca ou secção judiciária); (*d*) existência de dois ou mais órgãos de idêntica categoria, ou "grau", na divisão judiciária; e (*e*) existência de juízes de idêntica ou diferente hierarquia funcional na divisão judiciária (juiz adjunto ou pretor).[112]

E, na segunda, a massa de lides segue uma tríplice classificação, com base nos seguintes elementos, baseada em dados relativos às partes, ao bem e à natureza do litígio, a saber: (*a*) qualidade das partes; (*b*) sede, domicílio ou residência; (*a*) natureza do bem (móvel ou imóvel); (*b*) valor do bem; (*c*) lugar de situação do bem; e, quanto à natureza, avulta que uma lide penal, trabalhista ou civil merecem órgãos diferenciados, e mesmo a massa de lides civis, de seu lado, pode e deve ser distribuída em virtude da especialização do órgão (ofício de família, ofício de falência etc.). Impende considerar, outrossim, a qualidade do processo, distinguindo-se a sua natureza, a do procedimento ou a relação com o processo anterior.[113]

---

110. Juan Montero Aroca, *Evolución y futuro del derecho procesal*, p. 57.

111. Giovanni Verde, *Profili del processo civile*, p. 47; Enrico Tullio Liebman, *Manuale di diritto processuale civile*, v. 1, n.º 24, p. 43; Celso Agrícola Barbi, *Comentários ao Código de Processo Civil*, v. 1, n.º 467, p. 388 e Manuel A. Domingues de Andrade, Noções elementares de processo civil, n.º 54, p. 88.

112. Cintra-Grinover-Dinamarco, *Teoria geral do processo*, n.º 124, pp. 195 e 196.

113. Idem, n.º 126 e 127, pp. 187 e 188.

Deixa claro o art. 319, I, que o primeiro ponto a ser resolvido, na confecção da inicial, constitui a identificação do órgão jurisdicional. Um problema que se resolve na seguinte ordem, diretamente emergentes dos dados já colecionados: (*a*) competência de "jurisdição" (qual é a justiça competente?); (*b*) competência originária (competente o órgão superior ou inferior?); (*c*) competência de foro (qual a comarca competente?); (*d*) competência de juízo (qual a Vara competente?); (*e*) competência interna (qual o juiz competente?) e (*f*) competência recursal (competente o mesmo órgão ou um superior?).

Impõe-se traçar uma distinção fundamental, de profundos reflexos na problemática do cúmulo subjetivo, entre a competência absoluta e relativa. É que ora se distribui a massa de lides do exclusivo interesse das partes, ora no melhor interesse da aplicação da justiça (embora esta, homenageando a função popular da justiça, subsuma-se naquela). No primeiro caso, diz-se relativa a competência; no outro, absoluta. São relativas as competências territorial – que considera, principalmente, o domicílio, a natureza do bem e o lugar da sua situação, entre os dados examinados anteriormente; em razão do valor, estatuída, de acordo com o art. 44, nas leis de organização judiciária; e da situação do imóvel, nas hipóteses alheias à enumeração do art. 47, § 1.º (*v.g.*, a pretensão à adjudicação compulsória fundada em promessa de compra e venda, registrada ou não); e, ao contrário, absolutas as competências em razão da matéria, da pessoa, da função e da situação do imóvel (na maioria dos casos, enumerados no art. 47, § 1.º, e no caso de possessória, a teor do art. 47, § 2.º).

Extraem-se importantes consequências dessas espécies de competência para os efeitos da cumulação subjetiva. A competência absoluta (em razão da matéria, da pessoa e da função) é inderrogável por convenção das partes, a teor do art. 62, pode ser alegada a qualquer tempo e grau de jurisdição e pode ser conhecida *ex officio* (art. 64, § 1.º). Em princípio, os atos decisórios proferidos por juízo absolutamente incompetente e, no caso da decisão de mérito, rescindível (art. 966, II), em virtude da gravidade do vício. Porém, o art. 64, § 3.º, sem qualquer distinção, declara passível o ato proferido pelo juízo incompetente de conservar seus efeitos, salvo decisão em contrário, até a sua revisão pelo juízo competente. Já a competência em razão do valor e do território podem ser objeto de convenção das partes (art. 63, *caput*), ou cláusula de eleição de foro, e comporta prorrogação (art. 65, *caput*), caso o réu não alegue a incompetência na contestação, ou seja, o juízo incompetente tornar-se-á competente por força da inércia da parte. O art. 327, § 1.º, II, permite o cúmulo de pedidos se "competente para conhecer deles o mesmo juízo".

Em princípio, o requisito compete também ao cúmulo subjetivo, ante as razões expostas. Porém, existe uma distância considerável que separa, neste caso, o litisconsórcio facultativo do necessário. Neste último, em síntese, há causa única, e, portanto, ficam *ex radice* abreviadas as questões de competência.[114] Quanto ao facultativo, surge naturalmente para cada ação dos litisconsortes o pressuposto processual em tela. Ademais, ele deve ser visto e revisto segundo cada uma das hipóteses do art. 113.

48.1 Competência no caso de comunhão

No litisconsórcio previsto no art. 113, I, prendem as ações laços tão fortes e estreitos, de participação comum, ou de comunhão, que a questão de competência se resolve facilmente.

O litisconsórcio ativo ocorre sem obstáculo. Por exemplo, sujeitando-se um dos litisconsortes a uma justiça especializada, a Federal, por força de norma constitucional, nada impede que os outros consortes a ele se juntem.[115]

Também no lado passivo se observa idêntica solução. Beneficia o autor, por exemplo, se os réus tiverem domicílios diferentes, *ex vi* do art. 46, § 4.º, a faculdade de acionar todos no domicílio de qualquer um deles.

48.2 Competência no caso de conexão

Na hipótese do art. 113, II, que contempla a conexão, ou identidade total da causa de pedir ou do pedido, o vínculo entre as ações se exibe mais tênue. De importância, para este efeito, o art. 55, § 1.º, segundo o qual serão reunidas para julgamento conjunto as ações conexas, caso sejam propostas separadamente, e reunidas no juízo prevento (art. 58), que é a do primeiro registro ou distribuição da petição inicial (art. 59).

Logo, em se tratando de competência relativa, o litisconsórcio não ficará impedido, salvo, evidentemente, se privilegiado um dos réus com foro de eleição. É demasiado, neste último caso, impor aos outros este foro.

Outro aspecto respeita a competência absoluta do *forum rei sitae* do art. 47, § 1.º e § 2.º.[116] Por exemplo, no caso de invasão concertada pelo réu *C* de dois imóveis situados em comarcas contíguas, terão lugar ações possessórias diferentes, propostas pelos possuidores *A* e *B*, porquanto a conexão existente em nada modifica o foro de cada uma, caso em que inspirou a regra do art. 47, § 2.º, declarando absolutamente competentes os juízos da situação da coisa.

---

114. Cândido Rangel Dinamarco, *Litisconsórcio*, n.º 75, p. 359.

115. Cândido Rangel Dinamarco, *Litisconsórcio*, n.º 76.1, pp. 360 e 361. Já Calmon de Passos, *Do litisconsórcio no Código de Processo Civil*, n.º 50, p. 57, pensava que o foro especial que atrai os demais "em virtude da improrrogabilidade da competência na espécie".

116. *Litisconsórcio* cit., n. 77.3, p. 367.

Na competência de jurisdição, cabe distinguir entre a que se estabelece em razão das pessoas e da matéria; na primeira, vale o que se afirmou na comunhão (*retro*, n.º 48.1), ou seja, não há impedimento para que os litisconsortes se reúnam na justiça especializada; na competência definida pela matéria, ao invés, isto se revela impossível.[117] Em tal hipótese, salvo engano, aplicar-se-á o art. 45, § 2.º, ou seja, o juízo não apreciará o mérito da ação em que figure sujeito federal (União, suas empresas públicas, autarquias, fundações e conselhos de fiscalização de atividade profissional), subsistindo a competência (e, se for o caso, de três ou mais litisconsortes passivos), e o litisconsórcio, quanto à(s) ação(ões) de competência do juízo perante o qual o autor propôs ação (art. 45, § 1.º).

Quanto à competência de juízo, fica claro que a especialização decorrente dos juízos especiais (falência, registros públicos etc.) constitui óbice suficiente ao litisconsórcio. Questão interessante, relegada à peculiaridade da lei local, é a que cuida da conexão frente a circunscrições judiciárias distritais ou regionais, criadas dentro da mesma comarca. De regra, esses foros implicam competência absoluta, ainda que os critérios fixadores da competência utilizem dados territoriais.[118] Por isso, se as ações tiverem competências distintas, uma em foro regional (ou distrital) e outra no foro central, a reunião na mesma demanda se mostra incabível. Ressalvados os foros distritais, a competência *rationi valori* se modifica do "mais para o menos",[119] ou seja, o juízo competente para a ação de maior valor absorve a de menor valor.

Finalmente, a competência funcional diferente impede a formação do litisconsórcio.

48.3 Competência nos outros casos de litisconsórcio

O art. 113, III, contempla casos de relações bem fracas, e, desse modo, insuscetíveis de alterar a competência individual da ação.

Vale recordar que o art. 55, § 1.º admite a modificação da competência quando existe conexão, previamente definida no art. 55, *caput*, desprezando outros laços que, todavia, autorizam o litisconsórcio, por sua vez objeto da previsão do art. 55, § 3.º, autorizando a reunião de ações cujo desfecho possa resultar em decisões conflitantes ou contraditórias, mesmo sem conexão entre elas. Como já se afirmou, inexistirá nessas ações aparentadas a conexão em sentido estrito: identidade de causa e identidade de pedido. Infere-se dessa disciplina que o cúmulo subjetivo, baseado no art. 113, III, impõe idêntica competência para todas as ações. O exemplo recordado em obra doutrinária – ações

117. Idem, n.º 77.1, pp. 364 e 365.
118. É a opinião de Arruda Alvim, *Manual de direito processual civil*, v. 1, n.º 98, p. 160.
119. Athos Gusmão Carneiro, *Jurisdição e competência*, n.º 92, p. 86.

de retomada de imóveis diferentes, sob o mesmo fundamento, mas alugados também por pessoas diversas, e situados na circunscrição do foro regional – esclarece o ponto.[120]

49. Compatibilidade das ações dos litisconsortes

Segundo o art. 327, § 1.º, I, os pedidos cumulados na demanda devem ser compatíveis entre si. O disposto se aplica ao litisconsórcio (*retro*, n.º 46). Uma ação exibe incompatibilidade com outra quando se excluem reciprocamente, ou seja, afigura-se inconcebível, em tese, o triunfo simultâneo de ambas. Como e quando, porém, as ações dos litisconsortes padecem de tal vício?

Existem fatos ou complexo de fatos, que incidem em mais de uma regra jurídica, para benefício do mesmo titular, e que originam direitos que se repelem. Esta situação caracteriza o concurso de ações, frequentemente exemplificado com a hipótese das ações originadas pelo vício redibitório. Com efeito, quem adquiriu coisa deteriorada por vício oculto, através de contrato comutativo, não pode pretender e agir, a um só tempo, para enjeitá-la, redibindo o contrato, e pedir o abatimento do preço. No terreno do cúmulo de pedidos, a que se afeiçoa o exemplo, resolve-se o problema através da cumulação eventual.

Quanto ao litisconsórcio, concebe-se de modo análogo o quesito. Basta imaginar alguém com dúvida acerca da autoria do ato ilícito e, conseguintemente, sobre a legitimidade passiva, resolvendo demandar os dois supostos responsáveis, de uma vez, na esperança de que, afinal, apurados os fatos na instrução, um só deles seja condenado ao ressarcimento das perdas e danos. Não é hipótese improvável, mas, ao contrário, bem comum na prática. Esta espécie de problema guarda dependência com a formulação do autor. Se, ao invés de cumular as ações eventualmente – contra *B* em primeiro lugar, para apreciar-se a ação contra *C*, subsidiariamente ajuizada, se aquela for rejeitada –, o autor reclama a condenação simultânea dos réus, posto que um só, ainda segundo a inicial, seja o culpado, há flagrante incompatibilidade. Assim, como no cúmulo de pedidos, a cumulação simples é que, na realidade, determina a exclusão mútua das ações, e não a cumulação eventual, perfeitamente lícita e admissível.

Questão diversa, e que não perturba a conclusão, reponta no destino da ação, a qual em face da procedência da outra, há de ser rejeitada na mesma sentença por decorrência da ilegitimidade. Naturalmente, mesmo considerando a natureza precoce desse juízo, o autor irresoluto sucumbirá totalmente nessa parte. O conceito de cúmulo eventual e incompatibilidade se desenvolverão, oportunamente, junto ao cúmulo de pedidos.

---

120. Cândido Rangel Dinamarco, *Litisconsórcio*, n.º 78.4, p. 373.

As figuras do litisconsórcio simples (inconfundível com o regime simples do litisconsórcio), sucessivo e eventual, pouco conhecidas e, nada obstante, importantes nas usanças dos operadores do direito, têm aqui inegável aplicação.

50. Preservação do princípio da igualdade das partes (recusação)

O art. 88 do CPC de 1939 estabelecia que o litisconsórcio fundado na afinidade de questões, hoje contemplado no art. 113, III, e o mais tênue dos laços entre as ações que permitem a litisconsorciação, adotar-se-ia se as partes estivessem "de acordo".

Esta cláusula final, que atrelou a constituição do litisconsórcio à concordância, expressa ou tácita do réu, e tornou-o, assim, convencional,[121] enseja a questão chamada de recusabilidade (*sic*: recusação) do cúmulo. A crer-se em Machado Guimarães,[122] a inovação se deve, também neste passo, a um excerto de Chiovenda, para quem a afinidade das causas não basta para permitir o litisconsórcio, faltando, ainda, uma "razão mais principal", a fim de compensar as restrições às liberdades de partes, que mais ou menos se restringem na relação processual em litisconsórcio.[123]

Em que consistia a recusa à formação do litisconsórcio? Segundo Guilherme Estellita, discorrendo sobre o provimento do juiz perante a objeção vitoriosa do réu à formação do litisconsórcio, e às suas respectivas espécies, irrecusável – mas, evidentemente, não obrigatória – e recusável, afirmou: "quando recusável (afinidade de questões) a impugnação do réu será sempre de acolher".[124] Em outras palavras, concedia-se ao réu o direito ilimitado de recusar um litisconsórcio ativo, nessas condições.

Com o advento do CPC de 1973, logo se plantou o problema, deveras controvertido, de saber-se mantida, ou não, o poder atribuído ao réu e acertadamente censurado por Machado Guimarães.[125] A respeito, prevaleceu a opinião contrária à possibilidade de recusa: "deferiu-se com exclusividade ao autor o direito de eleger ou não o litisconsórcio, sendo absolutamente irrelevante a vontade, positiva ou negativa dos réus tangentemente à formação, ou não, do mesmo".[126]

---

121. Guilherme Estellita, *Do litisconsórcio no direito brasileiro*, p. 184.

122. Machado Guimarães, As três figuras do litisconsórcio, p. 214.

123. Giuseppe Chiovenda, *Principios de derecho procesal civil*, v. 2, § 88, pp. 622-614.

124. Guilherme Estellita, *Do litisconsórcio no direito brasileiro*, p. 395.

125. Machado Guimarães, As três figuras do litisconsórcio, p. 202, qualificou-a de "pouco ponderada".

126. Arruda Alvim, *Código de Processo comentado*, v. 2, p. 353.

Esse entendimento não se mostrava totalmente correto. O autor determinava, com exclusividade, a constituição do litisconsórcio passivo, em nada dependendo da vontade do réu. Esta se tornava indispensável, ao revés, na preservação do litisconsórcio. Do contrário, não se revelaria necessário o réu, ou um dos réus, impugnar a sorte comum *vis-à-vis* de outrem, ou o litisconsórcio dos autores.

Convém recordar, porque essencial à caracterização do problema, as inconveniências notórias de certas hipóteses de litisconsórcio. Recordou-se do caso da demanda única em que se unem, para impetrarem ações de segurança, inúmeras pessoas objetivando a liberação de automóveis ilegalmente importados e retidos pelas autoridades alfandegárias.[127] E há outros exemplos do mesmo naipe: (*a*) o litisconsórcio ativo em mandado de segurança contra a autoridade monetária, e agentes financeiros, impugnando a alteração dos critérios remuneratórios da poupança; (*b*) o litisconsórcio ativo em ações para declarar a ilegalidade da modificação unilateral das condições estipuladas em contratos de financiamento habitacional. Nesses, e em outros casos,[128] o número excepcionalmente grande de litisconsortes inviabiliza a defesa do réu (ou réus), que ficam impedidos, *verbi gratia*, de examinar os documentos juntados com a inicial ou de calcular o benefício econômico almejado para cada um dos autores.

Em razão disso, e com razão, aventou-se a quebra do princípio da igualdade das partes, e, portanto, o cabimento da objeção do réu, com fundamento no art. 139, I.[129] Não se trata, como se nota, de um poder incondicionado, como no direito anterior, pois caberá ao juiz decidir, ainda que infundadamente, acerca da existência ou não de prejuízo no caso concreto. Mas, enfim, também antes se afigurava de mister decisão do juiz.

Nesses termos, a substância da recusa à formação do litisconsórcio se revela curial.[130] E ela se estenderá, naturalmente, às outras hipóteses de litisconsórcio facultativo. É a conclusão, em substância, a que chegou a melhor doutrina, acentuando o cabimento da contestação do réu à demanda, por este

127. Celso Agrícola Barbi, *Comentários ao Código de Processo Civil*, v. 1, n.º 288, p. 262. O exemplo é louvado por Cândido Rangel Dinamarco, *Litisconsórcio*, n. 73, p. 345.

128. Cândido Rangel Dinamarco, *Litisconsórcio*, n.º 73, pp. 345 e 346.

129. Celso Agrícola Barbi, *Comentários ao Código de Processo Civil*, v. 1, n.º 288, p. 263.

130. No entanto, a 2.ª T, do STF, RE 108.746-PR, 13.11.1987, Rel. Min. Francisco Rezek, *RT* 628/256, estimou só inadmissível a recusa, "salvo quando fundada na impossibilidade legal de cumulação".

e outros fundamentos, ou seja, desde que desatendidos os seus requisitos de constituição.[131]

Por conseguinte, a recusa constitui um falso problema. Existem, agora, entre os pressupostos do litisconsórcio, a preservação da igualdade das partes, que, em alguns casos, impede antes a manutenção do que, propriamente, a constituição inicial do cúmulo subjetivo.

Essas considerações provocaram mudança no CPC de 1973, por meio da Lei 8.952, de 13.12.1994, rezando o art. 46, parágrafo único, primeira parte, o seguinte: "o juiz poderá limitar o litisconsórcio facultativo quanto ao número de litigantes, quando este comprometer a rápida solução do litígio ou dificultar a defesa". Por sua vez, o art. 113, § 1.º, estendeu a faculdade de impugnar o litisconsórcio facultativo "na fase de conhecimento, na liquidação de sentença ou na execução", acrescentando, ainda, a presença de dificuldade ao cumprimento da sentença. E, ademais, o art. 113, 2.º, declara que o requerimento de limitação, formulado por um dos réus, "interrompe o prazo para manifestação ou resposta, que recomeçará da intimação da decisão que o solucionar".

A cláusula "rápida solução do litígio" se aplica, indiferentemente, ao litisconsórcio ativo e passivo. Também o número excessivo de réus, neste regime, poderá retardar o desfecho da demanda e, nessa contingência, o legislador conferiu ao órgão judiciário o poder de rejeitá-lo, extinguindo todas ou algumas das ações. Nesse sentido, decidira o STJ: "Mesmo que não alegado pelo réu que a formação do litisconsórcio viola o princípio da igualdade, pode o juiz, a seu critério, extinguir o feito sem julgamento do mérito, atuando no rápido andamento do processo. Caso em que o excessivo número de litisconsortes ativos (175) e suas diferentes qualificações e lotações contraria a própria finalidade do instituto".[132]

§ 14 Controle da admissibilidade

Do cúmulo subjetivo

51. Controle de ofício da admissibilidade do litisconsórcio

A existência de requisitos, aplicáveis à admissão do litisconsórcio, promove incontinenti o problema do seu efetivo controle na demanda. Facilmente se percebe que a questão envolve tanto os poderes de iniciativa, quanto os de controle do órgão judicial. Duas soluções logo se apresentam: ou a rejeição da demanda

131. Cândido Rangel Dinamarco, *Litisconsórcio*, n.º 73.3, p. 351. Acentua, ainda, que, relativamente ao réu, há preclusão (n.º 73.4, pp. 351 e 352).

132. 5.ª T. do STJ, REsp 53.020-SP, 02.12.1996, Rel. Min. José Arnaldo da Fonseca, *EJSTJ* 17/152.

conjunta adere, principalmente, ao interesse da parte, implicando o exame desses requisitos sob a instância do interessado; ou, ao invés, se cuida da regularidade do próprio processo, especificada na forma de introdução do cúmulo subjetivo na relação processual, quando se patenteia a necessidade do controle de ofício.

O CPC de 1973 não continha referência alguma ao ponto. Em relação ao litisconsórcio necessário, que escapa ao campo da análise, porque infenso, por natureza, à ideia de cumulação, a integração ao contraditório do litisconsorte preterido constitui ônus do autor, pena de extinção do processo. O ato decisório previsto não julga o mérito e se inclui nos "demais casos" de sentença terminativa ou de julgamento sem resolução do mérito (art. 485, X).[133] Tal regra se revela compreensível, porque, na falta daquela integração do preterido, torna-se inviável o desenvolvimento regular do processo, e inútil a sentença proferida. O fundamento da extinção, todavia, deriva de outras circunstâncias, alheias, em princípio, à observância, por exemplo, das fontes do litisconsórcio, e das quais também se origina, como oportunamente ressaltado, a obrigatoriedade (*retro*, n.º 38).

No direito alemão, o ponto enseja opiniões divergentes. Friedrich Lent assegura que a separação das ações – efeito do reconhecimento da inadmissibilidade, naquele ordenamento,[134] intransponível ao brasileiro – depende da oportuna reclamação da parte;[135] Leo Rosenberg, ao invés, sugere a atuação oficiosa do tribunal.[136]

O dissídio se mostra falso sob dupla perspectiva. Visando o litisconsórcio, no campo material, coibir provimentos contraditórios e obtê-los de modo econômico (*retro*, n.º 38), dificilmente essas finalidades, regidas por interesse público, deixar-se-iam governar unicamente pela iniciativa das partes. Por outro lado, tudo se prende, intimamente, à disciplina dos pressupostos processuais. Ninguém deve se surpreender com o asserto. A feição concedida a esta categoria tradicional (*retro*, n.º 5.3), e a descoberta de que a inserção das ações no processo, função reservada, ao fim e ao cabo, às "condições" da ação (*retro*, n.º 8.4), autorizam o resultado. É que a inserção das ações no processo, através do cúmulo subjetivo, interessa ao equilíbrio dinâmico da relação processual. E este escopo, de resto intuitivo, submete-se, evidentemente, a controle de ofício. Vem confirmar a solução o fato de os demais pressupostos processuais (*verbi gratia*, competência, capacidade

133. Neste sentido, Moniz de Aragão, *Comentários do Código de Processo Civil*, v. 2, n.º 539, p. 537; Edson Prata, *Comentários ao Código de Processo Civil*, v. II, t. 1, p. 818 e Hélio Tornaghi, *Comentários ao Código de Processo Civil*, v. 2, p. 340.

134. Arwed Blomeyer, *Zivilprozessrecht*, § 109, p. 613 e Adolf Schönke, *Zivilprozessrecht*, § 26, II, 3, p. 90.

135. Friedrich Lent, *Diritto processuale civile*, § 81, p. 310.

136. Leo Rosenberg, *Tratado de derecho procesal civil*, v. 2, §§ 93 e 94, pp. 94-100.

postulacional, e assim por diante), examinados relativamente a cada litisconsorte, localizarem-se, afinal, entre os requisitos do consórcio (*retro*, n.º 46). E toda essa problemática o juiz controla de ofício (art. 485, § 3.º, *princípio*), salvo exceções (*v.g.*, incompetência relativa).

Outras regras confirmam o controle oficial – o art. 139, I, autoriza o juiz velar pela igualdade processual das partes e, assim, prover sobre a recusa à formação do litisconsórcio facultativo (art. 113, § 1.º) – ou o excepcionam – a incompetência relativa, segundo o art. 65, *caput*, prorrogar-se-á, nada alegando o réu na contestação – conferindo, perante cada requisito, o conteúdo peculiar da regra geral. De notar que, quanto à cumulação de pedidos, análogo problema recebe idêntico tratamento.

De resto, o art. 113, § 1.º, clareou o assunto. Cabendo ao juiz controlar, de ofício, a manutenção do litisconsórcio facultativo – a regra não exige a iniciativa da parte –, quando comprometida a rápida solução da lide ou a ampla defesa, com redobradas razões compete-lhe o controle nas demais hipóteses (*infra*, n.º 52).

52. Hipóteses de controle de ofício do litisconsórcio

Estabelecida, no item precedente, o cabimento do controle de ofício, quanto aos requisitos de admissibilidade do cúmulo subjetivo, convém ponderar a medida e o domínio da fiscalização oficiosa em hipóteses concretas.

52.1 Controle da origem do litisconsórcio

O art. 113 estabelece os casos em que, em virtude das íntimas relações percebidas nas ações materiais, afigura-se possível e recomendável a reunião dos titulares desses direitos no mesmo processo. Advertiu-se, linhas antes, que ao litisconsórcio se aplica o princípio da reserva legal, ou seja, o cúmulo se origina, exclusivamente, de uma das hipóteses previstas no art. 113, e a sua ocorrência, na demanda ajuizada, há de observar-se de maneira estrita, cabendo ao juiz investigar o pressuposto. Depreende-se, aliás, do *caput* do artigo que, se incluída a situação em um dos seus números duas ou mais pessoas podem litigar em conjunto; divorciando-se ela do permissivo tais pessoas não devem ou podem empregar a demanda conjunta.

Encontra-se, por tais fundamentos, amplamente justificado o controle de ofício. Não o prejudica, todavia, a oportuna reclamação do interessado. Ensina Guilherme Estellita que o réu pode e deve impugnar o litisconsórcio ativo ou, até mesmo, a sua eventual litisconsorciação, no polo passivo, com quem, à vista da espécie invocada, ali não poderia figurar licitamente.[137]

52.2 Controle da identidade procedimental

Exprime muito bem a natureza dos valores decorrentes da adoção de certo procedimento Calmon de Passos, ao ressaltar que, no processo, a forma procedimental favorece, em lugar do interesse da parte, "os interesses de justiça". E aponta consequência desse inegável interesse público: a corrigenda constitui "dever do juiz".[138] Não difere outro alvitre, que acrescenta, destacando a inexistência de preclusão na matéria, a total inutilidade da iniciativa da parte.[139] Não parece que a possibilidade de convenção processual das partes estipular procedimento singular para determinada causa, como previsto no art. 190, *caput*, haja alterado esse princípio, até porque caberá ao juiz controlar, *ex officio*, a referida convenção. O cúmulo subjetivo prova, na "natureza da causa", a multiplicação de objetos litigiosos. Deve, conseguintemente, adequar-se o procedimento a cada um desses objetos. E o controle da adequação compete de ofício ao juiz.

52.3 Controle da competência

Cuidando-se, nas ações cumuladas, de competência absoluta (*retro*, n.º 48), o controle se realiza de ofício, como deflui de regra cediça (art. 64, § 1.º).[140] Diversamente, a competência relativa depende da iniciativa da parte ou, havendo causa legal de intervenção, do Ministério Público; caso contrário, ou seja, se a parte ou o Ministério Público não deduzir a incompetência na contestação, ocorrerá a prorrogação (art. 65, *caput*).

52.4 Controle da compatibilidade das ações

A fiscalização da compatibilidade dos pedidos incumbe ao juiz (art. 330, § 1.º, IV, c/c o art. 337, IV, e § 5.º). Em face da completa semelhança das hipóteses, onde avulta a identidade conceptual entre "pedido" e "ação", aplicam-se tais regras ao litisconsórcio. Ademais, o caráter público que, indiscutivelmente, preside a generalidade do controle (*retro*, n.º 51), sustenta a solução.

137. Guilherme Estellita, *Do litisconsórcio no direito brasileiro*, pp. 344, 345 e 396.

138. Calmon de Passos, *Comentários ao Código de Processo Civil*, v. 3, n.º 178, p. 312, embora em contexto diferente, tratando da opção errônea do autor pelo procedimento "sumaríssimo" – hoje, rito sumário – em lugar do ordinário.

139. Cândido Rangel Dinamarco, *Litisconsórcio*, n.º 80.3, p. 382.

140. Idem, n.º 79, pp. 375-376.

52.5 Controle da recusação do litisconsórcio

O art. 113, § 1.º, possibilita a recusa à formação do litisconsórcio facultativo pelo juiz, de ofício ou por instância da parte, fundamentalmente para zelar pela igualdade das partes.[141] Logo, a iniciativa do interessado assume caráter supletivo, uma vez configurado, já na inicial, o prejuízo à defesa do réu.

52.6 Controle dos pressupostos processuais

Não refoge o controle dos pressupostos processuais, no terreno do litisconsórcio, da regra estatuída no art. 485, § 3.º, o qual dispensa a provocação da parte.[142] Os valores ínsitos aos pressupostos respeitam ao processo, para que atinja os fins que lhes são próprios sem vícios, e, portanto, caracterizam-se como matéria de ordem pública. Da maior relevância a fixação da oportunidade do controle, remetida até a sentença de mérito, ou em qualquer grau de jurisdição, no dispositivo citado.

53. Controle do cúmulo indevido em face da exclusiva iniciativa da parte

No âmbito da provocação exclusiva da parte, resta a incompetência relativa.[143] É questão a ser aventada na contestação como preliminar (art. 337, II), sob pena de prorrogação (art. 65, *caput*). O réu pode produzir a contestação no juízo do seu domicílio (*rectius*: no juízo competente), a teor do art. 340, *caput*, mas a peça, distribuída livremente, será remetida ao juízo da causa para decisão (art. 340, § 1.º), suspendendo-se eventual audiência de conciliação e mediação porventura designada (art. 340, § 3.º). Em realidade, suspenso ficará o processo até a definição do juízo competente. Recomeça o processo, designando-se a audiência do art. 334, quando e se cabível, a partir do provimento que, em primeiro grau, rejeita-a, ou, acolhendo-a, da intimação feita às partes pelo juízo competente. O agravo, cabível na espécie, apesar da falta de previsão específica no rol do art. 1.015,[144] não possui efeito suspensivo, salvo disposição contrária do relator, a requerimento do agravante. Em tal hipótese, o processo recomeçará do julgamento pelo órgão fracionário do Tribunal, pois eventuais recursos subsequentes contra tal pronunciamento carecerão de efeito suspensivo.

---

141. Idem, n.º 73.3, p. 351. É a orientação adotada pela 5.ª T. do STJ, no REsp 53.020-SP, 02.12.1996, Rel. Min. José Arnaldo da Fonseca, *EJSTJ* 17/152.

142. José Carlos Barbosa Moreira, *Litisconsórcio unitário*, n.º 107, pp. 177 e 178.

143. Cândido Rangel Dinamarco, *Litisconsórcio*, n.º 79, p. 375.

144. C. Especial do STJ, REsp 1.696.396/MT, 05.12.2018, Rel. Min. Nancy Andrighi, *DJe* 19.12.2018.

§ 15 Efeitos da inadmissibilidade da cumulação subjetiva

54. Pressuposto do controle de ofício da cumulação indevida

Na maioria das vezes, a atuação do juiz, provendo sobre os requisitos que regem o litisconsórcio, deve anteceder-se da faculdade de os autores emendarem a inicial, a teor do art. 321, *caput*.

Com efeito, reza o dispositivo, após contemplar a inobservância dos elementos do ato postulatório do autor, previstos no art. 319, e a falta dos documentos indispensáveis (art. 320), que "defeitos e irregularidades capazes de dificultar o julgamento de mérito" constituem razão suficiente à abertura do prazo de quinze dias para correções. Esta cláusula, de sentido assaz amplo, contempla variadas situações, e, decerto, a admissibilidade do litisconsórcio.

Certa doutrina do direito anterior interpretava restritivamente tal regra, excluindo da sua abrangência, por exemplo, os casos de inépcia da inicial (art. 330, I, e § 1.º), que facultariam ao juiz, consoante este entendimento, a extinção liminar do processo com apoio no art. 485, I,[145] alheia àquela oportunidade.

Entretanto, essa interpretação contraria, à evidência, a letra e o espírito da regra do conserto da petição inicial. O dispositivo quis e ainda almeja, bem ou mal, aproveitar a demanda do autor, e facultar, em face de vícios graves, capazes de inviabilizar o exame do mérito (*verbi gratia*, a ausência de pedido, a deficiência da capacidade postulacional, a imprestabilidade da causa de pedir, ou, enfim, a "manifesta", como assevera o art. 330, II, ilegitimidade de parte), ou, em outras palavras, tudo quanto, apreciado hipoteticamente na petição inicial, no futuro prejudique ou impeça o julgamento do objeto litigioso. Nesse contexto, toda vez que o juiz tiver de prover de ofício – por exemplo, extinguindo o processo, ante a ausência de um pressuposto processual (art. 485, IV) –, mister abrir à parte o prazo estabelecido no art. 321, *caput*.

Em caso único, talvez, a providência se revela inútil, desprovida de utilidade prática: na ilegitimidade ativa. Nessa hipótese, em nada diferenciada por decorrência do litisconsórcio, apenas a vinda a juízo de outro autor, ou autores – obstáculo que o juiz ou a parte ilegítima não superam, de per si, pois o afastamento do óbice depende da iniciativa alheia, precisamente do legitimado – revestirá a inicial da necessária admissibilidade. Mesmo a ilegitimidade passiva, cristalina ou não, tem conserto útil. O autor sempre poderá alterar o endereçamento da petição, *ex vi* art. 329, *caput*, e inc. I, antes do chamamento do réu apontado na peça: podendo alterar os elementos objetivos, também poderá corrigir a legitimidade passiva.

---

145. Neste sentido, Calmon de Passos, *Comentários ao Código de Processo Civil*, v. 3, n.º 171, p. 294.

Em suma, verificando o juiz que a inicial padece de um defeito subsumido ao art. 321, *caput*, cabe-lhe assinar o prazo de quinze dias aos autores. Nenhuma outra indicação, porém, revela-se necessária, porque não deveria o juiz ultrapassar os lindes do princípio da demanda (art. 2.º), competindo aos autores identificar e corrigir corretamente o vício da inicial. Essa diretriz sofreu alteração em nome do princípio da cooperação (art. 6.º): o juiz indicará "com precisão o que deve ser corrigido ou completado", reza o art. 321, *in fine*. Vencido o prazo de quinze dias sem manifestação, ou insatisfatória esta, então, sim, detonar-se-á a sanção cabível ao descumprimento das formalidades do regime do litisconsórcio (art. 321, *caput*).

55. Efeitos do controle de ofício sobre o cúmulo subjetivo inadmissível

Embora seja convincente uma solução única, a regular a totalidade dos efeitos decorrentes do controle de ofício em relação ao cúmulo subjetivo, é inevitável, inicialmente, admitir que ela se origina de bases diferentes. Por exemplo, qual o destino do processo em que se observa a falta de capacidade processual de um dos litisconsortes? Ou, ainda, em virtude da incompetência absoluta do juízo quanto a uma das ações propostas perante o(s) réu(s)? E esses casos têm, por outro lado, natureza idêntica à hipótese de dois ou mais autores promoverem demanda conjunta, a despeito do que determina o art. 113, ou seja, independentemente de qualquer ligação substancial relevante entre as ações? Enquanto as duas primeiras indagações envolvem pressupostos processuais, e, portanto, transplantam-se, de modo indiferente, a demanda singular ou conjunta, a outra pertence ao campo específico do litisconsórcio.

Em tema de pressupostos processuais, em decorrência do disposto no art. 485, IV, dúvida alguma subsiste, segundo o sistema. Deixando o litisconsorte de sanar o defeito, ocorre extinção. O deferimento provisório da inicial, ignorando o juiz, ao primeiro exame, a incompetência absoluta (art. 337, II), não o impede, posteriormente, de acolher a preliminar arguida pelo réu, e, por conseguinte, anular o ato decisório.[146] Como já visto, sendo proposta perante a Justiça Comum ação em cujo polo passivo se encontre sujeito federal, o órgão judicial não apreciará o pedido respectivo, nessa parte (art. 45, § 2.º).

O desrespeito à disciplina imposta, no art. 113, ao litisconsórcio nao gera, automaticamente, tal certeza. O estatuto se omitiu a respeito do assunto. No direito italiano, cujo regulamento quanto ao cúmulo subjetivo fornece a impressão de precário, o art. 103, segunda parte, do CPC italiano, permite a separação das ações, ainda que se encontrem na fase de instrução.[147] As razões deste ato, porém, fundam-se em outras circunstâncias, como o excessivo retardamento que a dilação

146. Calmon de Passos, *Comentários ao Código de Processo Civil*, v. 3, n.º 182, p. 319.

147. A respeito, Andrea Proto Pisani, Dell'esercizio dell'azione, p. 1.132.

probatória – hipótese que, entre nós, tem outra consequência, postergando o órgão judicial a definição dos critérios de cálculo da condenação (art. 491, II) –, em relação a uma das ações, implica à outra.[148] Igualmente, no direito tedesco, preconiza-se a separação das ações,[149] ressalvando-se que a falta dos pressupostos ínsitos à demanda conjunta não implica a sua rejeição, em que pese a pouca clareza, também existente entre os alemães, dos textos legais. Por sua vez, o art. 116, segunda parte, do CPC de 1939 dispunha explicitamente em torno da separação. Mas, ao lado das inúmeras dúvidas que a regra suscitava, forçoso convir que ela não se dirigia especialmente ao litisconsórcio, nem sequer recebeu reprodução nos estatutos posteriores, porque seu conteúdo era incerto e duvidoso (não esclarecia o destino da ação "separada").

Além do campo reservado aos pressupostos processuais, a inadequação do procedimento não mais conduz à fatal extinção do processo. É que, segundo o art. 327, § 1.º, o emprego do procedimento comum não impede o emprego das técnicas processuais diferenciadas de qualquer procedimento especial, salvo incompatibilidade difícil de caracterizar. Por exceção, havendo a referida incompatibilidade, o remédio será a extinção.

Em síntese, o sistema atual, não refugando, propriamente, a "separação" das ações, toda vez que uma delas for aproveitável, e obedecido o princípio da demanda, limite expresso ao impulso judicial, inclina-se à extinção da ação material. Às vezes, tendo em vista que ao juiz não se mostra lícito, ao seu próprio talante, escolher uma das ações, e, portanto, resta um único caminho, a extinção total da demanda. Este último e decisivo aspecto, de formidáveis repercussões, merecerá exame detido.

55.1 Fontes do litisconsórcio

Exatamente das fontes do litisconsórcio (*retro*, n.º 45), retiram-se os objetivos precípuos do litisconsórcio, a harmonia e a economia dos julgados.

Controlando tal requisito, nenhuma diferença separa a espécie ativa da passiva: desprezada a oportunidade para corrigir a errônea petição inicial, extinguir-se-á, de pronto, a relação processual. Não cabe ao juiz escolher, entretanto, o autor ou o réu a ser preservado no processo, haja vista o princípio da demanda, ou venceria os limites da própria iniciativa da parte.

Uma hipótese, porém, não acarretará a extinção total. Realmente, tratando-se de litisconsórcio eventual, a ação principal salvar-se-á graças ao caráter subsidiário da outra. Em tal hipótese, o próprio autor indicou no ato postulatório a

---

148. Proto Pisani, Litisconsorzio facoltativo e separazione di causa, n.º 3, pp. 143 e 144.

149. Friedrich Lent, *Diritto processuale civile tedesco*, § 81, p. 310; Adolf Schönke, *Zivilprozessrecht*, § 26, II, 3, p. 90 e Leo Rosenberg, *Tratado de derecho procesal civil*, v. 2, § 94, p. 100.

sua preferência; por exemplo, o autor *A*, em dúvida quanto à legitimidade passiva, pleiteia indenização do réu *B* e, não sendo este o responsável, do réu *C*. Entendendo o juiz inadmissível o litisconsórcio passivo entre *B* e *C*, nada impede que subsista a ação perante *B*. Por óbvio, nada impede que o autor *A* promova ação autônoma contra *C* e que tais processos sejam reunidos por conexão (art. 55, *caput*, ou § 2.º); porém, nesse caso de cumulação superveniente, não estará em jogo os pressupostos da formação do litisconsórcio à luz do art. 113.

55.2 Pressupostos processuais referidos a cada um dos litisconsortes

Da avaliação positiva da irreversibilidade de vício atinente a um pressuposto processual, referido a um litisconsorte, decorre a extinção parcial do processo (art. 485, IV), excluída a totalidade da relação. Subsistindo as partes no processo, há quem manifeste preferência pelas fórmulas da redução ou da extinção do litisconsórcio, conforme apenas diminua o número de litigantes ou desapareça a pluralidade de partes.[150] Tal tese funda-se na sua concepção singular de processo e de mérito. Como quer que seja, o efeito é idêntico à solução aqui preconizada, tão-só variando sua qualificação, pois o ato do juiz não comportará apelação, mas agravo, admitindo-se a ampliação mitigada do art. 1.015, VIII, do CPC de 2015.

55.3 Inadequação do procedimento

A extinção do processo por inadequação do procedimento, reclama, intrinsecamente, o temperamento da sua segunda parte, que permite a adequação, fiel à cláusula geral de aproveitamento dos atos processuais (art. 283). Duas balizas regem a salvação: a natureza da tutela jurídica de cada ação e o caráter do litisconsórcio. Entre ações pertencentes a um tipo de tutela jurisdicional diversas – *v.g.*, declarativa e executiva: o autor *A* pretende declarar a existência da relação jurídica *X* e executar o demandado *B* quanto ao título executivo extrajudicial *Y* –, inexiste adaptação possível, bastando ao juiz, porém, salvar a ação que ao procedimento escolhido se afeiçoa a ação.

A especificidade da ação jungida a procedimento especial, por outro lado, frequentemente impede a sua adaptação a rito alheio, devendo, por isso, uma vez mais, se extinguir a que escapar do procedimento indicado na petição inicial.

Configurando-se litisconsórcio eventual, persistirá a ação ajuizada em caráter principal. As soluções guardam absoluta simetria com as do cúmulo de pedidos.

---

150. Cândido Rangel Dinamarco, *Instituições de direito processual civil*, v. 2, n.º 570, pp. 341-342.

55.4 *Reconhecimento da incompetência absoluta*

Não se revela possível desmembrar de ofício uma ação, em razão de incompetência absoluta, e, também, por iniciativa oficial, propô-la no juízo competente. É o que se infere do art. 45, § 2.º, prescrevendo que o juiz não apreciará o mérito da ação em que figurar como réu sujeito federal. Logo, deverá ser extinta. Outros pormenores, inclusive as opiniões doutrinárias, constam no item dedicado ao cúmulo de pedidos.

55.5 *Incompatibilidade das ações dos litisconsortes*

Ressalvada a cumulação subjetiva eventual, em que a ação subordinada perece em benefício da ajuizada em caráter principal, descabe ao juiz escolher uma das ações e fazê-la, no processo considerado, sobreviver às demais. Veja-se a questão à luz do cúmulo de pedidos.

55.6 *Recusação do litisconsórcio*

Outra vez o efeito primordial da quebra da igualdade das partes, no duplo aspecto de obstáculo à solução rápida da lide e à ampla defesa, tornando inadmissível o litisconsórcio, consiste na extinção total do processo. Nenhum embasamento autoriza a separação das ações. A exegese do antigo e obscuro art. 116 do CPC de 1939 se fará no item correspondente do cúmulo de pedidos. Não é incomum, entretanto, o órgão judicial determinar a extração de peças e mandar distribuir a petição inicial, separando os autores individualmente.

O art. 113, § 2.º, estabelece que, existindo pedido da parte, o prazo de resposta se interromperá, ou seja, começará a fluir por inteiro, outra vez, da intimação do ato que deferi-lo, ou não. Esta situação, salvo o efeito interruptivo, semelha ao da distribuição da contestação no juízo do domicílio do réu (*rectius*: no juízo competente) prevista no art. 340 (*infra*, n.º 56): na prática, o processo ficará suspenso até a solução do incidente em torno da competência. Mas, não haverá interrupção quando, despachando a inicial, o juiz limita de ofício o litisconsórcio, porque, nessa hipótese, o incidente e a respectiva solução ocorrerá antes do chamamento do(s) réu(s) remanescente(s).

56. Efeitos do controle por iniciativa da parte do cúmulo subjetivo inadmissível

No plano dos efeitos, a iniciativa da parte não difere do controle oficial, implicando a "separação", na demanda proposta, da ação atacada através da alegação de incompetência relativa. E esta cisão significa a extinção (parcial) do processo, porque não cabe ao juiz, ao nosso ver, substituir-se à iniciativa da parte (art. 2.º). Conhecem-se, de resto, os motivos do juízo (*retro*, n.º 51). Enfatiza-se, aqui, a absoluta identidade do controle por iniciativa da parte relativamente ao oficial.

6

CUMULAÇÃO DE CAUSAS

§ 16 Espécies de cumulação de causas

57. Breve justificação da cumulação de causas

Ao imprimir-se, na anterior investigação do objeto litigioso (*retro*, n.° 21), cunho predominantemente instrumental – não descurando a função precípua do processo, no tocante à disciplina da vida humana em sociedade e aos fatos juridicamente relevantes às normas materiais –, adveio a consciência de que o exato conceito de objeto do processo não se resume ao pedido. Esse dado se revela fundamental na definição do cúmulo de ações, que constitui o tema desta monografia.

Evidentemente, o direito material introduzido no processo adquire, só por isto, uma qualidade muito particular: a litigiosidade. Ele jamais se identificará, desse modo, ao direito satisfeito antes e independente do apelo às vias judiciais, porque inexistente litígio. No entanto, se imperiosa necessidade metodológica impõe o exame da realidade processual, inútil negar que o móvel da disputa, em geral, recai sobre determinado conjunto de fatos, pitorescamente chamados de episódios da vida (*Lebenssachverhalt*), previstos no suporte fático de certo direito substantivo. Assim, não bastará, por inevitável e natural corolário, centrar tal objeto, ou seja, o mérito, exclusivamente no pedido – ponto de confluência dos planos material e processual –, desprezando os fatos. Inexiste direito, ou processo, que prescinda ou ignore fatos. E os fatos configuram a causa de pedir.

Outra razão junta-se a esta.[1] Uma vez livre o órgão judiciário, exposta a situação de fato, para selecionar, dentro do ordenamento ou, na sua lacuna, valendo-se dos notórios e cediços recursos hermenêuticos que são próprios do seu ofício, e aplicar a norma jurídica que rege a espécie litigiosa (art. 140) – *iura novit curia* –, a causa não pode ser coisa diversa do conjunto de fatos jurídicos narrados na inicial e aptos à incidência na norma jurídica.

1. Crisanto Mandrioli, Reflessioni in tema di *petitum* e di *causa petendi*, n.° 5, p. 473.

Além do argumento derivado da adequada noção de objeto litigioso, o perfilhamento da teoria da substancialização quanto à causa de pedir (*retro*, n.° 31.2), em decorrência do previsto no art. 319, III, auxilia e baseia a conclusão.[2] E, enfim, a expressa disposição legal existente no art. 337, § 2.°, que consagra a teoria dos três elementos e menciona a *causa petendi*, ostenta o inexorável efeito de fazê-la compartilhar a condição de dado objetivo do processo juntamente com o pedido.

Embora tenham aderido, recentemente, prestigiosas opiniões às consequências completas da tripartição, em tema de cúmulo de ações,[3] convém recordar que não se trata de orientação pacífica ou predominante. Leo Rosenberg assevera que a pretensão processual, ou objeto litigioso, define-se pelo pedido, e que a cumulação objetiva de pretensões, ou seja, a reunião de várias pretensões na mesma demanda, configura-se ao formular o autor mais de um pedido, não quando pedido único se fundamenta em diversas causas.[4] Idêntico é o entendimento, em substância, de Adolf Schönke.[5] Entre nós, impositivo se mostra Pontes de Miranda.[6]

Dificilmente, contudo, a oposição à causa se coaduna com as principais proposições da ciência processual, e, em especial, com o *ius positum*. Ademais, inexistem motivos relevantes, sérios e de fundo para desbordar tal disciplina, que se revela correta à luz da vida dos processos.

---

2. Nesse sentido, Jaime W. Teitelbaum, *El proceso acumulativo civil*, n.° 22, p. 103. Ressalve-se o ponto de vista contrário de Cruz e Tucci, *A* causa petendi *no processo civil*, pp. 145 e 146.
3. Miguel Teixeira de Sousa, *Sobre a teoria do processo declarativo*, § 16, p. 162 e Jaime W. Teitelbaum, *El proceso acumulativo civil*, n.° 22, p. 103. Veja-se a opinião de Cândido Rangel Dinamarco, *Litisconsórcio*, n.° 20, p. 72: "ora, quando na unidade formal de um só ato de iniciativa se deduzem em juízo dois ou mais pedidos (*petita*) ou um só pedido em dois ou mais fundamentos autônomos (*causae petendi*), tem-se ali então um 'cúmulo objetivo de demandas'; nos casos de cúmulo objetivo, pode-se dizer que só formalmente a demanda é única (ato de pedir), sendo complexo o seu conteúdo (daí dizer-se que há cumulação)". Também há a adesão de José Carlos Barbosa Moreira, Julgamento colegiado e pluralidade de causas de pedir, p. 131, a saber: "De semelhante concepção" – alude o jurista ao art. 301, § 2.°, do CPC de 1973, idêntico ao art. 337, § 2.°, do CPC de 2015 – "deveria naturalmente decorrer, sem grande esforço de raciocínio, a consciência nítida de que, quando alguém pleiteia em juízo certa providência jurisdicional, baseando-se em dois ou mais fatos ou conjunto de fatos, cada qual suficiente por si para justificar o acolhimento do pedido, está propondo, em cumulação, tantas ações quantas são as *causae petendi* invocadas".
4. Leo Rosenberg, *Tratado de derecho procesal civil*, v. 2, § 88, p. 38; Leo Rosenberg e Karl Heinz Schwab, *Zivilprozessrecht*, § 96, p. 486. É conhecida, ademais, a opinião de Schwab, analisada no n.° 22 do texto.
5. Adolf Schönke, *Zivilprozessrecht*, § 50, II, 1, b, p. 169.
6. Pontes de Miranda, *Comentários ao Código de Processo Civil*, v. 4, pp. 71 e 72.

Cumpre expor com largueza, agora, a importância da causa de pedir e das suas combinações, a fim de justificar, de uma vez, o porquê de a multiplicidade de causas corresponder à cumulação de ações.

58. Espécies de causa de pedir

Dar à causa de pedir o contexto genérico de episódios da vida, ou seja, o complexo de fatos a cuja existência o direito objetivo subordina a produção de certos efeitos jurídicos, caracterizados na inicial (art. 319, III), não significa olvidar que se trata de uma realidade suposta, simplesmente afirmada, de maneira unilateral, pelo autor. Reclama prova idônea para ensejar, em tese, a procedência da demanda. E o juiz adquire conhecimento sobre os fatos que originaram o litígio pelos meios de prova legalmente admissíveis.

A irrefreável dubiedade dos fatos articulados na petição inicial sinaliza o verdadeiro caráter da causa de pedir, em qualquer demanda, e também se a cognição do juiz se adscreve à verossimilhança (*verbi gratia*, na ação cautelar) ou tende a obter certeza. Esta incerteza inicial fornece a primeira característica importante do elemento causal da ação.

Por outro lado, à base das alegações do autor pode se situar um fato jurídico isolado – por exemplo, o adultério de *B* com *C*, em tal sábado; ou a sublocação do imóvel *X*, locado por *A* para *B*, infringente do contrato, a *C* –, cada qual coadjuvado e esclarecido por vários fatos simples, ou seja, circunstâncias diversas (local e hora do adultério, por exemplo) que individualizam e distinguem o fato principal dos congêneres, mas sem descaracterizá-lo ou alterá-lo; ou a narração abrange mais de um fato, a saber: três adultérios, completamente distintos, de *B* com *C*, *D* e *E*; ou adultério e embriaguez escandalosa, de molde a tornar insuportável a vida em comum; ou a sublocação a *C* e o desvio no uso declaradamente convencionado do imóvel (art. 23, II, c/c o art. 9.°, II, da Lei 8.245, de 18.10.1991).

Nessas hipóteses, observam-se duas classes autônomas de fatos: (*a*) os constitutivos, indispensáveis à incidência na regra jurídica, e (*b*) os simples, ou acessórios, que apenas dão colorido àqueles.

Em outros termos: à ação de separação judicial, fundada em adultério, interessa principalmente a alegação central da quebra do dever de fidelidade, subsumida em tal ou qual *rendez-vouz*, não os fatos adjacentes a ela, como dia, hora e lugar. Impossível se mostra, *a priori*, classificar os fatos importantes ao direito, chamados de jurídicos, porque eles variam segundo os incontáveis suportes dispostos na lei. Mas, a aptidão dos fatos jurídicos, joeirados na norma (*retro*, n.° 10), não pode faltar à ideia de causa (*retro*, n.° 32.2).

Por conseguinte, a despeito de a causa compreender fatos de natureza variada, a sua cabal e exata identificação dependerá, em geral, dos fatos constitutivos narrados. Os fatos simples se ostentam irrelevantes.

Entende-se por fatos constitutivos os que, contemplados no suporte fático do direito subjetivo, ao incidir na regra dão-lhe origem, fazem-no nascer;[7] de outra banda, os fatos simples servem apenas à argumentação dos fatos jurídicos.[8]

Como quer que seja, a categoria dos fatos jurídicos, entre os quais se incluem os constitutivos, é mais ampla e abrange, ainda, os extintivos – cessam a relação jurídica ou o direito subjetivo; os modificativos – sem negar o direito, alteram-lhe a eficácia; e os impeditivos – obstam, em parte ou totalmente, os efeitos normais do direito.[9]

Em ocasiões especiais, além de alegar do fato constitutivo da ação material, incumbe ao autor explicitar algum fato modificativo, antecipando-se às objeções do réu, ou, até mesmo, definindo o estágio atual do direito. O direito pátrio adotou tal classificação, quer em tema de ônus da prova (art. 373, I e II),[10] quer para estipular o princípio do contraditório (art. 350).

No tocante aos fatos relevantes à causa de pedir, ou seja, os fatos jurídicos, em geral constitutivos, retiram-se, ainda dos exemplos assinalados, as modalidades de causas que se afigura lícito o autor empregar na demanda.

Realmente, a causa de pedir pode ser: (*a*) simples quando o autor expõe um conjunto de fatos, de per si suficiente à constituição do direito e, outrossim, da ação correspondente; (*b*) composta, em que dois ou mais conjuntos de fato, cada qual apto a incidir no suporte, reunidos compõem ação única; e, por fim, (*c*) complexa, em que, do mesmo conjunto de fatos, individualizam-se duas ou mais ações.[11] Em síntese mais abrangente, conclui-se que o autor poderá alegar: primeiro, vários fatos homogêneos (por exemplo, o autor *A* alega adultério de *B* com dois parceiros diferentes, *C* e *D*); segundo, vários fatos heterogêneos (por exemplo, o autor *A* alega adultério e embriaguez de *B*); terceiro, vários fundamentos jurídicos (por exemplo, os encontros clandestinos de *B* tanto configuram adultério quanto injúria grave); quarto, a incidência do mesmo conjunto de fatos em duas ou mais regras (por exemplo, o adultério de *B* infringe os deveres do casamento e, ao mesmo tempo, caracteriza ato contrário a direito).

---

7. Francesco Carnelutti, *Sistema de derecho procesal civil*, v. 1, n.° 23, p. 69.
8. Giuseppe Chiovenda, *Principios de derecho procesal civil*, v. 2, § 54, p. 274.
9. Francesco Carnelutti, *Sistema de derecho processual civil*, v. 2, n.° 126, p. 14; Moacyr Amaral Santos, *A prova judiciária no cível e no comercial*, v. 1, n.° 89, pp. 151-153; idem, *Comentários ao Código de Processo Civil*, n.° 20, pp. 36 e 37; Giuseppe Chiovenda, *Principios de derecho procesal civil*, v. 2, § 54, pp. 273-274; e Francisco Mendez Ramos, *Derecho procesal civil*, v. 1, n.° 23, pp. 464-465.
10. A respeito das regras sobre ônus e classificação dos fatos, por todos, Gian Antonio Micheli, *L'onore della prova*, p. 51.
11. Miguel Teixeira de Sousa, *Sobre a teoria do processo declarativo*, § 16, p. 162; José Rogério Cruz e Tucci, *A causa* petendi *no processo civil*, p. 156.

Concebe-se, assim, as seguintes hipóteses exemplificativas dessa classificação: (*a*) se o autor *A* alega que *B* manteve relações uma única vez com *C*, o fato se mostra simples, e a *causa petendi*, única; (*b*) se o autor *A* alega, destarte, que *B* manteve várias as relações sexuais com *C*, continua existindo uma única causa, mas, agora, composta: expressa-se ela através de vários fatos, que, todavia, formam um todo homogêneo; e (*c*) se, porém, o autor *A* alega que *B* manteve relações com *C* e *D*, em oportunidades diferentes, de nada importando se uma ou várias vezes, existe causa complexa e, por decorrência, ações cumuladas. Entre a causa composta e a complexa, e, às vezes, entre a simples e a complexa, particularmente nas ações constitutivas, medeia uma distância sutil. Estas dificuldades foram expostas e examinadas no tópico relativo aos fatos constitutivos na identificação da ação material (*retro*, n.° 32.2), aqui somente relembradas.

Quando se alude às espécies de cumulação de causas, então, considera-se a causa de pedir complexa, ou seja, a que abrange fatos constitutivos distintos, cada qual individualizando uma ação. Cabe destacar, relativamente à causa composta, que os fatos a ela pertencentes devem manter uma uniformidade discernível (por exemplo, várias relações adúlteras de *B* com *C*); do contrário, representando ações "concorrentes" – na locução de Miguel Teixeira de Sousa[12] –, na verdade existe causa complexa e cumulação.

59. Distribuição das causas de pedir em cumulação

Individualizando-se a ação mediante três elementos, a multiplicidade de causas corresponde, necessariamente, à hipótese de cumulação. Segundo Jaime W. Teitelbaum, "nada mais lógico, pois, que vários litígios, mesmo com identidade de partes e de objeto, porém com diferente *causa petendi,* constituam cada qual uma individualidade própria".[13]

Existem causas diversas quando o autor expõe fatos constitutivos capazes de identificar mais de uma ação. Para tal efeito, irrelevante se mostra a qualificação jurídica outorgada pelo autor ao conjunto de fatos.[14] Combinam-se os fatos (jurídicos!), porém, de maneiras diversas. Em sentido amplo, há duas formas de cumulação: ou existem duas ou mais causas para um pedido único; ou, causas diferentes para cada pedido.[15]

12. Miguel Teixeira de Sousa, *Sobre a teoria do processo declarativo,* § 16, p. 162, que reputa não haver cumulação objetiva quando há pretensões concorrentes na causa composta.
13. Jaime W. Teitelbaum, *El proceso acumulativo civil*, n.° 22, p. 103.
14. Idem, n.° 22, p. 104.
15. Idem, n.° 22, p. 103.

59.1 *Cumulação simples*

Talvez o autor disponha de uma ou mais causas para amparar um pedido único. Neste caso, há cumulação simples.

Evidentemente, a ordenação das causas, quanto ao pedido, mostra-se subsidiária: na eventualidade de não proceder o despejo por falta de pagamento (art. 9.°, III, da Lei 8.245, de 18.10.1991), caberá por desvio na destinação do imóvel (art. 9.°, II, da Lei 8.245/90); na hipótese de não ficar provado o adultério de *B* com *C*, nada obstante acolhe o juiz a ação face ao adultério de *B* com *D*; e, ainda, o despejo e a separação podem ser procedentes por ambas as causas. Nas hipóteses de exclusão de uma causa, há subsidiariedade;[16] na outra, cumulatividade. Todavia, essas causas de pedir se revelam, isolada ou conjuntamente, aptas à procedência do mesmo pedido, configurando o requisito exigível à esta espécie de cumulação. Em virtude dessa especialidade, encontrada no cúmulo simples de causas, ensejará cumulação de pedidos simples; a cumulação eventual de pedidos reclama conexão de causas (*infra*, n.° 76).

Conforme se depreende da afirmativa imediatamente anterior, concebe-se a existência duas ou mais causas para pedidos diferentes. Essa hipótese se reflete na cumulação de pedidos simples. Exemplo: o autor *A* propõe a demanda contendo duas ações condenatórias em perdas e danos contra o réu *B*, uma com base no inadimplemento do contrato de promessa de compra e venda de certo imóvel *X*; outra, referente aos danos causados ao imóvel *Y*, alugado ao réu.

59.2 *Cumulação sucessiva*

Relaciona-se, com o cúmulo de pedidos sucessivos, a cumulação de causas de igual natureza, ou seja, subordinada à procedência da ação estimada principal. Exemplo: o autor *A* pede a resolução da promessa de compra e venda do imóvel *X*, prometido comprar pelo réu *B*, fundado na falta de pagamento do preço, e pede perdas e danos, a partir dos prejuízos que a dissolução e um novo negócio, por preço inferior, lhe trará. As causas, de uma e outra ação, guardam completa autonomia.

60. Cumulação simples de causas e multiplicidade do embasamento legal

Existe cumulação simples de causas quando, reunidos dois ou mais complexos de fatos para fundamentar determinado pedido, qualquer deles se ostenta hábil à procedência da ação. Ocorre que o mesmo complexo de fatos às vezes incide em mais de uma regra jurídica. E o exemplo clássico reside na coisa, objeto de

---

16. Nesse sentido, João de Castro Mendes, *Direito processual civil*, v. 1, n.° 158, p. 397. José Frederico Marques, *Manual de direito processual civil*, v. 2, n.° 355, pp. 49-50, fala em sucessividade, mas, na verdade, o exemplo (simulação e fraude) é de cumulação simples de causas.

contrato comutativo, que padece de vício oculto, tornando-a imprópria ao uso ou diminuindo-lhe o valor. Este fato jurídico incide no art. 441, *caput*, do CC, que enseja a ação redibitória, enjeitada a coisa, e, concomitantemente, no art. 442 do mesmo diploma, que autoriza pleitear o abatimento do preço. [17] O fenômeno recebe a designação de concurso de normas.[18]

Distingue-se tal concurso do seu contrário, o concurso de ações – igualmente chamado, de modo assaz equívoco, concurso de "pretensões" –, se, de uma única previsão legal, emergem duas ou mais ações. Esta categoria não inclui, à evidência, o vício oculto, mas, para alguns – altamente discutível o asserto[19] – a antiga disputa entre a ação acidentária e ação de indenização contra o empregador, regulada pelo vetusto brocardo *electa una via non datur recursum ad alterum*, competindo ao demandante escolher, irretratavelmente, uma ou outra.

Todavia, interessa descobrir se o concurso de normas implica cúmulo de objetos litigiosos e, por decorrência, cumulação de ações, porque o segundo concurso elide, *à outrance*, ante o inequívoco caráter eletivo das ações,[20] menção a cúmulo de causas.

A resposta à indagação surge do exame atento do exemplo referido: identifica-se uma causa de pedir para dois pedidos diversos, que, aliás, comportam cumulação eventual.[21] O cúmulo se produz através de efeitos jurídicos diferentes, quiçá almejados e ordenados, na demanda, pelo autor. Miguel Teixeira de Sousa nota que, em princípio, a teoria da substancialização resolve, neste sentido, o problema. A causa de pedir se revela no conjunto de fatos aptos a produzir o efeito jurídico expressa no pedido. Logo, pouco importa, deste ângulo, se os episódios incidem, ou não, em várias normas, porque não se definem, em sua homogenia fática, na condição de causa única.[22] Idêntica a solução da clássica disputa entre responsabilidade contratual e extracontratual: a ação é única.[23] Mas, o equacionamento dos

---

17. José Carlos Barbosa Moreira, *Quanti minoris*, n.° 7, p. 211, alude a cúmulo alternativo, mas se trata de cumulação subsidiária, devendo entender-se a passagem como "alternatividade por subsidiariedade". Segundo Florence Bussy-Dunaud, *Le concours d'actions en justice entre les mêmes parties*, n.° 79, pp. 45 e 46, as ações em tela possuem diferentes objetivos. Este exemplo é análogo ao da concorrência entre ação de cumprimento e ação de resolução: Araken de Assis, *Resolução do contrato por inadimplemento*, n.° 1.1.3, p. 28.
18. Miguel Teixeira de Sousa, *Sobre a teoria do processo declarativo,* § 17, p. 163.
19. A respeito Tupinambá Miguel Castro do Nascimento, *Curso de direito infortunístico,* n.° 1.3, pp. 20 e 21.
20. Miguel Teixeira de Sousa, *Sobre a teoria do processo declarativo,* § 17, p. 165.
21. *Vide*, item 76 do texto.
22. Miguel Teixeira de Sousa, *Sobre a teoria do processo declarativo,* § 17, p. 166.
23. Cerino Canova, La domanda giudiziale ed il suo contenuto, n.° 22, p. 199, sinala que esta é a inclinação da jurisprudência italiana. No mesmo sentido, Cruz e Tucci, *A causa petendi no processo civil*, p. 164. É valiosa a observação de Artur Anselmo de Castro, *Direito*

demais aspectos se afigura difícil. Na última hipótese, na realidade, cuida-se somente de divergência no fundamento legal, circunstância incapaz, isoladamente, de duplicar a ação, na justa medida em que único o complexo de fatos.

Nas ações constitutivas e executivas reponta, de vez, o nó górdio da angusta questão. Realmente, à vista do disposto no art. 32, IV, do Dec. 59.566, de 14.11.1966, deitando o arrendatário culposamente à terra uma tal quantidade de produtos químicos que causa danos à colheita e à gleba arrendada, ter-se-á uma ou duas ações de despejo? Respondeu-se a esta pergunta linhas antes (*retro*, n.° 32.2), e, aqui, comparados os exemplos, pondera-se melhor o critério.

Fácil e claramente se separam, no ato imputável ao arrendatário, ainda que único, o dano à messe e o dano à gleba, ambos com a mesma e invariável consequência. Mister reconhecer, na hipótese, duas ações. Na "concorrência" entre responsabilidades contratual e aquiliana, a partir da uniformidade do complexo de fatos, ao invés, existe apenas divergência acerca do enquadramento legal, porque os fatos ou figuram a primeira ou a segunda categoria. Não se contempla, por igual, uma formulação subsidiária de causas, porque inexistem dois agrupamentos de fatos. E os fatos que originaram a ação acidentária se identificam, indubitavelmente, aos da ação derivada do "direito comum", mas os efeitos de uma e outra diferem em seus limites,[24] além da diversidade de réu. E o mesmo, vale dizer, a diferença de efeitos jurídicos, acontece relativamente às ações redibitória e *quanti minoris*.

Em suma: conquanto o fato ou os fatos incidam em várias regras, o chamado concurso de normas surge quando os efeitos jurídicos diferem e ensejam pedidos também diversos; por outro lado, se o fato incide em uma ou mais regras com o mesmo efeito, em ocorrendo a cumulação existirá pedido único, fundado em várias causas de pedir.[25]

Despreza-se, intencionalmente, o argumento retirado da coisa julgada,[26] pois já se o repeliu em outro lugar, vez que escancaradamente ilusório (*retro*, n.° 19). Vale a pena, todavia, posicioná-lo: a mesma fundamentação da sentença, abraçando a *causa petendi*, resolve todo o concurso; já na cumulação, se torna necessária disposição explícita sobre as causas cumuladas, ou, no mínimo, a referência de que as outras deixam de ser examinadas perante à procedência da primeira, devolvendo-se, em todo o caso, o conhecimento integral das causas ao tribunal, se houver recurso (art. 1.013, § 2.°).

---

processual civil declaratório, v. 1, n.° 26, p. 207, de que, segundo a teoria da substanciação, inexiste troca de causa se o autor varia fundamentação legal.

24. Miguel Teixeira de Sousa, *Sobre a teoria do processo declarativo*, § 17, p. 165.
25. É exatamente o contrário do sustentado por Corrado Ferri, *Struttura del processo e modificazione della domanda*, pp. 162-164 e a doutrina em geral, mais coerente, acima de tudo, à impostação material do objeto do processo.
26. *Vide*, a propósito, as notas ao n.° 19 do texto.

§ 17 Regime de admissibilidade

61. Panorama da disciplina da cumulação de causas

No exame dos requisitos que regem a admissão do cúmulo de causas, como alhures, ressente-se muito da discutível, ou melhor, da incorreta perspectiva que diminui o valor e a importância da *causa petendi* na definição do objeto litigioso. Assumindo a causa, ante a expressa disciplina entre nós vigente, e, ainda, da imperiosa reconstrução do próprio conceito de objeto litigioso (*retro*, n.° 32), o papel que irrevogavelmente lhe compete, de compartilhar junto com o pedido os elementos objetivos do mérito do processo, evidencia-se em toda a sua extensão o problema de iluminar o quadro geral da admissibilidade do cúmulo de causas.

Convém observar, de logo, que, ao contrário da cumulação de pedidos, não se atreveu o CPC a exarar normas, permitindo, sob tal ou qual influxo, o cúmulo de causas. Limita-se a erigir obstáculos, às vezes explícitos e polêmicos, a exemplo do art. 557, que proíbe, na pendência do juízo possessório, as partes intentarem a ação de reconhecimento do domínio, exceto contra terceiro. Tradicionalmente, este dispositivo tem sido interpretado como vedação à cumulação, no mesmo processo, de causas fundadas na posse e no domínio,[27] restringindo, destarte, o âmbito da controvérsia. Outras vezes, no entanto, constata-se a simples exclusão de certas matérias da apreciação do juiz. O exemplo mais gritante, talvez, descansa no art. 525, § 1.°, segundo o qual a impugnação do executado (na verdade,[28] ação de oposição contra a execução injusta ou ilegal) contra execução fundada em título judicial (ou cumprimento da sentença) versará as matérias catalogadas em seus incisos; caso notabilizado, de resto, pelo necessário contraste com o art. 917, VI, que amplia as causas admitidas se os embargos atacam título extrajudicial.

Antes, porém, de seguir o caminho, que leva à apreciação das técnicas que cortam e mutilam a cognição judicial, desdobramento necessário da questão aludida, algumas considerações têm de enfrentar os reflexos do regime imposto à cumulação de pedidos (art. 327) na de causas.

---

27. A respeito, justas se afiguram as críticas de Adroaldo Furtado Fabrício, *Comentários ao Código de Processo Civil,* v. 8, t. 3, n.° 345, p. 511. A interpretação do artigo é fonte permanente de dúvida, mas tende à tese que o faz incidir na possessória cuja causa se funda exclusivamente no domínio. Nesse sentido, Ernane Fidélis dos Santos, *Comentários ao Código de Processo Civil,* v. 6, n.° 131, p. 135. Sobre o art. 26 do CPC francês – "Le possessoire et le pétitoire ne seront jamais cumulés" – Elisabeth Michelet, *La règle du non-cumul du possesoire et du pétitoire*, n.° 79, pp. 73 e 74; Florence Bussy-Dunaud, *Le concours d'actions en justice entre les mêmes parties*, n.° 403, pp. 194 e 195. É diferente, mas com igual sentido, a redação do art. 1.265 do *Nouveau Code*: "La protection possessoire et le fond du droit ne sont jamais cumulés" Consulte-se, também, Ovídio A. Baptista da Silva, *Procedimentos especiais,* n.° 102, pp. 207-212.

28. Araken de Assis, *Manual da execução*, n.° 589, pp. 1.699-1.706.

62. Requisitos gerais da cumulação de causas

Examinando a cumulação causal, Jaime W. Teitelbaum invoca o art. 287 do antigo CPC uruguaio – anterior ao vigente *Codigo General del Processo* (Lei 15.982, de 18.10.1988) –, o qual, aparentemente, cuida da cumulação de pedidos, contendo, todavia, incensurável e abrangente referência a *acciones*.[29] Esta disposição aplaina e favorece, por sem dúvida, a aplicabilidade da regra às causas de pedir, através do raciocínio de que os mesmos pressupostos atinentes ao cúmulo de pedidos – uma das espécies, mas não a única, da cumulação de ações – calham ao cúmulo de causas. Fora dessa disciplina, segundo o vezo geral, existem somente as hipóteses de cumulação subjetiva, ou seja, de litisconsórcio facultativo.

Os termos estritos do art. 327 desautorizam interpretação idêntica. Ele dispõe explicitamente sobre a cumulação, no mesmo processo, de vários pedidos perante o mesmo réu. E isto sem prejuízo de identificar a ação pelas partes, causa e pedido no art. 337, § 2.°. A lei realizou, aí, uma inevitável concessão ao entendimento de que a existência de vários objetos litigiosos (*rectius:* ações materiais) não implica, automaticamente, cúmulo de demandas (ações processuais), se o efeito jurídico pretendido pelo autor é único. Trata-se de um equívoco, como já se afirmou, até porque a "ação" processual, ainda que a demanda contenha vários pedidos, não se multiplica, vez que estabilizada na unidade (*retro*, n.° 6).

Nada obstante, ocorre que a verba legislativa, sobre a qual se debruça Teitelbaum, tirante a palavra "acciones" no lugar de pedidos, semelha muito ao art. 327 do CPC brasileiro vigente (e do art. 292 do CPC de 1973), contendo os três requisitos da lei brasileira (*infra*, § 21), e já era superior num ponto: esclarecia, de plano, que a formulação de pedidos substancialmente contraditórios se admite na forma subsidiária (eventual), lacuna suprida pelo § 2.° do art. 327, declarando que o requisito da compatibilidade não se aplicará em tal hipótese. Logo, ao menos por analogia, cumpre examinar brevemente as diretrizes do art. 327 no tocante à cumulação causal.

62.1 Conexão subjetiva

Entre duas ações haverá conexão quando comungarem, no mínimo, um dos elementos individualizadores (partes, causa e pedido). Por decorrência, a conexão subjetiva respeita à identidade, parcial ou total, de partes. Conforme o art. 327, *caput*, o cúmulo de ações se limita ao mesmo réu.

A disposição se aplica ao cúmulo causal. Esta espécie de cumulação pressupõe a identidade de partes.[30] Quanto ao resto, se remete, aqui, às considerações expendidas ulteriormente acerca dos pedidos (*infra*, n.° 77).

---

29. Jaime W. Teitelbaum, *El proceso acumulativo civil*, n.° 22, p. 103. Já o art. 202 do projeto de Couture falava em "demanda": Couture, *Proyecto de código de procedimiento civil*, p. 168.
30. Nesse sentido, Jaime W. Teitelbaum, *El proceso acumulativo civil*, n.° 31, p. 156.

62.2 Conexão objetiva e compatibilidade das causas

O art. 327 dispensa, no respeitante aos pedidos, qualquer ligação entre si. Do mesmo modo, nenhuma exigência se prende às causas, que podem ser inteiramente diferentes ou antagônicas. Aliás, sempre existirá caráter subsidiário no cúmulo de causas, o que de per si garante a compatibilidade dos fundamentos contraditórios na demanda, a teor do art. 327, § 1.°, I, (*infra*, n.° 78 e 79).

62.3 Competência e adequação procedimental

Os requisitos subsequentes, insculpidos no art. 327, § 1.°, II e III – competência e adequação procedimental –, nenhuma influência exercem no cúmulo causal, pois ambos disciplinam aspectos do *petitum*, o qual define, independentemente da existência de uma ou várias causas, tanto o juízo perante o qual se proporá a demanda, quanto o procedimento da ação.

62.4 Indicação expressa do cúmulo de causas

Talvez o requisito mais relevante, à margem do art. 327, identificável na cumulação causal, resida na circunstância de que, na exposição dos fatos constitutivos (art. 319, III), são dispensáveis alusões à existência do cúmulo de causas. Em outras palavras: fundamentando o autor em dois ou mais conjuntos de fatos o pedido, não se obriga a explicitar que está a cumular duas ou mais causas de pedir. Basta-lhe narrar os fatos. O juiz os recolherá de acordo com o princípio *iura novit curia*.

Esse tratamento não denota a existência de uma cumulação implícita.[31] Devem ser expostos, coerente e compreensivamente, todos os fatos constitutivos que servem à procedência da ação, e, por isso, a cumulação causal sempre se mostrará expressa, no nível da narrativa do autor.

63. Limites da cumulação causal. Generalidades sobre a cognição sumária

Considerados os requisitos da cumulação causal arrolados – aqui chamados de gerais –, agora cumpre esclarecer a gênese de semelhante designação. Ela decorre da circunstância de que eles se revelam comuns às diversas espécies de cumulação e às ações funcionalmente cognitivas, especialmente àquelas relegadas ao desaguadouro comum do rito comum da tutela de conhecimento. Porém, outros pressupostos, ou limites à cumulação de causas de pedir, configuram-se e respeitam, de maneira extraordinariamente relevante, à área de cognição do juiz.

---

31. Contra, Jaime W. Teitelbaum, *El proceso acumulativo civil*, n.° 22, p. 109.

Realmente, o arquétipo do processo declarativo[32] corresponde à reprodução ilimitada da lide (*rectius*: objeto litigioso) efetiva ou virtual, envolvendo as partes, trazida através da respectiva iniciativa, no que os arts. 319 e 336 desempenham o papel de fronteira tanto à demanda do autor quanto à defesa do réu, respectivamente, sob a égide dos princípios da demanda e da eventualidade. Como consequência desse esquema, que bem ou mal absorveu outras técnicas, [33] a solução conferida pelo juiz ao mérito se projeta definitiva, ou seja, não admitirá discussões posteriores, graças à proibição do *bis in idem*, ou à incontestabilidade resultante da autoridade de coisa julgada. Tais processos ostentam cognição plenária. Explica Giuseppe Chiovenda: "diz-se ordinária, ou seja, plena e completa, a cognição do juiz quando tem por objeto o exame a fundo de todas as razões das partes, quer dizer, de todas as condições para a existência do direito e da ação e de todas as exceções do réu".[34] Compreende-se que, permitindo-se às partes expor a lide em toda a sua extensão e trazê-la para dentro do processo, haja a recíproca ideal de extinção total e definitiva do conflito e impedimento a qualquer discussão futura.

Mas, ao lado desse tipo de processo, existem outros em que o conhecimento do juiz se reduz, considerando múltiplas razões, principalmente a celeridade, e onde a cognição "ou não é exaustiva ou é parcial", segundo Chiovenda.[35] E, aduz Victor Fairén Guillén, incompleta a cognição, a coisa julgada também se restringirá na mesma medida.[36] Essa observação jamais implicará, por óbvio, a ausência de coisa julgada em ações de cognição sumária – fonte, por sinal, de muitos equívocos –, e, sim, que a indiscutibilidade atingirá somente as questões decididas (art. 503, *caput*).

De duas maneiras se impõem lindes à cognição judicial: ou (*a*) a lei coloca fora do processo várias questões, encurtando-o em extensão e, portanto, tornando-o parcial; ou (*b*) limita-o à superficialidade de uma ou mais questões, diminuindo-o, conseguintemente, na profundidade. Segundo Ovídio A. Baptista da Silva, a ação cambiária, desprezando o negócio jurídico subjacente, exemplifica a primeira

32. Victor Fairén Guillén, Juicio ordinario, plenários rápidos, sumário, sumaríssimo, p. 825.
33. Juan Montero Aroca, *Análisis crítico de la ley de enjuiciamiento civil*, p. 54. Para o direito italiano é essencial consultar Salvatore Calgano, Ai margini della riforma processuale civile, pp. 27-61, e Giuseppe Tarzia, Retrospettiva sulla vincenda del procedimento summario, pp. 532-542.
34. Giuseppe Chiovenda, *Instituições de direito processual civil*, v. 1, n.° 37, p. 254.
35. Idem, n.° 37-71, pp. 255 e 337.
36. Victor Fairén Guillén, Juicio ordinario, plenarios rápidos, sumario, sumaríssimo, p. 827.

espécie; as liminares possessórias, presas ao que a lei chama de "prova sumária da posse" (art. 677, *caput*), a última delas.[37]

Vem de longe a sumarização do conhecimento do órgão judicial. Era a base da atividade do pretor romano. Mais adiante, no medievo, as dificuldades do processo dito "comum" emprestaram-lhe renovado vigor. [38] Desapareceu, entretanto, na época das grandes codificações. No respeitante ao direito espanhol, onde influía poderosamente nas causas comerciais, Juan Montero Aroca rememora o seu ocaso e posterior absorção pela cognição plenária dos "juicios de mayor cuantía", na LEC de 1855, que dispensou até mesmo a experiência favorável dos "plenários rápidos" ou "juicios de menor cuantía".[39] Hoje, dissemina-se a cognição sumária, tal como uma incontrolável epidemia, atingindo rincões surpreendentes e variados. Talvez o exemplo mais revelador da sua importância, e indispensabilidade ao comércio jurídico, desponte na pretensão à segurança (cautelar), que tutela a aparência, e, portanto, a perquirição do direito alegado pelo autor se cinge à respectiva verossimilhança.[40]

Convém ressaltar, porém, que o conceito de cognição sumária, já exposto implicitamente, não se mostra pacífico. Por exemplo, Kazuo Watanabe distingue entre dois planos de cognição: um horizontal, o da extensão, cujo referencial reside na quantidade de questões que podem ser debatidas pelas partes e resolvidas pelo juiz: se todas as questões, a cognição se afigura ampla, ou ilimitada; se amputadas uma ou mais questões, ela se diz limitada ou parcial; outro, vertical, o da profundidade, cujo ponto de referência se encontra a extensão admissível à cognição do juiz: quando superficial a área cognitiva se chama sumária; se ilimitada, "exauriente" (*sic*). No pensamento de Watanabe, pois, os lindes do conhecimento judicial admitem combinações, e só um dos cortes recebe, efetivamente, o título de sumário.[41]

Em sentido contrário, há quem repute sumária qualquer cognição restringida por força de outra razão que não a iniciativa das partes, de acordo com os respectivos atos postulatórios principais – petição inicial (art. 319) e contestação (art. 336) –, quer opere a ablação no plano horizontal, limitando as questões

37. Ovídio A. Baptista da Silva, *Comentários ao Código de Processo Civil*, v. 9, p. 30, e *Curso de processo civil*, v. 1, p. 108.

38. Biondo Biondi, *Cognitio summaria*, p. 456, e Kazuo Watanabe, *Da cognição no processo civil*, n.° 23, p. 97-100.

39. Juan Montero Aroca, *Análisis crítico de la Ley de Enjuiciamiento Civil*, p. 55.

40. Ovídio A. Baptista da Silva, *Comentários ao Código de Processo Civil*, v. 9, pp. 82-84. É importante a contribuição, neste aspecto, de Kazuo Watanabe, *Da cognição no processo civil*, n.° 24, pp. 100-104.

41. Kazuo Watanabe, *Da cognição no processo civil*, n.° 19. p. 84.

dedutíveis, ou no plano vertical, regulando a profundidade do conhecimento em níveis diferentes da exaustão.[42]

O desacordo se origina das razões adotadas para caracterizar a cognição sumária e as suas notas essenciais em cada ordenamento. Examinando um catálogo geral dos objetos de "juicios o procesos sumarios", Dante Barrios de Ángelis identifica-lhes três classes,[43] recenseadas, cada qual, sobre bases e circunstâncias diversas, ou seja, os fatores que influem na caracterização de um rito afastado do molde comum obedecem a inumeráveis ordens de ideias.

Mas, a tutela diferenciada, a cada passo revelada, não importa, *tout court*, a cognição sumária. Entre nós, confirmando o último diagnóstico, o CPC de 1973 adotou a tese de que os "plenários rápidos", devidos a Victor Fairén Guillén,[44] ou seja, ritos notavelmente encurtados no plano processual, no afã de obter rapidez na solução do litígio, mas que preservam intacta a cognição do juiz, exemplificados pelo antigo procedimento sumaríssimo, posteriormente "sumário", mas as causas submetidas a esse procedimento, em razão do valor ou em razão da matéria, não constituem processos de cognição sumária.[45] E nas ações ajuizadas sob os auspícios da Lei 9.099, de 26.09.1995 – incluindo as causas do antigo sumário, em razão da matéria, por força do art. 1.063 do CPC de 2015 –, a despeito da absoluta informalidade e das aparências, em geral há cognição plenária.[46] Tudo porque o único critério admissível para se reputar uma ação sumária consiste na redução da área de cognição, seja no plano horizontal, constringindo ou enumerando as questões admissíveis no processo, seja no vertical, atando-a à superfície das questões efetivamente deduzidas.

Uma vez aceita a premissa, de que a verdadeira sumarização induz cortes ao conhecimento judicial, pouca importa, à sua definição, que a ablação se faça neste ou naquele sentido. É inadequado, porque fonte de dúvidas e confusões, a evitarem-se a todo custo em assunto tão delicado e sutil, reservar o nome de sumária a certa maneira utilizada pelo legislador para encurtar a cognição, e, assim, sumarizar a ação. Quando muito, "cognição sumária", bem entendida, representa o gênero compartilhado pelas modalidades cognitivas ampla e superficial.

42. Ovídio A. Baptista da Silva, *Curso de processo civil*, v. 1, p. 208.

43. Dante Barrios de Ángelis, *Teoría del proceso*, p. 308. Por outro lado, as classes são as seguintes: 1.ª) os objetos "implicados por la urgencia"; 2.ª) os simples ou simplificados; e 3.ª) os de menor quantia (alçada). Nesta última, por óbvio, se incluem as ações de procedimento sumário, *ex vi* do art. 275, I [de 1973]; na primeira, as ações cautelares; e, por fim, na última, a simplificação aludida.

44. Victor Fairén Guillén, Juicio ordinario, plenarios rápidos, sumario, sumaríssimo, p. 828.

45. Kazuo Watanabe, *Da cognição no processo civil*, n.° 20.1, p. 86.

46. Era a observação de Watanabe, *Da cognição no processo civil*, n.° 20.1, p. 86, quanto às ações governadas pela Lei 7.244/84, já revogada, e substituída pela Lei 9.099/95.

Descabe desenvolver, no presente trabalho, as funções renovadas que a técnica de sumarização dos litígios desempenhará no mundo moderno, desafiado por necessidades de prestar tutela a direitos individuais e coletivos, e por uma vocação, emergente da natureza instrumental, de se situar à mínima distância, se possível, do direito substantivo.[47]

O denominador comum dessas forças se revela a tutela diferenciada – que, no entanto, como visto, abrange outras técnicas processuais, a par da sumarização[48] –, ou seja, a junção de cada ação material a uma estrutura processual compatível com as suas peculiaridades, minimizando, por consequência, a prevalência do rito comum e anódino, de modo a referir-se, às vezes, a uma tendência de superação do procedimento "ordinário" ou comum.[49]

Qual, entretanto, o futuro desse desaguadouro de direitos pouco específicos? A respeito, observa, de modo assaz significativo, Dante Barrios de Ángelis: a conformação especial do objeto não o desqualifica, necessariamente, no "juicio ordinario", ou às suas qualidades, a ponto de aquela circunstância se tornar uma desvantagem. Daí por que, vencido o estágio do imediatismo – para ele escopo universal da cognição sumária – busca-se o que ele designa "definitividade" (*sic*) da resolução judicial.[50]

O argumento oposto assinala que o último valor, tipicamente ideológico, expressa somente um ideal da classe dominante.[51] Essas descobertas, e a consequente redução da realidade do processo já perderam o sabor da inovação e, embora úteis à explicação, ao mesmo tempo, de cada remédio processual em particular, e das interações do sistema em face do poder do Estado, não explicam satisfatoriamente todos os problemas. Enquanto a atividade jurisdicional se apresentar, aos olhos da pessoa, nada obstante poder estatal, como o frágil diafragma que o protege do próprio Estado, as soluções lestas conviverão com as garantias do processo tradicional, geralmente condicionadas à existência do procedimento comum. O alvitre de Kazuo Watanabe, asseverando desacreditar "na falência do processo comum de cognição plena e exauriente, pois é este o modelo que possibilita a solução dos conflitos de interesse da maneira mais segura",[52] soa razoável e, sobretudo, convincente.

---

47. José Carlos Barbosa Moreira, Tendências contemporâneas do direito processual civil, n.° 2, p. 3.
48. Kazuo Watanabe, *Da cognição no processo civil*, n.° 25, pp. 108-110 e Ovídio A. Baptista da Silva, *Curso de processo civil*, v. 1, p. 94.
49. Assim, Ovídio A. Baptista da Silva, *Curso de processo civil*, v. 1, p. 101.
50. Dante Barrios de Ángelis, *Teoría del proceso*, p. 312.
51. Ovídio A. Baptista da Silva, *Curso de processo civil*, v. 1, pp. 104 e 105.
52. Kazuo Watanabe, *Da cognição no processo civil*, n.° 25, p. 109.

Nessas condições, a cognição sumária, contraindo a investigação judicial, oferece implicações no cúmulo de causas. Mas algumas distinções, já nesta matéria, se impõem.

A sumarização interfere de maneira grave, na gênese da cumulação, se ao autor é vedado deduzir na demanda as causas pertinentes à procedência do pedido. Não se afigura bem assim quando o conhecimento sumário resulta de proibições impostas pelo réu. Em que pese a natureza sumária do processo, e admitindo-se no objeto litigioso certo grau de contribuições do réu, vê-se logo a licitude de o autor arrolar todas as causas que, segundo seu ponto de vista, bastam ao sucesso na demanda. Exemplo de restrição à matéria de defesa do réu avulta nos arts. 9.° e 20 do Dec.-lei 3.365, de 21.06.1941, no tocante à ação de desapropriação.

Além disso, a cognição sumária das diversas espécies de liminares, cautelares ou não – por exemplo, a da ação popular (art. 5.°, § 4.°, da Lei 4.717, de 29.06.1965) –, por óbvio não se relaciona com o cúmulo em tela.

Em alguns casos, dúvidas surgirão, neste ponto: limitada que seja a reação do réu, a ação do autor se restringe, deixando a descoberto causas cumuladas; por exemplo, o art. 36, parágrafo único, da Lei 6.515, de 26.12.1977, diz que a contestação à ação de conversão da separação judicial em divórcio cingir-se-á à falta de decurso de prazo hábil ou à falta de cumprimento das obrigações estipuladas na separação, sendo impossível imaginar que a ação tenha causa diferente da insculpida no art. 1.580 do CC, cujo § 1.° veda "referência à causa que a determinou".

Outras hipóteses existem, todavia, em que as limitações derivadas de uma cognição não plena exsurgem de maneira bastante clara.

64. Limites da cumulação causal. Casos de ações de cognição sumária

Vista a influência das técnicas de sumarização sobre a dedução, em juízo, de certas razões, reservadas ou relegadas a processo ulterior, o exame desses casos, na óptica do autor, fornece limites de observância rigorosa em termos de cúmulo de causas.

64.1 Cumulação de causas nas ações possessórias

Nas ações possessórias, oriundas do processo interdital romano, há veto às alegações fundadas em direito à posse.[53] Por isso, a demanda possessória não pode ter causa em fundamento petitório, caracterizando, assim, o empecilho ao cúmulo de causas derivado da cognição restrita.

Em geral, idêntica restrição localizava-se nos embargos de terceiro. Porém, o art. 674, § 1.°, confere acesso a tal remédio ao proprietário, inclusive fiduciário, e ao possuidor. Logo, a cognição é plena quanto ao domínio ou à posse. Ressalvam-se

53. Ovídio A. Baptista da Silva, *Curso de processo civil.*, v. 1, p. 107.

os embargos dos credores titulares de direito real para obstar a alienação coativa (art. 674, § 2.°, IV), nos quais a cognição é sumária (art. 680), e não ostentam caráter possessório, nem sequer se fundam no domínio.

64.2 Cumulação de causas nos embargos do executado contra título extrajudicial

O art. 917, VI, estabelece que, contra a execução fundada em título extrajudicial, o executado poderá alegar todas as defesas admissíveis em processo de conhecimento. Tal cláusula protege a cognição sumária das ações cambiais. Fundada a execução em título cambial (art. 784, I), as defesas oponíveis consideram a abstração da causa da emissão do título, o que impede, por exemplo, a oposição de exceções pessoais ao portador de boa-fé do título, havendo este circulado.[54]

64.3 Cumulação de causas na impugnação do executado contra título judicial

O art. 525, § 1.° cataloga as causas aptas a cumularem-se na impugnação do executado contra execução baseada em título judicial. A impugnação referida tem natureza de ação de oposição do executado contra a execução injusta ou ilegal.[55] Qualquer causa diversa, situada fora do rol, excluir-se-á, obrigatoriamente, da controvérsia e, estribados os embargos exclusivamente na matéria proibida, provocam o indeferimento liminar da ação, a teor do art. 918, II.[56]

64.4 Cumulação de causas na ação de mandado de segurança

O art. 1.°, *caput*, da Lei 12.016, de 07.08.2009, restringe o mandado de segurança à proteção dos direitos líquidos e certos, em atenção à disposição constitucional. Entende-se por direito líquido e certo o(s) fato(s) jurídico(s) provado(s) documentalmente.[57] Cuida-se de prova *prima facie* do alegado direito. Há, aqui, uma redução do campo probatório,[58] sumarizando-se a ação *secundum eventus probationis*.[59] Desse modo, somente causas emergentes da prova documental se cumulam nesta ação.

---

54. Kazuo Watanabe, *Da cognição no processo civil*, n.° 20.2, p. 87.
55. Araken de Assis, *Manual da execução*, n.° 589, pp. 1.699-1.706.
56. Idem, n.° 600, p. 1.742.
57. Celso Agrícola Barbi, *Do mandado de segurança*, n.° 75, p. 85.
58. Ovídio A. Baptista da Silva, *Curso de processo civil*, v. 1, p. 109.
59. Kazuo Watanabe, *Da cognição no processo civil*, n.° 20.3, p. 89.

64.5 Cumulação de causas na ação cambiária

Na disciplina das cambiais se encontra, talvez, o exemplo clássico de cognição restrita, porque se proíbe a investigação causal, prestigiando-se, assim, a abstração e a circulação do título. Diz-se cambiária a ação fundada em fatos que encontram suporte na lei respectiva, vale dizer, a *res in iudicium deducta* não ultrapassará as raias explícitas da relação jurídica posta no plano cambial. Não só a ação executória com base em título de crédito (art. 784, I) – contaminando irreversivelmente os embargos – tem natureza sumária: outras ações, como a de locupletamento (art. 48 do Dec. 2.044, de 31.12.1908), também.[60]

Por outro lado, nenhuma ação sumária se depara com tamanha resistência quanto esta, a cada passo se alargando a área cognitiva, ante a crescente resistência dos juízes com a contradição aparente de outorgar agora um bem jurídico que, mais tarde, pode vir a ser retirado do atual beneficiário. Além disto, identificam-se duas tendências desfiguradoras: (*a*) a de igualizar os elementos objetivos (pedido e causa) da ação cambiária e da ação causal, a despeito de os fatos formadores de uma e de outra se apresentarem diversos, *a fortiori* do embasamento legal;[61] (*b*) a de tornar indiferente, cambialmente, a troca de causa.[62] Essas dificuldades apontam o efeito colateral de marcar a sumarização, porém; e as objeções ideológicas às ações cambiais, a seu tempo, terão de ser revistas.

Esses casos relevantes e comuns de limites ao cúmulo de causas derivam da cognição sumária. Convém recordar, ao propósito, que se cuida de causas suficientes à procedência da ação, reconstruídas, com todo rigor, dentro da configuração do direito subjetivo respectivo. É claro que, na hipótese da ação de conversão da separação em divórcio, contemplada no art. 1.580, *caput*, do CC, a *causa petendi* consiste no decurso do prazo de um ano, contado do trânsito em julgado da sentença que decretou a separação ou da decisão que permitiu o afastamento temporário do cônjuge do lar conjugal (art. 8.° c/c o art. 25 da Lei 6.515, de 26.12.1977) – "separação de corpos" no art. 1.580, *caput*, já referido –, não se admitindo qualquer outra causa. E isto porque o direito (e a ação) se cinge a semelhante moldura, nela cabendo só este fato jurídico.

60. Norberto Caruso da Costa Macdonald, Ação cambiária, n.° 1, p. 108.
61. Cerino Canova, La domanda giudiziale ed il suo contenuto, n.° 24, p. 209.
62. Jacques Miguet, *Immutabilité et evolution du litige*, n.° 89, p. 102.

§ 18 Controle da cumulação de causas

65. Sanções do veto à cumulação de causas

Não se revela possível avaliar e medir as formas de controle da cumulação ilegal de causas sem o exame prévio das consequências do descumprimento pelo autor das regras autorizadoras do cúmulo.

Depois de expor, de maneira brilhante, a irreprimível importância da *causa petendi*, na configuração de objeto litigioso, assevera energicamente Walter J. Habscheid que uma demanda despojada de causa se mostra uma demanda incompleta, e, como tal, há de ser rejeitada liminarmente.[63] Esse o regime do direito brasileiro. O art. 330, § 1.°, I, estatui a inépcia da inicial faltando a causa de pedir. É caso de extinção do processo sem julgamento do mérito (art. 330, I c/c o art. 485, I). Diz-se, cautelosamente, que se trata de uma vocação, porque o art. 321, *caput* – "o juiz, ao verificar que a petição inicial não preenche os requisitos dos arts. 319 e 320, ou que apresenta defeitos e irregularidades capazes de *dificultar o julgamento de mérito*, determinará que o autor, no prazo de 15 (quinze) dias, a emende ou a complete, indicando com precisão o que deve ser corrigido ou completado" –, embora respeitáveis opiniões em contrário,[64] coonesta o vício e permite oportuna corrigenda, e somente no caso de renovada imperfeição consente no indeferimento (art. 321, parágrafo único).

Resolvida a questão, expressamente, quanto à falta de causa, nada dispôs o estatuto processual, ao revés, acerca da demanda que contenha fundamento inadmissível, à luz dos princípios, senão de modo excepcional.

Realmente, o art. 918, II, determina que, nos casos de indeferimento da petição inicial e de improcedência liminar do pedido (art. 332), o juiz indeferirá, *in limine*, os embargos opostos pelo executado contra execução fundada em título extrajudicial. Não é explícita a regra quanto à alegação de matéria não admitida à luz do art. 917, VI, a exemplo do obrigado cambial que alegue a *causa debendi* contra o endossatário de boa-fé. Mas, não se considerando inepta a petição inicial dos embargos, em tal hipótese, não há dúvida que oposição é protelatória, incidindo, pois, o art. 918, III.[65] É grave, seja qual for o fundamento do indeferimento liminar, a sanção ao desrespeito à cognição sumária, nesta hipótese. Duas questoes, de logo, surgem na aplicação desses dispositivos: cuidar-se-á de julgamento de mérito? A regra se aplica a outras hipóteses análogas? O primeiro problema se examina

63. Walter J. Habscheid, L'oggetto del processo nel diritto processuale civile tedesco, n.° 2, p. 462.

64. Calmon de Passos, *Comentários ao Código de Processo Civil*, v. 3, n.° 171, p. 193.

65. Araken de Assis, *Manual da execução*, n.° 572.1.4, p. 1.665.

junto aos efeitos gerais da inadmissibilidade da cumulação (*infra*, n.° 67). Em relação à outra, exige uma resposta imediata.

O art. 918, II, remetendo implicitamente, aliás, ao art. 330, I, e § 1.° – o qual inclui, no seu § 1.°, I, a falta de causa de pedir –, ostenta-se exaustivo.[66] Ele permite concluir, outrossim, que inépcia da inicial, em virtude da ausência de causa, discrepa da indevida cumulação de causas, e, conseguintemente, de ações. Quando se quis separar as hipóteses, elidindo o caráter subsidiário da disciplina do processo de conhecimento, extirpando-as do processo executivo, houve disposição a respeito: o art. 921, I, por exemplo, declara aplicáveis os casos de suspensão do processo previstos nos arts. 313 e 315 "no que couber". Não significa o compreensível fechamento dos fundamentos à extinção liminar dos embargos, que, dentro dos seus inúmeros, a regra não comporte a interpretação por analogia. Em tudo se assemelham os embargos que, desprezando dos limites estatuídos no art. 917, I a V, revolvam questões causais do título cambiário, quando inadmissíveis. É razoável, então, supor que a extinção liminar também atinja tal espécie de embargos. Fora daí reina silêncio, e, portanto, tem lugar a dúvida. Conquanto o art. 330, § 1.°, I, repetidamente lembrado, apanhe a deficiência da inicial ante a falta de pedido e da causa de pedir, o inc. IV deste dispositivo averba de idêntica falha somente a inicial que "contiver pedidos incompatíveis entre si", demonstrando coerência com o requisito insculpido no art. 327, § 1.°, I, e indiferença quanto às causas inconciliáveis ou vedadas ao autor. Parece excessivo e arbitrário equiparar a falta de *causa petendi* com a alegação de causa inadmissível. É, todavia, solução convidativa para o problema (*infra*, n.° 68). Não sendo esse o caso, de extinção sem julgamento do mérito (arts. 485, I, e 330, I, e § 1.°) não se cuidará. Logo, resta o julgamento de mérito.

Entretanto, também aí surge, na aparência, uma dificuldade. O art. 487, I – os demais incisos não calham à espécie –, refere a sentença que acolher ou rejeitar, no todo ou em parte, o pedido do autor. Nada obstante as precedentes censuras à antiga indicação do "autor",[67] atrelando-o inconsequentemente ao pedido,[68] porquanto o réu nada "pede", nem age, mas "reage", e, então, se há pedido, formula-o exclusivamente o autor, corrigindo-se a redação para incluir a reconvenção, caso em que o réu também "pede", logo se observa que o estatuto processual, outra vez, quebra a almejada harmonia referindo-se ao pedido, e não à ação, já definida, para objetivos comuns, no art. 337, § 2.°.

Naturalmente, o empecilho cede à construção de que, existindo o cúmulo de causas, as duas ações, ambas expressadas através de pedido comum, deverão ter

---

66. Araken de Assis, *Manual da execução*, n.° 572.1, p. 1.663.
67. Moniz de Aragão, *Comentários ao Código de Processo Civil*, v. 2, n.° 548, p. 542.
68. Ovídio A. Baptista da Silva, *Curso de processo civil*, v. 1, p. 72.

julgamento próprio. O pedido de uma das ações logrará acolhimento, uma vez suficiente qualquer das causas à procedência, se houver mais de uma, e rejeitada, se nenhuma for adequada ao efeito jurídico apontado pelo autor. E, paralelamente, define-se o tipo de controle a que se sujeita a cumulação de causas.

66. Controle da cumulação indevida de causas

Do exposto no item precedente, deflui que o controle da cumulação ilegal de causas se realiza de ofício. Em sua feição moderna, o princípio da demanda (art. 2.°) comporta e estimula o impulso oficial ulteriormente ao ato postulatório principal do autor, inaugurando a relação processual, o que justifica a conclusão exarada. De ver-se que, excepcionando os poderes de direção do juiz, o CPC o faz expressamente, remetendo a questão à iniciativa do interessado, como na incompetência relativa (art. 65). Cândido Naves, ao tempo do CPC de 1939, distinguia perfeitamente a liberdade do autor na fixação do *thema decidendum* e o posterior controle do juiz.[69]

Nos casos do art. 918, II, ou seja, de violação da cognição sumária na ação de embargos contra execução baseada em título cambiário (*retro*, n.° 65), o enérgico controle dispensa, de plano, a arguição do réu, cabendo ao juiz, uma vez escoado o prazo para emendas da inicial, de resto obrigatório e aberto na forma do art. 321, *caput*, extinguir o processo.

Nas demais hipóteses, à míngua de permissivo legal, o controle se realiza *a posteriori*, quando do julgamento antecipado (art. 355, I), no julgamento conforme o estado do processo (art. 354, *caput*) ou depois da instrução (art. 366). Em outras palavras, não há preclusão.

§ 19 Efeitos da inadmissibilidade da cumulação de causas

67. Espécies de sanção cabíveis na cumulação indevida de causas

Comparativamente ao cúmulo de pedidos, a cumulação de causas ostenta, indiscutivelmente, uma disciplina mais favorável. Dos vícios de que a demanda, em tese, padece na causa de pedir, a única possuidora de sanção explícita consiste na sua própria ausência, motivo de inépcia da inicial (art. 330, § 1.°, I). No demais, quanto à ação de embargos, em se oferecendo fora dos números do art. 917, I a VI, induz a extinção liminar, na forma do art. 918, II, regra estendida, analogicamente, também à desobediência dos limites – "o executado poderá alegar", reza o art. 917, VI, "qualquer matéria que lhe seria lícito deduzir como defesa em processo de

69. Cândido Naves, *Impulso processual e poderes do juiz*, n.° 21, pp. 61 e 62.

conhecimento", significando, à evidência, que há temas "ilícitos" – existentes no art. 917. A regra se aplica de modo restrito à ação de embargos.

Seja como for, a importância do art. 918, II, reside na identificação das sérias consequências da sanção cabível ao cúmulo indevido de causas.

Ressalvado que esteja no art. 918, II, os casos de indeferimento da inicial, previstos no art. 330, e que incluem a falta de *causa petendi*, ao lado da cominação ao desrespeito das raias da cognição impostas no art. 917, VI, torna-se possível separar três hipóteses: (*a*) a inexistência de causa; (*b*) a reunião, na demanda de embargos ou na impugnação, de uma ou mais causas além dos números do art. 917 ou do art. 525, § 1.°, juntamente com outra ali incluída; e (*c*) a formulação exclusivamente de causa incompatíveis com esses lindes estritos. De modo algum, portanto, a hipótese de cumulação indevida se reduz à "falta" de causa, à vista do disposto no art. 918, II.

Então, se a ausência de causa motiva a inépcia e de extinção do processo sem julgamento do mérito, e o cúmulo ilegal, no contexto dos embargos, de indeferimento liminar, qual a sanção deste último vício nos casos outros? Nenhuma regra dispõe a respeito. Por isso, se remete a solução do ponto à sentença de mérito. Mas, tratar-se-á, realmente, de julgamento do mérito? E, neste caso, impedirá o autor de renovar a ação – cada causa, por suposto, origina uma ação material distinta – como, aliás, não se compadece a índole da cognição sumária?

O problema fundamental dos efeitos da cumulação indevida de causas não reponta propriamente das sanções. Estas se mostram fáceis de apreender e já foram, quando do exame da forma de controle, examinadas. Limitam-se àqueles dispositivos citados e, depois, por exclusão, à mingua de controle prévio e expresso, ao julgamento da causa. Em jogo se põe a natureza desse julgamento, e dos seus efeitos sobre a renovação da demanda, posteriormente, observadas as exceções reservadas dentro da cognição sumária.

Que, cedo ou tarde, abrir-se-á ao autor, antes adstrito ao conhecimento sumário, a via plenária, conclui-se através de exemplos líquidos: vencido na possessória, de cognição sumária, nada obsta ao autor a ação petitória; derrotado no plano cambial – *solve et repete!* –, compete ao obrigado cambiário a ação de locupletamento; arrestados os bens do devedor aparente, ele poderá, perfeitamente, lograr êxito no desfazimento dessa constrição através dos embargos opostos à execução que se seguir à medida cautelar.

Da maior importância, por conseguinte, estabelecer se o autor afoito, debatendo causas naturalmente reservadas à demanda plenária, ficará constrangido nesse direito em razão do julgamento da cumulação indevida. É diferente tal hipótese daquela em que o autor, atento às raias da cognição, ignora a matéria vetada, guardando-a para emprego ulterior, e livrando-a, desta forma, das objeções da parte adversa. Esse ponto justifica amplamente a indagação.

68. Natureza do julgamento que rejeita a cumulação de causas

Os arts. 485 e 487 tratam, respectivamente, da extinção do processo, com e sem resolução do mérito. Talvez a designação desses atos mereça a pecha de pouco feliz. A lei desconsiderou a larga tradição doutrinária, nesta área, e a distinção cediça entre as sentenças que julgam o mérito da demanda, ou *(a)* sentenças definitivas, e os provimentos alheios ao mérito, que, nada obstante, igualmente extinguem a relação processual, designados de *(b)* sentenças terminativas.[70]

A terminologia que relaciona à sentença de mérito a qualidade de "definitiva" recebeu algumas críticas. Em tema de processo interdital, com efeito, um texto romano (*finiendis controversiis interponit*) enseja a interpretação de que, a despeito do desfecho do processo e do exame do mérito, este não se encontra "definitivamente" julgada, tanto que admissível a ulterior ação petitória. Logo, a sentença definitiva, que julgou o mérito, na realidade não se apresenta tão "definitiva", ou, ao menos, naquele caso isto se revelava impróprio. [71] No tocante à cognição judicial, a observação se afigura valiosa, menos pela nomenclatura inadequada, mais pelo fato de mostrar a possibilidade de a parte vencida utilizar exceções reservadas em processo futuro e, por isso mesmo, diverso do primeiro.

Ultrapassada essa questão, originada a partir dos equívocos acerca da cognição sumária, é possível destacar que o juiz, afastando as ações materiais cujas causas denotam incompatibilidade com os lindes da cognição, não acolhe ou rejeita, total ou parcialmente, o pedido (*rectius*: a ação), a teor dos arts. 487, I, ou, de qualquer modo, aprecia o fundo da demanda ou *thema decidendum*. Localiza-se, ao invés, nas proximidades do art. 485, pois há somente extinção do processo, talvez desmembramento dele, jamais o julgamento do respectivo mérito, trazido à apreciação judicial. Realiza-se, assim, uma avaliação do objeto do provimento, seguindo a diretriz de Alfredo Rocco,[72] segundo qual nenhuma característica externa compõe a essência da sentença, dada unicamente por seu conteúdo. Embora, conforme a dicção do art. 203, § 1.º, entre nós a "sentença" não se limite ao mérito – posto que seja, em qualquer caso, provimento de singular importância, pois dela

70. José Frederico Marques, *Manual de direito processual civil*, v. 3, n.º 524, p. 26; idem, *Instituições de direito processual civil*, v. 3, n.º 841, p. 391; Teresa Arruda Alvim, *Nulidades da sentença*, n.º 1.3-1.5, p. 25, prefere aludir em sentenças processuais e de mérito, sem prejuízo, porém, da exatidão dos conceitos.

71. Ovídio A. Araújo Baptista da Silva, *A ação cautelar inominada no direito brasileiro*, § 31, p. 216, e *Curso de processo civil*, v. 1, p. 337.

72. Alfredo Rocco, *La sentenza civile*, n.º 29, p. 65 e 66.

cabe o recurso de apelação (art. 1.009, *caput*), substituindo a parte impugnada o provimento de segundo grau, o acórdão (art. 1.008) –, o que o art. 485 confirma, permanece exato que, no âmago desta espécie de resolução judicial, aquela distinção permanece válida e útil.

Rejeitando o juiz a cumulação de causas, porque aquela ação material não se admite na demanda, ele não a julga, ou seja, entendendo-a procedente ou não; ao contrário, em virtude do mencionado motivo deixa de julgá-la, subsistindo a mesma, agora reservada para outra oportunidade, na qual os limites mais generosos da cognição possibilitem seu julgamento. Inexiste, portanto, juízo sobre o objeto litigioso ou julgamento de mérito, tal como sucede em outras hipóteses subsumidas ao indeferimento da petição inicial previsto art. 918, II. Claro está que, no caso de improcedência liminar do pedido (art. 332), por definição há julgamento liminar do mérito; porém, não é disso que aqui se cuida.

Uma questão diversa consiste no enquadramento dessa classe de provimento. De logo, impõe-se ressalvar a propositura, outra vez, da ação material em outra demanda (art. 486, *caput*). Entendendo-se as "condições" da ação como requisitos de inserção do objeto litigioso na demanda (*retro*, n.° 6.5), a causa inadmissível terá sido considerada "juridicamente impossível", pois, entre nós, felizmente o art. 485, VI, não alude à impossibilidade do "pedido", como desejava o entendimento originário de Liebman.[73] Esta solução se mostra lícita para quem as coloque fora do mérito. Em sentido diverso, a tendência natural dos adeptos da teoria abstrata da ação, que repelem quaisquer "condições" artificiais, valorizada pelos exemplos colecionados (*v. g.*, a cobrança de dívida de jogo), inclina-se por situá-la no mérito.

Seja como for, nenhum dos incisos do art. 485 contempla tal sentença, decorrente da cumulação indevida. O impasse se revela invencível? Não. Torna-se necessário conceber uma abertura no elenco e, com base no art. 485, X, permitir neste caso, considerando a natureza do ato, a extinção do processo, sem julgamento do mérito, e a ulterior possibilidade de repropor a demanda (art. 486, *caput*). Essa qualificação apresenta vantagem colateral, dissipando qualquer dúvida quanto à incidência do art. 486, § 1.°, ou seja, não haverá impedimento algum à renovação da demanda.

Essa interpretação atende, outrossim, à exegese da eficácia preclusiva da coisa julgada no direito brasileiro (*retro*, n.° 21). Não se admitirá a incidência do art. 508 nas ações de cognição sumária porque, em síntese, o alargamento dos limites objetivos da coisa julgada pressupõe a admissibilidade do emprego das causas de pedir preexistentes, mas omitidas, enquanto, neste caso, isto é vedado

73. Enrico Tullio Liebman, *Corso di diritto processuale civile*, n.° 14, p. 51.

ao autor. O impedimento legal à apreciação da *causa petendi*, tenha ou não, efetivamente, incluído o autor causas reservadas na demanda, afasta a invocação, no segundo e ulterior processo, da eficácia operada pelo art. 508.

7

CUMULAÇÃO DE PEDIDOS

§ 20 Características gerais do pedido

69. Requisitos da inserção da ação material no processo

Quando, controvertido pelo litígio, o autor deduz sua pretensão em juízo, alegando ser titular de certo direito perante o réu – vez que enfrenta o óbice indiscutível de seu agir privado se encontrar sob reserva e veto –, vem este direito à apreciação judicial em estado bem diverso do que, idealmente, recebeu realização pacífica e direta. Dentre os sinais carregados, no processo, por este direito, avulta a incerteza, derivada da sua necessária (e duvidosa!) reprodução à vista do juiz. Acentua-se, por conseguinte, traduzir a ação material, conceptualmente, à "afirmação da existência do direito material e da sua correspondente ação",[1] que, enfim, resume tudo quanto o esperançoso autor conta na abertura da relação processual. Nesse sentido, depara-se o órgão jurisdicional com o pedido, veiculando a ação material.

O pedido não se limita, rigorosamente, a uma "inflamação" do direito subjetivo. Ele abrangerá, diversamente da ação proveniente do plano material, por óbvio, a concomitante invocação da tutela jurídica do Estado. Esse é o fundamento da distinção, entre pretensão (*rectius:* ação material) e pedido, porquanto endereçados, respectivamente, ao réu e ao juiz (*rectius*: Estado),[2] ficando reservada a palavra "pedido", portanto, ao plano processual.

Feitas as distinções, aqui se considera o pedido enquanto elemento da ação material (*retro*, n.° 35). Todavia, a inserção da ação no processo se reveste de alguns pressupostos, tratados, abreviadamente, como requisitos do pedido.

69.1 Certeza do pedido

Segundo o art. 322, *caput*, o pedido há de ser certo. E pedido certo equivale a pedido expresso. É indispensável, à exata inteligência da petição inicial, que

---

1. Fernando Luso Soares, *Processo civil declaratório,* n.° 158, p. 566.
2. José Alberto dos Reis, *Comentário ao Código de Processo Civil*, v. 2, p. 361.

reclama ao autor declinar o pedido e as suas especificações (art. 319, IV), o pedido expresso.[3] Não se admite, a teor da melhor técnica, pedido obscuro, dúbio e vago, substituído, parcial ou integralmente, através de expressões elípticas, por exemplo, condenar o réu "no que couber" ou, ainda, "no que reputar justo", e outras, infelizmente comuns. Fica ressalvado o caso em que a fixação do *quantum debeatur* caiba ao órgão judicial, como acontece com a indenização por dano extrapatrimonial. Mas, ainda nesse caso, cabe ao autor fixar os parâmetros da indenização e,[4] indicado valor preciso, a sentença de procedência não pode condenar o réu em valor superior, em virtude do princípio da congruência (*infra*, n.° 69.2).[5]

A orientação aqui adotada encontrou exemplo expressivo no caso do pedido do contribuinte perante o Estado-membro para obter o reconhecimento do direito a se creditar do imposto sobre circulação de mercadorias (ICMS). O STJ entendeu que não basta o pedido declaratório, em tal assunto tributário, porque precisa haver condenação do réu à repetição do indevidamente recolhido, ou de compensação do crédito reconhecido com o tributo devido. Para essa finalidade, compete ao autor alegar (e provar) os bens do ativo fixo e materiais de uso e consumo adquiridos e tributados. Em seguida, acrescentou o seguinte: "como a indeterminação versa sobre o *an debeatur*, tratando-se de pedido incerto que impede a defesa da ré ou o próprio julgamento do mérito", cumpre ao autor emendar a petição inicial.[6]

O julgado arrola os efeitos desvantajosos do pedido incerto no processo: (*a*) a defesa do réu fica irremediavelmente comprometida, impedida de impugnar a natureza de cada operação que, supostamente, ensejaria crédito do imposto; (*b*) o pronunciamento do juiz recairia tão só sobre a tese jurídica, concebendo-se que, posteriormente, apure-se a inexistência de qualquer operação com direito ao crédito do imposto. Convém realçar que se cuida, realmente, de incerteza, e, não, de iliquidez do pedido. O pedido ilíquido ou genérico se contrapõe ao pedido determinado. No caso, nada obsta que o autor omita, na inicial, o valor exato do seu pretenso crédito; todavia, cabe-lhe especificar as operações que o originaram precisamente.

Por outro lado, a certeza respeita, simultaneamente, aos objetos mediato e imediato do pedido.[7] Tanto o bem da vida, quanto a concreta providência ("força"

---

3. Pontes de Miranda, *Comentários ao Código de Processo Civil*, v. 4, p. 33; Humberto Theodoro Jr., *Curso de direito processual civil*, v. 1, n.° 361, p. 287; Moacyr Amaral Santos, *Primeiras linhas de direito processual civil*, v. 2, n.° 415 p. 130.
4. 3.ª T. do STJ, REsp. 1.313.643/SP, 22.05.2012, Rel. Min. Sidnei Beneti, *DJE* 13.06.2012.
5. 3.ª T. do STJ, REsp. 1.778.607/SP, 23.04.2019, Rel. Min. Nancy Andrighi, *DJE* 26.04.2019.
6. 2.ª T. do STJ, REsp 745.350-SP, 24.11.2009, Rel. Min. Mauro Campbell Marques, *DJE* 03.12.2009.
7. Wellington Moreira Pimentel, *Comentários ao Código de Processo Civil*, v. 3, p. 172; Ernane Fidélis dos Santos, *Manual de direito processual civil*, v. 2, n.° 517, p. 9 e José Carlos Barbosa Moreira, *O novo processo civil brasileiro*, § 1.°, III, 1, p. 11.

ou eficácia principal) pleiteada para alcançá-lo (declaração, constituição, condenação, execução ou mandamento) – idêntica ao agir que, originariamente, competiria ao autor –, reclamam escorreita exatidão, desde que situadas, por suposto, no mesmo plano lógico. Designam os alemães a isto de "ein bestimmter Antrag".[8]

Nada impede, e, ao contrário, tudo recomenda que o autor, incerto sobre as virtudes de certa providência no escopo de reintegrar-se ao bem (objeto mediato) visado, formule pedidos imediatos em caráter sucessivo, ao abrigo do art. 326 (*infra*, n.° 76).

Exceções existem à regra do pedido expresso, por conta do seu contrário, o pedido implícito, com repercussões na disciplina do cúmulo de ações, considerando a "cumulação aparente" (*infra*, n.° 70.4).

69.2 Determinação do pedido

O art. 324, *caput*, declara que o pedido há de ser determinado. Em relação ao direito anterior, a separação das disposições relativas à certeza e à determinação do pedido representa nítida evolução, porque esses predicados eram aglutinados no mesmo dispositivo com o conectivo "ou", quando recomendável o emprego do conjuntivo "e", porque os predicados não se repelem. Ao contrário, ambas as qualidades são imprescindíveis ao pedido.[9]

A determinação se relaciona aos limites qualitativos e quantitativos do pedido.[10] É indispensável que o autor explicite o bem e a providência efetivamente pleiteada, e as respectivas extensões. Ressalva-se a regra através do pedido genérico (*infra*, n.° 70.1), mas de modo parcial, pois somente o pedido mediato (bem) comporta a indeterminação inicial.[11] O pedido deve ser determinável por via da ação de liquidação posterior (art. 509, *caput*) – porém, não se afigura ilíquido o provimento cujo valor possa ser apurado mediante cálculos aritméticos (art. 509, § 2.°), comandando o art. 491 a indicação na sentença de todos os elementos para

---

8. Leo Rosenberg e Karl Heinz Schwab, *Zivilprozessrecht*, § 98, p. 500 e Adolf Schönke, *Zivilprozessrecht*, § 47, III, 5, p. 160.

9. José Carlos Barbosa Moreira, *O novo processo civil brasileiro*, § 1.°, III, 1, p. 11; Calmon de Passos, *Comentários ao Código de Processo Civil*, n.° 136, p. 235; Joel Dias Figueira Jr., *Comentários ao Código de Processo Civil*, v. 4, t. 2, p. 894; e Milton Paulo de Carvalho, *Do pedido no processo civil*, n.° 8.1.5, p. 103.

10. Moacyr Amaral Santos, *Primeiras linhas de direito processual civil* v. 2, n.° 417, p. 132; Wellington Moreira Pimentel, *Comentários ao Código de Processo Civil*, v. 3, p. 173, e José Frederico Marques, *Manual de direito processual civil*, v. 2, n.° 356, p. 50, contrapõe pedido "genérico" e "líquido porque quantitativamente indeterminado".

11. Ovídio A. Baptista da Silva, *Curso de processo civil*, v. 1, p. 175; José Carlos Barbosa Moreira, *O novo processo civil brasileiro*, § 1.°, III, 1, p. 11; Moacyr Amaral Santos, *Primeiras linhas de direito processual civil*, v. 2, n.° 415, p. 31.

esse cálculo –, e, em princípio, apenas nas hipóteses estritas do art. 324, § 1.°, I a III, ao juiz se autorizará proferir sentença ilíquida, respeitadas as exceções do art. 491, I e II. A decretação do vício da sentença ilíquida, uma vez formulado pedido determinado, no direito anterior subordinava-se à iniciativa do autor, "a quem preponderantemente interessa a observância da norma" (Súmula do STJ, n.° 318). [12] É diferente a sistemática do art. 491, pelo qual o órgão judiciário, atalhando futura liquidação, individualizará o objeto da condenação nas ações de reparação de dano, revelando a prova elementos hábeis. É bem de ver que idêntica exigência se aplicará ao acórdão que reformar sentença de improcedência (art. 491, § 2.°).

Relativa é, ao fim e ao cabo, a indeterminação consentida do pedido. Explica Pontes de Miranda: "ao pedido genérico exige-se ser certo e preciso na sua generalidade. Fora daí, é vago, e inepta a petição, por se tratar de incerteza absoluta". [13] Assim – utilizando os números do art. 324, § 1.° –, não basta ao autor pedir "indenização", decorrente de ato ilícito (inc. II), ou o quinhão que lhe couber na "herança" (inc. I); cumpre-lhe indicar, ainda, quais os lindes dessa indenização, à luz do direito material (art. 402 do CC), indicando, por exemplo, se faz jus a perdas e danos e a lucros cessantes, e que dimensão confere ao quinhão dentro da herança; tudo na suposição, naturalmente, de o ato ilícito e a herança, situados à base de cada pedido, ficarem identificados rigorosamente na *causa petendi*. Em outras palavras, impõe-se ao autor indicar, grosso modo, a grandeza do que não pode (ou não quer) desde logo determinar.[14] Do contrário, não se mostraria possível a posterior liquidação (art. 491, § 1.°). Quanto à indenização do dano extrapatrimonial (moral), cabe o pedido genérico (*infra*, n.° 70.1), mas o autor precisará indicar certos parâmetros, a fim de não dificultar a defesa do réu. Não raro o autor formula pedido genérico, a esse propósito, e o STJ estimava atitude perfeitamente lícita perante a regra equivalente ao art. 324, *caput*, no direito anterior.[15] A fixação do valor da reparação por esse dano subordina-se à equidade do órgão judiciário (juízo de equidade). Pode acontecer, porém, de o autor pleitear quantia determinada a esse título. Em tal hipótese, inexiste adstrição do juiz ao pedido, considerando-se o valor indicado, embora com ênfase, como simplesmente estimativo, razão por que cabe recurso para majorar o valor, inclusive por meio de recurso adesivo,[16] e inexiste sucumbência recíproca no caso de o juiz fixar valor aquém do indicado

---

12. 3.ª T. do STJ, REsp 50.536/MG, 08.05.1995, Rel. Min. Eduardo Ribeiro, *RJSTJ* 74/353.
13. Pontes de Miranda, *Comentários ao Código de Processo Civil*, v. 4, p. 34. No mesmo sentido, Ernane Fidélis dos Santos, *Manual de direito processual civil*, v. 2, n.° 518, p. 10.
14. Othmar Jauernig, *Zivilprozessrecht*, § 39, II, 2, p. 159. No direito espanhol, Manuel Ortells Ramos, *Derecho procesal civil*, p. 249.
15. 1.ª T. do STJ, REsp 1.041.745/ES, 04.06.2009, Rel. Min. Denise Arruda, *DJE* 01.07.2009.
16. 4.ª T. do STJ, REsp 944.218/PB, 29.09.2009, Rel. Min. Luís Felipe Salomão, *DJE* 23.11.2009.

(Súmula do STJ, n.º 326). Excepcionalmente, "tendo a inicial adotado critério matemático preciso, do qual resulta valor certo quanto ao pedido de indenização por danos morais", não pode o juiz fixar valor superior, sob pena de julgar *ultra petita*.[17] Por igual, na ação de revisão do valor do aluguel, não pode o órgão judicial fixar valor superior ao pretendido pelo locador ou valor inferior ao proposto pelo locatário, sob pena de infringir o princípio da congruência.[18]

69.3 Congruência do pedido

Finalmente, não se dispensa tanto ao pedido, quanto à causa de pedir, cabal congruência.[19]

Tal significa que, além de a conclusão (*medium concludendi*) decorrer logicamente dos fatos, o pedido precisa, a um só tempo, originar-se da causa apontada e potencialmente se revelar capaz de atingir o bem da vida. Por exemplo: depois de expor um ato ilícito, revela-se inadmissível o autor pedir a imissão na posse de imóvel pertencente ao réu, a título de indenização; ou, quem sabe, a determinação judicial para alterar o título dominial no álbum imobiliário, e assim por diante.

69.4 Sanção pelo descumprimento dos requisitos

Desobedecendo o autor esses requisitos, evidentemente a petição inicial padece de inépcia (art. 330, I, c/c § 1.°, II e III). Todavia, como os vícios se sanam por meio da sua oportuna iniciativa, cabe ao juiz assinar o prazo de 15 (quinze) dias previsto no art. 321, *caput*, para o fito de possibilitar as corrigendas; não as fazendo o autor, ou efetuando-as insatisfatoriamente, então, sim, tem lugar a extinção do processo (art. 321, parágrafo único, e art. 485, I).

70. Espécies de pedido na demanda

A demanda há de conter, ao menos, um pedido certo, determinado e congruente (*retro*, n.° 69). Eis o esquema básico. Em tal hipótese, a inicial se encontra apta, havendo o autor atendido ao requisito do art. 319, IV, e, principalmente, os limites do futuro julgamento estão predeterminados (art. 492). A presença de dois ou mais pedidos implica o processo cumulativo, cuja dimensão e desdobramentos constituem o objeto preferencial do presente estudo. Havendo dois ou

---

17. 4.ª T. do STJ, REsp 629.001-SC, 17.10.2006, Rel. Min. Cesar Asfor Rocha, *DJU* 11.12.2006, p. 362.
18. 3.ª T. do STJ, REsp 1.815.632/MG, 03.05.2022, Rel. Min. Paulo de Tarso Sanseverino, DJE 11.05.2022.
19. Moacyr Amaral Santos, *Primeiras linhas de direito processual civil*, v. 2, n.° 415, p. 130; Pontes de Miranda, *Comentários ao Código de Processo Civil*, v. 4, p. 34.

mais pedidos, existirá, *in simultaneo processu*, pedido múltiplo. Concebem-se as seguintes combinações: (*a*) os dois pedidos se mostram autônomos, de modo que o juiz pode acolher tão-só um deles, ou ambos, ou rejeitar a todos (cumulação simples); (*b*) o juiz só aprecia o pedido subsequente, em geral acolhendo-o por simples decorrência, no caso de acolher o pedido antecedente (cumulação sucessiva); (*c*) o juiz só aprecia o pedido subsequente, acolhendo-o ou rejeitando-o, no caso de rejeitar o pedido antecedente (cumulação eventual).

No entanto, algumas variações se admitem no pedido único. Evita-se a expressão "anomalia", do agrado de João de Castro Mendes,[20] porque induz a ideia errada, próxima de patologia, a despeito de figuras lícitas de acordo com o estatuto processual. Cumpre, então, examiná-las na sua disciplina.

70.1 Pedido genérico

O art. 324, § 1.°, permite ao autor formular, na demanda, pedido genérico.

Contrapõe-se tal espécie ao pedido determinado ou líquido: não se encontra ele quantitativamente individuado.[21] Porém, somente o pedido mediato é determinável; o imediato, ao invés, há de ser explícito e determinado porque, em princípio, nenhuma dúvida remota ou potencial pode abrigar o espírito do autor sobre o tipo de providência solicitada, na perseguição do conteúdo do pedido mediato, ao órgão jurisdicional.[22]

Restringem-se a três as hipóteses estritas de pedido genérico. Portanto, a lei rejeita a livre formulação dessa espécie de pedido, a critério do autor.[23]

Cabe advertir, nada obstante, demonstrar a experiência deliberado alargamento à bitola legal, tolerando-se o pedido genérico, por igual, quando o autor julga muito trabalhoso, ou, mesmo, estrategicamente inconveniente, quantificar desde logo a sua petição.[24] Comum se mostra o pedido genérico nas ações reparatórias de dano pessoal: indicando se, apoiado no art. 950, *caput*, do CC, quer as despesas de tratamento e os lucros cessantes até o fim da convalescença (art. 949 do CC) e a

20. João de Castro Mendes, *Direito processual civil*, v. 2, n.° 157, p. 387.
21. José Frederico Marques, *Manual de direito processual civil*, v. 2, n.° 356, p. 50.
22. Este, aliás, o sentido de "ein bestimmter Antrag", segundo Leo Rosenberg e Karl Heiz Schwab, *Zivilprozessrecht*, § 98, p. 500.
23. Era o sistema do art. 76, parágrafo único, do CPC português de 1876, segundo João de Castro Mendes, *Direito processual civil*, v. 2, n.° 160, p. 404, e José Alberto dos Reis, *Comentário ao Código de Processo Civil*, v. 3, n.° 16, pp. 186-187. Entretanto, contra a opinião anterior, Fernando Luso Soares, *Processo civil de declaração*, n.° 165, p. 578, admite a livre formulação do CPC de 1961.
24. Nesse mesmo sentido, Joel Dias Figueira Jr., *Comentários ao Código de Processo Civil*, v. 4, t. 2, p. 91.

pensão, o autor formula pedido genérico, ao menos quanto a esta última parte, relegando o percentual da perda da capacidade à apuração no curso da instrução. Vale recordar que, a teor do art. 950, parágrafo único, do CC, "o prejudicado, se preferir, poderá exigir que a indenização seja arbitrada e paga de uma só vez", escapando, assim, da forma de liquidação do art. 509, *caput*. Leo Rosenberg assinala admissível a generalidade quando a quantificação do pedido depender de perícia (*v.g.*, o grau da incapacidade do membro ou da função), ou de juízo equitativo do juiz (*v.g.*, a fixação do dano moral).[25] É tolerável a prática. Prejudica, talvez, o próprio autor, jungido às agruras posteriores da ação de liquidação.

Controverte-se o cabimento de pedido genérico na reparação do dano extrapatrimonial (moral). Decidiu-se a jurisprudência do STJ, contrariando alguns autores,[26] pela possibilidade dessa espécie de pedido.[27] E a razão desse entendimento prende-se à lição de Pontes de Miranda, segundo o qual "na ação de reparação cabe ao juiz determinar o quanto, em qualquer caso, se há elementos para isso", ou seja, baseando-se na "extensão do dano" (art. 944, *caput*, do CC). Foi o que estabeleceu julgado do STJ,[28] impedindo a liquidação posterior. Essa orientação inspirou o art. 491, *caput*, segundo o qual, na ação relativa à obrigação de pagar quantia, ainda que formulado pedido genérico, a decisão "definirá desde logo a extensão da obrigação, o índice de correção monetária, a taxa de juros, o termo inicial de ambos e a periodicidade da capitalização dos juros", salvo quando (*a*) não for possível determinar, de modo definitivo, o montante do dano (inc. I), a exemplo do caso, na ação de reparação de dano pessoal, existirem despesas futuras (*v.g.*, as sessões de fisioterapia para recuperar plenamente o membro atingido); e (*b*) a apuração depender de prova demorada ou excessivamente dispendiosa (*v.g.*, perícia), assim reconhecida na sentença. Eventual pedido certo ostentará caráter exemplificativo.[29] De toda sorte, formulado o pedido certo pelo autor, ele balizará o valor da causa, consoante decidiu o STJ;[30] no caso de cumulação com pedido de

25. Leo Rosenberg, *Tratado de derecho procesal civil*, v. 2 e 76, § 91, pp. 75-76.
26. Joel Dias Figueira Jr., *Comentários ao Código de Processo Civil*, v. 4, t. 2, p. 92.
27. 4.ª T. do STJ, REsp 243.093-RJ, 14.03.2000, Rel. Min. Sálvio de Figueiredo, *DJU* 18.09.2000, p. 135.
28. 3.ª T. do STJ, REsp 198.458/MA, 29.03.2001, Rel. Min. Ari Pargendler, *DJU* 28.05.2001, p. 160.
29. 4.ª T. do STJ, REsp 261.168/SP, 08.05.2001, Rel. Min. Aldir Passarinho Jr., *DJU* 15.10.2001, p. 268.
30. 2.ª S. do STJ, EREsp 80.501/RJ, 10.03.1999, Rel. Min. Ruy Rosado de Aguiar, *RJSTJ*, 126/212.

indenização de dano patrimonial, a soma de ambos resultará no valor da causa;[31] e, finalmente, servirá de parâmetro para o cálculo da sucumbência recíproca.[32]

Já se propôs "repudiar de vez o tal pedido genérico",[33] porque ele produz duas consequências indesejáveis: (*a*) remete a quantificação (*quantum debeatur*) à liquidação (art. 491, § 1.º); (*b*) torna o autor negligente quanto à prova da existência do direito (*an debeatur*), e o juiz tentado a julgar a tese jurídica, provocando, em consequência, liquidações improcedentes, nas quais o valor é igual a zero. Infelizmente, como revelam as razoáveis exceções contempladas no art. 324, § 1.º, I a III, o pedido genérico, abstraídas as distorções, corresponde a uma real necessidade do processo constitucionalmente justo e equilibrado.

Seja como for, o art. 50 da Lei 10.931/2004, reproduzido no art. 330, § 2.º, obriga o autor a "discriminar na petição inicial" as obrigações dos contratos de empréstimo, de financiamento e de alienação de bens que almeja controverter em juízo, "quantificando o valor incontroverso, sob pena de inépcia". Por exemplo, na ação em que o autor *A* pede a revisão do contrato bancário *X* firmado com a empresa de banco *B*, não se cuidando da invalidação do negócio, *in totum*, todavia concebível (*v.g.*, fundada na alegação de que o gerente coagiu o cliente a consolidar as dívidas pendentes em negócio mais desvantajoso), o autor deverá especificar a cláusula controvertida (*v.g.*, a cláusula *Y*, que estipulou a taxa de juros compensatórios), de maneira clara (*v.g.*, numericamente, pois os contratos bancários dividem-se em itens e subitens), e apresentar planilha, apontando o valor da dívida no caso de acolhimento do pedido de invalidade da cláusula *Y*. Em caso de cumulação eventual (*v.g.*, o autor *A* pede a invalidação, *in totum*, e subsidiariamente a invalidação da cláusula *Y* do contrato firmado com *B*), o pedido subsequente governa-se por esta regra.

Tal importante limitação ao pedido genérico propagou-se aos meios de reação do executado contra a execução injusta, deduzindo como causa de pedir o excesso de execução (artigos 525, § 1.º, V, e art. 917, III, primeira parte, c/c art. 917, § 2.º, I). É o que estabelecem convergentemente o art. 525, § 4.º, quanto à impugnação, e art. 917, § 3.º, relativamente aos embargos. E assim ocorre, *mutatis mutandis*, na impugnação à execução contra a Fazenda Pública com análogo fundamento (art. 535, § 2.º).

O art. 330, § 2.º, exige (*a*) discriminação da obrigação contratual controvertida e (*b*) a quantificação do valor incontroverso. Essa disposição aplica-se às ações

---

31. 4.ª T. do STJ, REsp 142.304/PB, 13.10.1997, Rel. Min. César Asfor Rocha, *DJU* 19.12.1997, p. 67510.
32. 3.ª T. do STJ, REsp 298.810/RJ, 08.10.2001, Rel. Min. Carlos Alberto Direito, *DJU* 19.11.2001, p. 265.
33. Alfredo Araújo Lopes da Costa, *Direito processual civil brasileiro*, v. 4, n.º 50, p. 41.

cujo causa de pedir seja contrato de empréstimo, de financiamento ou de alienação de bens (*v.g.*, arrendamento mercantil) de qualquer natureza.

Todavia, o art. 330, § 3.º, c/c art. 1.055 (este, felizmente, vetado), excederam-se ao exigir que, na pendência da causa, o valor incontroverso seja adimplido pelo autor no tempo e no modo contratados (*v.g.*, desconto em folha de pagamento), bem como dos tributos (*v.g.*, IPVA do veículo), das multas e das taxas incidentes sobre os bens vinculados e de outros encargos, salvo concessão de tutela provisória. É simples exortação ao adimplemento, subentendendo, porém, a inexistência de mora quanto ao objeto da controvérsia. A única consequência admissível do inadimplemento é a mora do autor, obrigado no contrato, e cujos efeitos comportam a iniciativa cabível do credor (*v.g.*, a busca e apreensão do bem arrendado).

O art. 330, § 2.º não resolveu situação das mais triviais: a impossibilidade de o autor quantificar a parte incontroversa. Em tal hipótese, no mínimo abrem-se dois termos de alternativa: ou (*a*) o órgão judicial admite o pedido genérico; ou (*b*) lança mão do art. 524, § 2.º e § 3.º, *in fine*, fixando prazo para o fornecimento dos elementos hábeis ou ordenando ao contador que apure a parte controversa, como incidente prévio à admissibilidade da petição inicial. Não parece razoável indeferir a petição inicial ou promover a apuração no curso do processo.

Em qualquer caso, descumprido o art. 330, § 2.º, urge o órgão judicial assinar o prazo do art. 321, *caput*, para corrigir a petição inicial, cujo vencimento sem a iniciativa do autor importará o indeferimento da petição inicial.[34]

Essas considerações gerais permitem o exame das hipóteses do art. 324, § 1.º, I a III.

70.1.1 Pedido genérico nas ações universais

O art. 324, § 1.º, I, admite, se inviável a individuação dos bens na petição inicial, o pedido genérico nas ações universais.

Nesse tipo de ação, cujo exemplo mais típico desponta na petição de herança – "A despeito da multiplicidade dos objetos que a compõem, a herança é universalidade, e a pretensão a ela, pretensão unitária"[35] –, o título do autor, aliás universal, abrange todas as coisas que o compõem.[36] De maneira idêntica

34. 4.ª T. do STJ, AgInt no AREsp 1.767.940/RS, j. 22.11.2021, Rel. Min. Raul Araújo, DJE 01.12.2021.
35. Pontes de Miranda, *Tratado das ações*, v. 7, § 47, p. 259.
36. José Puig Brutau, *Diccionario de acciones en derecho civil español*, pp. 224 e 225.

ao direito português,[37] ampara o artigo coisas coletivas *facti* – por exemplo, uma biblioteca ou um rebanho –, e as *universitas iuris*, a exemplo da herança.[38]

Não oferece maiores dificuldades tal espécie peculiar de pedido. Visando à ação material uma universalidade, apesar de composta de vários objetos, há regime unitário. Por outro lado, a específica natureza de unidade de ação material desfaz qualquer alusão a cúmulo. Quanto à eficácia preponderante da sentença, as ações universais ostentam força executiva ou condenatória (*retro*, n.° 19).

70.1.2 Pedido genérico quando não for possível determinar definitivamente as consequências do ilícito

Nas demandas visando à reparação de dano, proveniente dos ilícitos relativo e absoluto, permite o art. 324, § 1.°, II, o pedido genérico.

Evidentemente, trata-se de ação condenatória, baseada, em princípio, no art. 942, *caput*, do CC, e abarca, outrossim, a responsabilidade emergente de caso fortuito ou força maior, mau uso da propriedade, ofensa à boa-fé, entre outros casos.[39]

O problema do inciso consiste em saber quando, afinal, impossível se mostra ao autor mensurar definitivamente as consequências do ilícito. Não há, propriamente, uma regra geral. Nem mesmo o dano de consumação instantânea elide a incidência do artigo; as suas consequências – e dos efeitos, realmente, aqui se cogita –, ao invés, podem ser indeléveis. Alguém, por exemplo, vítima de acidente de trânsito, sofre de parcial incapacidade para o trabalho,[40] tratável e curável, porém; obviamente, não se compelirá o autor a explicitar imediatamente toda a dimensão do seu dano, presumindo-se, inclusive, a continuidade das despesas de tratamento. Nesse caso, e em outros análogos (*v.g.*, extensão e consequências dos vícios da construção que o autor pretende corrigir, assunto apurável por meio da prova pericial),[41] aplica-se a regra em tela.

É claro que o art. 324, § 1.°, II, só incide na hipótese de autor não querer ou não puder aguardar as consequências definitivas do ilícito.[42] Optando o autor, no

---

37. João de Castro Mendes, Direito processual civil, v. 2, n.° 160, pp. 405-406, e Fernando Luso Soares, *Processo civil de declaração*, n.° 165, p. 578.

38. Calmon de Passos, *Comentários ao Código de Processo Civil*, v. 3, n.° 138, p. 238; Ernane Fidélis dos Santos, *Manual de direito processual civil*, v. 2, n.° 518, p. 10, e José Frederico Marques, *Manual de direito processual civil*, v. 2, n.° 356, p. 51.

39. Os exemplos são de Pontes de Miranda, *Comentários ao Código de Processo Civil*, v. 4, p. 42.

40. Assim, João de Castro Mendes, *Direito processual civil*, v. 2, n.° 160, p. 406. Já José Alberto dos Reis, *Comentário ao Código de Processo Civil*, v. 3, n.° 18, p. 178, fala em dano a animal, não se sabendo se produziu morte ou não.

41. 3.ª T. do STJ, AgInt no REsp 1.800.488/SP, j. 10.06.2019, Rel. Min. Marco Aurélio Bellizze, DJE 13.06.2019.

42. Cássio Scarpinella Bueno, *Curso sistematizado de direito processual civil*, v. 2, t. 1, p. 79.

exemplo ministrado, por guardar a recuperação definitiva do membro e o reinício da atividade profissional, cumpre-lhe formular pedido determinado (líquido).

70.1.3 Pedido genérico quando o valor da condenação depender de ato que deva ser praticado pelo réu

O art. 324, § 1.° III, contempla a hipótese indicada, algo obscura, e verificada em ações condenatórias.

Era increpada e duvidosa a verba legislativa no direito anterior. Em lugar de "ato que deva ser praticado", sugeria-se tempo verbal diverso – "devia ser praticado" –, para concluir pelo seu cabimento no caso de o autor pedir a condenação do réu no equivalente pecuniário da obrigação de fazer descumprida (*v.g.*, a opção do art. 499), argumentando que, no exemplo da ação de prestação de contas, geralmente invocado,[43] o saldo não dependerá de pedido condenatório.[44]

Claro está que, em se tratando de obrigações de fazer, a disciplina vigente entre nós, inspirada no art. 1.142 do CC francês, recolhe a hipótese de o credor executá-la à custa do devedor, ou haver perdas e danos, se fungível (art. 249, *caput*, do CC de 2002). E, infungível a obrigação, sem prejuízo das perdas e danos ante o inadimplemento do obrigado (art. 217 do CC), descartada a impossibilidade absoluta que a substitui também por perdas e danos (art. 248 do CC), a introdução da pena pecuniária (art. 536, § 1.°, c/c art. 537 e art. 500) enseja a execução específica. Velha, pois, a questão, e inútil: a lei material prevê que o inadimplemento das obrigações de fazer e, apenas nas hipóteses de o credor optar pelo equivalente pecuniário ou se tornar "impossível a tutela específica ou a obtenção de tutela pelo resultado prático equivalente", conforme assevera o art. 499, resolver-se-á em obrigação pecuniária.

Ora, quanto às perdas e danos, se indetermináveis de imediato as consequências, cabe o pedido genérico, agora conforme ao permissivo do art. 324, § 1.°, II. Nada esclarecedor o exemplo.

O art. 556, n.° 1, *c*, do CPC português de 2013 é explícito ao referir à prestação de contas "ou outro ato que deva ser praticado pelo réu".[45] Em suma,

---

43. Calmon de Passos, *Comentários ao Código de Processo Civil*, v. 3, n.° 140, p. 241, Joel Dias Figueira Jr., *Comentários ao Código de Processo Civil*, v. 4, t. 2, p. 96, e Ovídio A. Baptista da Silva, *Curso de processo civil*, v. 1, p. 176, entre outros.
44. Ernane Fidélis dos Santos, *Manual de direito processual civil*, v. 2, n.° 518, p. 11.
45. João de Castro Mendes, *Direito processual civil*, v. 2, n.° 160, p. 407. Já o § 254 da ZPO permite a quantificação *a posteriori*: Adolf Schönke, *Zivilprozessrecht*, § 47, III, 5, d, p. 161.

explícito ou não,[46] a eficácia condenatória dessa ação baseia-se no art. 324, § 1.°, III.

70.2 Pedido cominatório

Conheceu o direito brasileiro, em matéria de tutela do credor nas obrigações de fazer, a ação cominatória como remédio processual específico. Caracterizava-se pela emissão liminar de um mandado – preceito, monitório ou ordem[47] –, determinando ao réu que se abstivesse de certa conduta, ou praticasse tal ou qual ato, e pela inversão do contraditório: o desfazimento da cominação dependeria do êxito da defesa, que, omitida no tempo hábil, acarretava a estabilidade do provimento inicial imposto ao réu.[48] Esta ação gozava de rito próprio no CPC de 1939 (art. 302).

Infelizmente, nunca funcionou a eficácia mais proeminente da ação, ou seja, o preceito. Foi acomodada na jurisprudência, lentamente, ao valo comum das ações de procedimento comum, provocando sua completa descaracterização; somente depois do trânsito em julgado da sentença definitiva, na realidade, imperava o conteúdo do preceito. Ora, facilitada a emissão da sentença de mérito no CPC de 1973, prescindindo da realização obrigatória da audiência de instrução e julgamento, em virtude da adoção da técnica do julgamento antecipado, até então inexistente, o procedimento da cominatória perdeu seu sentido, amesquinhado, aliás, por uma ideologia peculiar que tudo condiciona à realização forçada de créditos.[49] A antiga e respeitável cominatória desapareceu, substituída, definitivamente talvez, em sua especialidade no plano processual, pelo rito comum.

Tais observações continuam aplicáveis ao CPC de 2015. O art. 537, *caput*, declara que a cominação da multa pecuniária independe de pedido da parte e pode ser aplicada na fase de conhecimento, na tutela provisória, na sentença ou no seu cumprimento, motivo pelo qual a condenação em obrigação de fazer ou de não fazer não necessita de rito especial, condicionado a obtenção da execução específica ao êxito da pressão psicológica decorrente da multa. Tal esquema, a despeito de vantajoso, difere das notas essenciais da ação cominatória. E de nada adianta sustentar, com propósitos antes publicitários do que práticos, que "novas técnicas inibitórias" substituíram a cominação, outorgando força mandamental à ação. Conforme já se acentuou, parece indiscutível o reconhecimento dessa classe de

---

46. Entendem-no implícito: Calmon de Passos, *Comentários ao Código de Processo Civil*, n.° 140, p. 242; João de Castro Mendes, *Direito processual civil*, v. 2, n.° 160, p. 408, e José Alberto dos Reis, *Comentário ao Código de Processo Civil*, v. 3, n.° 18, p. 182.
47. Moacyr Amaral Santos, *As ações cominatórias no direito brasileiro*, v. 1, n.° 60, p. 198.
48. Nesta última parte, Moacyr Amaral Santos, *As ações cominatórias no direito brasileiro*, v. 1, n.° 61, p. 204, sustentava que a decisão não fazia coisa julgada.
49. A respeito, Ovídio A. Baptista da Silva, Ação de execução, passim.

ação, quer no plano legislativo, quer no doutrinário (*retro*, n.° 19.4). Mas, ressente-se ela, ainda, de meio executório adequado (*Contempt of Court*). Limitados os mecanismos para sua efetivação a sanções pecuniárias, exibirá sempre um ponto fraco: o caráter persuasivo da mais enérgica ordem judicial pouco importará ao réu desprovido de patrimônio[50]. E, ademais, outras medidas (art. 139, IV) se mostram de duvidosa constitucionalidade, porque seus efeitos em caso de descumprimento não se encontram antecipadamente previstos.

Seja como for, a ação material cominatória subsiste, em que pese a supressão do procedimento específico, como reconhece – aludindo à "pretensão" – Calmon de Passos.[51] Realmente, os arts. 1.425, I e IV; 333, III; e 826 (ação do credor para obter reforço ou substituição de garantia fidejussória ou real); 1.280 (ação do proprietário ou do possuidor para lograr a demolição, reparação ou caução por dano iminente do prédio vizinho) do CC, além de obrigações compatíveis ao preceito, estipuladas pelas partes dentro da sua esfera da autonomia privada, demonstram a sobrevivência desta ação (material).

Por essa razão, nada pré-exclui a formulação do pedido cominatório: na liminar da tutela provisória, ou na sentença de mérito, o órgão judiciário condenará o réu na obrigação *in natura*, compelindo-o ao cumprimento através da paralela imposição do pagamento de uma multa por dia de atraso ou qualquer outro interregno (*astreinte*).

Essa possibilidade não retrata, contudo, o renascimento da pretensão cominatória, porque falta a estrutura correspondente já mencionada – o preceito liminar e a inversão do contraditório.[52] Resta esclarecer que a multa pecuniária aplicar-se-á, indiferentemente, nas obrigações de fazer ou de não fazer fungíveis e infungíveis.[53]

Não fica o juiz vinculado ao pedido cominatório, posto que se entendesse existir vínculo quanto à existência do próprio preceito, e não em termos de valor[54] – em sentido contrário, porém, no direito anterior, há julgado do STJ[55] –, seja

50. Consulte-se Araken de Assis, Execução da tutela antecipada, n.° 5, pp. 56-60.
51. Calmon de Passos, *Comentários ao Código de Processo Civil*, n.° 144, pp. 250-253.
52. Nesse sentido, Ovídio A. Baptista da Silva, *Curso de processo civil*, v. 1, p. 181. Em sentido contrário, Moacyr Amaral Santos, *Primeiras linhas de direito processual civil*, v. 2, n.° 422, p. 362 e Arruda Alvim, *Manual de direito processual civil*, v. 2, n.° 281, p. 140.
53. No direito anterior, Athos Gusmão Carneiro, Das *astreintes* nas obrigações de fazer fungíveis, pp. 125-129.
54. Sobre a liberdade do juiz, ao fixar o valor, no direito anterior, Wellington Moreira Pimentel, *Comentários ao Código de Processo Civil*, v. 3, p. 179.
55. 3.ª T. do STJ, REsp 5.539-RJ, 13.11.1990, Rel. Min. Nilson Naves, *DJU*, 10.12.1990, p. 14.807.

porque, atualmente, a cominação da multa prescinde de pedido (art. 537, *caput*), seja porque comporta alterações no valor porventura fixado (art. 537, § 1.º).

Nunca houve cumulação no pedido cominatório.[56] Ao pedido de condenação na prestação de fazer ou de não fazer, no entanto, caberá pedido sucessivo ou subsidiário de perdas e danos, conforme autoriza a disciplina material. Então, caracteriza-se o cúmulo de pedidos.

70.3 Pedido alternativo

Existem obrigações, designadas alternativas ou disjuntivas, em que o devedor solve, após a escolha, que lhe cabe salvo estipulação em contrário (art. 252, *caput*, do CC), através de prestações distintas, mas juridicamente equivalentes (*plures sunt in obligatione, una autem in solutione*). Opõem-se a elas as obrigações cumulativas, que exigem do devedor várias prestações conjuntamente (*v.g.*, o devedor *B* obriga-se a pagar a quantia *X* e a entregar ao credor *A* o bem *Y*). Exemplo de obrigação disjuntiva: o devedor *A* obriga-se perante *B* a entregar o quadro *Y* ou seu equivalente (*X*) em dinheiro.

Transportada ao plano processual, semelhante espécie de obrigação origina o pedido alternativo, contemplado no art. 325, "quando, pela natureza da obrigação, o devedor puder cumprir a prestação de mais de um modo". A ele se contrapõe o pedido fixo. Porém, o pedido alternativo não é exclusivo das obrigações alternativas, como apreendeu egregiamente Barbosa Moreira,[57] abrangendo as obrigações facultativas e com faculdade de substituição (*facultas alternativa*). Embora devendo uma prestação determinada, no primeiro caso, torna-se possível ao devedor se liberar prestando outra, independentemente da objeção do credor.[58] Já os exemplos de *facultas alternativa* se mostram até comuns. Por exemplo, em compromisso de compra e venda do bem *X*, *A* obrigou-se perante *B*, depois de pagar o sinal, à sub-rogação na dívida hipotecária do proprietário do imóvel. Nada impede, nesse caso, que o obrigado *A* pague ao credor hipotecário *C*, liberando o imóvel, e, assim, prestando de modo diverso, mas satisfatório a obrigação. Prevista essa prestação suplementar, cabível em face circunstâncias determinadas, há obrigação facultativa, em vez de *facultas alternativa*.[59]

---

56. Calmon de Passos, *Comentários ao Código de Processo Civil*, v. 3, n.º 145, p. 255.

57. José Carlos Barbosa Moreira, *O novo processo civil brasileiro*, § 1.º, III, 2, p. 12. No mesmo sentido, Leo Rosenberg, *Tratado de derecho procesal civil*, v. 2, § 61, p. 92.

58. Maria Helena Diniz, *Curso de direito civil brasileiro* v. 2, p. 108, que prefere aludir a obrigação com faculdade alternativa.

59. Antonio Chaves, *Tratado de direito civil*, v. 2, t. 1, p. 101.

Dependerá a admissibilidade do pedido alternativo, segundo assinala José Alberto dos Reis, da natureza substancial da obrigação. Não há cúmulo de ações no pedido alternativo.[60] O direito subjetivo é único, e se satisfaz, por igual, com apenas uma prestação. A alternativa se configura somente no objeto mediato da ação.[61]

Ventila-se, às vezes, a questão das obrigações que se resolvem em alternativa.[62] Em se impossibilitando a prestação originária, resolve-se no seu equivalente pecuniário, acrescido de perdas e danos. Ocorre o fenômeno nas obrigações de dar coisa certa (arts. 240, segunda parte, e 236 do CC) e de fazer. Concebe-se perfeitamente, à margem do art. 325, o autor formular o pedido em alternativa e o juiz condenar o réu na obrigação ou no equivalente pecuniário.

De ordinário, a escolha cabe ao credor, e ele, efetuando-a na petição inicial, expõe um pedido fixo, e não alternativo. Era lícito ao autor, embora lhe pertencendo a indicação, formular o pedido alternativo, diferindo-a à execução.[63] Mas, o art. 498, parágrafo único, estipula que, versando a prestação coisas determinadas pelo gênero e pela quantidade (*v.g.*, doze reses *Angus*), cumpre ao autor individualizá-las já na petição inicial. Esse dispositivo aplica-se à obrigação alternativa, posto que ambas as prestações a cargo do obrigado sejam fixas (*v.g.*, a quantia *X* ou o imóvel *Y*). Muito se discutiu, competindo a escolha ao réu e omitindo o autor o pedido alternativo, o destino da petição inicial.[64] O problema se encontra superado. O art. 325, parágrafo único, prevê que, na hipótese das obrigações alternativas, o juiz assegurará a escolha do devedor, proferindo a sentença, naturalmente, no sentido desta. Incide a regra, outrossim, na hipótese de revelia.

70.4 Pedido implícito

Ao pedido expresso corresponde, a teor do art. 322, § 2.°, uma interpretação que considera o conjunto da postulação e o princípio da boa-fé (*infra*, n.° 71). Todavia, há exceções ao pedido expresso, ensejando o chamado pedido implícito,

---

60. Em sentido contrário, Ricardo Luiz da Costa Tjäder, *Cumulação eventual de pedidos*, n.° 1.4.2.2.1, p. 35.

61. Calmon de Passos, *Comentários ao Código de Processo Civil*, v. 3, n. 146, p. 255, fala então de pedido único.

62. João de Castro Mendes, *Direito processual civil*, v. 1, n. 158, pp. 391-394. Antes, José Alberto dos Reis, *Comentário ao Código de Processo Civil*, v. 3, n.° 15, pp. 133-136.

63. José Carlos Barbosa Moreira, *O novo processo civil brasileiro*, § 1.°, III, 2, p. 12, José Frederico Marques, *Manual de direito processual civil*, v. 2, n.° 354, p. 49, e Moacyr Amaral Santos, *Primeiras linhas de direito processual civil*, v. 2, n.° 418, p. 133.

64. José Alberto dos Reis, *Comentário ao Código de Processo Civil*, v. 3, n.° 15, pp. 129-130, e Fernando Luso Soares, *Processo civil de declaração*, n.° 163, p. 576.

de caráter excepcional, e este, de sua vez, a impropriamente dita cumulação aparente. O chamado pedido implícito é, na realidade, pedido inexistente – pedido a que lei dispensa o autor de formular, porque desnecessário, embora constitua complemento quantitativo do bem da vida pleiteado. O provimento que, condenando o réu ao pagamento do principal, não contemplasse os juros moratórios, por exemplo, revelar-se-ia necessariamente incompleto ou parcial, ensejando ao autor formular pedido autônomo a respeito dos juros em processo subsequente. É o mesmo caso das verbas de sucumbência – ao menos, na sua função tradicional de ressarcir o vencedor das despesas com seu advogado. Por exceção, as verbas da sucumbência podem ser pleiteadas posteriormente, omissa a condenação (art. 85, § 18), contradizendo a regra vigente a tese da Súmula do STJ, n.º 453, enunciada no direito anterior.

Relevada a designação enganosa, inextirpável da tradição processual, o pedido implícito não respeita, absolutamente, ao cúmulo de ações.[65] O direito subjetivo se mostra único, e, bem assim, a ação correspondente: o plano material lhe confere outra dimensão, projetada, mediante regras explícitas, independentemente da demanda (art. 2.º), no processo.

Inconfundíveis se mostram, porém, pedido e condenação implícitos. Esta última não encontra apoio na lei. Na sentença condenatória, para que se forme título executivo hábil, todas as verbas carecem de explicitação, inclusive aquelas incluídas no pedido implícito.[66]

Com efeito, seja qual for o provimento exequível, impõe-se que exiba condenação expressa, quer no capítulo principal, quer no capítulo acessório da sucumbência. Nenhum provimento judicial assume força executiva sem disposição inequívoca de condenação do vencido. Omitida a condenação em honorários advocatícios, por exemplo, e não corrigida a omissão através do recurso próprio, desaparece a possibilidade de o vencedor executar o vencido neste tópico. Segundo o art. 85, § 18, caberá ação autônoma "para sua definição e cobrança" (*rectius*: execução). No que tange ao capítulo principal, convém acentuar que tal condenação se subordina à formulação de pedido expresso. Por essa razão, reclamando servidor público da supressão de certa vantagem funcional, mediante a impetração de mandado de segurança – nesse caso, além da força mandamental, acrescenta-se a

---

65. Calmon de Passos, *Comentários ao Código de Processo Civil*, v. 3, n.º 153, p. 268 e Wellington Moreira Pimentel, *Comentários ao Código de Processo Civil*, v. 3, p. 202.

66. Calmon de Passos, *Comentários ao Código de Processo Civil*, v. 3, n.º 164, p. 282; Joel Dias Figueira Jr., *Comentários ao Código de Processo Civil*, v. 4, t. 2, p. 152. Em contrário, porém, a Súmula 254 do STF, que, na prática, autoriza uma condenação implícita neste tópico. Aplicou a Súmula a 3.ª T. do STJ, REsp 10.929/GO, 28.06.1991, Rel. Min. Waldemar Zveiter, *DJU*, 26.08.1991, p. 11.401.

condenatória –, a concessão do remédio somente "assegura" (releve-se o verbo) o pagamento de vencimentos e de vantagens pecuniárias "que se vencerem a contar da data do ajuizamento da inicial" (art. 14, § 4.º, da Lei 12.016/2009) quando houver condenação explícita. Porém, há uma exceção: a Súmula do STF, n.º 254, admite a execução dos juros moratórios independentemente de condenação expressa (*infra*, 70.4.2).

70.4.1 Despesas processuais e honorários de advogado

Necessitando o autor vir a juízo, a fim de realizar seu alegado direito, despende quantias, que lhe incumbe normalmente antecipar, "desde o início até a sentença final ou, na execução, até a plena satisfação do direito reconhecido no título" (art. 82, *caput*) – a Justiça Pública é onerosa para as partes, não podendo ser integralmente gratuita, pois semelhante benefício distribuiria as despesas dos litigantes entre os não litigantes –, atendendo o elevado custo da própria prestação de tutela jurídica, e suporta a contratação de advogado, vez que despojado da capacidade postulatória. Não se limitará, por consequência, a reintegração cabal do direito do autor, na órbita material, se o réu não ressarcir, ainda, as despesas do próprio processo. O inverso também se revela verdadeiro: sucumbindo o autor, suportará ele as despesas processuais do réu. O princípio da sucumbência se expressa no art. 82, § 2.º, e art. 85, *caput*, e decorre, inexorável, do fato objetivo da derrota no processo. Por isso, o art. 322, § 1.º, declara compreendido, no principal, "as verbas de sucumbência, inclusive os honorários advocatícios". A rigor, a disposição explícita é supérflua, porque a forma verbal imperativa do art. 82, § 2.º, e do art. 85, *caput*, já denota a desnecessidade de pedido expresso quanto às despesas processuais e aos honorários advocatícios, que o juiz imporá de ofício na sentença.[67] Era a interpretação dominante do art. 64 do CPC de 1939, na redação emprestada pela Lei 4.632, de 18.05.1965, e consubstanciada na Súmula do STF, n.º 256: "É dispensável pedido expresso para condenação do réu em honorários, com fundamento nos arts. 63 ou 64 do Código de Processo Civil".

Eventualmente, o autor pleiteia determinado percentual de honorários ou pede a condenação do réu em certa despesa extraprocessual (*v.g.*, o valor dos honorários de *expert* para elaborar o parecer a que alude o art. 472). Também o réu, na contestação, pode reclamar honorários e outras despesas. Essas postulações não vinculam o juiz, nem acarretam a sucumbência parcial do postulante, no caso de rejeição. Tal não obsta, entretanto, de a parte recorrer do provimento. O interesse em recorrer assenta na obtenção de posição mais favorável e o reclamo de um

---

67. Calmon de Passos, *Comentários ao Código de Processo Civil*, v. 3 n.º 153.1, p. 159; Jacy de Assis, *Comentários ao Código de Processo Civil*, v. 2, t. 2, p. 150; e Milton Paulo de Carvalho, *Do pedido no processo civil*, n.º 8.1.3, p. 101.

percentual maior de honorários, ou do reembolso de certa despesa, leva à caracterização desse interesse.

Dispensado que seja o pedido, a disposição acerca das despesas processuais e dos honorários no capítulo acessório da sucumbência da sentença há de ser expressa. Não há condenação implícita. É o que se subentende do art. 85, § 18. Não podem os honorários omitidos na sentença, pedidos ou não, serem cobrados na execução da sentença omissa a seu respeito.

70.4.2 Juros moratórios

Segundo o art. 322, § 1.°, "no principal" se compreendem os juros legais. Considera-se "principal" o valor do pedido determinado ou o valor estimado do pedido genérico da ação condenatória; e juros legais os que se originam da própria lei, a despeito de não terem sido convencionados (art. 406 do CC de 2002), em geral decorrente do inadimplemento imputável da obrigação. Assim, os juros convencionais, ou compensatórios, se situam foram do âmbito da norma e reclamam pedido expresso, sob pena de julgamento *extra petita*.[68]

Vale recordar que, a teor do art. 491, *caput*, cumpre ao juiz, ao proferir sentença líquida, fixar o termo inicial dos juros. Esse termo subordina-se à disciplina da lei material. Segundo explicitou a Súmula do STJ, n.° 426, os juros moratórios fluirão, na ação de cobrança do seguro obrigatório DPVAT, da citação do réu. Já nos ilícitos os juros contam-se desde a citação inicial (art. 405 do CC). E, conforme o art. 85, § 16, fixados os honorários sucumbenciais em quantia certa, os juros moratórios incidirão a partir do trânsito em julgado.

70.4.3 Correção monetária

Para manter o equilíbrio das prestações monetárias, corroídas inflacionariamente há incontáveis lustros, disciplinou a Lei 6.899, de 08.04.1981, a sua atualização, através de uma escala móvel oficial. De acordo com o art. 404, *caput*, do CC, toda prestação pecuniária inadimplida será paga "com atualização monetária segundo índices oficiais regularmente estabelecidos". Esta regra revogou o art. 2.°, § 1.°, da Lei 10.192/2002, que veda, sem nenhum efeito na prática, o reajuste monetário com periodicidade inferior a um ano. Também a correção monetária, segundo a opinião geral, não carece de pedido – é o que estabelece, de resto,

68. Calmon de Passos, *Comentários ao Código de Processo Civil,* v. 3, n.° 163, p. 282; Wellington Moreira Pimentel, *Comentários ao Código de Processo Civil,* v. 3, p. 209; Pontes de Miranda, *Comentários ao Código de Processo Civil,* v. 4, pp. 75 e 76; José Frederico Marques, *Manual de direito processual civil,* v. 2, n.° 356, p. 52; e Milton Paulo de Carvalho, *Do pedido no processo civil*, n.° 8.1.3, p. 102.

o art. 322, § 1.º –, e, segundo alguns, jamais representaria pedido autônomo, pois a verba integra o principal.[69]

70.4.4 Prestações vincendas

O art. 323 estabelece que, nas obrigações de trato sucessivo, caracterizadas por prestações periódicas, desobriga-se o autor a pedir as vincendas, todas e cada uma, expressamente. Uma vez persistindo o inadimplemento do réu, no curso do processo, dispõe ainda o artigo que a sentença disporá sobre essas prestações, incluindo-as no comando sentencial enquanto durar a obrigação. Por óbvio, as prestações vencidas até a propositura da ação carecem de pedido. [70] Foi o que decidiu, com acerto, o STJ: "As prestações vincendas (periódicas) consideram-se implícitas no pedido, devendo ser incluídas na condenação, se não pagas, enquanto durar a obrigação".[71] O inadimplemento do réu a respeito delas caracteriza o interesse processual do autor. O art. 323 permite que a sentença, nada obstante, condene o réu nas prestações que se vencerão, mesmo após extinto o processo, conquanto a real efetivação dos créditos assim escalonados dependa, posteriormente, da respectiva exigibilidade, ou seja, do vencimento do termo (ou da ocorrência da condição). [72]Cessará a obrigação, no cumprimento da sentença, com o efetivo pagamento.[73]

70.5 Pedido em obrigação indivisível

O art. 328 – que dispõe sobre o recebimento da parte do crédito constante de obrigação indivisível, deduzida as despesas, por quem, embora credor e legitimado à ação de cobrança, não se abalou às agruras do processo – situa-se no capítulo destinado à petição inicial, e, especificamente, na seção relativa ao pedido, de maneira totalmente incorreta. O pedido formulado pelo credor, ou credores em litisconsórcio ativo, de obrigação indivisível, ou seja, aquela cuja prestação se ostenta partível, ainda que ajustado o inverso, não possui particularidades de monta, e que fujam ao esquema geral. A par dos requisitos pertinentes a todos

---

69. Neste último sentido, Milton Paulo de Carvalho, *Do pedido no processo civil*, n.º 8.1.4, p. 103. No sentido do texto, Sérgio Sahione Fadel, *Código de Processo Civil comentado*, v. 2, p. 497; Joel Dias Figueira Jr., *Comentários ao Código de Processo Civil*, v. 4, t. 2, p. 152.
70. Nesse sentido, Ernane Fidélis dos Santos, *Manual de direito processual civil*, v. 2, n.º 520, p. 13.
71. 4.ª T. do STJ, REsp 56.761-SP, 14.11.1995, Rel. Min. Sálvio de Figueiredo, *DJU*, 18.12.1995, p. 44.576.
72. Calmon de Passos, *Comentários ao Código de Processo Civil*, v. 3, n.º 194.2, p. 263; Fernando Luso Soares, *Processo civil de declaração*, n.º 166, pp. 580 e 581, e João de Castro Mendes, *Direito processual civil*, n.º 161, p. 415.
73. 3.ª T. do STJ, REsp 1.548.227/RJ, j. 07.11.2017, Rel. Min. Nancy Andrighi, DJe 13.11.2017.

os pedidos – certeza, determinação e congruência – nada de especial, realmente, perturba a ação condenatória correspondente.

Cuidar-se-á na demanda, outrossim, de litisconsórcio facultativo ativo, como se depreende da inequívoca dicção do art. 260, *caput*, primeira parte, do CC: "Se a pluralidade for dos credores, poderá cada um destes exigir a dívida inteira".[74]

Destina-se o art. 328 a outras funções. Ele disciplina a repartição de despesas entre os litisconsortes, impondo ao omisso, preservado seu direito ao crédito, o ônus de dividir as despesas processuais, já incluídos os honorários de advogado, na proporção que lhe competir sobre o resultado final da ação. Não opera a regra, haja vista esta finalidade precípua, na petição inicial, no pedido e, muito menos, no próprio processo: tutela, exatamente, "aquele que não participou do processo". Em última análise, depara-se no art. 328 com uma regra de direito material, complementar à do art. 261 do CC, ressalvando o direito dos demais credores de exigirem daquele que recebeu o total da dívida a parte que lhe caiba, visando, agora, a equalizá-los quanto ao custo do processo, e sujeitando todos às despesas efetuadas em proveito da coletividade.

De resto, a norma não atua, propondo todos os credores em conjunto a demanda.[75] E, tampouco, exerce influência o artigo na problemática do cúmulo de ações,[76] porquanto se ocupa da hipótese contrária: a falta das ações dos outros credores.

O caráter indivisível do objeto litigioso repercutirá, todavia, no julgamento. Segundo o art. 490 o juízo poderá acolher o pedido das partes – o réu, não pede, antes impede o êxito do autor; mas, poderá formular seu pedido perante o autor em reconvenção (art. 343) –, no todo ou em parte, o que não se mostrará possível se indivisível o objeto litigioso. Tampouco caberá, nesse caso, o julgamento antecipado parcial do mérito (art. 356).

71. Interpretação e alteração do pedido

O art. 322, § 2.°, eliminou a antiga regra da interpretação estrita do pedido, adotando outra diretriz, segundo a qual o órgão judicial considerará o "conjunto da postulação" e observará o princípio da boa-fé. Em outras palavras, os limites

---

74. Nesse sentido, Cândido Rangel Dinamarco, *Litisconsórcio*, n.° 54.3, p. 195 e José Carlos Barbosa Moreira, *Litisconsórcio unitário*, n.° 141, pp. 225 e 226. Em sentido contrário, Calmon de Passos, *Comentários ao Código de Processo Civil*, v. 3, n.° 152, p. 166.

75. Era a interpretação do análogo art. 156 do CPC de 1939, segundo José Frederico Marques, *Instituições de direito processual civil*, v. 3, n.° 561, p. 51. E, na vigência do CPC de 1973, a de Pontes de Miranda, *Comentários ao Código de Processo Civil*, v. 4, p. 63. No sentido do texto, Milton Paulo de Carvalho, *Do pedido no processo civil*, n.° 9, p. 112.

76. Vicente Greco Filho, *Direito processual civil brasileiro*, v. 2, n.° 24, p. 101.

do pedido não se dilatam por qualquer via interpretativa.[77] É claro que, para individualizar o pedido, o órgão judiciário não fitará unicamente o tópico para essa finalidade reservado na petição inicial, em geral no seu fecho, mas examinará todo o conteúdo da peça.[78] Por exemplo, pedida a indenização das férias não gozadas, por necessidade do serviço, não se inclui no pedido o respectivo adicional, omitido pleito expresso do autor a este título.[79]

Em sentido contrário, porém, o STJ estimou admissível a condenação do réu a indenizar dano estético, a despeito da ausência de pedido expresso, porque o autor não limitou o pedido de ressarcimento.[80] E, ainda, em área particularmente sensível, curvou-se à troca do medicamento *Y* pelo medicamento *X*, não importando esse fato modificação do pedido, na demanda em que *A* pediu tratamento médico do Estado-membro *B*.[81] Essa diretriz não se harmoniza com a boa-fé bilateral. Ocorrerá, no mínimo, modificação qualitativa (*X* em lugar de *Y*), e, eventualmente, quantitativa (*X* é mais caro que *Y*) do pedido originário. Feriu-se o princípio da demanda (art. 2.º), assentado, ainda, a ocorrência de julgamento em desacordo com o princípio da congruência: nada além, fora ou aquém do pedido (art. 141). Descabe ao juiz, atrelado à demanda, reescrever aquilo que o autor efetivamente pediu, ou extrair das entrelinhas o que, na verdade, o autor não pediu, embora pudesse tê-lo feito. Ressalvam-se os pedidos implícitos (*retro*, n.º 70.4), conforme estabelecia, *expressis verbis*, o art. 154 do CPC de 1939. Costumava-se distinguir o (*a*) aditamento do pedido, a partir da regra segundo a qual, omitindo o autor algum pedido que lhe era lícito fazer na inicial, teria de valer-se de outra ação, e a (*b*) modificação do pedido, com ou sem o consentimento do réu, conforme a oportunidade do ato, mediante a qual o autor alterava o pedido originário, ampliando-o ou não, no próprio processo.[82] Verdadeira a sutil separação, a lei conferia dois tratamentos às vicissitudes do pedido: o aditamento se impossibilitaria tão logo proposta a ação, prescindindo-se, ademais, de qualquer atitude do réu, porque a segunda demanda se mostraria diferente da primeira à luz da tríplice identidade (art. 337, § 2.º), porque outro é o pedido formulado; a modificação, ao invés, se mostraria lícita até a citação, sem o consentimento do réu, ou mesmo após a citação, mas até o saneamento do processo,

77. Pontes de Miranda, *Comentários ao Código de Processo Civil*, v. 4, p. 74.

78. 4.ª T. do STJ, REsp 671.964/BA, 18.06.2009, Rel. Min. Fernando Gonçalves, *DJE* 29.06.2009.

79. 5.ª T. do STJ, EDcl no RMS 19.622/MT, 10.10.2006, Rel. Min. Félix Fischer, *DJU* 30.10.2006, p. 334.

80. 2.ª Turma do STJ, REsp 68.668/SP, 05.02.1996, Rel. Min. Ari Pargendler, *DJU*, 04.03.1996, p. 5.396.

81. 1.ª T. do STJ, REsp. 1.195.704/RS, 09.11.2010, Rel. Min. Benedito Gonçalves, *DJE* 17.11.2010; 1.ª T. do STJ, AgRg no AG 1.352.744/RS, 08.02.2011, Rel. Min. Hamilton Carvalhido, *DJE* 18.02.2011.

82. Calmon de Passos, *Comentários ao Código de Processo Civil*, v. 3, n.º 165.1, p. 283.

desde que de acordo com ela o demandado. Não há razão alguma, entretanto, para ressalvar a possibilidade de o autor formular outro pedido em ação própria. Por isso, o aditamento e a modificação receberam tratamento conjunto no art. 329, I e II. E a razão é simples: importa definir até que fase do processo o autor ou o autor e o réu podem modificar esse elemento objetivo do processo. Em princípio, o maior efeito do aditamento do pedido, em comparação à modificação, justificaria aquele tratamento inicial da matéria. É que a adição do pedido não se reduz ao gabarito da simples modificação. A mudança integral do *petitum* implica a existência de uma nova ação;[83] com redobradas razões, portanto, o aditamento (formulação de novo pedido).

Nada obstante, escapando, de resto, a problemática da modificação da demanda dos objetivos do trabalho, o art. 329, I e II, adotou a melhor solução, consagrando a uniformidade dos efeitos: trate-se de modificação, ou de aditamento, feita a citação se torna defeso requerer o autor num ou noutro sentido, restando o caminho da desistência da ação, antes de apresentada a contestação do réu (art. 485, § 4.°), e oportuna proposição correta em outra demanda. Em outro sentido, "o requisito para a viabilidade do aditamento do pedido é meramente temporal, negativo e de contagem inversa, isto é, enquanto não se verificar a 'citação válida', inexistindo qualquer liame com o despacho inicial que recebe a peça e ordena a citação ou, muito menos, com o decurso de prazo para o oferecimento de resposta ou com a formalização da comunicação do ato citatório ao réu sem que o mandado respectivo seja juntado aos autos".[84] Vencida essa oportunidade, as partes podem convir em modificar os elementos objetivos da demanda (art. 329, II), até a decisão de saneamento e organização do processo (art. 357), assegurado ao réu o prazo de 15 (quinze) dias para apresentar defesa e requerer, se for o caso, "prova suplementar". Por sinal, as partes podem apresentar ao juiz delimitação das questões de fato e das questões de direito na oportunidade do saneamento. Uma vez homologada, vinculará os sujeitos do processo (art. 357, § 2.°).

---

83. Giancarlo Giannozzi, *La modificazione della domanda nel processo civile*, n.° 74, p. 218.
84. Joel Dias Figueira Jr., *Comentários ao Código de Processo Civil*, v. 4, t. 2, p. 155.

§ 21 Espécies de cumulação de pedidos

Secção I – Lineamentos da cumulação de pedidos

72. Limites da cumulação de pedidos

Os pedidos da ação material se cumulam de várias maneiras. Formulando o autor mais de um pedido, contra o mesmo ou diferente réu, ocorrerá cumulação de ações materiais, tenham, ou não, idêntica *causa petendi*.[85]

Não se confundem, rigorosamente, uma coisa e outra. O pedido apresenta implicações processuais, e, inclusive, certa dimensão, alguns predicados que se explicam no plano processual. E, de acordo com o art. 337, § 2.°, o *petitum* é apenas um dos elementos da ação material. Somente através de uma redução notável da realidade do processo, e de uma ofensa frontal à lei, desnecessária e funesta, poder-se-ia reduzir a ação material – ou, segundo alguns, a pretensão processual – ao pedido. [86] Limitar o cúmulo, ainda, à combinação de postulações, ou seja, às afirmações de efeitos jurídicos,[87] implica ignorar a importância da causa de pedir, outro lado do equívoco de valorizar excessivamente o pedido.

Examinar-se-á o *petitum*, sob a angulação do cúmulo, no firme propósito de iluminá-lo no que se relaciona à ação material, da qual se revela veículo.[88]

73. Classificação genérica do cúmulo de pedidos

Em cumulando várias ações na demanda, o autor visa ao acolhimento conjunto delas, ou, então, uma única dentre elas.[89]

Em vista disto, mostra-se concebível separar a cumulação em sentido estrito, também designada de "própria", que abrange as hipóteses em que os pedidos, de ordinário, admitem a procedência simultânea, da cumulação em sentido amplo, chamada de "imprópria", na qual o autor, por razões ditadas pela circunstância de vir realizar um direito subjetivo e obter o bem da vida através da tutela estatal,

---

85. Artur Anselmo de Castro, *Direito processual civil declaratória*, v. 1, n.° 25, p. 257; Francisco Mendez Ramos, *Derecho procesal civil*, v. 1, n.° 21, p. 433, e Wilhelm Kisch, *Elementos de derecho procesal civil*, § 65, p. 313.
86. Nesse equívoco incorre Fernando Luso Soares, *Processo civil de declaração*, n.° 158, p. 566.
87. Contra, Pontes de Miranda, *Comentários ao Código de Processo Civil*, v. 4, p. 71. Diz, em síntese, que da pluralidade de ações (materiais) não decorre pluralidade necessária de "ações" (processuais). No mesmo sentido, Adolf Schönke, *Zivilprozessrecht*, § 50, II, 1, pp. 167-168, e James Goldschmidt, *Zivilprozessrecht*, § 54, 4, p. 124.
88. Nesse sentido, Fernando Luso Soares, *Processo civil de declaração*, n.° 158, p. 168.
89. José Carlos Barbosa Moreira, *O novo processo civil brasileiro*, § 1.°, V, 1, p. 13.

sempre cercada da álea ínsita ao processo, indica vários caminhos ao fim colimado na demanda.

O cúmulo de pedidos, na primeira espécie, inclui a cumulação (*a*) simples e (*b*) sucessiva; na segunda, a cumulação (*c*) alternativa ou eventual.

A classificação proposta, sem embargo de outras, apresenta o mérito único de guardar a coerência com a distinção entre a cumulação estrita e ampla. Mas, há outros critérios.[90] Segundo arranjo diferente, a cumulação divide-se em condicional, na qual o autor não pede a procedência de todas as ações, mas as subsequentes condicionadas de alguma forma ao êxito da primeira, que, de seu lado, era sucessiva, eventual (ou subordinada) e alternativa; e simples. Observa-se que, nessa taxionomia, releva-se o fato de que, no cúmulo eventual, o autor jamais logrará a procedência simultânea, pois a da segunda ação decorre da improcedência da primeira, enquanto no cúmulo sucessivo ocorre o contrário, ou seja, a procedência da segunda ação deriva inevitavelmente do sucesso da primeira. De seu lado, Rosenberg separa as cumulações em simples, alternativa (ou eletiva) e eventual (ou subsidiária e escalonada, esta última equivalente à sucessiva).[91] Essas distinções ficarão claras uma vez examinadas as espécies e fixado o conceito de cada qual.[92]

Secção II – Cumulação em sentido estrito

74. Cumulação de pedidos simples

O traço comum das ações cumuladas de forma simples consiste na aptidão de cada ação de se incluir como objeto de uma relação processual independente.[93] O autor as formula no mesmo processo por razões de economia. E, constatado o cúmulo de ações totalmente independentes, que, entre si, nada ostentam de comum, salvo os sujeitos – conexão subjetiva *ex vi* do art. 327, *caput* – designa-se a cumulação simples.[94] Em se tratando de cumulação estrita, o autor pede a procedência

90. Giuseppe Chiovenda, *Principios de derecho procesal,* v. 2, § 91, pp. 732-738.

91. Leo Rosenberg, Tratado de derecho procesal civil, v. 2, n.° 92, pp. 92-93. Wilhelm Kisch, *Elementos de derecho procesal civil*, § 65, p. 313, não distingue da eventual cumulação sucessiva. De acordo com Rosenberg, não obstante, Jaime W. Teitelbaum, *El proceso acumulativo civil*, n.° 20, pp. 116-120.

92. *Vide*, itens 74, 75 e 76 do texto. Segundo Milton Paulo Machado, *Do pedido no processo civil*, pp. 105-110, a cumulação pode ser própria e imprópria, esta última subdividida em alternativa e eventual. Veja-se, também, Mário de Almeida Castro, *Da acumulação de ações*, n.° 31, p. 26.

93. Giuseppe Chiovenda, *Principios de derecho procesal civil,* v. 2, § 91, p. 731.

94. Nesse sentido, Calmon de Passos, *Comentários ao Código de Processo Civil,* v. 3, n.° 155, p. 273; José Carlos Barbosa Moreira, *O novo processo civil brasileiro,* § 1.°, V, 1, p. 13;

simultânea das ações. E a rematada autonomia implica a liberdade de o juiz julgar todas procedentes; ou, ainda, improcedentes; e uma só, ou algumas, procedentes, e as outras não; tudo de acordo com o que se apurar em torno do cabimento de cada qual.[95]

A doutrina arrola os seguintes exemplos: (*a*) ações de cobrança de dívidas oriundas de contrato de mútuo e de contrato de compra e venda; (*b*) ações de cobrança de dívidas de mútuos diferentes; (*c*) ação reivindicatória em relação a um imóvel e ação confessória quanto a outro imóvel; (*d*) ações reparatórias com base em eventos distintos.

Conforme Chiovenda, o cúmulo de ações independentes não agrava as condições do réu.[96] Entretanto, torna excessivamente óbvio que, reunindo o autor inúmeras ações dessa maneira, a defesa do réu se ressentirá das dificuldades já encontradas em modalidades do litisconsórcio facultativo ativo (*retro*, n.° 50). Por esse motivo, a observância da igualdade das partes, ou seja, comprometendo o processo cumulativo "a rápida solução do litígio" ou, ainda, dificultando a defesa do réu (*v.g.*, o interregno fixo assinado à defesa não lhe permite reunir a prova documental), consoante dispõe o art. 113, § 1.°, constitui um dos requisitos da formação do cúmulo simples (*infra*, n.° 82).

Inconfundíveis se revelam, na cumulação simples, as causas de pedir das ações cumuladas. Por sinal, exclusivamente entre pedidos desconexos se admite esta cumulação.[97] Nada impede, contudo, a existência da conexão. Há oportunidades, inclusive, em que ocorre um corte obrigatório na causa de pedir, determinada pela natureza sumária da cognição, e a proibição do cúmulo. Nesse caso se situa o art. 557, *caput*, ao vetar o cúmulo das ações possessórias e petitória, *inter partes*, que é regra vetusta, originária da "Ordennance de Montilsles-Tours", de 1453.[98] Às vezes, a *causa petendi* da ação reivindicatória abrangerá a da possessória, baseando-se esta última em domínio. Chama-se a tal fenômeno de continência da causa de pedir, mas, aí, descartar-se-á, *a priori*, a cumulação.[99]

Moacyr Amaral Santos, *Primeiras linhas de direito processual civil*, v. 2, n.° 149, p. 163; Jaime W. Teitelbaum, *El proceso acumulativo civil*, n.° 23, p. 116 e Francisco Mendez Ramos, *Derecho procesal civil*, v. 1, n.° 21, p. 434.

95. Calmon de Passos, *Comentários ao Código de Processo Civil*, v. 3, n.° 155, p. 273.
96. Giuseppe Chiovenda, *Principios de derecho procesal civil*, v. 2, § 91, p. 736.
97. Jaime W. Teitelbaum, *El proceso acumulativo civil*, n.° 23, p. 118.
98. Elisabeth Michelet, *La règle du non-cumul du possessoire et du pétitoire*, n.° 67, p. 59 e Jean Vincent e Serge Guinchard, *Procédure civile*, n.° 64, p. 90, indicam a data de 1446 à lei.
99. Jean Vincent e Serge Guinchard, *Procédure civile*, n.° 68, p. 92 e Adroaldo Furtado Fabrício, *Comentários ao Código de Processo Civil*, v. 8, t. 3, n.° 336, p. 500.

A ação de improbidade administrativa contra agentes públicos prevê várias sanções em caso de procedência, todavia ponderadas pelo órgão judiciário no caso de procedência, consoante a gravidade do ilícito e outros fatores. Cuida-se de cumulação simples, fundada em idêntico fato (ou complexo de fatos) do qual decorrem vários efeitos jurídicos autônomos e cumuláveis, sem interdependência entre si.

75. Cumulação de pedidos sucessiva

Concebe-se o autor formular um segundo pedido que, em relação ao primeiro, dependa da sua procedência. Ele pede o acolhimento dos dois pedidos; apenas o último, em virtude do seu caráter de dependência, decorre do êxito do primeiro. Cuida-se da cumulação sucessiva.[100] É figura simétrica e oposta à cumulação eventual (*infra*, n.º 76).[101]

Exemplificam esta espécie de cumulação: (*a*) as ações de investigação de paternidade e de petição de herança; (*b*) as ações de investigação de paternidade e de alimentos; (c) as ações de separação judicial e de alimentos; (*d*) as ações de resolução de contrato e de perdas e danos; (*e*) as ações possessórias, reparatória e demolitória, as duas primeiras a teor do art. 555, *caput*, I e II, e assim por diante.

Nem sempre, como os exemplos demonstram, as ações cumuladas de modo sucessivo apresentam a mesma causa de pedir. No entanto, algum cuidado na identificação das causas se impõe. Teitelbaum afirma que, nas ações cumuladas de "rescisão" (*rectius*: resolução) de contrato e de perdas e danos, as causas comungam o fato de se originarem do descumprimento do contrato; "rescindido este, e na mesma sentença, o Juiz passa a considerar a existência dos danos e seu montante".[102] Localiza-se o fundamento da resolução na falta de cumprimento da obrigação (art. 475 do CC), ou seja, deixando a parte de cumpri-la no tempo, lugar ou forma devidos (art. 394 do CC). E o art. 389, do mesmo diploma, dispõe acerca da responsabilidade do devedor por perdas e danos, salvo se estiver protegido por alguma das escusas do art. 393 do CC (caso fortuito, força maior, pacto expresso liberando-o da responsabilidade). Aparentemente, a mesma causa que enseja o desfazimento do contrato importa, *tout court*, a responsabilidade (dever de indenizar) do obrigado. Mas, a procedência do pedido condenatório em perdas e danos dependerá da prova da culpa, elemento estranho à noção de imputabilidade do inadimplemento, que gera o direito à dissolução do contrato. É possível, pois, o

---

100. Assim, Calmon de Passos, *Comentários ao Código de Processo Civil*, v. 3, n. 156, pp. 273 e 274; José Carlos Barbosa Moreira, *O novo processo civil brasileiro*, § 1.º, V, 1, p. 13; Moacyr Amaral Santos, *Primeiras linhas de direito processual civil*, v. 1, n.º 149, p. 163.

101. José Carlos Barbosa Moreira, *O novo processo civil brasileiro*, § 1.º, V, 1, p. 14.

102. Jaime W. Teitelbaum, *El proceso acumulativo civil*, n.º 23, p. 120.

órgão judicial acolher o pedido de resolução, porque imputável o inadimplemento, e rejeitar o pedido de perdas e danos, porque inexistente culpa do obrigado.

Evidencia-se, no rigoroso joeiramento das causas, que o fundamento do reconhecimento da paternidade (por exemplo, havido o filho por fecundação artificial homóloga, a teor do art. 1.597, III, do CC), não se identifica a do direito à herança, embora a condição de herdeiro seja-lhe prejudicial.

Em princípio, o pedido subsequente (ou sucessivo) guarda nexo de prejudicialidade ou de acessoriedade perante o pedido antecedente (ou principal). Por exemplo, na investigação de paternidade, cumulada com petição de herança, a condição de filho é questão prejudicial ao direito à herança. Caracteriza a questão prejudicial ou subordinante a circunstância que, resolvida em qualquer sentido, virtualmente predeterminar a resolução da questão dependente ou subordinada, "bastando que o juiz tire as consequências lógicas de rigor".[103] Já na cumulação do pedido de cobrança do principal com o de juros compensatórios o pedido subsequente é simples acessório do pedido antecedente. Em ambos os casos, por um motivo ou outro, acolhido o pedido principal segue-se, automaticamente, o acolhimento do pedido sucessivo. O fenômeno se passa assim no plano lógico. No plano prático, o juiz não pode omitir a decisão sobre o pedido sucessivo, que constituirá capítulo autônomo da sentença (*tot capita quot sententiae*). Faltando disposição expressa a seu respeito, independentemente da natureza do vício que se atribua à sentença proferida nessas condições, uma coisa é seguramente certa: inexistiu julgamento e o bem da vida respectivo não foi atribuído ao vencedor.

É possível, do mesmo modo, ajuizar ação de despejo embasada no art. 9.°, IV, da Lei 8.245, 18.10.1991 – reparações urgentes determinadas por autoridade pública e que dependam da desocupação – e pedir perdas e danos em razão da inércia culposa do inquilino em comunicar ao locador os fatos determinantes dos danos a se comporem: a causa do despejo consistirá nos reparos impostos pelo poder de polícia da autoridade; a das perdas e danos, no descumprimento do dever de informar o senhorio (art. 23, IV, da Lei 8.245/91).

Secção III – Cumulação em sentido amplo

76. Cumulação de pedidos eventual

Na espécie de cúmulo em questão, simétrica e oposta à sucessiva (*retro*, n.° 75), o juiz apreciará a ação formulada em segundo lugar, se não acolher a primeira. Esta espécie de cumulação se encontra prevista no art. 326, sem prejuízo de outras designações, como subordinada, condicional ou subsidiária, merece o epíteto de

---

103. José Carlos Barbosa Moreira, Questões prejudiciais e questões preliminares, n.° 8, p. 86.

eventual, vale dizer, o órgão jurisdicional examinará a ação exposta "em ordem sucessiva", na dicção da verba legislativa, na eventualidade de rejeitar a primeira.[104]

Entretanto, há quem aluda à cumulação alternativa, de resto distinta do pedido alternativo, e, em não se situando no mesmo plano os pedidos, "alternatividade por subsidiariedade" (*sic*),[105] explicação aceitável, desde que mantidas incólumes as distinções conceptuais tão escrupulosamente ressalvadas pelo autor citado.

Os exemplos deste tipo de cúmulo se mostram normais e frequentes na prática, conforme o diagnóstico de Leo Rosenberg,[106] e se mencionam, entre outros: (*a*) as ações de invalidade do contrato, a primeira por simulação e a outra por fraude contra credores;[107] (*b*) as ações em que o autor pede a condenação do devedor na obrigação específica, ou, subsidiariamente, o equivalente pecuniário; (*c*) as ações de complementação de área na venda *ad mensuram*, ou, subsidiariamente, a redução do preço (*quanti minoris*), ou, ainda, a extinção do contrato (art. 500, *caput*, do CC); (*d*) a ação para restituir a coisa usurpada ou esbulhada, ou o equivalente pecuniário (art. 952, *caput*, do CC); (*e*) as ações de dissolução do contrato, ou a restituição da parte do 'preço correspondente ao desfalque, no caso de evicção parcial (art. 455 do CC); (*f*) as ações redibitória (art. 441, *caput*, do CC), ou a *quanti minoris* (art. 442 do CC).

De observar que, em alguns casos, além da cumulação eventual, impõem-se, em relação à ação principal ou à subsidiária, o cúmulo sucessivo. Assim, ao lado da condenação do devedor na obrigação específica, ao autor se afigura lícito pedir perdas e danos; e, sem embargo da restituição da coisa usurpada ou esbulhada, perdas e danos ante sua privação temporária. Tampouco há vedação à formulação de vários pedidos subsidiários.[108]

Na cumulação eventual, ademais, dispensa-se a compatibilidade substancial dos pedidos, justamente porque eles não se situam no mesmo plano lógico (*infra*, n.° 79). É o que declara, talvez desnecessariamente, o art. 327, § 2.°. Não pode o

---

104. Nesse sentido, Jaime W. Teitelbaum, *El proceso cumulativo civil*, n.° 23, p. 117; Giuseppe Chiovenda, *Principios de derecho procesal civil*, v. 2, § 91, p. 733; Leo Rosenberg, *Tratado de derecho procesal civil*, v. 2, § 93, p. 93; José Alberto dos Reis, *Comentário ao Código de Processo Civil*, v. 2, n.° 16, p. 136; Francisco Mendez Ramos, *Derecho procesal civil*, v. 1, n.° 21, p. 323. Na doutrina brasileira, Moacyr Amaral Santos, *Primeiras linhas de direito processual civil*, v. 1, n.° 149, p. 163; José Carlos Barbosa Moreira, *O novo processo civil brasileiro*, § 1.°, V, pp. 13 e 14; Ernane Fidélis dos Santos, *Manual de direito processual civil*, v. 2, n.° 523, p. 17.
105. Calmon de Passos, *Comentários ao Código de Processo Civil*, n.° 157, p. 254.
106. Leo Rosenberg, *Tratado de derecho procesal civil*, v. 2, § 93, p. 93.
107. Calmon de Passos, *Comentários ao Código de Processo Civil*, v. 3, n.° 157, p. 255.
108. Ricardo Luiz da Costa Tjäder, *Cumulação eventual de pedidos*, n.° 1.4.2.2.2, p. 38.

autor pedir de uma única vez a redibição do contrato e a restituição parcial do preço; ao invés, ele pede ou uma coisa ou outra, a última só na hipótese de não se lhe prover a primeira.[109] Por essa via, se explica o chamado concurso de ações, ou seja, a existência de duas ou mais ações diversas, mas equivalentes, a partir do mesmo fato, geralmente apontada como a situação decorrente do vício oculto.[110]

Nenhuma regra estabelece a ordem dos pedidos, ou seja, determinando, prévia e inflexivelmente, seu caráter principal ou subsidiário. Identifica Chiovenda o fator determinante de uma coisa ou outra no interesse do autor.[111] O pedido principal corresponde a uma ordem superior do interesse, e o subsidiário, a uma inferior. O expressivo inconveniente dessa cumulação, perfeitamente apanhado pelo tirocínio de José Alberto dos Reis,[112] e repetido por Calmon de Passos,[113] a crer-se na falta de ordem específica, reside na exposição implícita da dúvida do autor sobre o acolhimento da ação principal, e, por isso, formula a outra, talvez mais sólida, para o caso de não vingar a primeira. Esse aspecto frágil da inicial merecerá a crítica do réu atento, que, por certo, irá explorá-lo.

A cumulação eventual, em contrapartida, exibe inegáveis vantagens para o autor. Ela permite, reduzindo os riscos de derrota fragorosa e irremediável, ao autor formular pedido audacioso, em primeiro lugar, testando o convencimento do órgão judiciário, protegido pela necessidade de o juiz passar a examinar o pedido subsequente no caso de rejeição radical do pedido antecedente.[114] Seja como for, vencido no pedido principal, mas vencedor no pedido subsequente, o autor tem interesse recursal em apelar da sentença.[115]

Entre as causas de pedir, em tal cumulação, existe conexão, ou, ao menos, relação parcial.[116] Os exemplos arrolados comprovam o princípio.

109. José Frederico Marques, *Manual de direito processual civil*, v. 2, n.º 366, p. 62.

110. Pontes de Miranda, *Tratado das ações*, v. 1, § 30, p. 144, explica que esta conexão pode ser na causa ou quanto ao fim.

111. Giuseppe Chiovenda, *Principios de derecho procesal civil*, v. 2, § 91, p. 734.

112. José Alberto dos Reis, *Comentário ao Código de Processo Civil*, v. 3, n.º 16, p. 140.

113. Calmon de Passos, *Comentários ao Código de Processo Civil*, v. 3, n.º 157.1, p. 175.

114. Ricardo Luiz da Costa Tjäder, As vantagens da cumulação eventual de pedidos para a parte que se utiliza do instituto, n.º 2, pp. 40-41.

115. 1.ª T. do STJ, AgInt no REsp 1.958.399/PA, j. 28.03.2022, Rel. Min. Gurgel de Faria, DJE 01.04.2022.

116. Jaime W. Teitelbaum, *El proceso acumulativo civil*, n.º 23, p. 107; Leo Rosenberg, *Tratado de derecho processual*, v. 2, § 93, p. 93 (também aludindo a causas distintas); Calmon de Passos, *Comentários ao Código de Processo Civil*, v. 3, n.º 157.1, p. 175 e Moacyr Amaral Santos, *Primeiras linhas de direito processual civil*, v. 1, n.º 150, p. 164.

Por outro lado, a cumulação eventual suscita dúvida quanto ao regime da repartição das despesas processuais e dos honorários. O STJ decidiu que, rejeitado o pedido antecedente, ou principal, e acolhido o pedido subsequente, ou secundário, há recíproca sucumbência, cabendo ao juiz aquilatar, no caso concreto, se houve ou não decaimento mínimo do autor, haja vista a equivalência substancial quantitativa de ambos os pedidos, e, nesse caso, atribuir a sucumbência integralmente ao réu vencido.[117]

§ 22 Regime da admissibilidade da cumulação de pedidos

77. Conexão subjetiva e cumulação de pedidos

Duas ações se revelam conexas quando, embora diversas, em comum apresentam ao menos um dos elementos individualizadores (partes, causa, pedido), na clara lição de Liebman.[118] E se distingue, assim, entre conexão subjetiva, derivada da identidade de partes, e conexão objetiva, quando o liame se origina da causa de pedir ou do pedido.

O art. 327, *caput*, estatui a licitude da cumulação de pedidos em face do mesmo réu. Por conseguinte, ele exige o requisito de conexão subjetiva à cumulação de pedidos.[119] Em outras palavras: a pluralidade de pedidos pressupõe identidade de partes em relação a qualquer um deles.

Ademais, a conexão subjetiva implica a objetiva. E o inverso é verdadeiro.[120] O art. 55, *caput*, acentua a existência de conexão entre duas ou mais ações quando comuns lhe forem o pedido ou a causa de pedir. Despreza-se, na conexão objetiva, o elemento subjetivo, mas se torna evidente que, reunidas as ações no juízo prevento, de acordo com o art. 56, formar-se-á conexão subjetiva.

Convém notar que, a rigor dos princípios, a reciprocidade desses cúmulos se diferencia quanto às modalidades de formulação. O requisito da conexão subjetiva se oferece na cumulação inicial ou originária, e a conexão objetiva opera na cumulação ulterior. Mas, os elementos objetivos também permitem o litisconsórcio

---

117. C. Especial do STJ, EREsp 616.918/MG, 02.08.2010, Rel. Min. Castro Meira, *DJE* 23.08.2010.

118. Enrico Tullio Liebman, *Manuale di diritto processuale civile*, v. 1, n.º 87, pp. 154-155. Convém notar que, no direito italiano, o único limite objetivo à propositura de várias ações na mesma demanda é a competência: Salvatore Satta, *Diritto processuale civile*, n.º 84, p. 152.

119. Calmon de Passos, *Comentários ao Código de Processo Civil*, v. 3, n.º 154, p. 222. No direito espanhol, Teresa Armenda Deu, *La acumulación de autos*, n.º 36, p. 171.

120. Crisanto Mandrioli, *Corso di diritto processuale civile*, v. 1, n. 30, p. 111..

(cumulação subjetiva) ativo, na forma do art. 113, III, e, por este lado, a recíproca se completa.[121]

A avaliação da identidade de partes, como de regra (*retro*, n.° 29) e na clássica sustentação de José Alberto dos Reis,[122] realiza-se na perspectiva do papel jurídico desempenhado, concretamente, pela pessoa ou ente dotado de personalidade judiciária.[123] Pessoas diferentes podem deduzir em juízo a mesma ação (*v.g.*, o lesado pelo crime e o Ministério Público, pretendendo indenização pelo ilícito), arrostando o veto do art. 337, § 3.°, e a mesma pessoa (*v.g.*, o cônjuge na execução) pode deduzir ações diferentes com títulos diversos (*v.g.*, embargos à execução e embargos de terceiro).

Exata que seja tal interpretação do art. 327, *caput*, não conduzirá ela ao extremo de ignorar a viabilidade do litisconsórcio passivo. Descabe impedir a cumulação, num único processo, de pedidos diversos contra vários réus, ou encontrar na cumulação a falta de não perfilhar a melhor técnica. Permitido, no caso concreto, o litisconsórcio passivo, evidencia-se, correlatamente, a possibilidade de o autor formular, perante um dos réus, ou de todos, vários pedidos sob a garantia do art. 327. Por exemplo, pretendendo o autor *A* a resolução do contrato em que *B* e *C* figuram como obrigados, há de se conceder ao autor, também, pedir perdas e danos perante *C*, sob diverso fundamento, mas sob respaldo do art. 113, III. Este último pedido será somente contra *C*, enquanto o outro contra *B* e *C*. Não se identificam, rigorosamente, as partes, e, nada obstante, admitir-se-á a cumulação.

78. Dispensabilidade da conexão objetiva

O art. 327, *caput*, dispensa uma espécie de conexão, a objetiva,[124] mediante a cláusula “ainda que entre eles não haja conexão”, porque a subjetiva, como visto acima, bem ao contrário, afigura-se indispensável.

Comporta a cumulação de pedidos, pois, ações inteiramente diferentes quanto à causa ou ao próprio pedido, desde que idênticas as partes. No tocante à disciplina em vigor ao tempo do CPC de 1939, a referida cláusula, herdada do

121. Moacyr Amaral Santos, *Primeiras linhas de direito processual civil*, v. 1, n.° 151, p. 165.

122. José Alberto dos Reis, *Comentário ao Código de Processo Civil*, v. 2, p. 153.

123. Calmon de Passos, *Comentários ao Código de Processo Civil*, v. 3, n.° 154, p. 272.

124. Sérgio Sahione Fadel, *Código de Processo Civil comentado*, v. 1, p. 495; Jacy de Assis, *Comentários ao Código de Processo Civil*, v. 2, p. 148. É a tradição do direito português: José Alberto dos Reis, *Comentário ao Código de Processo Civil*, v. 3, p. 153; Artur Anselmo de Castro, *Direito processual civil declaratório*, v. 1, n.° 25, p. 157. No mesmo sentido, Jaime W. Teitelbaum, *El proceso acumulativo civil*, n.° 23, p. 112 e 113 e Leo Rosenberg, *Tratado de derecho procesal civil*, v. 2, § 93, p. 90.

CPC de 1973, explicitou o propósito indisfarçável de evitar a proliferação de demandas, o que constitui grande obséquio ao princípio da economia processual.[125] Correta se mostra a eloquente passagem. Um grande avanço se consubstancia nesta parte.

Outra preocupação, derivada da regra, reside no sentido conferido à conexão, considerando a definição legal do instituto em foco, bem ou mal posta no art. 55, *caput*. É ocioso notar que a prática do foro, com respaldo na doutrina,[126] outorgava à regra equivalente no direito anterior interpretação elástica, quiçá relegando-o a uma função secundária, reputando-o uma das hipóteses, jamais a única, de conexão.[127]

Nesse passo, convém rememorar os dados do problema: o art. 55, *caput*, reza que duas ou mais ações se compreendem conexas quando lhes for comum o pedido ou a causa de pedir; de sua vez, o art. 327, *caput*, permite a cumulação, embora desconexos os pedidos ("entre eles", ou seja, os "vários pedidos"). Quer a lei, à toda evidência, fixar a desnecessidade de os pedidos terem o mesmo fundamento porque, decerto, ofenderia o próprio senso comum tratar-se do cúmulo de pedidos iguais. Em que pese, talvez, a falta de univocidade do conceito de conexão no CPC (*retro*, n.° 45.3), notadamente quanto à reconvenção,[128] aqui guarda-se fidelidade ao preceito geral, sem prejuízo de outros liames permitirem a reunião dos processos (art. 55, § 3.°), e, conseguintemente, a cumulação de pedidos.

79. Compatibilidade recíproca dos pedidos

O art. 327, § 1.°, I, provendo sobre os requisitos da espécie de cumulação aqui examinada, estabelece a exigência de compatibilidade dos pedidos.

Os pedidos se mostram incompatíveis quando um exclui o outro,[129] ou seja, não se lhes concebe o triunfo simultâneo.[130] Os exemplos se impõem com frequência: (*a*) quem, fundando-se no art. 519 do CC, ajuíza ação de retrocessão, não pode, a um só tempo, pedir a reversão do bem ao patrimônio particular e o

---

125. Wellington Moreira Pimentel, *Comentários ao Código de Processo Civil*, v. 3, p. 200.

126. Pontes de Miranda, *Comentários ao Código de Processo Civil*, v. 4, pp. 260 e 261.

127. Moacyr Amaral Santos, *Primeiras linhas de direito processual civil*, v. 1, n.° 211, p. 113.

128. José Carlos Barbosa Moreira, *A conexão de causas como pressuposto da reconvenção*, n.° 94, pp. 163-167. No mesmo sentido, José Rogério Cruz e Tucci, *Da reconvenção*, n.° 5.7, pp. 76 e 77.

129. Francisco Mendez Ramos, *Derecho procesal civil*, v. 1, n.° 21, p. 435; Jacy de Assis, *Comentários ao Código de Processo Civil*, v. 2, p. 148, e José Frederico Marques, *Manual de direito processual civil*, v. 4, n.° 361, p. 57.

130. Wellington Moreira Pimentel, *Comentários ao Código de Processo Civil*, v. 3, p. 204.

equivalente pecuniário da coisa expropriada; (*b*) quem adquiriu, através de contrato comutativo, coisa deteriorada por vícios ocultos, não pode rejeitar a coisa, redibindo a avença (art. 441, *caput*, do CC), e pedir abatimento de preço; (*c*) ou, enfim, pedir o desfazimento de certo contrato e, simultaneamente, o respectivo cumprimento.

Nessas hipóteses, há flagrante falta de conciliação das ações materiais do autor e, consoante José Alberto dos Reis,[131] séria dúvida sobre o que, realmente, pretende o autor obter perante o réu. Leo Rosenberg assinala que a cumulação peca por falta de determinação (*rectius*: certeza),[132] argumento extensível ao processo brasileiro por força do art. 322, *caput*.

Em geral, designa-se a esta incompatibilidade de substancial, originária, então, do direito material.[133] Cuidando-se, como visto, de aspectos da ação material, derivada de um direito subjetivo, o enquadramento se afigura exato.

Nada obstante, a virtual inadmissibilidade da cumulação dependerá da formulação do autor. Nas hipóteses mencionadas, no fundo, há cumulação simples, e, portanto, a contradição fatal dos pedidos: um pré-exclui o outro. Ora, o autor poderá cumular pedidos, em princípio substancialmente antagônicos, sob a forma subordinada, de modo que somente na improcedência do primeiro o juiz apreciaria, e, eventualmente, acolheria o segundo.[134] Por exemplo: o autor pede a reincorporação da coisa desapropriada ao seu patrimônio, haja vista o desvio de finalidade do ato expropriatório, e, para o caso da impossibilidade do pedido, o valor de mercado do bem (e juros moratórios e compensatórios cumulados), acrescidos, ambos os pedidos, ainda, das perdas e danos pela privação temporária da coisa.[135] Os pedidos se harmonizaram sem a menor dificuldade.

Essa situação deriva da circunstância de nem sempre o direito do autor se delinear definitivamente, surgindo dúvida sobre a sua natureza. A retrocessão exemplifica a hipótese, porque existem julgados divergentes no Supremo Tribunal

131. José Alberto dos Reis, *Comentário ao Código de Processo Civil*, v. 3, n.° 17, p. 152.

132. Leo Rosenberg, *Tratado de derecho procesal civil*, v. 2, § 93, p. 92.

133. José Alberto dos Reis, *Comentário ao Código de Processo Civil*, v. 3, n.° 17, p. 155.

134. Calmon de Passos, *Comentários ao Código de Processo Civil*, v. 3, n.° 160, p. 279; Pontes de Miranda, *Comentários ao Código de Processo Civil*, v. 4, p. 69; Humberto Theodoro Jr., *Curso de direito processual civil*, v. 1, n.° 369, p. 393; Ernane Fidélis dos Santos, *Manual de direito processual civil*, v. 2, n.° 523, p. 17; José Alberto dos Reis, *Comentário ao Código de Processo Civil*, v. 3, n.° 17, p. 157; João de Castro Mendes, *Direito processual civil*, v. 1, n.° 168, pp. 396-397; Jaime W. Teitelbaum, *El proceso acumulativo civil*, n.° 23, pp. 116 e 117. Em sentido contrário, porém, Sérgio Sahione Fadel, *Código de Processo Civil comentado*, v. 2, p. 495 e a 1.ª Câm. Cível TJMG, Ag. 13.851, 24.02.1975, Rel. Des. Hélio Costa, *RF* 252/265.

135. 3.ª Câm. 1.° TACivSP, Ap. Cív. 129.316, 24.09.1969, Rel. Juiz Francisco Negrisollo, *RT* 413/217.

Federal,[136] que o art. 519 do CC dissipará definitivamente. Logo, pedidos na aparência inconciliáveis logram, ao invés, perfeita compatibilidade na inicial, se formulados sob a forma de cumulação eventual.

80. Competência comum das ações cumuladas

Estatui o art. 327, § 1.°, II, que o cúmulo de pedidos requer idêntica competência do juízo para o conhecimento de todos.

Dotados que sejam os juízes, abstratamente, da função jurisdicional, mediante regular investidura no cargo, cada lide – haja vista fatores relativos: a maior eficiência do exercício deste poder ou a comodidade das partes – há de se fixar, de modo concreto, em certo órgão judicial. Os dados empregados para correlacionar o órgão e a lide, sob a influência daqueles parâmetros, de sua vez, também variam,[137] tornando-se fastidioso, aqui, enumerá-los, ainda que brevemente. Importa, no entanto, ao problema do cúmulo de pedidos, as espécies de competência. Distingue-se entre a competência relativa e a absoluta. Distribuem-se as lides ao órgão ora no exclusivo interesse das partes, ora no interesse da melhor aplicação da justiça. No primeiro caso, diz-se relativa essa competência; no outro, absoluta. Em relativas se constituem as competências territorial – que considera, principalmente, o domicílio, a natureza do bem e o lugar da sua situação, na condição de critérios fixadores da competência; em razão do valor – que, como se infere do art. 44, dependerá das regras de organização judiciária; e da situação do imóvel, nas hipóteses não enumeradas no art. 47, § 1.°. Ao contrário, absolutas consistem as competência em razão da matéria; da pessoa e da função (ou hierárquica); e da situação do imóvel, nos casos arrolados no já referido art. 47, § 1.°, e nas ações possessórias imobiliárias (art. 47, § 2.°).

O tratamento da competência relativa difere daquele aplicado à absoluta e isto se refletirá na disciplina estabelecida no art. 327, § 1.°, II, relativamente à cumulação de pedidos. Em primeiro lugar, a competência absoluta não se prorroga, ou seja, a aquiescência das partes não implica tornar competente o juízo incompetente. Ela se decreta de ofício, e a qualquer tempo (art. 64, § 1.°), e importa, via de regra, a nulidade dos atos decisórios, podendo conservar-se os efeitos desses atos – a inovação fita, preferencialmente, a tutela provisória incidente, e se funda na correta observação de que nem todos os atos decisórios emanados do juízo incompetente se mostram nulos, a começar pela decisão que declinará da competência – até deliberação em contrário do juízo competente. De seu turno, a competência

---

136. Ver o levantamento procedido pela 1.ª T. do STF, RE 104.591/RS, 18.04.1986, Rel. Min. Octávio Gallotti, *RTJSTF* 117/790.

137. Enrique Véscovi, *Teoría general del proceso*, p. 156, e Athos Gusmão Carneiro, *Jurisdição e competência*, n.° 41, p. 43.

relativa reclama alegação na contestação, para que ocorra o deslocamento da ação ao juízo competente (art. 64, § 3.°), e prorroga-se face à inércia da parte e, se for caso de intervenção, do Ministério Público (art. 65, *caput*, e parágrafo único) – o juízo primitivamente incompetente se torna, *tout court*, competente –, e, ainda, admite foro de eleição (art. 63, *caput*).

O maior prejuízo ao autor aparece na cumulação de ações cuja competência se revele absoluta: pouco importa se todas, ou apenas uma delas, sofra do vício. Claro está que o juiz conhecerá da questão de ofício.[138] E deve fazê-lo o quanto antes, pois o atraso no pronunciamento a respeito somente retarda o desfecho inevitável da nulidade dos atos decisórios que, caso haja trânsito em julgado, convolam-se em causa de rescisão da coisa julgada (art. 966, II).

Exemplos de ações cumuladas em que ao menos uma padece de incompetência absoluta: (*a*) ação confessória de servidão, quando se cumulam as perdas e danos,[139] proposta no juízo do domicílio do réu, em lugar do foro de situação do prédio gravado (art. 47, § 1.°); (*b*) as ações possessórias imobiliárias (art. 47, § 2.°), na mesma situação anterior; (*c*) a ação de desapropriação, proposta pelo Estado, fora do lugar de situação do bem (art. 11, segunda parte, do Dec.-lei 3.365, de 21.06.1941), ligada a outra deste local; (*d*) a ação de nulidade do registro de marca, de competência da Justiça Federal (art. 175, *caput*, da Lei 9.279/1996), e a ação de perdas e danos pelo uso indevido da marca.[140]

Decorrendo a incompetência absoluta de um dos pedidos da matéria ou da pessoa, que geralmente respeitam às competências das "justiças" especializadas, ou a hierárquica, não há como forrar-se de erro grosseiro no ajuizamento. Assim, demandar a empresa pública, para resolver contrato de prestação de serviços e obter perdas e danos na Justiça Comum, ao invés da Justiça Federal (art. 109, I, da CF de 1988), constitui equívoco manifesto. Na hipótese, a incompetência absoluta abrange ambos os pedidos. Nada obstante, concebe-se que o órgão judiciário seja competente para apreciar um dos pedidos, refugindo-lhe competência, ao invés, para o(s) outro(s). É o caso divisado na Súmula do STJ, n.° 170, que reza: "Compete ao juízo onde primeiro for intentada a ação envolvendo acumulação de pedidos, trabalhista e estatutário, decidi-la nos limites da sua jurisdição, sem prejuízo do ajuizamento de nova causa, com pedido remanescente, no juízo próprio". Esse entendimento inspirou o art. 45, § 1.°, do CPC de 2015. Extinguir-se-á, portanto, somente a ação para a qual o juízo é absolutamente incompetente (*infra*, n.° 88).

---

138. Humberto Theodoro Jr., *Curso de direito processual civil*, v. 1, n.° 369, p. 393.

139. A respeito, Pontes de Miranda, *Tratado das ações*, v. 7, § 33, p. 180, e v. 5, § 18, p. 78.

140. 3.ª T. do STJ, REsp 1.848.033/RJ, j. 19.10.2021, Rel. Min. Paulo de Tarso Sanseverino, DJE 12.11.2021.

Cumulando-se duas ações no mesmo juízo, uma das quais competiria a outro, sob uma regra de competência relativa, o desmembramento da última dependerá da alegação do réu na contestação.[141] Por exemplo, alguém ajuíza uma ação de cobrança de duplicata, abdicando do processo de execução, cumulada com outra ação pessoal, cujo foro é o do domicílio do réu, na praça de pagamento do titular (art. 17 da Lei 5.474, de 18.07.1968), foro competente da primeira ação, deverá o réu arguir a incompetência quanto à ação pessoal, sob pena de prorrogação (art. 65, *caput*).

Mesmo ignorando o art. 327, *caput*, a conexão objetiva como requisito necessário à cumulação, se revela possível, e, aliás, bem frequente se fundarem os pedidos cumulados numa única causa de pedir. Nesse caso, tendo em conta o efeito modificativo da competência inerente às causas conexas (art. 55, *caput*), torna-se naturalmente prevento o juízo competente para uma das ações no que tange à outra, na forma do art. 58.[142] Excepciona-se, assim, a possibilidade de o réu se opor à cumulação de ações, ainda que uma delas não se tenha ajuizado no juízo competente. Por esse motivo, o art. 555, I, permite a cumulação da ação possessória (real) com a ação reparatória (pessoal), uma regulada pela competência absoluta do art. 47, § 1.°, e a outra pela competência relativa do art. 46, *caput*.

81. Adequação do procedimento das ações cumuladas

O art. 327, § 1.°, III, estatui que, para se admitir a cumulação de pedidos, a cada ação deve corresponder idêntico tipo de procedimento. E o mesmo artigo, no seu parágrafo segundo, posto que sejam diferentes os procedimentos dessas ações, ressalva a acomodação do cúmulo através da adoção do rito comum, sem prejuízo da aplicação das técnicas processuais diferenciadas previstas nos procedimentos especiais compatíveis com o procedimento comum. Evidentemente, a correta

---

141. No direito anterior, em que a incompetência relativa se alegava mediante exceção autônoma (art. 112 do CPC de 1973), Vicente Greco Filho, *Direito processual civil brasileiro*, v. 2, n.° 24, p. 100; e Moacyr Amaral Santos, *Primeiras linhas de direito processual civil*, v. 1, n.° 150, p. 164. A 1.ª S. do STJ, CC 7.140-SC, 08.03.1994, Rel. Min. Garcia Vieira, *RJSTJ* 62/33, rejeitou o cúmulo de ação declaratória, movida contra a União, e de ação indenizatória, cuja competência era da Justiça Comum.

142. Calmon de Passos, *Comentários ao Código de Processo Civil*, v. 3, n.° 161, p. 279; Ernane Fidélis dos Santos, *Manual de direito processual civil*, v. 2, n.° 523, p. 17; Pontes de Miranda, *Comentários ao Código de Processo Civil*, v. 4, p. 64 e José Frederico Marques, *Manual de direito processual civil*, v. 2, n.° 361, p. 47. É também permitida a cumulação da resolução da promessa de compra e venda com reintegração na posse, apesar deste último pedido se ostentar inerente à eficácia restituitória da resolução: 2.ª Câm. Cív. TJSP, Ap. 244.058, 07.10.1975, Rel. Des. Gonzaga Jr., *RJTJSP* 39/83.

interpretação dessas disposições reclama o exame da noção de procedimento e da sua classificação.

81.1 Ideia geral do procedimento

O procedimento, segundo Carnelutti, é a ordem e sucessão de atos, em contraposição ao seu conjunto, que forma o processo.[143] Depois, invocando uma das suas impressivas imagens, comparou as noções ao sistema decimal: "o procedimento é a dezena; o processo é o número concreto, que pode não alcançar a dezena, ou compreender mais de uma".[144]

A elucubração se afigura inexata, em parte, porque só forçadamente a extinção do processo despojada do exame do mérito, segundo tal concepção, de representaria um procedimento "incompleto". Sucedeu, apenas, uma variante do próprio procedimento. Mas, a influência dessas inspirações se encontra na doutrina brasileira. Opiniões do mais alto merecimento acentuam denotar o procedimento a manifestação extrínseca do processo.[145]

Definido o processo, na sua essência, como relação jurídica processual (*retro*, n.° 5), tem-se esboçado o seu esqueleto. Mantém-se, com isto, aderência à realidade. O esqueleto deve ser encorpado pelos atos seriais do procedimento, e, nesse sentido, o rito estrutura ao processo.[146] O devenir dos atos que compõem o processo, visando ao objetivo da entrega da prestação jurisdicional, se torna-se essencial à configuração do próprio objeto litigioso. Mas, de um lado, mesmo não subestimando os atos seriais, de outro eles desmerecem a excepcional valorização outorgada em certa doutrina, porque outra se revela a natureza jurídica do processo.[147]

O *punctum saliens* do procedimento, e de suas variações rituais, na ciência processual contemporânea, prende-se à exteriorização das peculiaridades da ação material. Encontra-se, aqui, outra aplicação do processo segundo o qual a todo direito corresponde uma ação material. À medida que os direitos subjetivos, e as suas correspondentes ações, diferem materialmente, os atos do processo se amoldam à fenomenologia do direito. Curialmente, a realização da pretensão do mandatário de prestar contas ao mandante (art. 668 do CC), ou a do devedor de liberar-se da obrigação mediante o depósito judicial da coisa devida (art. 334 do CC), não se semelham, quer através do desforço pessoal, quer por intermédio da tutela

143. Francesco Carnelutti, *Sistema de derecho procesal civil*, v. 4, n.° 614, p. 2.

144. Idem, *Instituciones de derecho procesal civil*, v. 1, n.° 279, p. 421.

145. Moacyr Amaral Santos, *Primeiras linhas de direito processual civil*, v. 1, n.° 218, p. 234; Ernane Fidélis dos Santos, *Manual de direito processual civil*, v. 1, n.° 33, pp. 23-24. Em termos, Antonio Carlos Marcato, *Procedimentos especiais*, n.° 13, pp. 20 e 21.

146. Kazuo Watanabe, *Da cognição no processo civil*, n.° 21, p. 92.

147. Elio Fazzalari, Procedimenti e processo, n.° 1 e 2, pp. 819 e 820, incorre neste exagero.

estatal, porque as funções desses direitos se mostram, salvo algum esforço mágico, incomparáveis. Por isso, os respectivos procedimentos agasalham diferenças expressivas. Não é a estrutura e a função do direito material o único elemento que dita a instituição de procedimento especial. Vários fatores, históricos ou ideológicos, também se responsabilizam pela especialização do procedimento. Mas, em tema de cumulação de ações, a estrutura e a função é que interessa para verificar se haverá compatibilidade no procedimento comum.

Reflexo dessa constatação, infirmando a tese de que entre o procedimento comum, desaguadouro natural das ações inespecíficas do direito material, e os procedimentos especiais, medeia uma "diferença meramente formal, e não substancial",[148] apesar da sua origem ilustre, consubstanciam-se na tendência da superação do procedimento comum,[149] que busca de uma maior efetividade do processo.

Todavia, o exagero oposto há de ser evitado. O rito comum se preserva pelas razões que o diferenciam dos procedimentos especiais. Nem sempre se ostentará possível antecipar a eficácia sentencial, à semelhança dos procedimentos interditais, ou parece recomendável alcançar, desde logo, o bem da vida ao autor, mediante a providência que o CPC de 2015 chama de tutela provisória antecipada. E, tampouco, técnicas de compressão do procedimento, ou de redução da área cognitiva, eliminam o imprescindível espaço de tempo durante o qual se averigua a razão do autor. Um processo que reduzisse a defesa do réu, a ponto de ignorar este interlúdio, constituiria um retrocesso de séculos, e um desapreço à civilização.

Por tudo, a principal característica do procedimento – e a chave da correta interpretação do art. 327, § 2.° – deflui da sua afinidade com a ação material.

81.2 Classificação dos procedimentos

Fundamentalmente, à atividade jurisdição se reconhecem três funções: (*a*) cognição; (*b*) execução; e (*c*) cautelar. Era característica marcante do CPC de 1973 a distribuição dessas funções em três estruturas autônomas e, aparentemente, estanques. Convém observar que o destaque conferido ao processo cautelar, elevado a *tertium genus* da tutela jurisdicional, desconhecia paralelo no mundo.[150]

Outra é a concepção do CPC de 2015. Embora haja um "processo de execução" autônomo, fundando-se a pretensão a executar em título extrajudicial, a execução dos provimentos judiciais constitui fase (*rectius*: cumulação sucessiva

148. José Carlos Barbosa Moreira, *Estudos sobre no novo Código de Processo Civil*, p. 48. Em sentido contrário, porém, Antonio Carlos Marcato, *Procedimentos especiais*, n.° 15, pp. 23 e 24.

149. Ovídio A. Baptista da Silva, *Curso de processo civil*, v. 1, pp. 93-115.

150. Ovídio A. Baptista da Silva, *Comentários ao Código de Processo Civil*, v. 11, p. 3.

da pretensão a executar *in simultaneo processu*) do processo em que se formulou a regra jurídica concreta, sem prejuízo da intromissão de certos títulos (*v.g.*, a sentença penal condenatória) originados de outro processo. E, sob a rubrica da "tutela provisória", subdividida em tutela de urgência e tutela da evidência (art. 311), aglutinou-se a função cautelar (segurança para execução) à antecipação dos efeitos do provimento do mérito (execução para segurança). O procedimento básico do processo de conhecimento é o comum, salvo disposição em contrário, que é subsidiário de quaisquer outros (art. 318, *caput*, e parágrafo único).

Os procedimentos especiais se distribuem no Título III do Livro I – Do Processo de Conhecimento e Do Cumprimento de Sentença) da Parte Especial do CPC, abrangendo os arts. 539 a 770, incluindo alguns procedimentos da assim chamada "jurisdição voluntária", e em leis extravagantes diversas. Figuram aí, dentre outras, as seguintes ações: (*a*) o mandado de segurança individual e coletivo da Lei 12.016, de 07.08.2009; (*b*) a ação popular da Lei 4.717, de 29.06.1965; (*c*) a ação de alimentos da Lei 5.478, de 25.07.1968; (*d*) a desapropriação do Dec.-lei 3.365, de 21.06.1941; incluídas, em todos, as alterações posteriores ao advento de cada diploma.[151]

Esses os procedimentos aludidos no art. 327, § 1.°, III.

81.3 Critério geral de compatibilidade

As diferenças encontráveis nos ritos se mostram relevantes e inobscurecíveis. Espelham, fiéis à instrumentalidade do processo, a estrutura e a função material do direito subjetivo e da ação respectiva, também designada em certa doutrina, uma vez trazida ao processo, de "pretensão processual". Então, torna-se impossível reduzir a peculiaridade intrínseca da ação material a um procedimento comum, o qual não reproduzirá, convenientemente, o agir do direito alegado pelo autor, salvo se preservada a referida peculiaridade. Essa é a regra geral que regula a aplicação do art. 327, § 2.°.

Controverte-se a possibilidade de adaptar o procedimento impróprio no próprio. Era predominante a tese da inviabilidade de conversão se, por esse meio, alterar-se a própria pretensão (*rectius:* ação) do autor. Por exemplo, a conversão de uma ação executiva de título extrajudicial em ação condenatória, funcionalmente de "conhecimento", hipótese em que não cuidará, realmente, do aproveitamento do procedimento impróprio como próprio, mas da transformação do processo incabível no correto, alterando, necessariamente, a natureza da ação material, em

151. Como assinalavam, no direito anterior, Antonio Carlos Marcato, *Procedimentos especiais*, n.° 14, p. 22; Calmon de Passos, *Comentários ao Código de Processo Civil*, n.° 8, pp. 9 e 10, e Ernane Fidélis dos Santos, *Manual de direito processual civil*, v. 1, n.° 42, pp. 26-27.

particular o pedido imediato.[152] É evidente a impossibilidade de cumular ação executiva de título extrajudicial, visando a realizar prestação pecuniária e, portanto, adstrita ao rito comum da expropriação (art. 824), com ação de dissolução do contrato, própria do processo de conhecimento, sujeita esta, ou não, a rito especial, pelas mesmas razões. Em todos esses casos, principalmente atuado o órgão judicial *ex officio*, ocorrerá alteração nos elementos objetivos da causa, infringindo o princípio da demanda (art. 2.°)

Era inadmissível, igualmente, a cumulação, no mesmo processo, da ação cautelar e da ação principal, conforme o STJ, repelindo a aplicação do rito comum (então, "ordinário").[153] Essa dificuldade, proveniente da estrutura autônoma (processo cautelar), desapareceu na sistemática do CPC de 2015. É admissível a formulação do pedido principal e do pedido cautelar conjuntamente (art. 308, § 1.°), na tutela provisória cautelar incidente, e, no caso da antecedente, a inserção da ação principal *in simultaneo processu* (art. 308, *caput*).

Completamente diversa era a hipótese de antecipação da tutela, hoje chamada de tutela provisória antecipada: não ocorria, aí, qualquer cumulação, mas adiantamento dos efeitos da(s) ação(ões) proposta(s).[154] E ainda inexiste qualquer cumulação se o autor pleiteia providência que lhe antecipe, no todo ou em parte, o bem da vida almejado.

Mas, o problema fundamental reside na cumulação de uma ação atrelada a procedimento especial (*v.g.*, a consignação em pagamento) com outra de procedimento comum (*v.g.*, a adjudicação compulsória, adstrita antigamente ao procedimento sumário, hoje ao comum, a teor do art. 1.049, parágrafo único), ou duas ações de procedimento especial, todas sob a égide do rito comum.

Uma solução aventa José Alberto dos Reis, após identificar dois tipos de processo – comum e especial –, afirmando: "cada processo especial constitui um tipo diferente, mas as várias formas de processo comum pertencem ao mesmo tipo".[155]

Assim, veda-se cumular a ação de consignação em pagamento com a ação de pedir de contas.[156] Em princípio, portanto, nenhuma ação de rito especial admite

---

152. Calmon de Passos, *Comentários ao Código de Processo Civil*, v. 3, n.° 178.4, p. 314; Ernane Fidélis dos Santos, *Manual de direito processual civil*, v. 2, n.° 59, p. 18, e Vicente Greco Filho, *Direito processual civil brasileiro*, v. 2, n.° 24, p. 101.

153. 3.ª T. do STJ, REsp 48.175/MG, 27.08.1996, Rel. Min. Carlos Alberto Direito, *RJSTJ* 89/205.

154. Sobre o assunto, Teori A. Zavascki, *Antecipação da tutela*, pp. 82-87; Antônio Cláudio da Costa Machado, *Tutela antecipada*, n.° 5.1, pp. 493-496.

155. José Alberto dos Reis, *Comentário ao Código de Processo Civil*, v. 3, n.° 17, p. 148; Ernane Fidélis dos Santos, *Manual de direito processual civil*, v. 2, n.° 59, p. 18, e Vicente Greco Filho, *Direito processual civil brasileiro*, v. 2, n.° 24, p. 101.

156. Pelo cabimento, Mário Aguiar Moura, *Promessa de compra e venda*, n.° 106, p. 342.

cumulação com outra, também sujeita ao rito especial, ainda que o autor pretenda acomodá-las ao procedimento comum.

Existem algumas exceções que abalam a solidez dessa regra, traçada com ênfase e segurança. Por exemplo: o autor *A*, titular de promessa de compra e venda registrada e devedor da última prestação do preço devido ao réu *B*, poderá concomitantemente se liberar da dívida, em virtude da recusa do promitente vendedor, e no mesmo processo depositar a dívida e obter a adjudicação compulsória do imóvel?[157] A adjudicação compulsória era adstrita ao rito sumário (art. 16 do Dec.-lei 58, de 10.12.1937, com a redação da Lei 6.014, de 27.12.1973), mas hoje é de rito comum (art. 1.049, parágrafo único, do CPC de 2015); a consignação em pagamento é dotada de procedimento especial (arts. 539 a 549).

A despeito da diretriz geral, já mencionada, parece admissível a cumulação da ação possessória, da ação condenatória, e da ação demolitória, de força executiva (art. 555, I a II). Estas últimas ações se acomodam ao rito comum. E, de resto, sustentava-se atendível a cumulação de ação de rito especial e de rito comum, desde que haja renúncia da especialidade em favor do regime comum, situando o dispositivo equivalente ao art. 555 no rol das exceções. A cumulação, aí contemplada, opera sem prejuízo do rito próprio da ação possessória, ou seja, o cúmulo sucede dentro do rito especial.[158]

Outra hipótese, também comum, reponta na cumulação da ação desconstitutiva da promessa de compra e venda e da ação possessória, restando o réu, por força do contrato, na posse do imóvel. No caso, havia quem negasse direito à liminar da ação possessória, porque a redução das ações ao rito comum eliminaria o caráter do interdito possessório.[159] Na realidade, porém, a restituição do imóvel ao compromitente, desfeita a promessa, decorre da própria eficácia repristinatória da resolução do contrato (art. 182 do CC, aplicável por analogia às dissoluções de negócio jurídico em razão de evento superveniente, qual o inadimplemento do parceiro), e, de resto, a generalização da tutela provisória antecipada tornou sem sentido a restrição à liminar.

157. Adroaldo Furtado Fabrício, *Comentários ao Código de Processo Civil,* v. 8, t. 3, n.º 323, p. 486.

158. Adroaldo Furtado Fabrício, *Comentários ao Código de Processo Civil,* v. 8, t. 3, n.º 129, p. 108, e a 2.ª Câm. Cível do TJRS, Ap. 29.357, 15.03.1978, Rel. Des. José Barison, *RJTJRS* 70/818, admitem a cumulação. Em sentido contrário, porque não ocorreu a opção, não admitiu o cúmulo de declaratória com prestação de contas, a 4.ª T. do STJ, REsp 2.267/RS, 14.05.1990, Rel. Min. Sálvio de Figueiredo, *RJSTJ* 11/398, com invocação deste livro.

159. Negam a liminar à ação possessória: 3.ª Câm. Cível do TJRS, MS 22.492, 23.05.1974, Rel. Des. Niro Teixeira de Souza, *RJTJRS* 48/127, e 1.ª Câm. Cível do TJRS, MS 22.679, 27.08.1974, Rel. Des. Paulo Barbosa Lessa, *RJTJRS* 49/137.

Que lições trazem os exemplos? Constitui exagero, e grave ofensa à economia processual, impedir ao promitente comprador, no mesmo processo, liberar-se da obrigação e adjudicar o imóvel: o que caracteriza o rito especial da consignação em pagamento é a oferta da prestação, seguindo-se variantes procedimentais conforme a atitude do réu, todas compatíveis com o rito comum. É nesse sentido que o art. 327, § 2.°, declara que a acomodação ao procedimento comum far-se-á "sem prejuízo do emprego das técnicas processuais diferenciadas previstas nos procedimentos especiais". De outro lado, negar a liminar ao promitente vendedor, que anseia por recuperar a posse do imóvel, porque antes precisa desfazer o contrato, pelo qual o promitente comprador obteve a posse, merece atentas explicações pois, à primeira vista, rejeita-se o fundamento precípuo da tutela possessória no plano substancial.

A interpretação do art. 327, § § 1.°, III, e 2.°, desdobra-se em dois componentes básicos. O primeiro se prende à classificação dos ritos. Mas, o segundo, até agora ignorado na exposição, origina-se das espécies de cumulação de pedidos (*retro*, n.° 73), e tempera aquele outro.

Limitam-se a três, como visto, as espécies de cumulação: simples, sucessiva e eventual. Na primeira, as ações se revelam totalmente independentes entre si, dispensada, até mesmo, qualquer conexão através da causa de pedir; nas outras, ou as ações cumuladas decorrem, necessariamente, da primeira, ou se examinarão na hipótese de improcedência da ação antecedente.

Ora, a especialidade das ações reverbera nos ritos especiais que, no entanto, às vezes se acomodam na ação de rito comum. E o exemplo mais gritante, posto no art. 555, I, tolera o cúmulo da possessória e da reparatória. Porém, a compatibilidade não surge ao acaso. Ela decorre da espécie de cumulação. Na cumulação sucessiva, verificada nesta hipótese, e, por igual, na consignatória combinada à adjudicatória, ou na resolução do contrato seguida da possessória, o rito da ação subsequente não interfere com o rito da ação principal, que preserva suas características. O rito das ações subsequentes se afeiçoa à principal. O mesmo ocorre na cumulação eventual. Nesse sentido, o art. 555, I, pode ser averbado de inútil; explicável, contudo, pela redobrada atenção que a lei concedeu às definições, ainda que despiciendas.

O requisito do art. 327, § 1.°, III, somente incide na cumulação simples. Neste caso, em virtude da importância equivalente dos pedidos, as distinções de procedimento das ações cumuladas não desaparecem sem perda da própria utilidade da tutela jurisdicional, salvo se elas se reduzem a um esquema homogêneo, e este, por decorrência do art. 327, § 2.°, reflui ao rito comum.[160]

---

160. É o princípio da preferibilidade do rito ordinário segundo Pontes de Miranda, *Comentários ao Código de Processo Civil*, v. 4, p. 70.

Por conseguinte, apenas na cumulação simples se cogitará, na realidade, da perfeita acomodação das ações de procedimento especial ao comum, valendo a regra geral da irredutibilidade daquelas a este, incidindo, pois, a ressalva da parte final do art. 327, § 2.° ("... que não forem incompatíveis com as disposições sobre o procedimento comum"). De que modo, realmente, poder-se-ia manter incólume o agir da prestação de contas ou da consignação em pagamento no rito comum? Essas ações perderiam toda a sua especificidade material com tal tratamento.

Em síntese, os princípios diretores da adequação de rito se expressam nos seguintes postulados: (*a*) a cumulação sucessiva ou eventual admitir-se-á entre ações de procedimento especial ou comum, ou entre ações em que predominam funções processuais diferentes – a cumulação sucessiva, *in simultaneo processu*, da pretensão a executar, após a formação do título executivo, a teor do art. 513, *caput*, exemplifica essa hipótese –, ficando as ações subsequentes ou subordinadas presas ao rito da ação especial, quer comum, quer especial; (*b*) lícito se afigura ao autor cumular, de modo simples, ações de rito diferente se elas se adscreverem ao rito comum.

82. Recusação do cúmulo

Na cumulação subjetiva inicial, quando a reunião de várias ações diferentes prejudica o réu, o art. 113, § 1.°, aplicável a todas as formas de litisconsórcio facultativo, contempla a possibilidade de recusa do cúmulo.[161] Em certa hipótese, o STJ admitiu a recusa do litisconsórcio, porque a diversidade de domicílios provocaria desigualdade entre as partes.[162]

Idêntico e grave fenômeno ocorrerá se o demandante, ao seu líbito, incluir no processo várias ações em cumulação simples: entre elas, em princípio, inexiste ligação; a defesa simultânea do réu contra todas, no prazo a rigor previsto para uma única, implica consideráveis desvantagens.

Aqui, ao contrário da hipótese referida de litisconsórcio facultativo inicial (*retro*, n.° 50), inexiste regra vedando o cúmulo. Mas, a analogia flagrante dos casos gera a tese de que tal requisito se encontra implícito do art. 327, pois a igualdade das partes, a rápida solução da lide e o direito à ampla defesa constituem normas gerais e integrantes do processo constitucionalmente justo e equilibrado. Assim, incumbe ao juiz velar pela observância dessas diretrizes, de modo a coibir a combinação engenhosa de ações hipotéticas em número tão exagerado, na petição inicial, que o réu, às voltas com exíguo prazo de defesa, veja seriamente prejudicada a coleta das provas necessárias à instrução da resposta.

161. Por todos, Ovídio A. Baptista da Silva, *Curso de processo civil*, v. 1, p. 197.
162. 6.ª T. do STJ, REsp 26.948/RJ, 16.03.1993, Rel. Min. Pedro Acioli, *DJU*, 10.05.1993, p. 8.651.

§ 23 Controle da admissibilidade da cumulação de pedidos

83. Controle de ofício da cumulação indevida

O cúmulo de ações materiais não respeita, simplesmente, ao mérito do processo, ou seja, à multiplicidade de seus objetos litigiosos. Ele se relaciona, fundamentalmente, à forma da inserção de vários objetos no mesmo processo. Nesse sentido, o problema da cumulação indevida assume a natureza de um pressuposto de desenvolvimento válido e regular do processo (art. 485, IV), e, portanto, sujeito ao controle de ofício, a qualquer tempo e grau de jurisdição, consoante a permissão expressa no art. 485, § 3.°.

Além desse fundamento à fiscalização oficiosa, cumpre recordar que a regra citada, aplicável à generalidade dos pressupostos processuais, não inibe o juiz de agir de ofício tanto que autorizado por outros dispositivos.[163] Por exemplo, o art. 139, I, permite ao juiz assegurar a igualdade processual das partes, regra útil e já assinalada quanto à recusa da cumulação simples (*retro*, n.° 82). A aptidão da inicial, a incompetência absoluta, a conexão, e outras matérias arroladas como preliminares no art. 337, I a XIII, comportam controle de ofício, segundo o art. 337, § 5.°, exceção feita à convenção de arbitragem e à incompetência relativa.[164] E, entre esses defeitos, incluem-se a incompatibilidade dos pedidos (art. 330, § 1.°, IV), o que inclui a inadequação do rito, dois dos requisitos da cumulação.

Todavia, à regra do controle de ofício,[165] por flexão direta das normas invocadas, tributam exceções. E a maior delas, talvez, exsurge no problema de competência relativa, que se restringe à iniciativa da parte. Convém examinar o cabimento desse tipo de fiscalização nas diversas hipóteses.

83.1 Controle da conexão subjetiva

Se o autor cumula duas ações contra réus diferentes, desrespeitando, assim, o requisito insculpido no art. 327, *caput*, cabe o controle independentemente da iniciativa da parte. Ou se reputa a questão subsumida no enquadramento geral dos pressupostos processuais, quanto à inserção da ação material no processo, ou se depara o juiz com uma "condição" da(s) ação(ões) propostas, e, logo, o seu controle se funda no art. 485, § 3.°, cuja razão, em certo sentido, coincide com aquela (*retro*, n.° 6.5).

---

163. Egas Moniz de Aragão, *Comentários ao Código de Processo Civil*, v. 2, n.° 541, p. 536.
164. Calmon de Passos, *Comentários ao Código de Processo Civil*, v. 3, n.° 202, p. 372.
165. José Carlos Barbosa Moreira, *O novo processo civil brasileiro*, § 1.°, V, 3, p. 14; Leo Rosenberg, *Tratado de derecho procesal civil*, v. 2, § 91, p. 91, e Francisco Mendez Ramos, *Derecho procesal civil*, v. 1, n.° 21, p. 437.

83.2 Controle da compatibilidade

Admite-se a fiscalização de ofício da compatibilidade dos pedidos, cuja infração importa inépcia da inicial (art. 330, § 1.°, IV), porque a regularidade da inicial se submete à averiguação do órgão jurisdicional (art. 337, § 5.°).

83.3 Controle da competência

A competência absoluta é objeto de controle oficioso do juiz (arts. 64, § 1.°). Reza o art. 65, *caput*, que a incompetência relativa será objeto de contestação (art. 337, II); e se prorroga na ausência de arguição na defesa, segundo o art. 65, *caput*, do mesmo diploma. Logo, quando a ofensa ao art. 327, § 1.°, II, derivar da incompetência relativa de uma das ações, a decretação do vício dependerá da iniciativa da parte. Já a conexão provoca sindicância do juiz (art. 337, VIII, § 5.°).

83.4 Controle da adequação do procedimento

A inadequação do procedimento de uma das ações cumuladas é motivo de indeferimento da inicial, no todo ou em parte. O controle oficial se justifica a partir dos valores públicos que regulam a escolha do rito (*retro*, n.° 51 e 52.4).

83.5 Controle da recusação

O art. 139, I, fundamenta a recusação do cúmulo simples de pedidos. Cuida-se de regra aplicável de ofício.[166] A disciplina se mostra idêntica ao da cumulação subjetiva.

84. Controle da cumulação indevida por iniciativa da parte

Em uma hipótese a cumulação ilícita dependerá da iniciativa do réu: a da incompetência relativa de uma das ações.

Cuidando-se dessa espécie de incompetência quanto a uma das ações, o remédio consiste no réu alegar a incompetência, fundado no art. 337, II, sob pena da prorrogação cogitada no art. 65, *caput*, e, portanto, da subsistência da cumulação originária de ações.[167]

É bem de ver que, desaparecia a possibilidade de o réu alegar a incompetência relativa por meio de exceção, dotada de efeito suspensivo, doravante necessitará, considerando o princípio da eventualidade (art. 336), apresentar defesa também contra a ação indevidamente cumulada, sem pejo da possibilidade de protocolar

---

166. Edson Prata, *Comentários ao Código de Processo Civil*, v. 1, n.° 126, p. 396, e Arruda Alvim, *Código de Processo Civil comentado*, v. 5, p. 20.

167. No direito espanhol, Francisco Mendez Ramos, *Derecho procesal civil*, v. 1, n.° 21, p. 437.

a contestação no juízo competente (art. 340). É uma sensível desvantagem do regime adotado.

No campo dos efeitos da cumulação indevida situam-se, de resto, as questões da falta de alegação da incompetência relativa que, como já adiantado, importará a prorrogação (art. 65, *caput*) e a subsistência da cumulação originária, e do destino da ação repelida pelo acolhimento da exceção (*infra*, n.° 88).

§ 24 Efeitos da inadmissibilidade da cumulação de pedidos

85. Pressupostos da produção dos efeitos do controle de ofício da cumulação indevida

Tocando ao órgão judiciário prover de ofício, quanto à cumulação indevida, cumpre-lhe respeitar o princípio da aproveitabilidade da petição inicial, estabelecido no art. 321, *caput*.

Dos vícios de que padece a petição inicial, catalogados no art. 330 e determinantes da extinção do processo, um somente desafia a extinção liminar e irremediável, sem a possibilidade de correção eficaz: a manifesta ilegitimidade ativa (art. 330, II). Outros defeitos, por mais graves ou grosseiros que sejam, sempre comportam corrigenda, enquanto a ilegitimidade ativa se remedeia apenas pela demanda de outrem. Portanto, revelando-se ao juiz, no exame da inicial, questões relativas à cumulação, incide o art. 321, *caput*. Dependente da arguição da parte o vício, ao contrário, fica alheio ao abrigo dessa regra.

Localizando-se a balda de quaisquer dos requisitos da cumulação de ações à margem da hipótese fatal, antes mencionada, em relação a ela cumpre ao juiz assinar o prazo de 15 (quinze) dias, a fim de propiciar ao autor a oportunidade de emendar a inicial, conforme assinalou o STJ.[168] Não o fazendo no prazo, ou cumprindo a determinação de modo insatisfatório ou equivocado, extrair-se-ão os efeitos cabíveis, que variam, naturalmente, segundo a natureza e a extensão do requisito da cumulação desobedecido.

86. Efeitos da falta de conexão subjetiva

Observa-se, na falta de conexão subjetiva, caso de solução radical. Duas se constituem as regras básicas que regulam os efeitos da cumulação indevida de pedidos: o princípio da demanda, expresso no art. 2.°, que representa desdobramento do clássico princípio dispositivo, e atribui a provocação do processo

168. 4.ª T. do STJ, REsp 21.356/PR, 11.04.1994, Rel. Min. Barros Monteiro, *DJU*, 23.05.1994, p. 12.611. Em doutrina, Jacy de Assis, *Comentários ao Código de Processo Civil*, v. 2, p. 148 e Artur Anselmo de Castro, *Direito processual civil declaratório*, v. 2, n.° 40, p. 231.

exclusivamente à parte, mas o desenvolvimento da relação processual atende a impulso de ofício;[169] e o princípio da economia, que reponta no aproveitamento do processo e de seus atos.[170]

Cumulando o autor ações autônomas contra réus diferentes – e, de logo, se trata de cumulação simples, vez que a ausência de conexão subjetiva implica, correlatamente, distinção absoluta entre ações – ao arrepio do art. 327, *caput*, a extinção total do processo é o efeito necessário. Não se afigura lícito ao juiz, por óbvio, destacar um dos réus para ser processado, repelindo a ação contra o outro, pois estaria se sobrepondo à iniciativa da parte, infringindo art. 2°. Claro está que o problema poderá ser solucionado pela iniciativa do autor no prazo do art. 321, *caput*. Fora daí, porém, tem lugar a extinção do processo em relação a todos os réus.

87. Efeitos da incompatibilidade dos pedidos

Quanto à incompatibilidade de pedidos, há regra expressa no art. 330, § 1.°, IV. Ocorre o defeito, em princípio, na cumulação simples, quando os pedidos substancialmente se excluem; mas, também pode ser presenciado na cumulação sucessiva – por exemplo: o autor *A* pede, com apoio no art. 455 do CC, o desfazimento do contrato perante o réu *B*, e, sucessivamente, a restituição parcial do preço, ao invés de perdas e danos; este último pedido se opõe, logicamente, ao primeiro, porque exige a manutenção do contrato. Nessa hipótese, todavia, e bem assim no cúmulo eventual, os pedidos antagônicos adquirem compatibilidade, porque não se requer procedência simultânea.

Ao formular em cúmulo simples pedidos que se repelem mutuamente, colocados no mesmo nível de importância, o autor não permite ao juiz separá-los, e, assim, salvar um desses pedidos. É a lição colhida do direito português: "Se todos os pedidos são principais ou equivalentes entre si, o tribunal terá de escolher um deles, e fazê-lo seria sobrepor-se ao autor, a quem cabe definir o pedido".[171] Incidirá o princípio da demanda. O juiz extinguirá o processo sem resolução do mérito (art. 485, I, c/c o art. 330, I, e § 1.°, IV).

Tratando-se de cúmulo sucessivo ou eventual, ao contrário, a escolha entre os pedidos compatíveis se mostra uma questão de fundo, a resolver-se na sentença definitiva, observados os requisitos de cabimento.

---

169. James Goldschmidt, *Zivilprozessrecht*, § 11, 1, p. 22 e Leo Rosenberg, *Tratado de derecho procesal civil*, v. 1, § 62, p. 384.

170. Luigi Paolo Comoglio, *Il principio di economia processuale*, v. 1, p. 87.

171. Artur Anselmo de Castro, *Direito processual civil declaratório*, v. 1, n.° 25, p. 158; no direito espanhol, Francisco Mendez Ramos, *Derecho procesal civil*, v. 1, n.° 21, p. 432. Contra, João de Castro Mendes, *Direito processual civil*, v. 2, n.° 49, p. 229.

88. Efeitos do reconhecimento da incompetência

Declarada a incompetência no concernente a uma das ações cumuladas, e pouco importa, agora, se relativa ou absoluta, interessa indagar sobre seu destino.

Em princípio, se sugere a remessa da ação escindida ao juízo competente. O exemplo é o da ação de usucapião especial, cujo conhecimento compete ao foro da situação do imóvel e à Justiça Comum (art. 4.°, § 1.°, da Lei 6.969, de 10.12.1981), ainda que o objeto de constitua em terras devolutas da União; se, a par do reconhecimento do domínio, o autor "reivindicar" o imóvel, pois perdeu a posse, completado o período aquisitivo, pela própria União, a competência desta última ação recai na Justiça Federal (art. 109, I, da CF); em virtude da cumulação indevida, remete-se a reivindicação à justiça competente, onde aguardará suspensa (art. 313, V, *a*) "até que se decida a causa prejudicial".[172] Nesse mesmo sentido é a lição de Barbosa Moreira: "A incompetência, para algum dos pedidos, do órgão perante o qual se instaurou o processo, salvo prorrogação, torna impossível o processamento conjunto, mas o feito pode prosseguir no juízo em relação 'apenas' ao pedido que caiba em sua competência, ressalvada ao autor, é claro, a possibilidade formular o outro (ou os outros) perante o órgão competente".[173] É a orientação da Súmula do STJ, n.° 170, e, como visto, a do art. 45, § 2.°.

Em tal hipótese, cumpre distinguir: mostra-se impossível desmembramento, *ex officio*, de ações cumuladas, por efeito de incompetência do juízo quanto a uma delas, e a subsequente remessa da ação "cindida" ao juízo competente, quiçá através de traslado integral dos autos. O esdrúxulo procedimento viola o art. 2.°. A única solução razoável consiste na extinção da ação, para a qual não ostenta competência, pelo juízo incompetente. É claro que, nessa contingência, o autor poderá propor sua ação, novamente, no juízo competente, porque inexistiu julgamento do mérito (art. 486, *caput*) e essa propositura, de per si, sana o vício anteriormente identificado.

Por outro lado, é diversa, e bem mais simples, a solução quando não há cumulação e se reconhece a incompetência: a demanda, toda ela, se remete àquele juízo sem cisão, aliás, segundo a regra explícita do art. 64, § 3.°.

Assim, no exemplo das ações de usucapião especial e reivindicatória (*rectius*: reintegração de posse) cumuladas, é rigorosamente inviável a remessa da reivindicação à Justiça Federal. Ela deverá ser proposta, outra vez, de acordo com

---

172. Ernane Fidélis dos Santos, *Manual de direito processual civil*, v. 2, n.° 532, p. 17.

173. Barbosa Moreira, *O novo processo civil brasileiro*, § 1.°, V, 3, p. 15. Em termos, Wellington Moreira Pimentel, *Comentários ao Código de Processo Civil*, v. 3, p. 205.

as conveniências da parte, e nem sequer ficará suspensa, porque a usucapião tem causa de pedir diversa da recuperação da posse em razão do esbulho.

Em síntese, rejeita-se a ação que recolhe o óbice da incompetência, prosseguindo o processo quanto às demais.

89. Efeitos da inadequação procedimental

O desrespeito à adequação do procedimento em uma das ações cumuladas poderá ser relevado. Na cumulação, com efeito, surgem dois parâmetros indiscutíveis, já na petição inicial, dentro dos quais opera a adaptação: o procedimento do tipo de tutela jurisdicional que o autor acomodou impropriamente a cumulação, de um lado; e, de outro, a espécie de cúmulo.

Por exemplo, cumulando o autor *A* duas ações contra o réu *B*, uma ação executiva fundada em título extrajudicial e uma ação de depósito, presa a rito especial do processo de conhecimento, no mínimo insinua, senão expressamente declina, qual o procedimento comum que empresta às ações. Nessa contingência, bastará ao juiz salvar a ação que nele se amolda. Nem sempre, todavia, se mostra fácil a identificação do rito, ou porque insuperável opção do autor ficou obscura, ou porque o procedimento apontado não agasalha nenhuma das ações cumuladas. Nesse caso, ao juiz cumpre indeferir todas elas, ressalvada solução contrária permitida em razão da espécie do cúmulo. Convém preservar a especialidade da ação material e, de conseguinte, seus reflexos nos atos seriais do processo. Muito difícil se revela reduzir a ação de procedimento especial ao esquema comum.[174]

Por outro lado, a espécie de cumulação administra outro elemento indispensável às soluções do cúmulo indevido. Vale lembrar que a incompatibilidade ocorre geralmente na cumulação simples e se diminui bastante nas demais formas. Naquela, vige tudo quanto foi afirmado, em particular as características indeformáveis dos procedimentos especiais. Na inadequação da cumulação sucessiva, ou eventual, em que pese invulgar, em virtude da própria natureza dos direitos assim combinados, às vezes se apresenta na petição inicial certa ordem: por exemplo, o autor, obrigado a prestar contas, ajuíza a ação respectiva e, sucessivamente, pede a consignação do saldo devedor apurado. É fácil concluir, em razão do caráter *principaliter* de uma das ações, a rejeição da ação sucessiva ou eventual, prosseguindo a outra, por intermédio do rito adequado.

O fundamento da rejeição das ações se encontra no art. 485, IV. Deverá ser proposta a ação cortada através de outra demanda.

---

174. Por isso, Calmon de Passos, *Comentários ao Código de Processo Civil*, v. 3, n.° 178.2, p. 313, ressalva que nem todas as ações se amoldam ao rito ordinário.

90. Efeitos da recusação da cumulação de pedidos

Entendeu-se recusável, à semelhança do litisconsórcio facultativo, a cumulação de pedidos desconexos pela causa, questão, aliás, controvertida na antiga redação do CPC de 1973.[175]

O art. 116, segunda parte, do CPC de 1939, com a redação reformada pelo Dec.-lei 4.565, de 11.08.1942, permitia ao juiz, antes de finda a instrução, de ofício ou a requerimento da parte, desmembrar ações cumuladas, regra invocável nos casos de pedidos incompatíveis ou de ações jungidas a procedimentos inconciliáveis.[176]

Nada obstante, nenhuma explicação adicional se expunha quanto à reprodução da ação desmembrada. Insistia-se, porém, que ela prosseguia no mesmo juízo, cogitando-se do aproveitamento dos atos já praticados.[177] De Plácido e Silva, explicitando que a regra operava quanto a cumulação era despida de fundamento legal, lembrava que, anteriormente ajuizadas as ações em um só "corpo de autos", formar-se-iam a partir do desmembramento autos próprios para cada uma das ações.[178] E Zótico Batista aduzia que, escindida uma ação, o juiz se reservava a "principal".[179] É inegável a falta de clareza dessas recomendações. De um lado, se por violação aos limites do art. 155 do CPC de 1939, que erigia os requisitos do cúmulo de pedidos naquele diploma, poder-se-ia imaginar que ação sofreria o corte, de outro a composição dos autos próprios, nos quais correria a ação desmembrada, permanece no olvídio.

O CPC de 2015, mesmo considerando o disposto no art. 113, § 1.°, aqui aplicável por analogia, desconhece regra análoga ao art. 116 do CPC de 1939.[180] Vigora, ao invés, o princípio da demanda, cuja compreensão refuga a hipótese de a demanda, de início cumulada, dividir-se em duas ulteriormente, porque esta não constitui a vontade do autor. Por isso, adota-se a tese que o preserva, ou seja, a ação desmembrada extinguir-se-á, podendo ser proposta, *si et in quantum*, segundo os desígnios do autor.

---

175. Pela recusa do litisconsórcio, Humberto Theodoro Jr., *Curso de direito processual civil*, v. 1, n.° 103, pp. 119-120.

176. Jorge Americano, *Comentários ao Código de Processo Civil*, v. 1, p. 225 e Pedro Baptista Martins, *Comentários ao Código de Processo Civil do Brasil*, v. 2, n.° 30, p. 51. No direito argentino, Atilio Carlos González, *La pluralidad en el proceso civil y comercial*, § 11, pp. 38 e 39.

177. Lopes da Costa, *Direito processual civil brasileiro*, v. 3, n.° 342, p. 279.

178. De Plácido e Silva, *Comentários ao Código de Processo Civil*, v. 1, n.° 296, p. 228.

179. Zótico Baptista, *Código de Processo Civil anotado e comentado*, v. 1, p. 37.

180. Cândido Rangel Dinamarco, *Instituições de direito processual civil*, 2, n.° 567, p. 338, sugere o desmembramento, sem explicar todas as repercussões práticas do ato ou conciliá-lo com o princípio da demanda (art. 2.° do CPC de 2015).

BIBLIOGRAFIA

ALLORIO, Enrico. Critica della teoria del giudicato implicito. *Rivista di Diritto Processuale Civile*. v. 15. Pádua: Cedam, 1938.

ALMEIDA JR., João Mendes de. *Direito judiciário brasileiro*. 3. ed. Rio de Janeiro: Freitas Bastos, 1940.

ALVIM, Thereza. *Questões prévias e limites objetivos da coisa julgada*. São Paulo: RT, 1977.

AMARAL SANTOS, Moacyr. *Primeiras linhas de direito processual civil*. 3. ed. São Paulo: Saraiva, 1977.

______. *A prova judiciária no cível e comercial*. 5. ed. São Paulo: Saraiva, 1985.

______. *As ações cominatórias no direito brasileiro*. 5. ed. São Paulo: Max Limonad, 1973.

______. *As condições da ação no despacho saneador*. São Paulo: s/ed., 1946.

______. *Comentários ao Código de Processo Civil*. 2. ed. Rio de Janeiro: Forense, 1977.

AMERICANO, Jorge. *Comentários ao Código de Processo Civil do Brasil*. São Paulo: Saraiva, 1941.

ANDRADE, Manuel A. Domingues de. *Noções elementares de processo civil*. Coimbra: Coimbra, 1979.

ANGEL FERNANDEZ, Miguel e DE LA OLIVA SANTOS, Andres. *Lecciones de derecho procesal*. Madri: Romagraf, 1983.

ARMENTA DEU, Teresa. *La acumulación de autos (reunión de procesos conexos)*. Madri: Montecorvo, 1983.

ARRUDA ALVIM, José Manoel. *Código de Processo Civil comentado*. São Paulo: RT, 1975-1981.

_____. *Direito processual civil*. São Paulo: RT, 1972.

_____. *Manual de direito processual civil*. São Paulo: RT, 1977-1978.

ARRUDA ALVIM, Tereza. *Nulidades da sentença*. São Paulo: RT, 1987.

ASSIS, Araken de. *Processo civil brasileiro*. 3. ed. São Paulo: Thomson Reuters Brasil, 2022.

_____. Da ação no novo Código de Processo Civil. *Revista Jurídica*. v. 86. Porto Alegre: s/ed., 1977.

_____. *Da execução de alimentos e prisão do devedor*. 10. ed. São Paulo: RT, 2019.

_____. Execução da tutela antecipada. SHIMURA, Sérgio. WAMBIER, Teresa Arruda Alvim (coord.). *Processo de execução*. São Paulo: RT, 2001.

_____. *Manual da execução*. 21. ed. São Paulo: Thomson Reuters Brasil, 2020.

_____. *Resolução do contrato por inadimplemento*. 3. ed. São Paulo: RT, 1999.

_____. Sobre o método em processo civil. *Revista da Ajuris*. v. 39. Porto Alegre, 1986.

ASSIS, Jacy. *Comentários ao Código de Processo Civil*. Rio de Janeiro: Forense, 1979.

BAETHGEN, Walter Eduardo. As condições da ação e o novo Código de Processo Civil. *Revista Forense*. v. 251. Rio de Janeiro: Forense, 1973.

_____. *Teoria geral do processo: a função jurisdicional*. Porto Alegre: Ed. da UFRGS, 1982.

BAPTISTA DA SILVA, Ovídio A. *A ação cautelar inominada no direito brasileiro*. Rio de Janeiro: Forense, 1979.

_____. Ação de execução. *Revista da Ajuris*. v. 29. Porto Alegre, s/ed., 1980.

_____. *Comentários ao Código de Processo Civil*. Porto Alegre: Lejur, 1987.

_____. *Curso de processo civil*. Porto Alegre: Fabris, 1987.

_____. Os limites objetivos da coisa julgada no direito brasileiro. *Sentença e coisa julgada*. Porto Alegre: Fabris, 1979.

_____. *Procedimentos especiais*. Rio de Janeiro: Aide, 1989.

_____. Reivindicação e sentença condenatória. *Revista da Ajuris*. v. 41. Porto Alegre, s/ed., 1987.

_____. Sentença mandamental. *Sentença e coisa julgada*. Porto Alegre: Fabris, 1979.

BARBI, Celso Agrícola. *Ação declaratória principal e incidente*. 4. ed. Rio de Janeiro: Forense, 1976.

_____. *Comentários ao Código de Processo Civil*. 2. ed. Rio de Janeiro: Forense, 1976.

BARBOSA MOREIRA, José Carlos. *A conexão de causas como pressuposto da reconvenção*. São Paulo: Saraiva, 1979.

_____. A eficácia preclusiva da coisa julgada material no sistema do processo civil brasileiro. *Temas de direito processual* – 1.ª série. São Paulo: Saraiva, 1977.

_____. "A sentença mandamental: da Alemanha ao Brasil". *Revista de Processo*. v. 97. São Paulo: RT, 2000.

_____. *Estudos sobre o novo Código de Processo Civil*. Rio de Janeiro: Liber Juris, 1974.

_____. Julgamento colegiado e pluralidade de causas de pedir. *Temas de direito processual* – 3.ª série. São Paulo: Saraiva, 1984.

_____. Legitimação para agir. Indeferimento da petição inicial. *Temas de direito processual* – 1ª série. São Paulo: Saraiva, 1977.

_____. *Litisconsórcio unitário*. Rio de Janeiro: Forense, 1972.

_____. *O novo processo civil brasileiro*. 19. Rio de Janeiro: Forense, 1997.

_____. Os limites objetivos da coisa julgada no sistema do novo Código de Processo Civil. *Temas de direito processual* – 1.ª série. São Paulo: Saraiva, 1977.

_____. *Quanti minoris*. *Direito processual civil*. Rio de Janeiro: Borsói, 1971.

_____. Reflexões críticas sobre uma teoria da condenação civil. *Temas de direito processual* – 1.ª série. São Paulo: Saraiva, 1977.

_____. Sobre pressupostos processuais. *Temas de direito processual* – 4.ª série. São Paulo: Saraiva, 1984.

_____. Tendências contemporâneas do direito processual civil. *Temas de direito processual* – 3.ª série. São Paulo: Saraiva, 1984.

_____. Questões prejudiciais e questões preliminares. *Direito processual civil*. Rio de Janeiro: Borsói, 1971.

BARRIOS DE ÁNGELIS, Dante. *Teoría del proceso*. Buenos Aires: Depalma, 1979.

BATISTA, Zótico. *Código de Processo Civil anotado e comentado*. Rio de Janeiro: Jacinto, 1940.

BAUR, Fritz. Da importância da dicção *iura novit curia*. *Revista de Processo*. v. 3. São Paulo: RT, 1976.

_____. *Zivilprozessrecht*. 5. ed. Frankfurt-sobre-o-Meno: Alfred Metzner, 1985.

BERZOSA FRANCOS, Maria Victoria. *Demanda, "causa petendi" y objeto del proceso*. Córdova: El Almendro, 1984.

BINDER, Julius. *Prozess und Recht – ein Beitrag zur lehre vom Rechtsschutzanspruch* (reimpressão). Aalen: Scientia, 1969.

BIONDI, Biondo. *Cognitio summaria*. *Novissimo Digesto Italiano*. v. 3. Turim: Utet, 1967.

BLOMEYER, Arwed. *Zivilprozessrecht – Erkenntnisverfahren*. Berlim-Gottingen--Heidelberg: Springer, 1963.

BOBBIO, Norberto. *El problema del positivismo jurídico*. Buenos Aires: Eudeba, 1965.

_____. *Studi per una teoria generale del diritto*. Turim: Giappichelli, 1970.

BUENO, Cassio Scarpinella. *Curso sistematizado de direito processual civil*. São Paulo: Saraiva, 2007.

BÜLOW, Oskar. *Die Lehre von den Prozesseinreden und die Prozessvorausetzungen*. Reimpressão. Aalen: Scientia, 1969.

BUSSY-DUNAUD, Florence. *Le concours d'actions en justice entre les mêmes parties*. Paris: LGDJ, 1988.

BUZAID, Alfredo. *A ação declaratória no direito brasileiro*. 2. ed. São Paulo: Saraiva, 1986.

_____. *Do agravo de petição no sistema do Código de Processo Civil*. 2. ed. São Paulo: Saraiva, 1956.

_____. *Exposição de motivos*. Brasília, 1972.

_____. L'influenza di Liebman sul diritto processuale civile brasiliano". *Studi in onore di Enrico Tullio Liebman*. Milão: Giuffrè, 1979.

CALAMANDREI, Piero. Abolizione del processo civile? *Opere giuridiche*. v. 1. Nápoles: Morano, 1965.

_____. Istituzioni di diritto processuale civile. *Opere giuridiche*. v. 4. Nápoles: Morano, 1970.

_____. La condanna. *Opere giuridiche*. v. 5. Nápoles: Morano, 1972.

_____. La relatività del concetto d'azione. *Opere giuridiche*. v. 1. Nápoles: Morano, 1965.

_____. Processo e giustizia. *Rivista di Diritto Processuale*. v. 5. Pádua: Cedam, 1950.

CALGANO, Salvatore. Ai margini della riforma processuale civile. *Rivista di Diritto Processuale Civile*. v. 2. Pádua: Cedam, 1925.

CALMON DE PASSOS, José Joaquim. *A ação no direito processual civil brasileiro*. Salvador: Progresso, s/d.

_____. *Comentários ao Código de Processo Civil*. 3. ed. Rio de Janeiro: Forense, 1979.

_____. *Do litisconsórcio no Código de Processo Civil*. Salvador, s/ed., 1952.

_____. Em torno das condições da ação – a possibilidade jurídica. *Revista de Direito Processual Civil (Brasil)*. v. 4. São Paulo: Saraiva, 1961.

CARNEIRO, Athos Gusmão. Das *astreintes* nas obrigações de fazer fungíveis. *Revista da Ajuris*. v. 14. Porto Alegre, s/ed., 1978.

_____. *Intervenção de terceiros*. 2. ed. São Paulo: Saraiva, 1981.

_____. *Jurisdição e competência*. São Paulo: Saraiva, 1982.

_____. *O novo Código de Processo Civil nos tribunais do Rio Grande do Sul e Santa Catarina*. Porto Alegre, s/ed., 1976.

CARNEIRO DA CUNHA, Leonardo José. *Jurisdição e competência*. São Paulo: RT, 2008.

CARNELUTTI, Francesco. *Diritto e processo*. Nápoles: Morano, 1958.

_____. Diritto e processo nella teoria delle obbligazioni. *Studi di diritto processuale*. v. 2. Nápoles: Cedam, 1928.

_____. *Instituciones de proceso civil*. Buenos Aires: Ejea, 1973.

_____. *Lezioni di diritto processuale civile*. Pádua: Cedam, 1933.

_____. *Sistema de derecho procesal civil*. Buenos Aires: Uteha, 1944.

CARVALHO FILHO, José dos Santos. *Ação civil pública*. 2. ed. Rio de Janeiro: Lumen Juris, 1999.

CARVALHO, Milton Paulo. *Do pedido no processo civil*. Porto Alegre: Fabris, 1992.

CASTRO, Artur Anselmo de. *Direito processual civil declaratório*. Coimbra: Almedina, 1982.

CASTRO, Mário de Almeida. *Da acumulação de ações com especialidade na legislação brasileira*. Recife: J. Agostinho Bezerra, 1916.

CASTRO MENDES, João de. *Direito processual civil*. Lisboa: AAFDL, 1987.

_____. *Limites objetivos do caso julgado em processo civil*. Lisboa: Ática, 1968.

CERINO CANOVA, Augusto. La domanda giudiziale ed il suo contenuto. ALLORIO, Enrico. *Commentario del Codice di Procedura Civile*. v. 2, t. 1. Turim: Utet, 1980.

CHAVES, Antonio. *Tratado de direito civil*. 3. ed. São Paulo: RT, 1982-1985.

CHIOVENDA, Giuseppe. Azioni e sentenza di mero accertamento. *Rivista di Diritto Processuale Civile*. v. 11. Pádua: Cedam, 1933.

_____. *Instituições de direito processual civil*. São Paulo: Saraiva, 1942.

_____. *La acción en el sistema de los derechos*. Bogotá: Temis, 1986.

_____. *Principios de derecho procesal civil*. Madri: Reus, 1977.

CINTRA, Antonio Carlos de Araújo e GRINOVER, Ada Pellegrini e DINAMARCO, Cândido Rangel. *Teoria geral do processo*. 3. ed. São Paulo: RT, 1983.

_____. *Comentários ao Código de Processo Civil*. Rio de Janeiro: Forense, 2000.

COMOGLIO, Luigi Paolo. *Il principio di economia processuale*. Pádua: Cedam, 1980-1982.

_____ e FERRI, Corrado. e TARUFFO, Michele. *Lezioni sul processo civile*. Bolonha: Il Mulino, 1995.

CONSOLO, Claudio. *Il cumulo condizionale di domande*. Pádua: Cedam, 1985.

CORRÊA TELLES, José Homem. *Doutrina das ações*. Rio de Janeiro: Jacintho, 1918.

COSTA, Sergio. Domanda giudiziale. *Novissimo Digesto Italiano*. v. 6. Turim: Utet, 1968.

_____. *Manuale di diritto processuale civile*. 4. ed. Turim: Utet, 1973.

COUTO E SILVA, Clóvis. *A obrigação como processo*. São Paulo: José Bushatsky, 1976.

_____. *Comentários ao Código de Processo Civil*. São Paulo: RT, 1982.

COUTURE, Eduardo J. El proceso como institución. *Studi in onore di Enrico Redenti*. v. 1. Milão: Giuffrè, 1951.

_____. *Fundamentos del derecho procesal civil*. 2. ed. Buenos Aires: Depalma, 1951.

_____. *Fundamentos del derecho procesal civil*. 3. ed. (póstuma). Buenos Aires: Depalma, 1977.

_____. *Introdução ao estudo do processo civil*. 3. ed. Rio de Janeiro: José Konfino, s/d.

_____. Las garantías constitucionales del proceso civil. *Estudios de derecho procesal civil*. v. 1. Buenos Aires: Depalma, 1978.

_____. *Proyecto de Código de Procedimiento Civil*. Buenos Aires: Depalma, 1945.

CRESCI SOBRINHO, Elício. *Litisconsórcio. Doutrina e jurisprudência*. Porto Alegre: Fabris, 1990.

_____. "Objeto litigioso – de Lent a Habscheid e Jauernig". *Revista Brasileira de Direito Processual*. v. 19. Uberaba: Forense, 1979.

_____. *Objeto litigioso no processo civil*. Porto Alegre: Fabris, 2008.

CRISTOFOLINI, Giovanni. Efficacia della sentenza nel tempo. *Rivista di Diritto Processuale Civile*. v. 12. Pádua: Cedam, 1935.

CROZE, Hervé e MOREL, Christian. *Procédure civile*. Paris: Puf, 1988.

CRUZ E TUCCI, José Rogério. A 'causa petendi' na ação reivindicatória. *Revista da Ajuris*. v. 69. Porto Alegre, 1997.

_____. A causa petendi *no processo civil*. 2. ed. São Paulo: RT, 2001.

_____. A denominada *situação substancial* como objeto do processo na obra de Elio Fazzallari. *Revista da Ajuris*. v. 60. Porto Alegre, 1994.

_____. *Da reconvenção*. São Paulo: Saraiva, 1983.

DALL'AGNOL, Jorge. *Pressupostos processuais*. Porto Alegre: Lejur, 1988.

DALL'AGNOL, Antonio Janyr. Ação condenatória: estrutura e função. *Revista da Associação dos Advogados de São Paulo*. v. 40. São Paulo: AASP, 1993.

_____. *Comentários ao Código de Processo Civil*. Porto Alegre: Lejur, 1985.

DAVILA MILLAN, Maria Encarnación. *Litisconsorcio necesario*. Barcelona: Bosch, 1975.

DE PLÁCIDO E SILVA. *Comentários ao Código de Processo Civil*. 3. ed. Curitiba: Guaíra, 1948.

DEMOLOMBE, C. *Cours de Code Napoleón – Traité de la distinction des biens*. v. 9. Paris: Hachette & Durand, 1866.

DIAS, Maria Berenice. *O terceiro no processo*. Rio de Janeiro: Aide, 1993.

DIOGENES, Nestor. *Do concurso e da acumulação das ações*. Recife: The Propagandist, 1940.

DINAMARCO, Cândido Rangel. *Execução civil*. 3. ed. São Paulo: Malheiros, 1993.

_____. *Fundamentos do processo civil moderno*. São Paulo: RT, 1986.

_____. *Instituições de direito processual civil*. São Paulo: Malheiros, 2001.

_____. *Intervenção de terceiros*. São Paulo: Malheiros, 1997.

_____. *Litisconsórcio*. 3. ed. São Paulo: Malheiros, 1994.

_____. O conceito de mérito em processo civil. *Revista de Processo*. v. 34. São Paulo: RT, 1984.

_____. Sugli sviluppi della dottrina brasiliana nel processo civile. *Studi in onore di Enrico Tullio Liebman*. v. 1. Milão: Giuffrè, 1979.

ESPÍNOLA, Eduardo. *Código de processo do Estado da Bahia anotado*. Salvador: Tipografia Bahiana, 1916.

ESTELLITA, Guilherme. *Do litisconsórcio no direito brasileiro*. Rio de Janeiro, s/ ed., 1955.

FABRÍCIO, Adroaldo Furtado. *A ação declaratória incidental*. 2. ed. Rio de Janeiro: Forense, 1994.

_____. *Comentários ao Código de Processo Civil*. 3. ed. Rio de Janeiro: Forense, 1988.

FADEL, Sérgio Sahione. *Código de Processo Civil comentado*. 4. ed. Rio de Janeiro: Forense, 1982.

FAIRÉN GUILLÉN, Victor. Juicio ordinario, plenarios rápidos, sumario, sumaríssimo. *Temas del ordenamiento procesal*. v. 2. Madri: Tecnos, 1969.

_____. La acción, derecho procesal y derecho político. *Estudios de derecho procesal*. v. 1. Madri: Revista de Derecho Privado, 1955.

_____. La demanda en el proceso civil español. *Estudios de derecho procesal*. v. 1. Madri: Revista de Derecho Privado, 1955.

FAZZALARI, Elio. *Istituzioni di diritto processuale*. 4. ed. Pádua: Cedam, 1986.

_____. *Note in tema di diritto e processo*. Milão: Giuffrè, 1957.

_____. Procedimenti e processo. *Enciclopedia del Diritto*. v. 35. Milão: Giuffrè, 1986.

FENECH, Miguel. *Derecho procesal civil*. Madri: Agesa, 1980.

FERNANDES, Sérgio Ricardo de Arruda. Alguns aspectos da coisa julgada no direito processual civil brasileiro. *Revista de Processo*. v. 62. São Paulo: RT, 1991.

FERREIRA, Aurélio Buarque de Holanda. *Novo dicionário da língua portuguesa*. 2. ed. Rio de Janeiro: Nova Fronteira, 1986.

FERRI, Corrado. *Struttura del processo e modificazione della domanda*. Pádua: Cedam, 1975.

FIGUEIRA JR., Joel Dias. *Comentários ao Código de Processo Civil*. São Paulo: RT, 2001.

FIX-ZAMUDIO, Hector. *Constitución y proceso civil en Latinoamerica*. México: Unam, 1974.

FLAKS, Milton. *Denunciação da lide*. Rio de Janeiro: Forense, 1984.

FORNACIARI JR., Clito. *Da reconvenção no direito processual civil brasileiro*. 2. ed. São Paulo: Saraiva, 1983.

FOSCHINI, Gaetano. Natura giuridica del processo. *Rivista di Diritto Processuale*. v. 3. Pádua: Cedam, 1948.

FRAGA, Affonso. *Instituições do processo civil do Brasil*. São Paulo: Saraiva, 1940.

FRAGA IRIBANE, Manuel. *La acción meramente declarativa*. Madri: Reus, 1951.

FREIRE, Homero. Da pretensão ao direito subjetivo. *Estudos jurídicos "in memoriam" do Ministro Costa Manso*. São Paulo: RT, 1965.

FUX, Luiz. *Curso de direito processual civil*. Rio de Janeiro: Forense, 2001.

GALANTE, Vincenzo. *Diritto processuale civile*. Nápoles: Lorenzo Alvano, 1909.

GIANNOZZI, Giancarlo. *Appunti per un corso di diritto processuale civile*. Milão: Giuffrè, 1980.

_____. Condanna (diritto processuale civile). *Novissimo Digesto Italiano*. v. 3. Turim: Utet, 1967.

_____. *La modificazione della domanda nel processo civile*. Milão: Giuffrè, 1958.

GOLDSCHMIDT, James. *Zivilprozessrecht*. Berlim: Julius Springer, 1929.

_____. *Derecho procesal civil*. Barcelona: Labor, 1938.

_____. *Der Prozess als Rechtslage* (reimpressão). Aalen: Scientia, 1986.

_____. *Teoría general del proceso*. Barcelona: Labor, 1936.

GOMES, Fábio Luiz. Da ação. *Teoria geral do processo civil*. Porto Alegre: Lejur, 1983.

GONÇALVES, Aroldo Plínio. *Da denunciação da lide*. Rio de Janeiro: Forense, 1984.

GONZÁLEZ PÉRES, Jesús. *El derecho a la tutela jurisdiccional*. Madri: Civitas, 1984.

GRASSO, Eduardo. La regola di corrispondenza tra il chiesto ed il pronunciato e la nullità da *ultra* e da *extrapetizione*. *Rivista di Diritto Processuale*. v. 20. Pádua: Cedam, 1965.

GRECO FILHO, Vicente. *Direito processual civil brasileiro*. São Paulo: Saraiva, 1981-1985.

GRINOVER, Ada Pellegrini. *A ação declaratória incidental*. São Paulo: RT, 1972.

_____. *As garantias constitucionais do direito de ação*. São Paulo: RT, 1975.

_____. L'insegnamento di Enrico Tullio Liebman in Brasili. *Revista Brasileira de Direito Processual*. v. 49. Rio de Janeiro: Forense, 1986.

_____. *Os princípios constitucionais e o Código de Processo Civil*. São Paulo: José Bushatsky, 1975.

GUASP, Jaime. *Comentarios a la ley de enjuiciamento civil*. 2. ed. Madri: Aguilar, 1948.

GUASP DELGADO, Jaime. *Derecho procesal civil*. Madri: Instituto, 1973.

GUSMÃO, Manoel Aureliano de. *Processo civil e comercial*. São Paulo: Saraiva, 1941.

HABSCHEID, Walter J. *Der Streitgegenstand im Zivilprozess*. Bielefeld: Deutscher Heimat, 1956.

_____. *Droit judiciaire privé suisse*. 2. ed. Genebra: Georg & Cie., 1981.

_____. *Introduzione al diritto processuale civile comparato*. Rimini: Maggioli, 1986.

_____. L'oggetto del processo nel diritto processuale civile tedesco. *Rivista di Diritto Processuale*. v. 35. Pádua: Cedam, 1980.

HENCKEL, Wolfrang. *Prozessrecht und materielles recht*. Gottingen: Otto Schwartz, 1970.

HEINTZMANN, Walther. *Die Prozessfürungsbefugnis*. Colônia: Carl Heymanns, 1970.

INVREA, Francesco. La giurisdizione concreta e la teorica del rapporto processuale. *Rivista di Diritto Processuale Civile*. v. 9. Pádua: Cedam, 1932.

_____. La senteza di condanna. *Rivista di Diritto Processuale Civile*. v. 13. Pádua: Cedam, 1935.

JAUERNIG, Othmar. *Zivilprozessrecht*. 26. ed. Munique: C. H. Beck, 2000.

JOBIM, Nelson Azevedo. A sentença e a preterição do litisconsorte necessário. *Revista da Ajuris*. v. 28. Porto Alegre, s/ed., 1983.

KELSEN, Hans. *Teoria geral das normas*. Porto Alegre: Fabris, 1986.

KIMMICH, Liane Boll. Teorias do objeto do processo no direito brasileiro e alemão. OLIVEIRA, Carlos Alberto Alvaro (org.). *Elementos para uma nova teoria geral do processo*. Porto Alegre: Livraria do Advogado, 1997.

KISCH, Wilhelm. *Beiträge zur Urteilslehre*. Leipzig: Hirschfeld, 1903.

_____. *Elementos de derecho procesal civil*. 2. ed. Madri: Revista de Derecho Privado, 1940.

LA OLIVA SANTOS, Andres de. *Lecciones de derecho procesal*. v. 1. Barcelona: Romargraf, 1982.

LACERDA, Galeno. *Comentários ao Código de Processo Civil*. Rio de Janeiro: Forense, 1980.

_____. *Despacho saneador*. Porto Alegre: La Salle, 1953.

_____. Processo cautelar. *Revista de Processo*. v. 44. São Paulo: RT, 1986.

LANCELLOTTI, Franco. "Senteza civile". *Novissimo Digesto Italiano*. v. 16. Turim: Utet, 1969.

LANFRANCHI, Lucio. *Contributo allo studio dell'azione di mero accertamento*. Milão: Giuffrè, 1969.

LARENZ, Karl. *Derecho civil – parte general*. Madri: Revista de Derecho Privado, 1978.

LENT, Friedrich. *Diritto processuale civile tedesco*. Nápoles: Morano, 1962.

LIEBMAN, Enrico Tullio. *Corso di diritto processuale civile*. Milão: Giuffrè, 1952.

_____. Diritto e giurisdizione (note polemiche). *Rivista di Diritto Processuale*. v. 24. Pádua: Cedam, 1969.

_____. Effetti della sentenza e coisa giudicata. *Rivista di Diritto Processuale*. v. 34. Pádua: Cedam, 1979.

_____. *Efficacia ed autorità della sentenza*. Milão: Giuffrè, 1962.

_____. L'azione nella teoria del processo civile. *Problemi del processo civile*. Nápoles: Morano, 1962.

______. L'opera scientifica di James Goldschmidt e la teoria del rapporto processuale. *Problemi del processo civile*. Nápoles: Morano, 1962.

______. *Manuale di diritto processuale civile*. Milão: Giuffrè, 1973.

______. *Manual de direito processual civil*. São Paulo: Saraiva, 1986.

______. O despacho saneador e o julgamento do mérito. *Estudos sobre o processo civil brasileiro*. São Paulo: José Bushatsky, 1976.

______. Sentenza e cosa giudicata: recenti polemiche. *Rivista di Diritto Processuale*. v. 35. Pádua: Cedam, 1980.

LIMA, Alcides de Mendonça. *Dicionário do Código de Processo Civil*. São Paulo: RT, 1986.

LIMA, Paulo Roberto de Oliveira. *Contribuição à teoria da coisa julgada*. São Paulo: RT, 1997.

LOPES DA COSTA, Alfredo Araújo. *Direito processual civil brasileiro*. Rio de Janeiro: José Konfino, 1947.

LOPES, Bruno Vasconcelos Carrilho. *Limites objetivos e eficácia preclusiva da coisa julgada*. São Paulo: Saraiva, 2012.

LOPES, João Batista. *Ação declaratória*. 6. ed. São Paulo. RT, 2009.

LUCON, Paulo Henrique dos Santos. *Relação entre demandas*. Brasília: Gazeta Jurídica, 2016.

MACDONALD, Norberto Caruso da Costa. Ação cambiária. *Estudos jurídicos*. v. 17. São Paulo: Unisinos, 1976.

MACHADO, Antônio Cláudio da Costa. *Tutela antecipada*. São Paulo: Oliveira Mendes, 1998.

MACHADO GUIMARÃES, Luis. A instância e a relação processual. *Estudos de direito processual civil*. Rio de Janeiro: EJU, 1969.

______. As três figuras do litisconsórcio. *Estudos de direito processual civil*. Rio de Janeiro: EJU, 1969.

______. Preclusão, coisa julgada, efeito preclusivo. *Estudos de direito processual civil*. Rio de Janeiro: EJU, 1969.

MANDRIOLI, Crisanto. *Corso di diritto processuale civile*. Turim: Giappichelli, 1975.

______. Reflessioni in tema di *petitum* e di *causa petendi*. *Rivista di Diritto Processuale*. v. 34. Pádua: Cedam, 1984.

______. Presupostti processuali. *Novissimo Digesto Italiano*. v. 13. Turim: Utet, 1966.

______. Sulla correlazione necessaria tra condanna ed eseguibilità forzata. *Rivista Trimestrale di Diritto e Procedura Civile*. v. 30. Milão: Giuffrè, 1976.

MARCATO, Antonio Carlos. *Procedimentos especiais*. São Paulo: RT, 1986.

MARINONI, Luiz Guilherme; ARENHART, Sérgio Cruz. *Comentários ao Código de Processo Civil*. São Paulo: RT, 2016.

MARQUES, José Frederico. *Instituições de direito processual civil*. 3. ed. Rio de Janeiro: Forense, 1967.

_____. *Manual de direito processual civil*. São Paulo: Saraiva, 1986.

MARTINS, Pedro Baptista. *Comentários ao Código de Processo Civil*. 2. ed. Rio de Janeiro: Forense, 1960.

MELLO, Marcos Bernardes. *Teoria do fato jurídico*. São Paulo: Saraiva, 1985.

MERCADER, Amílcar A. *La accion:* su naturaleza dentro del orden jurídico. Buenos Aires: Depalma, 1944.

MESQUITA, José Ignacio Botelho de. *A autoridade da coisa julgada e a imutabilidade da motivação da sentença*. São Paulo, s/ed., 1963.

_____. A *causa petendi* nas ações reivindicatórias. *Revista da Ajuris*. v. 20. Porto Alegre, s/ed., 1980.

_____. *Da ação civil*. São Paulo: Saraiva, 1985.

MICHELET, Elisabeth. *La règle du non-cumul du possessoire et du pétitoire*. Paris: LGDJ, 1973.

MICHELI, Gian Antonio. *Corso di diritto processuale civile*. Milão: Giuffrè, 1959.

_____. *L'onere della prova*. Pádua: Cedam, 1966.

MIGUET, Jacques. *Immutabilité et évolution du litige*. Paris: LGDJ, 1977.

MILHOMENS, Jônatas. *Teoria e prática do despacho saneador*. Rio de Janeiro: Forense, 1958.

MONACCINI, Luigi. *Azione e legitimazione*. Milão: Giuffrè, 1951.

MONIZ DE ARAGÃO, Egas Dirceu. *Comentários ao Código de Processo Civil*. 3. ed. Rio de Janeiro: Forense, 1979.

_____. Conexão e tríplice identidade. *Revista de Processo*. v. 29. São Paulo: RT, 1983.

MONTEIRO, João. *Programa do curso de processo civil*. Rio de Janeiro: Jornal do Brasil, 1925.

MONTELEONE, Girolamo. *Diritto processuale civile*. Pádua: Cedam, 1994.

MONTERO AROCA, Juan. *Análisis crítico de la ley de enjuiciamiento civil*. Madri: Civitas, 1982.

_____. *Evolución y futuro del derecho procesal*. Bogotá: Temis, 1984.

_____. *Introducción al derecho procesal*. 2. ed. Madri: Tecnos, 1979.

_____. *La intervención adhesiva simple*. Barcelona: Hispano Europea, 1972.

MOURA, Mário Aguiar. *Promessa de compra e venda*. Rio de Janeiro: Aide, 1985.

MOUZALAS, Rinaldo. Delimitação do objeto litigioso do processo: análise das principais teorias difundidas no Brasil. *Revista de Processo*. v. 228. São Paulo: RT, 2014.

NASCIMENTO, Tupinambá Miguel Castro do. *Curso de direito infortunístico*. Porto Alegre: Fabris, 1983.

NAVES, Cândido. *Impulso processual e poderes do juiz*. Belo Horizonte, s/ed., 1949.

NEVES, Celso. Binônino, trinônimo ou quadrinônimo? *Revista dos Tribunais*. v. 517. São Paulo: RT, 1978.

NIKISCH, Arthur. *Zivilprozessrecht*. Tübingen: J. C. B. Mohr (Paul Siebeck), 1952.

OLIVEIRA, Carlos Alberto Alvaro. *Alienação da coisa litigiosa*. Rio de Janeiro: Forense, 1984.

OLIVEIRA JÚNIOR, Waldemar Mariz de. *Curso de direito processual civil*. São Paulo: RT, 1971.

_____. *Subsituição processual*. São Paulo: RT, 1971.

OLIVEIRA NETO, Olavo de. *Conexão por prejudicialidade*. São Paulo: RT, 1994.

ORSI, Luigi. Pretesa. *Enciclopedia del Diritto*. v. 35. Milão: Giuffrè, 1968.

ORTELLS RAMOS, Manuel. *Derecho procesal civil*. 6. ed. Navarra: Thomson-Aranzadi, 2005.

PACHECO, José da Silva. *Curso de teoria geral do processo*. Rio de Janeiro: Forense, 1985.

PARÁ FILHO, Tomás. *Estudo sobre a sentença constitutiva*. São Paulo: Forense, 1985.

PAULA BATISTA, Francisco. *Compêndio de teoria e prática do processo civil comparado com o comercial e de hermenêutica jurídica*. 8. ed. São Paulo: Saraiva, 1909.

PEKELIS, Alessandro. Azione. *Novissimo Digesto Italiano*. v. 2. Turim: Utet, 1968.

PEREIRA E SOUZA, Joaquim José Caetano. *Primeiras linhas sobre o processo civil*. Rio de Janeiro: Perseverança, 1879.

PERROT, Roger. *Droit judiciaire privé*. Paris: CdD, 1980-1981.

PESCATORE, Matteo. *Sposizione compediosa della procedura civile e crimimale*. Turim: UTET, 1864.

PETRUCCI, Claudio. Condanna (dir. proc. civ.). *Enciclopedia del Diritto*. v. 8. Milão: Giuffrè, 1961.

PICARDI, Nicola. *La sucessione processuale*. Milão: Giuffrè, 1964.

PIMENTEL, Wellington Moreira. *Comentários ao Código de Processo Civil*. 2. ed. São Paulo: RT, 1979.

PISANI, Andrea Proto. Appunti sulla tutela di mero accertamento. *Rivista Trimestrale di Diritto e Procedura Civile*. v. 33. Milão: Giuffrè, 1979.

_____. Dell'esercizio dell'azione. In: ALLORIO, Enrico. *Commentario del Codice di Procedura Civile*. v. 1. t. 2. Turim, Utet, 1973.

_____. *Lezioni di diritto processuale civile*. Nápoles: Jovene, 1994.

_____. Litisconsorzio facoltativo e separazione di causa. *Rivista di Diritto Processuale*. v. 23. Pádua: Cedam, 1968.

_____. *Opposizione di terzo ordinaria*. Nápoles: Jovene, 1965.

_____. Parte nel processo. *Enciclopedia del Diritto*. v. 23. Milão: Giuffrè, 1981.

_____. Principio della domanda. In: ALLORIO, Enrico. *Commentario del Codice di Procedura Civile*. v. 1. t. 2. Turim: Utet, 1973.

_____. Sulla tutela c. d. costitutiva (e sulle teniche di produzine degli effetti sostanziali). *Rivista di Diritto Processuale*. v. 46. Pádua: Cedam, 1991.

PONTES DE MIRANDA, Francisco Cavalcanti. *Comentários ao Código de Processo Civil*. Rio de Janeiro: Forense, 1946.

_____. *Comentários ao Código de Processo Civil*. Rio de Janeiro: Forense, 1976.

_____. Relação jurídica processual. *Repertório Enciclopédico do Direito Brasileiro*. v. 48. Rio de Janeiro: Borsói, s/d.

_____. *Tratado de direito privado*. Rio de Janeiro: Borsói, 1955-1965.

_____. *Tratado das ações*. São Paulo: RT, 1971-1978.

PORTO, Sérgio Gilberto. *Coisa julgada civil (análise e atualização)*. Rio de Janeiro: Aide, 1996.

_____. *Comentários ao Código de Processo Civil*. São Paulo: RT, 2000.

_____. *Doutrina e prática dos alimentos*. Rio de Janeiro: Aide, 1985.

PRATA, Edson. *Comentários ao Código de Processo Civil*. Rio de Janeiro: Forense, 1987.

PIETRO CASTRO, Leonardo. *La acción declarativa*. Madri: Reus, 1932.

PUGLIESE, Giovanni. Processo privato e processo pubblico. *Rivista di Diritto Processuale*. v. 3. Pádua: Cedam, 1948.

_____. Giudicato civile. *Enciclopedia del Diritto*. v. 18. Milão: Giuffrè, 1969.

PUIG BRUTAU, José. *Diccionario de acciones en derecho civil español*. Barcelona: Bosch, 1984.

RAMIREZ ARCILA, Carlos. *Acción y acumulación de pretensiones*. Bogotá: Temis, 1978.

_____. *Teoría de la acción*. Bogotá: Temis, 1969.

RAMOS MENDEZ, Francisco. *Derecho procesal civil*. Barcelona: Bosch, 1985.

RECHBERGER, Walter H. *Kommentar zur ZPO*. 3. ed. Viena-Nova Iorque: Springer, 2006.

REDENTI, Enrico. Atti processuale civile. *Enciclopedia del Diritto*. v. 4. Milão: Giuffrè, 1959.

_____. *Diritto processuale civile*. 2. ed. Milão: Giuffrè, 1957.

_____. *Il giudizio civile con pluralità di parte*. Milão: Giuffrè, 1960.

REIMUNDÍN, Ricardo. *Los conceptos de pretensión y acción en la doctrina actual*. Buenos Aires: Victor P. de Zavalla, 1966.

REIS, José Alberto dos. *Comentários ao Código de Processo Civil*. 2. ed. Coimbra: Coimbra, 1960.

REZENDE FILHO, Gabriel José de. *Curso de direito processual civil*. 8. ed. São Paulo: Saraiva, 1985.

RICCA-BARBERIS, Mario. Due concetti infecondi: negozio ed rapporto processuale. *Rivista di Diritto Processuale Civile*. v. 7. Pádua: Cedam, 1930.

RICO, Osvaldo da Silva. *Da reconvenção e da compensação no direito brasileiro*. 2. ed. São Paulo: Saraiva, 1983.

ROCCO, Alfredo. *La sentenza civile*. Milão: Giuffrè, 1962.

ROCCO, Ugo. *Trattato di diritto processuale civile*. 2. ed. Turim: Utet, 1967.

ROCHA, José de Albuquerque. *Teoria geral do processo*. São Paulo: Saraiva, 1986.

ROSA, Eliézer. *Do despacho saneador como sentença interlocutória*. Rio de Janeiro: s/ed., 1967.

_____. *Novo dicionário de processo civil*. Rio de Janeiro: Freitas Bastos, 1986.

ROSENBERG, Leo. El efecto preclusivo de las sentencias según el derecho alemán. *Revista de derecho procesal*. v. 9. Buenos Aires: Ediar, 1951.

_____. *Tratado de derecho procesal civil*. Buenos Aires: Ejea, 1953.

ROSENBERG, Leo e SCHWAB, Karl Heinz. *Zivilprozessrecht*. 11. ed. Munique: C. H. Beck, 1974.

SANCHES, Sydney. *Da denunciação da lide no direito processual civil brasileiro*. São Paulo: RT, 1984.

_____. Objeto do processo e objeto litigioso do processo. *Revista de Processo*. v. 13. São Paulo: RT, 1979.

SANTOS, Ernane Fidélis dos. *Comentários ao Código de Processo Civil*. Rio de Janeiro: Forense, 1978.

_____. *Manual de direito processual civil*. São Paulo: Saraiva, 1983-1987.

SATTA, Salvatore. *Diritto processuale civile*. 9. ed. Pádua: Cedam, 1981.

_____. Domanda giudiziale. *Enciclopedia del Diritto*. v. 13. Milão: Giuffrè, 1964.

SCHÖNKE, Adolf. *Zivilprozessrecht*. Berlim: G. Schencke, 1938.

SCHWAB, Karl Heinz. *Der Streitgegenstand im Zivilprozess*. Munique: C. H. Beck'sche, 1954.

SFORZA, Widar Cesarini. Diritto soggettivo. *Enciclopedia del Diritto*. v. 12. Milão: Giuffrè, 1964.

SILVA, Edward Carlyle. *Conexão de causas*. São Paulo: RT, 2006.

SILVA, José Afonso. *Ação popular constitucional*. São Paulo: RT, 1968.

SILVESTRI, Elisabetta. Dell'esercizio dell'azione. CARPI, Federico *et alli*. *Commentario breve al codice di procedura civile*. Pádua: Cedam, 1984.

SOARES, Fernando Luso. *Direito processual civil*. Coimbra: Almedina, 1980.

_____. *Processo civil de declaração*. Coimbra: Almedina, 1985.

SOUSA, Miguel Teixeira de. *Sobre a teoria do processo declarativo*. Coimbra: Coimbra, 1980.

TARUFFO, Michele (org.). La prova nel processo civile. *Trattato di diritto civile e commerciale*. Milão: Giuffrè, 2012.

TARZIA, Giuseppe. Appunti sulle domande alternative. *Rivista di Diritto Processual*. v. 19. Pádua: Cedam, 1964.

_____. *Il litisconsorzio facoltativo nel processo di primo grado*. Milão: Giuffrè, 1972.

_____. Retrospettiva sulla vincenda del procedimento summario. *Rivista di Diritto Processuale*. v. 42. Pádua: Cedam, 1987.

TAVORMINA, Valerio. In tema di condanna, accertamento ed efficacia esecutiva. *Rivista di Diritto Civile*. v. 35. Pádua: Cedam, 1979.

TEITELBAUM, Jaime W. *El proceso acumulativo civil*. Montevidéu: Amalio M. Fernandez, 1973.

THEODORO JR., Humberto. *Comentários ao Código de Processo Civil*. Rio de Janeiro: Forense, 1979.

_____. *Curso de direito processual civil*. Rio de Janeiro: Forense, 1985.

_____. *Lições de direito processual civil*. Uberaba: Rio Grande, 1975.

_____. *Processo de conhecimento*. Rio de Janeiro: Forense, 1980.

_____. *Processo de execução*. 7. ed. São Paulo: Leud, 1983.

TJÄDER, Ricardo Luiz da Costa. *Cumulação eventual de pedidos*. Porto Alegre: Livraria do Advogado, 1998.

_____. As vantagens da cumulação eventual de pedidos para a parte que se utiliza do instituto. *Revista da Ajuris*. v. 71. Porto Alegre, 1997.

TOMASIN, Daniel. *Essai sur l'autorité de la chose jugée en matiére civile*. Paris: LGDJ, 1975.

TORNAGHI, Hélio. *A relação processual penal*. 2. ed. São Paulo: Saraiva, 1987.

_____. *Comentários ao Código de Processo Civil*. 2. ed. São Paulo: RT, 1976.

TROCKER, Nicolò. *Processo civile e costituzione*. Milão: Giuffrè, 1974.

TUCCI, Rogério Lauria. Aspectos modernos do conceito de ação. *Da ação e do processo civil na teoria e na prática*. 2. ed. Rio de Janeiro: Forense, 1985.

VACCARELLA, Romano. *Titolo esecutivo, precetto, opposizione*. Turim: Utet, 1984.

VARELA, Antunes e BEZERRA, Miguel J. e NORA, Sampaio E. *Manual de processo civil*. Coimbra: Coimbra, 1984.

VERDE, Giovanni. *Profili del processo civile*. Nápoles: Jovene, 1978.

VÉSCOVI, Enrique. *Teoría general del proceso*. Bogotá: Temis, 1984.

VIDIGAL, Luis Eulálio de Bueno. Enrico Tullio Liebman e a processualística brasileira. *Revista de Processo*. v. 43. São Paulo: RT, 1986.

_____. Existe o direito de ação" *Revista de Direito Processual*. v. 6. São Paulo: Saraiva, 1962.

_____. Pressupostos processuais e condições da ação. *Revista de Direito Processual*. v. 6. São Paulo: Saraiva, 1962.

VIGORITI, Vincenzo. *Garanzie costituzionali del processo civile*. Milão: Giuffrè, 1973.

VINCENT, Jean e GHINCHARD, Serge. *Procédure civile*. 20. ed. Paris: Dalloz, 1981.

WACH, Adolf. *Handbuch des Deutschen Civilprozessrechts*. Leipzig: Duncker & Humblot, 1885.

_____. *La pretensión de declaración*. Buenos Aires: Ejea, 1962.

_____. *Mündlichkeit und Schriftlichekeit*. Vorträge über die Reichs-Civilprozessordnung. Bonn: Adolf Marcus, 1879.

WATANABE, Kazuo. *Controle jurisdicional*. São Paulo: RT, 1980.

_____. *Da cognição no processo civil*. São Paulo: RT, 1987.

WINDSCHEID, Bernhard. *Diritto delle Pandette*. Turim: Utet, 1902.

______ e MÜTHER, Theodor. *Polemica intorno all'actio*. Florença: Sansoni, 1954.

ZAFRA VALVERDE, José. *Sentencia constitutiva y sentencia dispositiva*. Madri: Rialp, 1962.

ZAMORA Y CASTILLO, Niceto Alcalá. *Proceso, autocomposición y autodefensa*. México: Unam, 1970.

ZANZUCCHI, Marco Tullio. *Diritto processuale civile*. 4. ed. Milão: Giuffrè, 1946.

ZAVASCKI, Teori A. *Antecipação da tutela*. São Paulo: Saraiva, 1997.

______. *Processo coletivo (tutela de direitos coletivos e tutela coletiva de direitos)*. 4. ed. São Paulo: RT, 2009.

ZEISS, Walter. *Zivilprozessrecht*. 2. Ed. Tübingen: J. C. B. Mohr (Paul Siebeck), 1976.

ÍNDICE ALFABÉTICO-REMISSIVO

(Os números se referem aos parágrafos da obra)

A-

Ação, 1
- e classificação material, 16
- e direito potestativo, 8.3, 9
- e direito subjetivo material, 8.1
- e julgamento do mérito, 8.5
- e mérito, 8.5
- e natureza do processo, 4
- e objeto litigioso, 20
- e relação processual, 9
- e teoria abstrata, 8.4, 9
- e teoria concreta, 8.2, 9
- e teoria imanentista, 8.1, 9

Ação anulatória de deliberação social e litisconsórcio, 39

Ação anulatória e fatos jurídicos, 32.2

Ação cambial, 63, 64.5
- e cumulação de causas, 64.5

Ação cautelar, 63

Ação cautelar de suspensão de deliberação social e litisconsórcio, 39

Ação cominatória, 70

Ação condenatória, 16, 19.3, 59.1
- e fatos jurídicos, 32.2
- e sanção, 19.3

Ação constitutiva, 16, 19.2
- e direito potestativo, 19.2
- e eficácia *ex nunc*, 19.2
- e eficácia *ex tunc*, 19.2

Ação de alimentos, 81.2

Ação de apreensão e depósito, 63

Ação de busca e apreensão, 63

Ação de cobrança, 45.1

Ação de cobrança de dívida de jogo, 68

Ação de cobrança do condomínio contra vários condôminos, 45.3

Ação de conversão de separação em divórcio, 63

Ação declaratória, 16, 19.1
- e fatos, 19.1
- e fatos jurídicos, 32.2
- e relação jurídica, 19.1

Ação declaratória de domínio e objeto litigioso, 22

Ação declaratória de validade de testamento e litisconsórcio, 30

Ação de depósito
- e natureza executiva, 19.5

Ação de desapropriação, 63, 80, 81.2

Ação de despejo, 17, 75
- e sublocação, 58
- e uso de imóvel, 58
- por desvio de uso, 59.1
- por falta de pagamento, 59.1

Ação de embargos de terceiro, 64.1

Ação de embargos do devedor e cumulação de causas, 62.4

Ação de investigação de paternidade baseada em relações sexuais, 75

Ação de mandado de segurança, 81.2
- e cumulação de causas, 64.4

Ação de nunciação de obra nova, 81.2
- e cumulação de causas, 64.4
Ação de petição de herança, 75
- natureza executiva, 19.5
Ação de separação
- e adultério, 58, 59.1
- e embriaguez, 58
- e fatos jurídicos, 32.2
Ação de reintegração de posse, 16
Ação divisória, 29.5
Ação do alienante para haver o preço dos adquirentes, 45.1
Ação do credor para obter reforço ou substituição de garantia, 70.2
Ação do dono da fazenda danificada contra o dono dos animais, 45.3
Ação do fiador para que o afiançado pague a dívida ou o libere, 70.2
Ação do locador para que o locatário permita reparos urgentes, 70.2
Ação do proprietário do prédio sinistrado contra as seguradoras, 45.3
Ação do proprietário para obter demolição, reparação ou caução por dano iminente, 70.2
Ação executiva, 16, 19.5
- e ação de depósito, 19.5
- e ação de nunciação de obra nova, 19.5
- e ação de petição de herança, 19.5
- e ação divisória, 19.5
- e ação possessória, 19.5
- e ação reivindicatória, 29.5
- e emissão de posse, 19.5
Ação mandamental, 16, 19.4
- e ato de autoridade, 19.4
- e ordem dos particulares, 19.4
Ação material, 12
- e demanda, 12
- e mérito, 24
- e pedido, 35
Ação pauliana, 45.2
- e litisconsórcio, 39
- e litisconsórcio unitário, 30
Ação pessoal, 16
Ação popular, 63, 81.2
- e litisconsórcio, 39
Ação possessória, 63
- e cumulação de causas, 64.1
- e natureza executiva, 19.5
Ação processual e demanda, 15, 19
Ação *quanti minoris*, 60, 75
Ação real, 8.1, 16
Ação redibitória, 30, 49, 60
Ação reivindicatória, 45.1
- e fatos jurídicos, 32.2
- e litisconsórcio unitário, 30
Ações
- classificação das, 16
Ações da mãe e do filho contra o pai, 40,
- e identidade de rito no litisconsórcio, 47
- e litisconsórcio voluntário sucessivo, 43
Ações condenatória e demolitória, 81.3
Ações condenatórias conexas pela causa e identidade de rito no litisconsórcio, 47
Ações condenatórias na obrigação específica e no equivalente pecuniário, 76
Ações confessória e de perdas e danos, 80
Ações de cobrança de dívidas de mútuos diferentes, 74
Ações de cobrança de dívidas oriundas de mútuo e de compra e venda, 74

Ações de consignação e de adjudicação compulsória, 81.3

Ações de investigação de paternidade e de alimentos, 75

Ações de investigação de paternidade e de petição de herança, 75

Ações de resolução de contrato ou de perdas e danos, 75

Ações de resolução de promessa de compra e venda e possessória, 81.3

Ações de resolução fundadas em simulação ou em fraude, 76

Ações de resolução ou abatimento no preço, 76

Ações de vários locatários contra o locador, 45.2

Ações do credor retardatário, 45.1

Ações dos cofiadores, 45.1

Ações dos fiadores contra o afiançado, 40

Ações dos herdeiros ou dos sucessores, 45.1

Ações dos litisconsortes

– e compatibilidade, 49

– e competência, 48

– e identidade de rito, 47

Ações dos náufragos contra o segurador, 45.2

Ações dos sócios para anular deliberação social, 45.2

Ações dos titulares de títulos ao portador, 45.3

Ações de vários obrigados no contrato, 45.3

Ações indenizatórias com base em eventos diferentes, 75

Ações para restituir a coisa esbulhada ou o equivalente pecuniário, 76

Ações possessórias, 80

Ações possessória, indenizatória e demolitória, 75

Ações reivindicatória e confessória, 74

Ações universais e pedido genérico, 70.1.1

Acontecimento histórico e objeto litigioso, 22

Actio, 8.2

Acumulação, 1

Adequação do procedimento

– e cumulação de causas, 62.3

– e cumulação de pedidos, 81

– e controle de ofício do cúmulo de pedidos, 83.3

Aditamento da inicial, 2, 3

Admissibilidade do litisconsórcio e controle de ofício, 51

Adultério e ação de separação, 58, 59.1

Aedem causa petendi, 25

Aedem personae, 25

Aedem res, 25

Afinidade de questões e litisconsórcio voluntário, 45.3

Afirmação do direito material e mérito, 24

Afirmação de um direito subjetivo e objeto litigioso, 22, 23

Alegações e objeto litigioso, 22

Alteração do pedido, 71

Anspruch, 8.2, 21, 22

Antrag, 22

Atividade assertória do autor e causa de pedir, 58

Ato a ser praticado pelo réu e pedido genérico, 70.1.3

Ato de autoridade e ação mandamental, 19.4

Autonomia da relação processual, 5.4

B-

Begehren, 22

Bis in idem, 63

C-

Características da relação processual, 5.4
Caráter público da relação processual, 5.4
Carência de ação, 8.5
Casos de cognição sumária, 64
Causa de pedir ativa, 34
– classificação da, 33
– complexa, 58
– composta, 58
– conceito, 31
– e atividade assertória do autor, 58
– e cumulação, 59
– e fatos, 57
– e fatos constitutivos, 58
– e fatos extintivos, 58
– e fatos impeditivos, 58
– e fatos jurídicos, 32.2, 58
– e fatos modificativos, 58
– e fatos simples, 58
– e fundamento jurídico, 32.3
– e fundamento legal, 32.1
– e objeto litigioso, 22
– espécies, 58
– e teoria da individualização, 578
– e teoria da substancialização, 30.1, 31.2
– ou passiva, 34
– pluralidade, 2
– próxima, 32.3, 33, 34
– remota, 32.3, 33, 34
– simples, 58
Causa de pedir próxima e fundamentos jurídicos, 32.3
– pluralidade, 32.3
Causa de pedir remota e fatos jurídicos, 32.3
– pluralidade, 32.3
Causa e objeto litigioso, 21
Certeza do pedido, 69.1
Classificação
– da causa de pedir, 33
– das ações, 16
– das ações e eficácia, 16
– das sentenças, 16
– do cúmulo de ações, 2
– do cúmulo de pedidos, 73
– do litisconsórcio, 39
– do pedido, 36
– do procedimento, 81.2
Classificação das ações e demanda, 16
Classificação material das ações, 16
Classificação quinária das ações, 18
Classificação tripartida das ações, 18
Cognição sumária
– casos de, 64
– e cumulação de causas, 63
Coisa julgada e objeto litigioso, 20, 26
Compatibilidade das ações
– controle de ofício do cúmulo de pedidos, 83.2
– controle de ofício do cúmulo subjetivo, 52.4
– e cumulação de causas, 62.2
– e cumulação de pedidos, 79
– e cumulação eventual de pedidos, 79
– e litisconsórcio, 49
– e procedimento, 81.3
Competência
– e comunhão de direitos e de obrigações, 48.2
– e conexão, 48.2
– e controle de ofício do cúmulo de pedidos, 83.3
– e controle de ofício do cúmulo subjetivo, 52.3

- e cumulação de causas, 62.3
- e cumulação de pedidos, 80
- e fontes do litisconsórcio, 48

Comunhão de direitos e de obrigações
- e competência, 58.1
- e litisconsórcio voluntário, 45.1

Conceito de causa de pedir, 31

Concurso de ações, 1
- e cumulação, 30
- e litisconsórcio voluntário simples, 42

Concurso de normas, 60
- e fundamento legal, 60
- e responsabilidades contratual e extracontratual, 60
- e teoria da substancialização, 60

Condições da ação, 4.1.1, 8.3, 8.4
- direito à tutela jurídica, 13
- e objeto litigioso, 23
- e teoria eclética da ação, 8.5

Conexão, 2, 3
- e competência no litisconsórcio, 48.2
- e litisconsórcio voluntário,45.2

Conexão imprópria, 45.2

Conexão objetiva
- e cumulação de causas, 42.2
- e cumulação de pedidos, 78

Conexão subjetiva
- controle de ofício da cumulação de pedidos, 83.1
- e cumulação de causas, 62.1
- e cumulação de pedidos, 77

Congruência do pedido, 69.3

Continência, 3

Controle de ofício do cúmulo de pedidos, 83
- e adequação procedimental, 83.3
- e compatibilidade de ações, 83.2
- e competência, 83.3
- e conexão subjetiva, 83.1
- e recusação, 83.5
- pressupostos, 85

Controle de ofício do cúmulo subjetivo, 51
- e compatibilidade das ações, 52.4
- e competência, 52.3
- efeitos, 54
- e origem do litisconsórcio, 52.1
- e pressupostos processuais, 51, 52.6
- e procedimento, 52.2
- e recusação do litisconsórcio, 52.5

Controle por iniciativa da parte
- e cumulação de pedidos, 84
- e cumulação subjetiva, 53

Correção monetária
- e pedido implícito, 70.4.3

Cumulação
- bilateral, 2
- de processos, 6
- e concurso de ações, 30
- inicial, 2
- originária, 2
- plurilateral, 2
- por ação, 2
- por inserção, 2
- sucessiva, 2
- superveniente, 2

Cumulação de ações, 2
- e causas de pedir, 59
- e classificação, 2
- e litisconsórcio, 38
- e litisconsórcio necessário, 30
- e litisconsórcio unitário, 30
- e mérito, 24

– e objeto litigioso, 20
– e pedido alternativo, 70.3
– e pedido em obrigação indivisível, 70.5
– e pedido imediato, 37
– e pedido implícito, 70.4
– e pedido mediato, 37
– e pluralidade de partes, 30
– e relação processual, 12
Cumulação de causas
– e ação cambial, 6, 46
– e ação de embargos do devedor contra título extrajudicial, 62.4
– e ação de embargos do devedor contra título judicial, 62.3
– e ação de mandado de segurança, 64.4
– e ação possessória, 64.1
– e adequação procedimental, 62.3
– e cognição sumária, 63
– e compatibilidade, 62.2
– e competência, 62.3
– e conexão objetiva, 62.2
– e conexão subjetiva, 62.2
– e multiplicidade de embasamento legal, 60
– indevida e espécies de sanções, 67
– indevida e seu controle, 66
– indicação expressa, 62.4
– limites, 63
– natureza do julgamento que a rejeita, 68
– panorama, 61
– requisitos, 62
– simples, 59.2
– sucessiva, 59.2
– sucessiva e cúmulo de pedidos, 59.2
Cumulação objetiva, 2, 56
– classificação, 53
– e adequação do procedimento, 81
– e compatibilidade de pedidos, 79
– e competência, 80
– e conexão objetiva, 78
– e conexão subjetiva, 77
– e controle de ofício, 83
– e controle por iniciativa da parte, 84
– e cumulação sucessiva de causas, 59.2
– e efeitos da falta de conexão subjetiva, 86
– e efeitos da inadequação procedimental, 59
– e efeitos da incompatibilidade das ações, 87
– e efeitos da incompetência, 88
– e efeitos da recusação, 90
– eventual, 76
– limites, 72
– recusação, 82
– simples, 74
– sucessiva, 75
Cumulação subjetiva, 26
– e pedido, 30
– requisitos, 46

D-

Dano extrapatrimonial (moral): pedido genérico, 70.1
Declaração incidente, 2, 3
Defesa privada, 8.2, 12
Defesas e objeto litigioso, 21
Definição de litisconsórcio, 38
Demanda, 1, 2, 8.1
– e ação material, 12
– e classificação das ações, 16

Denunciação da lide, 2, 3
Despesas processuais e pedido implícito, 70.4.1
Desvio de destinação do imóvel e ação de despejo, 59.1
Determinação
– das consequências do ato ilícito no pedido genérico, 70.1.2
– do pedido, 69.2
Dever e jurisdição, 7.5
Direito à tutela jurídica, 13, 25
– e condições da ação, 13
– e lide, 13
– e relação processual, 13
Direito
– à ação, 1
– à jurisdição, 13
– ao processo, 4.2
– privado, 4
– público, 4, 4.4
Direito e processo
– distinção, 6
Direito material e objeto litigioso, 22
Direito potestativo
– e ação, 8.3
– e ação material, 19.2
Direito subjetivo, 5.1
– e pretensão, 11
– e relação processual, 6
Direito subjetivo material, 10
– e ação, 8.1
Distinção entre direito e processo, 6
Dualismo do ordenamento jurídico, 1
Dupla dimensão do objeto do processo, 23

E-

Economia processual e litisconsórcio, 38
Efeitos do controle de ofício
– da cumulação de pedidos e conexão subjetiva, 86
– e inadequação procedimental, 89
– e incompatibilidade das ações, 87
– e incompetência, 88
– e recusação, 90
Efeitos da tríplice identidade das ações, 26
Efeitos do controle da cumulação subjetiva por iniciativa da parte, 56
Efeitos do controle de ofício da cumulação subjetiva
– e fontes do litisconsórcio, 55.1
– e inadequação procedimental, 55.3
– e incompatibilidade das ações, 55.5
– e incompetência absoluta, 55.4
– e pressupostos processuais, 55.2
– e recusação, 55.6
Eficácia e classificação das açoes, 16
Eficácia *ex nunc* e ações constitutivas, 19.2
Eficácia *ex tunc* e ações constitutivas, 19.2
Eficácia principal da ação, 17
Eficácia secundária da ação, 17
Elementos da "causa", 26
Embriaguez e ação de separação judicial, 58
Episódios da vida e objeto litigioso, 22
Escopo do processo, 7.3
Espécies
– de causa de pedir, 58
– de litisconsórcio, 39
– de pedido, 70
Espécies de sanções à cumulação indevida de causas, 67
Exercício da pretensão material, 11

F-

Facultas alternativa, 70.3

Falta de pagamento e ação de despejo, 59.1
Fatos constitutivos e causa de pedir, 58
Fatos
– e ação declaratória, 19.1
– e causa de pedir, 57
Fatos extintivos e causa de pedir, 58
Fatos jurídicos, 10
– e ação anulatória, 32.2
– e ação condenatória, 32.2
– e ação declaratória, 32.2
– e ação de investigação de paternidade, 32.2
– e causa de pedir, 32.2, 58
– e causa de pedir remota, 45.3
– e ação de separação judicial, 32.2
– e ação reivindicatória, 32.2
– e litisconsórcio voluntário, 45.3
Fatos impeditivos e causa de pedir, 58
Fatos modificativos e causa de pedir, 58
Fatos simples e causa de pedir, 58
Feição atual do conceito de lide, 7.4
Fim da relação processual, 5.5
Fontes do litisconsórcio, 45
– e competência, 48.3
– e efeitos do controle de ofício do cúmulo subjetivo, 55.2
Forma da relação processual, 5.2
Função no processo da lei, 7.2
Fundamentação legal
– e causa de pedir, 32.1
– e concurso de normas, 60
– e litisconsórcio voluntário, 45.3
Fundamentos jurídicos
– e causa de pedir, 32.3
– e causa de pedir próxima, 32.3
– e pedido, 32.3
– e separação judicial, 32.3

H-

Habeas corpus, 19.4
Harmonia de julgados e litisconsórcio, 38
Honorários de advogado e pedido implícito, 70.4.1

I-

Ideia geral
– de compatibilidade de procedimentos, 81.3
– de procedimento, 81.
Idêntico fundamento de fato ou de direito e litisconsórcio, 45.3
Identidade de parte
– relevância, 38
– e substituição processual, 29
– e título executivo, 29
Identidade de rito das ações dos litisconsortes, 47
– e ações condenatórias conexas pela causa, 47
– e ações da mãe e do filho contra o pai, 47
– e controle de ofício da cumulação subjetiva, 52.2
– e procedimento especial, 47
– e procedimento ordinário, 47
– e procedimento sumaríssimo, 47
Identidade parcial de causa e litisconsórcio, 45.3
Identidade total de causa e litisconsórcio, 45.2
Identificação das ações, 1
– e objeto litigioso, 21
Ilegitimidade e litisconsórcio alternativo, 41
Imissão de posse, 19.5
Inadequação procedimental

– efeitos do controle de ofício do cúmulo subjetivo, 55.3
Incidência, 10
Incompatibilidade das ações dos litisconsortes
– efeitos do controle de ofício da cumulação subjetiva, 55.5
Incompetência absoluta
– efeitos do controle de ofício da cumulação subjetiva, 55.4
Incumulatividade das causas de pedir e sanções, 65
Indicação expressa da cumulação de causas, 62.4
Iniciativa da parte
– e controle da cumulação subjetiva, 53
– e efeitos do controle, 56
Início da relação processual, 5.5
Inserção da ação material no processo
– requisitos, 69
Instituição
– natureza do processo, 4.3
Instrumentalidade e relação processual, 5.4
Interesse, 8.5
Interpretação do pedido, 71
Iura novit curia, 32.1, 45.3, 62.4

J-

Julgamento do mérito e ação, 8.5
Jurisdição
– e dever, 7.5
– e poder, 7.5
– notas características, 7.5
Juros compensatórios e pedido implícito, 70.4.2
Juros moratórios e pedido implícito, 70.4.2
Justiça de mão própria, 7.5

K-

Klagerecht, 8.2

L-

Legitimidade *ad causam*, 4.1, 8.5, 28
– e mérito, 28
– e partes, 28
Lide, 7.5, 7.6, 10
– e direito à tutela jurídica, 13
– e mérito 8.5, 24
– e objeto litigioso, 21
– e processo, 7.2
– feição atual e crítica, 7.4
– função no processo, 7.2
– parcial, 21
– total, 21
Limites
– da cumulação de causas, 63
– da cumulação de pedidos, 72
– do objeto litigioso, 21
Litisconsórcio
– alternativo, 39, 40
– ativo, 39
– classificação, 39
– definição, 38
– e ação anulatória de deliberação social, 39
– e ação cautelar de suspensão de deliberação social, 39
– e ação pauliana, 39
– e ação popular, 39
– e cúmulo de ações, 38
– e economia processual, 38
– e harmonia de julgados, 38
– e recusação, 50
– eventual, 39
– facultativo, 2, 39

– impróprio, 45.3
– pluralidade de partes, 30
– pressupostos processuais, 46
– princípio da igualdade das partes, 50
– necessário, 39
– passivo, 39
– recíproco, 39
– regime especial, 39
– regime simples, 39
– sucessivo, 39, 40
– unitário, 49
Litisconsórcio alternativo e ilegitimidade, 41
Litisconsórcio necessário e cumulação de ações, 30
Litisconsórcio voluntário
– alternativo, 41
– e afinidade de questões, 45.3
– e comunhão de direitos e de obrigações, 45.3
– e concorrência de ações, 42
– e conexão, 45.2
– e fatos jurídicos, 45.2
– e fontes, 45
– e fundamento legal, 45.2
– e idêntico fundamento de fato ou de direito, 45.2
– e identidade parcial de causas, 45.2
– e identidade total de causas, 45.2
– e questões idênticas, 45.3
– simples, 42
– sucessivo, 43
Litisconsórcio unitário
– e ação declaratória de validade de testamento, 30
– e ação pauliana, 30
– e ação revocatória, 30
– e cumulação de ações, 30
Litisconsórcio voluntário sucessivo e ações da mãe e do filho contra o pai, 43
Litispendência e objeto litigioso, 20

M-

Medio concludendi, 32.3, 69.3
Merita causae, 26
Mérito, 4.2
– e ação, 8.5
– e ação material, 24
– e afirmação da ação material, 24
– e cumulação de ações, 24
– e legitimidade, 28
– e lide, 8.5, 24
– e objeto litigioso, 21, 24
– e pretensão material, 24
– e pretensão processual, 24
Modificação da demanda, 2.3
– e objeto litigioso, 20
Multiplicidade de embasamento legal e cumulação simples de causa, 60
Multiplicidade de relações processuais, 5.1

N-

Natureza
– do julgamento na cumulação indevida de causas, 68
– do processo e ação, 4
Noção atual
– de relação processual, 5.1
– de parte, 27
Norma jurídica, 20
Notas características da jurisdição, 7.5
Número de litisconsortes e recusação, 50

O-

Objeto
– da relação processual, 5.5
– do processo, 71

Objeto litigioso, 15
- dupla dimensão, 23
- e ação, 20
- e ação declaratória do domínio, 22
- e ação de divórcio, 22
- e acontecimento histórico, 22
- e afirmação de um direito, 22, 23
- e alegações, 21
- e causa, 21, 22
- e coisa julgada, 20, 26
- e condições da ação, 23
- e cumulação de ações, 20
- e defesas, 21
- e direito material, 23
- e episódios da vida, 22
- e identificação das ações, 21
- e lide, 21
- e litispendência, 20
- e mérito, 21, 24
- e modificação da demanda, 20
- e pedido, 21, 22, 35
- e pretensão processual, 22
- e questões, 21
- limites, 21

Objeto material, 36

Objeto processual, 36

Ônus, 4.2

Ordem aos particulares e ação mandamental, 19.4

Ordenamento jurídico
- dualismo, 1
- teoria unitária, 8.1

Origem do litisconsórcio e controle de ofício do cúmulo subjetivo, 52.1

P-

Panorama da cumulação de causas, 61

Parte
- na ação de despejo, 28
- legitimidade, 28
- noção, 27
- qualidade jurídica, 28

Pedido, 1, 2, 22
- alteração, 71
- alternativo, 70.3
- certeza, 69.1
- classificação, 36
- cominatório, 70.2
- congruência, 69.3
- determinação, 69.2
- e ação material, 35
- e cúmulo subjetivo, 30
- e fatos jurídicos, 32.3
- e fundamentos jurídicos, 32.3
- e objeto litigioso, 21, 22, 35
- e obrigação indivisível, 70.5
- e pretensão processual, 35
- genérico, 70.1
- imediato, 36
- implícito, 70.4
- interpretação, 71
- mediato, 36

Pedido em obrigação indivisível e cumulação de ações, 70.5

Pedido genérico
- nas ações universais, 70.1.1
- quando não for possível determinar as consequências do ato ilícito, 70.1.2
- quando o valor da condenação depender de ato que deva ser praticado pelo réu, 70.1.3
- e dano extrapatrimonial (moral), 70.1

Pedido imediato e cumulação de ações, 37

Pedido implícito
- e correção monetária, 70.4.3
- e cumulação de ações, 70.4
- e despesas processuais, 704.2
- e honorários advocatícios, 70.4.1
- e juros compensatórios, 70.4.2
- e juros moratórios, 70.4.2
- e prestações vincendas, 70.4.4

Pedido mediato e cumulação de ações, 37

Pluralidade de causas, 2
- próximas, 32.3
- remotas, 32.3

Pluralidade de partes
- e cumulação de ações, 30
- e litisconsórcio, 30

Poder e jurisdição, 7, 7.5, 7.6

Posição do poder jurisdicional, 7.6

Possibilidade jurídica, 8.5

Pressupostos do controle de ofício da cumulação de pedidos, 85

Pressupostos processuais, 5.3, 6, 8.3, 8.4
- e controle de ofício da cumulação subjetiva, 51, 52.6
- e efeitos do controle de ofício da cumulação subjetiva, 55.2
- de existência, 5.3
- e litisconsórcio, 46

Prestações vincendas e pedido implícito, 70.4.4

Pretensão, 1
- e direito subjetivo, 11
- exercício, 11

Pretensão à tutela jurídica, 8.2, 8.4, 14, 20
- e relação processual, 14

Pretensão material, 11
- e mérito, 24

Pretensão processual, 4.2, 8.5
- e mérito, 24
- e objeto litigioso, 22
- e pedido, 55

Princípio da congruência, 26

Princípio da demanda, 5.3, 26

Princípio da igualdade das partes e litisconsórcio, 50

Princípio da inafastabilidade do controle judiciário, 4.4

Princípio da preferência do rito ordinário, 47

Princípio do contraditório, 4.4

Procedimento, 4.1, 4.4
- classificação, 81.2
- e processo, 4.4
- ideia geral, 81.1
- ordinário, 81.2
- sumário, 81.2

Procedimento especial e identidade de rito das ações dos litisconsortes, 47

Procedimento ordinário e identidade de rito das ações dos litisconsortes, 47

Procedimento sumário e identidade de rito das ações dos litisconsortes, 47

Processo
- como instituição, 4.3
- como procedimento, 4.4
- como relação jurídica, 4.1
- como situação jurídica, 4.2
- e lide, 7.2
- escopo, 7.3

Processos diferentes e identidade de rito das ações dos litisconsortes, 47

Progressão
- do processo, 4.4
- da relação jurídica, 5.4

Q-

Qualidade jurídica da parte, 28
Questões idênticas
- e litisconsórcio voluntário, 45.3
- e objeto litigioso, 21

R-

Reconvenção, 2, 3, 5.1
Recusação
- e controle de ofício da cumulação de pedidos, 83.5
- e controle de ofício da cumulação subjetiva, 52.5
- e cumulação de pedidos, 82
- e efeitos do controle de ofício do litisconsórcio, 55.6
- e litisconsórcio, 50
- e número de litisconsortes, 50

Regime
- especial do litisconsórcio, 39
- simples do litisconsórcio, 39

Reivindicatória, 19.5
Relação jurídica
- e ação declaratória, 19.1
- e natureza do processo, 4.1
- e processo, 4.1
- noção atual, 5.1

Relação jurídica material, 4.4
Relação jurídica processual, 4.1, 4.2, 4.3, 4.4, 6
- autonomia, 5.4
- características, 5.4
- caráter público, 5.4
- e ação, 9
- e cumulação de ações materiais, 12
- e direito à tutela jurídica, 13
- e direito subjetivo, 6
- e pretensão à tutela jurídica, 14
- fim, 5.5
- forma, 5.2
- início, 5.5
- instrumentalidade, 5.4
- múltiplas, 4.1, 5.1
- objeto, 5.5
- progressão, 5.4
- sujeitos, 5.2
- totalidade, 5.4

Relevância da qualidade de parte, 28
Requisitos
- da cumulação de causas, 62
- da cumulação subjetiva, 46
- da inserção da ação material no processo, 69
- do pedido e sanção pelo seu descumprimento, 69.4

Responsabilidade contratual e extracontratual e cumulação de causas, 60

S-

Sanção
- e ação condenatória, 19.3
- pelo descumprimento dos requisitos do pedido, 69.4
- pela indevida cumulação de causas, 65

Sentenças
- classificação, 16

Situação jurídica e processo, 4.2
Solve et repete, 67
Sublocação e ação de despejo, 58
Substituição processual e identidade de parte, 28
Sujeitos da relação processual, 52

Suporte fático, 10, 19.1

Streitgegenstand, 20, 45.1

T-

Teoria

– da ação abstrata, 8.4

– como direito potestativo, 8.3

– concreta, 8.2

– eclética, 8.5

– e condições da ação, 8.5

– imanentista, 8.1

Teoria da individualização da causa de pedir, 30.1

Teoria da substancialização da causa de pedir, 30.2, 57

– e concurso de normas, 60

– e suporte fático, 31.2

Teoria unitária do ordenamento jurídico, 8.1

Título executivo e identidade de partes, 29

Tríplice identidade e efeitos na identificação das ações, 26

Totalidade e relação processual, 5.4

U-

Uso do imóvel e ação de despejo, 58

Diagramação eletrônica:
Thomson Reuters
Impressão e encadernação:
Edelbra Indústria Gráfica e Editora Ltda., CNPJ 87.639.761/0001-76